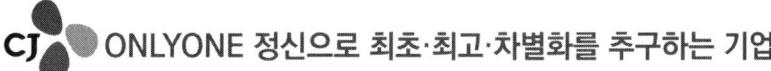

ONLYONE 정신으로 최초·최고·차별화를 추구하는 기업

CJ 오디세이아

백 인 호 지음

도서출판 **정음서원**

이병철 창업회장

이맹희 CJ그룹 명예회장

이재현 CJ그룹 회장

서문

CJ그룹 경영 핵심 가치는 온리원(Only One) 정신이다. 온리원은 '단 하나'밖에 존재하지 않는다는 뜻이다. 대단히 도전적이고 진취적이다. CJ는 이 정신으로 성장 성공 신화를 쓰고 있는 중이다.

이재현 회장은 1993년 삼성그룹 계열 분리(Spin Off) 때 제일제당을 그룹으로부터 분리, 독립 경영을 선택했다. 제일제당은 삼성그룹의 모기업이다. 모기업이 본체를 떠나 분리, 독립한 예는 우리 재계 역사상 유일하다.

CJ그룹이 탄생할 때 그룹의 앞날을 비관적으로 보는 견해가 많았다. 식품 산업 단일 구조로 성장의 한계에 직면할 수밖에 없다는 견해였다. 이재현 회장은 이런 일반의 예측을 보기 좋게 빗나가게 했다. 이재현 회장은 그룹의 산업구조를 주축인 식품 사업 이외에 바이오, 엔터테인먼트, 신유통 등 성장 잠재력이 큰 사업군을 개척해 냈다.

CJ그룹은 계열 분리가 법적으로 완성된 1995년부터 2025년까지 불과 30년 만에 시가 총액 기준 재계 서열 8위에 올랐다. 총매출 100조 그룹 진입을 바라보고 있다. CJ그룹 'CJ 브랜드'는 삼성과 현대, SK 등 한국을 대표하는 브랜드와 어깨를 나란히 하고 있으며 미국의 트럼프 대통령도 한국 대표 기업을 호명할 때 "CJ 어디 있습니까?"라고 말하는 수준이다. 이재현 회장의 고성장을 이끈 경영 능력은 경탄의 대상이 되고 있으며 향후 CJ의 성장이 어느 수준까지 이를까 비상한 관심의 대상이 되고 있다.

저자는 일선 취재기자 시절 삼성그룹을 20년 넘게 출입했다. 그 이후로도 삼성의 성장사에 대해서 많은 관심과 연구를 하고 있다. 이번 CJ 오디세이아를 쓰면서 삼성그룹의 90년 성장사에서 잘못되어 있는 부분을 발견했다. 이맹희 CJ 명예회장에 대한 부분이다. 삼성 성장사에서 이맹희 명예회장은 삼성그룹의 부회장으로 7년 동안이나 삼성그룹을 리드했다. 그 부분이 삼성그룹 성장사를 다룬 어느 기록에서도 찾아볼 수 없다는 것이다. 일부 기록에는 삼성 부회장의 재임 기간을 6개월로 축소하고 있고 이맹희 부회장의 이미지를 고의로 왜곡한 것도 있다. 이것은 매우 잘못된 것이다.

저자는 마침 이맹희 삼성 부회장 시절의 모든 기록을 확보할 수 있었고 이것을 토대로 이 책에서 그 사실을 쓸 수 있게 된 것을 자랑으로 생각하고 있다. 저널리스트의 소명은 진실(Fact)을 그대로 기록하는 것이다. 이 책은 저자의 기자 수첩 외에 CJ 60년 사사, 호암자전(나남출판), 이맹희 명예 회장의 '덮어둔 이야기', '하고 싶은 이야기', 삼성 오디세이아(백인호 저, 매경출판)를 많이 참고했다. 이 책에 등장하는 분들의 성명은 동명이인의 혼란을 피하기 위해 가급적 한자를 병기하려고 노력했으나 더러 한자를 확인할 수 없어 한글만으로 표기한 것을 이해해 주시기 바란다.

유익한 도움말을 주신 정영의 전 재무장관에게 감사 말씀을 드린다. 이 책 출판을 결심해 주신 박상영 정음출판 사장님께 감사드리며 그 편집진의 노고에 감사드린다. 감수와 교정을 보아주신 윤승진 박사께 감사드리고 원고와 자료를 정리해 준 정소영 스태프에게도 감사드린다.

2025. 1. 28

저자 백인호

차례

■ 서문 ··· 7

제 1 부

1 대변혁 – 제일제당의 분리·독립 ······················· 15
2 독립 경영 첫 행보, 인재 선발과 신사옥 마련 ············ 21
3 이병철의 설탕 생산국의 꿈 ···························· 27
4 청년 사업가 이병철 사장의 원대한 발상 ················ 37
5 제일제당 수요 폭발로 증설 거듭, 최우량 상 수상 ········ 48
6 사활을 건 설탕 전쟁 ································· 56
7 제분(製粉, Flour mills) 사업 시작 ····················· 65
8 삼분파동(三粉波動)과 시련 ···························· 78
9 국민들의 삶에 지대한 영향을 준 제일제당 ·············· 88
10 삼성 조미료(調味料, Condiment) 산업 진출 ············ 98
11 히트 브랜드 백설(白雪)표 탄생 ······················· 111
12 인천에 동양 최대 제당 공장 건설 ····················· 121
13 식문화(Food Culture)를 바꾼 제분 사업 ··············· 132
14 식용유(Cooking Oil)와 배합 사료 사업 진출 ············ 141
15 육가공(肉加工, Meat Processing) 사업 분야 진출 ······· 153
16 제약산업(製藥産業, Phamaceutical Industry) 진출 ······ 163
17 해외 생산기지 구축과 수출 국제화 ···················· 177
18 기업공개(IPO, Initial Public Offering)로 국민 기업으로 ··· 186
19 호암 이병철(李秉喆) 회장의 77년 인생 ················ 197

제 2 부

20 한비 헌납과 이맹희 부회장 등장 ················ 214
21 공신(功臣) 그룹의 배신 ······························· 224
22 이맹희 부회장의 삼성 7년 역사 ················· 236
23 새로운 꿈, 전자산업 - 삼성전자 ················· 242
24 아버지의 원대한 건설 개발 꿈 ··················· 252
25 삼성 퇴진 무렵 벌어진 불행한 일들 ··········· 261
26 갈수록 벌어진 부자(父子)의 고랑 ··············· 268
27 드디어 내려진 총수 승계 선언 ··················· 277
28 어머니, 고마운 어머니 ······························· 284
29 나의 이력, 우리집 내력 ······························· 291
30 커피(Coffee, Maxwell) 공장의 꿈 ··············· 302
31 프란체스카(이승만 대통령 부인) 여사와 제일모직 옷감 ······ 308
32 죽어가는 땅을 살리는 길. 유기비료 ··········· 317
33 삼성(三星)은 월남전 특수를 외면했다 ········ 324
34 성숙되지 않은 호텔(Hotel) 문화 ················ 329
35 삼성그룹 안양 컨트리클럽(현 안양 베네스트골프클럽) ········ 337
36 뇌물을 주고 나면 공사는 반드시 부실화된다 ··········· 345
37 큰 것과 작은 것은 잘 어울릴 수 있다 ········ 348

차례

제 3 부

38 식품 사업 새 역사를 쓰다 ·· 359
39 토종 패밀리 레스토랑 빕스(VIPS) 탄생 ······························ 369
40 영상(映像)미디어 사업 진출 ·· 379
41 멀티플렉스(Multiplex, 복합영화관) CGV의 탄생 ················ 394
42 미래 성장을 위한 M&A, 지주회사 출범 (기업합병) ········ 405
43 식품 사업의 글로벌 진출 ··· 415
44 위대한(Great) CJ의 선언 ··· 427

제 1 부

1

대변혁 – 제일제당의 분리·독립

제일제당은 삼성그룹(三星)의 어머니 기업이다. 제일제당 창립일은 1955년 11월 5일이지만 이병철 창업회장이 한국을 설탕 수입국에서 설탕 생산국으로 변모시키기 위해 공장을 짓기 시작한 시점은 1953년 4월이었다. 6.25 전쟁이 휴전 협정 단계로 접어들기는 했으나 아직도 일선에서는 포성이 그치지 않고 국민 생활은 비참했다. 설탕은 일제 강점기 때는 배급제였고 일반에게는 사치품이었다.

이병철 회장은 설탕을 일반 국민도 시장에서 마음대로 사 먹을 수 있는 시대를 열고 싶어 했고 이것이 국가가 한 단계 발전하는 것이라는 신념이었다. 이병철 회장이 제일제당 공장을 지은 것을 경제사(史)적으로 보면 한국에 제조업이 시작되는 것을 의미했고 삼성으로 보면 무역업에서 산업 자본화하는 의미가 있었다. 제일제당은 '백설표'라는 브랜드로 시장에 출시하자마자 폭발적인 수요를 만들어 냈고 일반 국민의 소비 생활을 윤택하게 했다.

이병철 회장은 어느 인터뷰에서 '제당으로 공전의 호황을 누렸다'고 말했다. 삼성그룹은 제일제당의 성공으로 계열사를 가질 수 있는 에너지를 확보했고 그 힘으로 제일모직, 금융, 보험, 유통, 조선 산업에 진출할 수 있었고 급기야는 반도체 산업을 일으켜 이 분야의 세계 최강 대열에 이르렀다.

분리, 독립의 신호탄

1994년 12월 6일, 이날은 삼성그룹 성장사에서 특별한 날로 기억될 것이다. 삼성그룹은 이날 이학수 제일제당 대표이사(추후 삼성그룹 비서실장)를 필두로 9명의 임원을 삼성그룹으로 발령 냈다. 이들 능력 있는 9명을 제일제당 경영에서 배제한 조치는 제일제당을 삼성그룹으로부터 분리, 독립시키는 뇌관을 당긴 것이었다. 삼성생명 12층에 위치한 제일제당은 그동안 이런 순간이 있을 것으로 어느 정도 예측은 했지만, 그래도 충격에 휩싸일 수밖에 없었다.

제일제당은 이날을 시발점으로 '독립 경영의 시대'에 접어들었다. 제일제당은 독립 경영 시대를 맞았다는 기쁨을 즐길 여유가 없었다. 내부를 안정시키는 것이 급선무였다. 1,300여 명에 달하는 사원들은 삼성그룹 우산으로 입사한 사람들이다. 이들에게 하루아침에 탈 삼성그룹 환경은 받아들이기가 쉽지 않은 것이다.

"회장님, 오늘 담화문을 발표하시는 것이 좋을 것 같습니다."

이재현 상무(당시 직책, 현 CJ 회장)는 손경식 회장에게 건의했다.

"그래, 오늘이 적기야."

제일제당 손경식 회장은 이날 오전 10시 사내 방송을 통해 긴급 담화를 발표했다. 담화문 부제는 '실질적 분리, 독립 선언'에 즈음하여서였다.

"우리 제일제당은 이제 삼성그룹으로부터 실질적으로 분리, 독립되었음을 이 자리에서 밝히고자 합니다. 이는 종전과는 달리 선언적 의미에서만이 아니라 실질적으로 모든 면에서 독립됨을 의미합니다. 이제 우리는 '새 제일제당' 건설을 위해서 활발하게 일을 추진해 나가고자 합니다. 거듭나기를 다짐하는 지금, 우리 앞에는 정말로 도전해 볼만한 새로운 미래와 여러 사업 기회가 무한히 펼쳐져 있습니다."

손 회장의 담화문에는 제일제당이 그간 겪어왔던 상황들이 고스란히 함축되어 있었다. 제일제당은 삼성그룹의 모태인 동시에 호암(湖巖, 이병철 회장 아호) 선대 회장의 창업정신이 살아있는 터전이기도 했다. 제일제당이 갖는 막중한 의미에도 불구하고 그간 신규 사업 진출이나 투자는 그룹 차원의 결정이라는 이유로 번번이 외면받아 왔다. 당시 제일제당은 막대한 수익을 내는 흑자 기업인데도 신산업에 대한 투자는 하지 않고 식품업에만 주력하는 기업으로 바라보는 시각이 지배적이었다. 제일제당의 독립 경영은 그러한 굴레에서 벗어날 수 있는 계기임이 분명했다. 전화위복(轉禍爲福, 재앙이 바뀌어 좋은 일이 생기는) 그 자체였다.

"이제 사업 구조 고도화와 경쟁력 향상을 겨냥한 우리의 발빠른 행보가 시작될 것입니다. 제당인(製糖人)은 제일제당을 위해서 일해야 하며 제일제당의 자원은 우리 제일제당과 제당인의 발전을 위해서 사용될 것입니다."

손경식 회장의 담화문 가운데 '삼성그룹과의 우호 모색' 내용은 세간의 관심을 모았다. 1993년 독립선언 이후 많은 논의가 진행되면서 오해가 생긴 것은 분명한 사실이었다. 그러나 앞으로는 협력의 시대로 나아가자는 메시지를 담은 것이다. 그것은 삼성그룹의 출발점이 제일제당이라는 자긍심과 함께 '호암'의 창업정신을 계승하겠다는 의지의 발현이기도 했다.

"앞으로는 삼성그룹과는 매우 우호적이고 협력적인 관계를 계속해서 유지해 나가려고 합니다. 제일제당은 언제나 삼성그룹의 실질적인 모태로서 따뜻하고 오랜 연(緣)이 있음을 결코 잊지 않을 것입니다."

손 회장의 담화문은 새로운 제일제당의 건설을 위해 다 함께 힘차게 새 시대를 건설하자는 다짐으로 끝을 맺었다.

우려의 시선과 기대감 교차

1993년 독립선언 직후 일반은 물론 고객과 협력사들도 앞날을 우려했던 것은 사실이었다. 국내 최대 그룹인 삼성(三星)으로부터 떨어져 나와도 과연 지금과 같은 성장을 유지할 수 있을지 걱정 어린 시각이 적지 않았다.

그날 제일제당에서는 긴급 임원회의가 개최되었고 뒤이어 부서별 회의가 소집되었다. 그룹의 독립이 가져올 긍정적인 효과를 주로 논의하는 한편 직원들의 동요를 막기 위한 것이기도 했다.

그룹의 독립 소식이 전해진 직후 제일제당 임직원들이 크게 당황했던 것은 사실이었다. 그해 6월 11일 이재현(李在賢) 상무(현 CJ그룹 회장)가 신문 인터뷰를 통해 '직원들의 동요가 가장 걱정'이라고 밝힐 정도였다.

기업의 제일 자산은 인재다. 우리나라 최대 기업으로 자타가 공인하는 삼성그룹의 울타리를 벗어난다는 것은 임직원들에게 우려와 불안을 가져다주는 것이 사실이다. 하물며 삼성 직원들조차 삼성의 모태 기업인 제일제당의 분리 소식에 어리둥절할 정도였으니 제일제당의 임직원들이 놀라는 것은 당연한 일이었다.

다음날 회사의 분위기는 급변했다. 임직원들 사이에 '투자 우선순위에서 밀려' 제대로 뜻을 펼쳐 보지 못한 제일제당에 새로운 미래가 열렸다는 분위기가 조성되었다. (당시 삼성그룹은 반도체 산업을 위해 그룹 모든 신규투자가 반도체에 투입되었다.) 삼성의 모태 기업이자 알짜 기업으로 자체 역량만으로도 미래지향적인 회사로 발전할 수 있다는 자신감이 팽배해진 때문이었다.

제일제당은 6월 14일에 새 인사를 발표했다. 손경식 당시 안국화재(현 삼성화재) 부회장을 제일제당 부회장으로, 이재현 삼성전자 이사를 제일제당 상무로 선임한 것이다.

이례적으로 이 인사가 신속하게 이루어진 것은 직원들의 일시적인 동요를 최소화하기 위한 목적도 있었다. 실제 대주주이자 향후 제일제당을 이끌어 갈 이재현 상무의 등장은 임직원들에게 새로운 비전과 자신감을 안겨주기에 충분했다.

제일제당의 당시 비전은 식품 분야에 한정되어 있었다. 1992년 매출 1조 2,600억 원을 기록, 국내 최대의 식품회사로 올라섰지만, 더 큰 도약은 불가능했다. 끊임없이 신규사업 진출을 꾀했지만, 후순위로 밀려났다. 제일제당이 거둔 막대한 수입이 재투자되지 못하고 삼성의 타 계열사(삼성전자)로 넘어가는 현실에 불만을 갖는 임직원도 많았다. 이병철 회장의 적통이자 장손자인 이재현 상무의 등장은 그러한 과거의 패턴에서 벗어나 새 제일제당을 건설할 아주 좋은 신호를 주는 것이었다.

제일제당은 외부 고객들에게 신뢰와 믿음을 주는 데도 정성을 기울였다. 독립 선언 1개월 후인 1993년 7월 6일 제일제당 임직원들은 물론 협력업체와 대리점 대표들을 초청해 '신 제일제당' 출범식을 거행했다. 신라호텔 다이너스티홀에서 열린 출범식은 경영 방침 설명회 형식으로 진행됐다.

"제일제당의 독립 경영은 새로운 시대의 출발을 의미하는 동시에 다음과 같은 의의가 있습니다. 우선 대기업 그룹에 관한 각종 규제가 해소되면서 신규 업종 참여, 계열 기업군에 대한 여신 한도가 자유스러워집니다. 둘째, 삼성그룹 관계사에 대한 투자금액을 회수함으로써 재무 구조가 더 유연해질 것입니다. 셋째, 2000년대 제일제당의 기업 비전인 '생활 문화 창조기업'으로 도약하기 위한 유통과 식품 서비스 등 다양한 신규사업 진출이 가능해졌다는 점입니다."

임직원들에게는 창업주 '호암'의 뜻을 계승, 인재 제일의 최고 가치를 확대, 발전시키겠다고 다짐했다.

1993년부터 1995년 사이에 제일제당은 인재 제일의 의지와 협력사 및 대리점과의 상생 경영, 투자자들을 위한 경영의 뜻을 밝힘으로써 독립 경영 시대에 대한 세간의 우려를 불식시키는 데 성공했다.

2

독립 경영 첫 행보,
인재 선발과 신사옥 마련
(인재 데이터 뱅크)

제일제당은 독립의 첫 행보를 신입사원 선발로 시작했다. 1993년 10월 제일제당은 '사람이 곧 기업이다. 기업이 곧 사람이다'라는 슬로건 밑에 130명의 신입사원 모집 공고를 신문 매체를 통해 게재했다. 제일제당 본부는 긴장했다. 삼성그룹에서 분리, 독립한 제일제당에 대졸자들이 과연 얼마나 응모할 것인가는 낙관을 불허하는 것이었다. 그럼에도 130명 모집에 1만 3,000여 명이 지원, 100대 1이라는 놀라운 경쟁률을 기록한 것이다. 특히 당시 최대 기업 그룹인 삼성과 현대그룹보다 지원자 수가 더 많다는 사실이 밝혀지면서 화제를 모으기도 했다.

이듬해인 1994년과 1995년에도 제일제당 입사 희망자는 늘어났다. 제일제당이 식품업에서 탈피, '종합 생활문화' 그룹을 지향하며 새로운 사업 분야를 추진하자 그 성장 잠재력을 믿고 우수 인력들이 제일제당의 문을 두드린 것이다. 제일제당은 신입사원들의 역량이 향후 회사 발전의 새로운 원동력이라는 판단 아래 사원 선발 방식에 혁신적인 방안을 도입했다. 그중에서 가장 화제를 모았던 것은 '인재 데이터뱅크'였다.

신규 사업을 추진하기 위해서는 보다 다양한 인재를 수시로 모집할 수 있어야 한다는 전제 아래 국내외 대학생 및 전문 인력을 대상으로 데이터베이스를 구축한 것이다. 국내 대기업으로는 최초였고 앞날을 내다본 새로운 인재 확보 시스템이었다. 대학교 3, 4학년 학생들을 대상으로 전공별로 전산화 작업이 이루어졌다. 특히 미국에 있는 우리나라 국적의 과학자들과 금융 분야 전문 인력, 국외 입사 희망자들의 인력풀(人力 Pool)도 그 대상에 포함되었다. 향후 글로벌 시대에 대비하기 위한 방안으로 외국 주재원과 외교관 자녀, 개발도상국가의 우수 인력에 대한 자료 확보와 이들에 대한 채용도 적극 추진되었다.

모집 분야도 훨씬 다양해졌다. 이전까지는 식품, 제약, 연구개발직으로 한정되어 있었지만, 문화·멀티미디어·방송·금융·건설·정보통신으로 사업을 확대한다는 원대한 설계 아래 선발 분야를 크게 확대했다.

인재 데이터뱅크가 운영되면서 수시로 인력 모집이 가능해졌다. 1년에 두 차례에 걸쳐 시행된 그룹 공채와는 별도로 시기에 제한을 두지 않고 우수한 인재를 채용할 수 있는 시스템이 구축되었다. 특히 직무 상담실을 상설 운영, 기존 인력과 신규 인력들이 적합한 직무를 수행할 수 있도록 한 것도 큰 특징 가운데 하나였다.

독립 경영이 본격화하는 가운데 제일제당의 매출액은 상승세를 이어갔다. 1993년 1조 3,062억 원이던 사업 실적은 1994년 1조 4,318억 원으로 증가되었다.

신규 사업 분야 개척도 눈부셨다. 1994년 12월에 결성된 신경영 추진팀은 슈퍼스토어, 단체 급식, 패밀리 레스토랑 등 신규 사업 분야를 확장했다. 이재현(李在賢) 상무 등 경영진은 2000년대까지 10

대 그룹 진입을 목표로 다양한 신규 사업을 검토하기 시작했다.

  독립 경영의 시대가 본격화된 1995년 1월을 기점으로 제일제당은 삼성 로고(三星 Logotype)를 이용한 사기(社旗) 사용을 중단했다. 뒤이어 1,550만 원의 상금을 걸고 새로운 기업명을 공모한다고 밝혔다. 새 그룹명이 확정되기까지는 '제일그룹'이라는 그룹명을 사용하기로 했다. '제일(第一)'이라는 사명에는 지난 1950년대 이래 이병철 창업회장의 경영 철학이 고스란히 묻어 있었다.

  한편 삼성으로부터의 독립에는 적지 않은 고충이 뒤따랐다. 가장 큰 난제는 임직원들이 편안하게 업무를 추진할 수 있는 공간 확보였다. 1993년 6월 독립 경영을 선포하고도 2년여의 시간 동안 제일제당은 삼성생명(삼성그룹) 사옥을 계속 사용했다. 그러나 독립 경영이 점차 진행되면서 더 이상 삼성과 한 울타리에서 업무를 보기가 어려워졌다. 독립 경영이 본격화되는 시점에 새로운 사옥 마련은 임직원들의 사기 진작과 업무 효율화를 위해 반드시 해결해야 하는 시급한 현안이었다.

  제일제당은 새 사옥을 구하기 시작했다. 때마침 도시개발공사가 서울 남대문로 5가 힐튼(Hilton)호텔 옆 양동지구 재개발 빌딩을 매물로 내놓았다는 정보가 입수되었다. 제일제당은 시간을 지체하지 않고 토지개발공사와 매각 계약을 체결했다.

  1995년 7월 신사옥 계약이 완료되었다. 독립 경영 선언 이후 경영권과 인사권을 차례로 확보하고 새로운 미래를 시작할 보금자리까지 마련된 것이다. 남산에 마련된 새 사옥은 남산로(南山路)와 맞닿아있어 무엇보다 풍광이 아름다웠다. 광화문과 서울시청이 직경 1km 안에 있는 요지이기도 했다. 남산 중턱에 있어 아름다운 우리나라 봄, 여름, 가을, 겨울 사계를 마음껏 즐길 수 있다는 장점이 있었다.

제일제당이 인수한 사옥은 대지 면적 734.9평(2,429m²)에 건축 연면적 24,300평(8만400m²), 지하 2층, 지상 18층 높이로 462억 원의 신축 비용이 소요되었다.

제일제당은 사옥 매입 후 대대적인 리모델링 공사를 단행했다. 입주를 앞두고 창의적이면서 진취적인 사무 공간이 되도록 전면적인 공사가 전개되었다. 제일제당이 특히 주안점을 두었던 것은 '인간 존중'과 'Only One(단 하나) 정신'이었다. 제일제당의 환경은 '인간 존중 정신을 바탕으로 사원들이 자율적으로 일하는 분위기를 연출하는 데 목표를 두었다. 생활문화 기업으로서 깨끗한 이미지를 확립하기 위해 꿈과 미래를 연결하는 공간을 창출하기 위한 것이었다. 이와 함께 창조적이고 효율적인 업무 수행 능력을 제고시켜 21세기 명실상부한 'Only One' 기업의 위상을 확립하기 위한 것이기도 했다.

제일제당의 사무 환경 개선은 우선 고객의 편의와 서비스를 극대화한다는 것이 기본 개념이었다. 수개월의 공사 끝에 약 700여 명의 본사 스태프 부서와 서울시 각 지역에 흩어져 있던 네 개 사업본부, 제일선물 등 관계사 임직원들이 신사옥에 둥지를 틀었다. 수십 년 동안 몸에 밴 삼성 문화에서 벗어나 이병철 선대 회장의 초기 창업정신으로 재무장하기 위한 본격적인 발걸음이었다.

이병철 회장의 창업 정신을 이어받은 적통 장자 기업

적장자(嫡長子)란 정실부인이 낳은 자식 중 맏아들을 의미한다.

제일제당 창립 43주년 기념일인 1996년 11월 5일 창립 기념 행사를 마친 후 제일제당의 주요 임원들이 사옥 2층 로비로 들어섰다. 안내 데스크를 중심으로 로비 양쪽 벽면은 흰 베일로 덮여 있었다. 바이올린과 콘트라베이스의 선율이 조화를 이루며 실내에 울려 퍼지고 있었다.

이날의 행사는 매우 뜻깊은 것이었다. 43년 전인 1953년 '호암'이 제일제당으로 최초의 제조업을 시작한 이래 그의 창업정신을 올곧이 이어받고 미래를 향한 새로운 도약을 다짐하는 자리였기 때문이었다.

호암의 장손(長孫)이자 제일제당을 이끌어가고 있던 이재현 상무는 유럽 출장을 마치고 창업주 이병철 회장 존상과 제일제당 심벌 제막식에 참석했다. 주요 인사들이 미리 마련된 제막 버튼 앞에 섰다. 장내에 불이 꺼지고 긴장감을 주는 음악 소리가 멈추는 순간 주요 인사들은 손가락에 힘을 주었다. 베일이 벗겨졌다.

로비 중앙을 중심으로 왼쪽 벽면에 이병철 선대 회장의 청동 좌상 부조(浮彫)가 나타났다. 그 아래는 호암의 평생 철학이기도 했던 '사업 보국, 인재 제일, 합리 추구'라는 글자가 새겨져 있었다. 호암 좌상 주변으로는 과거 제일제당의 역사를 상징하듯 온 국민이 행복해하는 모습을 새긴 조각들이 배치되어 있었다. 로비 오른쪽에는 새로 제정된 제일제당의 사명인 영문(英文) CJ와 향후 추구할 사업군 상징물이 조각되어 있었다. 영상 멀티미디어를 상징하는 필름과 영사기, 정보통신을 상징하는 인공위성과 컴퓨터 등 미래에 추진해 나갈 신산업을 표현하는 상징물이었다. 임원들은 묵묵히 청동 좌상 부조를 바라보았다. 제당 독립의 시대. 선대 회장이 만들고자 했던 창의적 기업의 꿈을 새롭게 이어가겠다는 결의가 그들의 얼굴에 나타나 있었다.

언론들은 호암 이병철 삼성그룹 창업자의 부조를 서울 중구 남대문로 제일제당 빌딩 본관 로비 벽에 새겨 오는 11월 5일 창립기념일에 제막한다고 비중있게 보도했다. 이 회장이 앉아 있는 모습을 동으로 새긴 이 부조는 높이 2m, 폭 1.5m로 실물보다는 크고 재질은 청동을 사용했다. 본관 로비 벽면에 창업자의 부조를 새기는 뜻은 제일제당이 바로 삼성의 모태 기업이고 이 회장의 법통과 창업정신을 이어받고 있음을 내외에 천명하는 것이라고 할 수 있다.

제일제당 임직원들은 부조상 앞에 놓인 표지 조형물을 세심하게 읽었다. 두 종류로 제작된 표지 조형물에는 호암의 창업정신과 경영이념이 수록되어 있었다.

「본 조각은 창업주이신 이병철 회장의 창업이념을 계승, 발전시켜 제일제당 그룹을 세계적인 초일류 기업으로 성장시키려는 임직원들의 진취적인 의지를 담아 제작함. 이병철 회장의 존상은 오늘의 제일제당이 있기까지 좌표 역할을 해 온 창업이념을 상징적으로 표현하고 있음. 즉 사업을 통해 사회의 번영과 풍요를 가져오는 사업 보국 이념과 현장 모습을 통해서는 경영 활동의 근간인 인재 제일과 합리 추구의 창업이념을 형상화함. 아울러 도전과 개척 정신이 드높은 선배들의 모습을 함께 표현함」

1953년부터 쉼 없이 달려온 43년의 세월 넘어 이병철 회장의 창업정신이 제일제당으로 이어지는 순간이었다. 독립 경영의 시대는 본격화되었다.

3

이병철의 설탕 생산국의 꿈

 (독자들이여! 우리가 CJ 그룹에 대한 이해를 넓히고 애정을 갖기 위해서는 우리의 이야기를 잠시 시간을 뒤로 돌려야 하는 것을 이해해 주기 바란다.)

 1953년 11월 5일 제일제당 부산공장, 4개의 원심분리기(遠心分離器) 주변으로 직원들이 모여들었다. 원심분리기란 원심력을 이용해서 액체 혼합물을 분리하는 기계이다.

 공장 안은 긴장감이 감돌았다. 직원들은 기계 조립을 위해 며칠 밤을 지새운 듯 초췌해 보였다. 설립자 이병철 사장의 얼굴에도 한 가득 걱정이 묻어 있었다. 과연 모든 기계들이 순조롭게 작동되어 제품이 제대로 나올 것인가에 대한 걱정이었던 것이다.

 우리나라 최초의 설탕 생산이라는 역사적 순간이 다가왔다. 직원들이 삽을 들고 원심 분리기 투입구로 원당(原糖)을 퍼넣기 시작했다. 준비가 끝나자 이병철 사장은 길게 호흡을 가다듬고 잠시 주변을 둘러보았다. 하루 25톤의 생산량 설비들이 위풍당당하게 서 있었다. 이병철 사장은 다시 한번 호흡을 가다듬고 기계 스위치 버튼을 힘껏 눌렀다. '부웅' 하는 굉음과 함께 대만산 원당이 커다란 기계 속으로 사라졌다.

설탕을 만들기 위해서는 사탕수수에서 채취한 원당은 필수 원료다. 설탕(Sugar)의 역사는 꽤 오래다. 원료가 되는 사탕수수나 사탕무가 재배된 것은 기원전부터이나 결정화하는 기술은 4세기경 인도 굽타 왕조 때에 확립되었다. 17세기에는 오키나와의 류큐 왕국에서 사탕수수 농사가 시작되었고 일본에서도 사츠마가 지배했던 아마이 군도로 전해졌다. 이 지역의 흑설탕이 일본 전역에 퍼져 나갔다. 흑설탕은 사츠마가 웅번이 되도록 하는 자금줄이었고 메이지 유신을 달성할 수 있게 했다. 사탕수수가 열대작물이었기 때문에 한국에서는 재배가 불가능했고 제주도에서 재배를 시도했지만 실패했다.

이병철 사장은 스위치 버튼을 누르고 몇 초를 기다렸으나 원심 분리기는 돌아가지 않았고 설탕은 나오지 않았다. 공장 안에 있는 모든 직원들은 아연실색했고 분위기는 뒤숭숭했다. 관계 직원들은 원심 분리기 조립이 잘못되지 않았나 재점검해 보았으나 하자는 없었다.

이때였다. 기계 근처를 지나가던 용접공이 "그거 원당을 너무 많이 넣은 거 아닙니까?" 하고 소리쳤다. 그 말을 듣고 원당량을 재조정해서 넣고 다시 스위치 버튼을 눌렀더니 과연 백색의 설탕이 쏟아져 나왔다. 국산 설탕 생산에 성공한 것이다.

이병철 사장은 얼른 다가가 설탕 한 줌을 입에 털어 넣었다. 달디단 설탕 맛이 느껴졌다. 직원들의 환호성으로 공장이 떠나갈 듯했다. 이병철 사장은 직원들의 손을 일일이 맞잡았다. 감격해 눈물을 글썽이는 직원도 있었다. 회사 설립부터 설비 도입, 자본 확보, 공장 입지 선정, 건설, 시운전까지 수월하게 넘어간 것이 없었다. 지난 6개월 동안 우리나라 최초로 현대식 시설을 갖춘 제당 공장을 건설하기 위해 임직원 모두가 사력을 다했다.

사명(社名)은 제일제당으로

1953년 6월 3일 부산대교로의 삼성물산(三星物産) 사옥에서 중요한 모임이 개최되었다. 새로 건립할 제당 공장 발기인 회의였다. 43세의 사업가 이병철 사장을 중심으로 7명의 발기인들이 모두 참석했다.

그 자리에서 '제일제당'이라는 사명이 결정되었다. 알기 쉽고 부르기 쉽다는 이유에서였지만 은근히 다짐한 큰 기개(氣槪, 씩씩한 정신)를 이 사명은 담고 있었다. '무슨 일에나 제일의 기개로 임하자. 제일제당은 해방 이후 우리나라에서 건설된 최초의 현대적 대규모 생산시설이다. 앞으로 항상 한국 경제의 제일 주자로서 국가와 민족의 번영에 크게 기여해 나가자'라는 뜻이 깔려 있었다.

참석한 발기인들은 다시 한번 '제일제당'이라는 이름을 되뇌었다. 기억하기도 쉽고 부르기도 좋았다. 훗날 우리나라 제조업과 식품 산업에 한 획을 그을 '제일제당'이 탄생하는 순간이었다.

이병철 사장에게는 공장을 건설하기 위한 소요 자금을 확보하는 것이 무엇보다 중요했다. 일본 미쓰이(三井)물산과 다나카기계로부터 받은 견적서에 따르면 공장 건설에 모두 18만 달러가 소요되는 것이었다. 이병철 사장은 당시 제일제당 공장 건설 설계를 낼 수 있는 국내 기업이 없었기 때문에 미쓰이물산에 견적서를 부탁했었다. 소요 자금 18만 달러는 우리나라의 외환보유고 사정에 비해 보면 막대한 금액이었다. 우리나라 총 외환보유고는 1억 달러에도 미치지 못하는 수준이었다. 상공부 등 관계 당국도 사업의 중요성을 알고 있었다. 전량 수입에 의존하고 있는 설탕을 국산화하면 외화를 절약할 수 있다는 제일제당의 주장을 받아들인 것이다. 당시 설탕 수요는 급증하는 추세였다. 특별 외화 대부를 받게 됨으로써 자금 문제는 해결되었다.

그해 8월 1일 삼성물산 사옥에서 '제일제당공업주식회사' 창립총회가 개최되었다. 이병철 사장의 소회는 남달랐다. 그간 많은 사업을 해왔지만, 제조업은 처음이었다. 우리나라 경제 구조를 보아도 반드시 필요한 사업을 일으킨다는 사명감과 함께 성공에 대한 확신이 교차했다.

참석자들은 그날 승인해야 할 정관(定款)을 꼼꼼히 검토했다. 정관에는 수출입업이 명기되어 있었다. 향후 설탕을 수출해서 외화를 벌어들이겠다는 포부가 담겨 있었다. 참석자들은 정관을 승인하고 초대 중역을 선임했다. 대표이사 사장에 이병철이 선임되었다.

모든 준비를 마친 제일제당은 즉시 부산지방법원에 설립 등기를 완료했다. 그날을 기해 우리나라 최초의 제당 기업인 '제일제당'이 공식 출범했다.

부전동에 공장 부지확보

이병철 사장은 공장부지를 찾아내는 데 꽤나 애를 먹었다. 부산 시내 중심가 인근에는 공장을 지을만한 땅이 찾아지지 않았다. 수소문 끝에 서면 지역에 있는 부전동(현 부산광역시 부산진구 부전동)에 부산공업사가 화재로 인해 빈터로 있다는 것을 알아냈다. 그런데 그 땅 주인이 유별난 사람이었다. 보통 사람과는 땅값을 후하게 준다 해도 땅 매매 상담을 벌이지 않고 있는 고집 센 사람이었다. 그런데 삼성물산의 이병철 사장이 매입하려 한다는 말을 듣고는 '그 사람이라면 땅을 팔겠다'고 해서 공장 부지확보에 성공했다. 전체 부지는 약 3,488m²(1,055평)이었다.

한국 전쟁이 종전을 바라보고 있던 1953년 여름, 부산 서면 동천(東川) 변에 제일제당 임원들이 나타났다. 그들은 비어 있는 공터를 바라보면서 잡초가 무성한 나대지를 눈대중으로 가늠했다. 당시 그 일대는 허허벌판이었다. 동쪽 언저리에는 논밭이 있었고 북쪽 일대는 미개발 지역으로 시골이나 다를 바 없었다. 서쪽으로는 전차(電車)가 동천을 가로질러 다니고 있었다. 포장이 되지 않은 도로에는 우마차가 다녔고 바람이 불면 먼지가 자욱하게 일어났다. 인근에는 정미소와 경찰 피복 창고가 있었다. 동천 하류에는 합판 수출로 유명한 동명목재(東明木材)가 있었다.

공장 부지확보에 대한 일화는 '호암자전'에 나온다.

「회사 설립 후의 첫 일은 공장 부지확보였다. 임시 수도 부산 시내를 샅샅이 뒤져 보았으나 쓸만한 곳은 모두 군 용지로 수용되어 있었다. 전포동 부산공업사의 공지 천오백 평을 겨우 찾아냈으나 소유주인 이동인 씨는 고집이 대단한 사람인 듯 원매자가 다투어 값을 올리며 교섭을 벌였지만 응하지 않는다고 했다. 어떻든 임원으로 하여금 교섭을 하게 했더니 응답이 뜻밖이었다.

"팔지요. 다만 사람과 사업 취지와 용도에 반했기 때문이지 돈 욕심이 나서 파는 것이 아니라는 것만은 분명히 알아주십시오."

곧바로 찾아가서 인사를 하려고 하던 차에 그가 먼저 찾아주었다. 이것을 계기로 그와는 벗으로 사귀게 되었다. 그의 호의에 보답할 기회를 찾았지만, 서울 환도 후 얼마 안 가서 그가 타계하고 말았다. 보답할 기회조차 잃어 지금도 안타깝다.」

일본 재계의 반발 '왜 한국에 설비를 수출하는가'

공장 건설이 막 시작될 무렵인 1953년 여름 제일제당 임직원들은 대한해협을 건넜다. 바다 건너 일본에서 중요한 일 하나를 해결해야 했다. 제당 설비 구매가 그것이었다.

제일제당이 독일 등 유럽을 제쳐두고 일본에 간 까닭은 유리한 점이 많았기 때문이다. 저렴한 가격에 품질이 우수했고 가까운 거리 덕분에 기계 조립이나 가동 기술을 습득하기 편했다. 또한 추가 설비를 조달하기도 쉬웠다.

이병철 사장 등 일행이 찾아간 곳은 미쓰이물산과 다나카기계였다. 이미 이 회사들과는 기계 발주 견적까지 협의한 터였기에 협상에는 큰 문제가 없었다.

제일제당의 방일은 일본 재계에서도 큰 화제가 되었다. 많은 일본 언론 매체는 한일 양국의 경제협력 증진이라는 측면에서 깊은 관심을 표명했다. 다른 한편으로는 반대 의견도 적지 않았다. '한국은 일본의 중요한 설탕 수출 시장이다. 그런 한국에 일본의 제당 업체와 시장 쟁탈전을 벌일 만한 규모의 최신 제당 시설을 수출하려고 한다. 일본은 과연 시장을 잃으면서까지 한국에 제당 시설을 수출해야 하는가?'

그럼에도 제일제당은 예정대로 주요 설비 계약 체결에 성공했다. 4대의 원심 분리기와 조정기, 압력기, 탈색기 등이었다. 모든 것이 순조롭게 보였지만 예상하지 못했던 사태가 발생했다. 이승만 대통령의 강력한 반일 외교정책에 따른 일본인의 입국 금지 조치가 그것이었다. 단 한 사람의 일본 기술자도 입국이 금지되었다. 당시 우리나라에는 제대로 된 제당 기술자가 한 명도 없었다. 발주한 기계가 도입되어도 조립, 설치, 시운전을 할 기술자가 없다면 기계는 무용지물이다.

제일제당은 이런 사실을 들어 정부에 일본 기술자 입국 허용을 건의했지만 거절당했다. 사태가 여기에 이르자 이병철 사장은 직원들을 불러 모았다.

"우리 손으로 기계 조립이 불가능한가?"

"가능합니다."

김재명(金在明) 공장장은 강한 자신감을 드러냈다. (독자들이여. 우리는 김재명 공장장을 기억해 둘 필요가 있다.)

"어려움이 있겠지만 설계 도면만 있으면 국내 기술진만으로도 충분히 가능합니다."

이병철 사장은 우리 손으로 하기로 마음을 굳혔다. 우리 힘으로 하지만 필요하다면 일본 기술진의 조언을 구하기로 했다. 그 뜻을 일본에 전하자, 이번에는 일본 쪽에서 난색을 보였다.

"기계가 성능을 제대로 발휘하지 못하고 규격대로 제품이 생산되지 않으면 우리가 책임을 져야 합니다. 그런 일이 생기지 않도록 반드시 일본인 기술자가 파견되어야 합니다."였다. 다분히 한국을 얕잡아 보는 투였다. 이병철 회장은 어금니에 힘을 주었다. 이병철 회장은 무슨 일이 있어도 한국의 기술진으로 공장을 건설하기로 결심했다.

이병철 사장은 일행과 함께 대한해협을 다시 한번 건넜다. 이번에는 제당과 기계 부문의 연수생들도 동행했다. 끈질긴 노력 끝에 일본 기업들이 설계도를 넘겨주었고 기술 자문을 해주는 것으로 결론이 났다. 우리나라 최초의 제당 공장 건설 프로젝트가 자력으로 이루어지기 시작한 것이다.

험난한 전쟁 같은 시간

초창기의 공장 건설은 거의 맨손으로 이루어졌다. 굴착기도 없는 시절이었다. 삽과 곡괭이, 가래로 땅을 팠다. 퍼낸 흙은 지게로 나르면서 기초 공사가 이루어졌다. 한국전쟁 직후였으므로 철재는 모두 중고품이었다. 건축 자재나 공장 건설에 필요한 자재 또한 볼품없는 수준이었다. 그러나 최초의 제당 공장을 짓는다는 자부심만은 대단했다.

한여름의 불볕더위와 장마 속에서도 공사는 계속되었다. 공기 단축을 위해 건설팀만이 아닌 전 사원이 뛰었다. 건설 과정에서 가장 큰 난제는 철골 구조물의 설치 작업이었다. 당시 우리나라는 철제 빔(Beam) 생산이 불가능했으므로 일본에서 중고품을 구해왔다. H형 빔을 구하지 못하자 I형 빔 두 개를 붙여 지지 강도를 높였다. 작업자가 리벳(Rivet) 이음쇠를 불에 달궈 철골 위로 던지면 그것을 헬멧으로 받아 공기 압축기로 연결했다. '궁즉통'이었다. 당시 우리나라 기술 수준에서 보면 제당업은 최첨단 하이테크(High Tech) 산업이었다. 설계도를 봐도 도저히 알 수 없을 때는 일본으로 국제전화를 걸었다. 그것마저도 여의치 않을 때가 많았다. 당시 국제전화는 하루 전에 신청해야 연결이 가능했다. 통화음도 좋지 않아 악을 써야만 상대방이 알아듣는 수준이었다. 전문적인 기술 용어가 많아 상대방의 말뜻을 이해하지 못하는 경우가 허다했다. 전화로 해결하지 못하는 문제는 국제 우편을 통해 해결했다. 우편이 양국을 오가는 데는 약 2주일이 걸리기 때문에 그럴 때마다 작업을 중단하고 우편 배달부를 눈이 빠지게 기다렸다.

이병철 사장은 원심 분리기와 결정기 등 플랜트 본체를 제외한 나머지 기계는 국산품으로 충당하기로 결심했다. 귀중한 외화로 건설되는 공장이었기에 국산 기계를 사용하는 것은 외화도 절약하고 국내 기계 공업도 살리는 일석이조의 일이었다. 무더운 여름날 임직원들은 전국을 이 잡듯이 뒤져 중고 철판을 구매했다. 전쟁 직후이기 때문에 철재를 구하는 것은 어려운 일이었다.

부산 공장이 완공된 것은 1953년 10월의 일이었다. 공사 기간은 그야말로 악전고투였다. 공기를 두 달이나 단축시켜 완공했다. 한국 특유의 '빨리빨리' 공기 단축은 그때부터 시작되었던 셈이다. 일본 사람들도 경악했다. 제일제당의 일일 생산능력은 25톤이었다. 제일제당은 당시 남한에서 최신 설비를 갖춘 최대 규모의 제조공장이었다.

최초의 국산 설탕 6,300kg

공장이 모습을 드러내자, 부산에서는 큰 화제가 되었다. 제조공장이 거의 없던 시절 높이 솟은 공장 굴뚝은 그 자체로도 국민들에게 희망을 주기에 충분했다. 길 가던 사람들도 공장 앞에 멈춰서서 건물을 바라보며 우리나라 최초의 설탕 공장에 대한 기대감을 표시했다. 정전협정이 가시화되면서 전후 복구와 산업 부흥의 논의가 일어나고 있던 때였다.

첫날 생산한 설탕량은 6,300kg이었다. 그날 오후 한 대의 트럭이 제일제당 공장 안으로 들어왔다. 직원들은 '제일제당'이라는 글자가 선명히 찍힌 우리나라 최초의 국산 설탕을 옮겨 싣기 시작했다. 이 설탕은 부산 국제시장 신일상회에 판매되었다.

제품을 실은 트럭이 부산 공장을 떠나자, 이병철 사장은 직원들을 격려하며 큰 목소리로 말했다.

"바로 오늘이 우리 제일제당의 창립기념일입니다."

발기인 대회를 가졌던 6월도, 창립총회를 가진 8월도 아닌 11월 5일을 창립기념일로 정한 것은 그만큼 첫 생산에 대한 감격이 컸기 때문이다. 그날 저녁 임원들은 책상 위에 놓인 매출전표 한 장을 바라보았다.

　과목: 중백당.
　적요: 신일상회 70kg x 90포대 = 6,300kg
　금액: 501,984환

이병철 사장은 매출전표에 사인한 후 지난날의 회상에 잠겼다. 한국 최대 기업 그룹 삼성(三星)이 첫발을 내딛는 날이었고 한국인들에게도 삼성에 의해 경제적으로 윤택해지는 뜻깊은 날이었다.

4

청년 사업가 이병철 사장의 원대한 발상

1953년 초 한국전쟁도 막바지에 접어들고 있었다. 전선의 상황은 엎치락뒤치락하는 일진일퇴의 연속이었다. 전시 하의 경제는 최악의 수준이었다.

이병철 사장은 깊은 고민에 빠져 있었다. 사업의 진로를 어느 방향으로 잡을 것인가에 대한 고민이었던 것이다. 1년 전에 시작한 무역 사업은 놀라울 정도로 급성장했다. 출자금 3억 원은 어느덧 60억 원으로 불어나 있었다. 1년 사이 20배나 회사는 성장한 것이다. 전시에 가장 필요한 물품이었던 설탕과 의류, 고철 등을 수입, 판매한 결과였다.

그러나 이병철 사장의 얼굴은 밝지 못했다. 수입 무역으로 전시 비상시국 하에 국민 경제에 다소나마 공헌하고 있기는 하지만 만족한 웃음을 떠올릴 수 없었다. 회사의 좋은 실적이 전시 인플레이션에 의한 결과임을 생각할 때 고수익의 즐거움보다는 오히려 인플레이션의 무서움이 실감되는 것이었다. 이 점이 호암 이병철 사장의 위대성이 엿보이는 대목이다.

이병철 사장은 생각했다. 국민이 일상적으로 사용하는 소비 물자를 수입에만 의존하고 있다가는 언제까지나 거기에서 벗어날 수가 없다. 외화(外貨, 달러)는 귀중하다. 우리 국민이 소비하는 것은 우리나라에서 만들어야 한다. 그뿐만 아니다. 인적 자원 외에는 자원다운 자원을 갖지 못한 한국으로서는 원자재를 수입하여 그것을 다양한 상품으로 가공하여 수출로 귀중한 '달러'를 벌어들여야 한다. 이것이야말로 한국이 사는 유일한 길이다. 그렇기 위해서는 우수한 기술과 가공 생산 시설을 갖춘 제조업이야말로 불가결의 것이 아니겠는가!

판문점에서 휴전 협정이 거의 타협점에 이르고 있을 무렵 이병철 사장은 무역업을 함께 하고 있던 경영진을 불러 모았다. 경영진 중에는 조홍제(후일 효성그룹 창업), 김생기(후일 영진약품 창업) 등이 있었다.

"우리가 오늘날 수입 무역으로 어느 정도 사업을 번창시키고 있지만 우리나라 경제를 진정으로 살리려면 제조업 분야에 뛰어들어야 합니다. 나는 앞으로 제조업에 진출할 생각입니다."라고 이병철 사장은 말했다. 그러나 경영진은 "자본과 기술, 생산시설을 갖지 못하면서 제조업에 진출하는 것은 위험이 큽니다."라고 거세게 반대했다.

그러나 이병철 사장의 의지는 확고했다. 그에게는 26세 때부터 여러 방면의 사업을 운영하면서 쌓아온 경험과 직관(直觀, Intuition)이 있었다. 이병철 사장은 경영진의 반대 의견에도 불구하고 지금까지의 경험을 살려 제조업에 투신할 것이라고 선언했다. 제일제당이 잉태되는 순간이었다.

사업의 첫걸음 그리고 시련

경영의 신(神)으로 추앙받고 있는 호암 이병철, 그의 이력 첫머리는 이렇게 시작된다.

- · 1910년 2월 경상남도 의령 출신
- · 1929년 4월 서울 중동중학교 수료
- · 1930년 4월 일본 와세다(早稻田) 대학 전문부 정경과 입학
- · 1931년 1월 신병으로 학업 중단, 귀국

유년기부터 청년기까지 그가 살아온 시대는 일제의 조선 강점이 가장 완벽했고 노골화된 시기였다. 조선인은 농토가 수탈되어 소작농으로 전락했고 기업다운 기업을 일으킬 수도 없었다. 자연히 상권도 일본인들이 독차지하게 되었다.

이병철 사장이 유학 도중 귀국한 당시는 그러한 상황이 가장 철저한 때였다. 그는 귀국 후 그의 인생 행로를 어느 방향으로 잡을 것인가로 무척 고심했다. 청년 이병철에게는 3가지의 선택지가 있었다. 하나는 관리가 되는 것이었고 다른 하나는 사업이었으며 마지막 선택지는 독립운동이었다.

관리가 되는 것은 일제를 돕는 것이어서 불가능했고 독립운동에 뛰어드는 것도 어려운 일이었다. 결국 그가 선택한 인생행로는 사업이었다. 사업을 잘하는 것도 나라를 위하는 일이 될 수 있다. 이병철 사장의 경영 철학 중 '사업보국(事業報國)'은 그때부터 싹텄다.

그는 그런 꿈을 안고 마산(馬山)에서 사업을 시작했다. 정미업(精米業, Rice mill)이었다. 정미업이란 쌀의 겉겨를 벗겨내는 사업이다. 정미업은 소자본으로도 가능했다. 당시 마산은 일제가 수탈한 쌀을 일본으로 실어 보내는 항구(港口)였다. 마산은 의령, 함만 등

경상남도 평야에서 생산된 벼들이 집중되는 곳이어서 정미 수요가 많았다.

첫 사업은 큰 성공을 거두었다. 정미소를 시작한 5개월 후 일출(日出)자동차 회사를 인수했다. 그 무렵 마산에서는 운송 수단이 부족해 운임이 매우 비쌌다. 벼와 쌀을 옮길 트럭이 필요했던 이병철 사장은 운송 사업을 함께한다는 계획을 세운 것이다. 당시 트럭 한 대값은 비행기 한 대 값에 버금간다고 했으며 호암은 20대의 트럭을 굴리게 되었다.

첫 시련 부동산 사업

이병철 사장은 부동산, 특히 농토를 확보하는 사업에 눈을 돌렸다. 논을 확보하는 것은 정미소와 유관하다. 논에서 벼를 생산, 정미소에서 정미하면 정미소 일감이 확보되는 것이다.

이병철 사장은 김해(金海)평야의 광대한 땅에 투자하기 시작했다. 토지 매입자금이 모자라자, 조선 식산은행 마산지점을 찾아가 토지 매입자금 대출을 일으켰다.

조선 식산은행은 조선총독부가 경제 정책을 뒷받침하기 위해 1918년 6개 농공은행(農工銀行)을 강제 합병하여 만든 산업금융기관이다. 식산은행 마산지점은 이병철 사장이 매입할 토지를 제시하기만 하면 매입자금 전액을 대출해 주었고 등기 이전 등 소유권 이전 절차까지 대신해 주었다.

이병철 사장은 불과 1년 만에 수백만 평의 논을 소유했고 '만석(萬石)꾼' 대열에 들게 되었다. 만석꾼이란 곡식 만섬 가량을 거둘만한 논밭을 가진 부자를 이르는 말이다.

그러나 사업이 어려운 것은 예측 불능의 여러 변수가 도사리고 있기 때문이다. 일제는 1937년 7월 7일 중국 대륙을 침략하는 중·일 전쟁을 일으켰다. 이에 따라 일제는 전쟁 자금을 마련하기 위해 임시 자금 조정법을 발동, 은행의 대출을 중단하고 융자금을 회수하도록 했다.

호암에게는 청천벽력이었다. 대출금을 갚기 위해서는 매입했던 토지를 팔아야 했지만, 땅값은 폭락했다. 매입한 토지를 모두 팔아도 원금을 갚기가 어려웠다. 어쩔 수 없이 정미소와 자동차 회사까지 모두 처분하고 나니 다시 원점으로 돌아가 있었다.

후일 호암은 당시 상황을 호암자전에서 다음과 같이 회고했다.

> "청천벽력 같은 충격 속에서 그래도 다행스러운 것은 그 엄청난 부채를 모두 갚을 수 있었던 것이다. 이때 비로소 경영의 의미를 깨닫게 되었고 이 실패는 그 후의 경영에 다시 없는 교훈이 되었다."

저자(著者, 매일경제 경제부 기자)도 이병철 회장과 단독 인터뷰하는 기회에

"회장님도 실패하신 일이 있으십니까?"라고 질문하자 주저 없이 김해평야의 토지 매입 건이라고 말했다.

"기고만장했지요. 오만하기까지 했습니다. 단숨에 만석꾼이 되어 보이는 것이 없었어요. 정세의 흐름을 깊이 보지 않은 것입니다."

호암은 그 이후 신사업을 추진할 때마다 외부 환경을 철저히 고려하는 철학을 갖게 되었다.

삼성상회(三星商會) 탄생

이병철 회장은 실패의 경험을 딛고 사업 연고지를 마산을 떠나 대구로 정했다. 그리고 1938년 삼성상회 간판을 내걸었다. 그의 나이 28세 때다. (이 책에서는 앞으로 회장 존칭을 사용한다.)

이병철 회장은 전국의 산지에서 청과물과 건어물을 사들여 만주 상인들에게 판매했다. 이 사업에서 성공을 거두자, 이 회장은 삼성상회 내에 제분기계를 설치하고 국수를 뽑아 판매했다. '별표국수'가 그것이다.

이 회장이 식품업을 시작한 것은 이무렵이다. 이 회장이 밀가루와 관련된 기업을 경영하게 된 데는 이 제면업이 시초인 것이다. 소규모이긴 하지만 기계를 들여 제품을 만들고 상품화하여 판매한 것은 소매상은 아닌 것이다. 본격적인 기업 활동은 아니었지만, 생산과 판매를 직결했다는 점에서 다른 사람과 달랐다.

이 회장이 생산, 판매했던 별표국수는 하루 100상자 이상이 팔릴 정도로 인기를 누렸다. 이 사업의 성공은 1939년 조선양조 인수로 이어졌다. 양조업에도 진출한 것이다. 양조업은 그 당시 가장 유망한 사업이었다. (조선양조는 후일 이병철 회장이 부산으로 피난 가는 길에 들렀을 때 3억 원이라는 거금을 비축했다가 건넸으며 이 회장은 이 돈으로 삼성물산을 세워 재기의 기틀을 삼았다.)

이병철 회장은 양조 사업에 점차 흥미를 잃어갔다. 당시 양조장과 정미소를 한다면 부자 축에 들어갔다. 이병철 회장은 가끔 자괴감을 느꼈다. 술 사업을 통해 돈을 벌 수 있겠으나 큰 사업가는 되지 못할 뿐 아니라 사내가 할 사업은 못 된다고 생각했다.

이런 깊은 고민을 하던 때 해방을 맞이했다. 일본은 패망했지만,

우리에게 평화는 오지 않았다. 날이 갈수록 해방의 감격은 엷어지고 사회는 혼란했다. 남북이 분단되면서 기쁨은 사라지고 긴장은 고조되었다. 물가가 천정부지로 치솟았고 그간 우리 산업을 지배했던 80%의 일본 기술자와 90%의 일본 자본이 철수하여 공장이 문을 닫았다. 우리나라 산업은 거의 궤멸 수준이었다. 고용인의 77%가 일자리를 잃고 길거리를 헤맸다. 소리 없는 치열한 생활 전쟁이 시작되었다.

한편 이병철 회장은 해방 이듬해부터 가끔 서울을 다녀오곤 했다. 서울에서 본 세상은 혼돈 그 자체였다. 생활필수품이 부족해 일본인이 남기고 간 물건과 해외에서 돌아오는 동포들의 물품이 비싼 가격에 팔렸다. 무역이 암거래 형태로 비정상적인 형태로 진행되었다. 밀수는 홍콩과 마카오가 중심지였다. 이병철 회장은 정상적인 무역이 이루어져야 국민 생활이 안정될 수 있다고 생각했고 무역다운 무역을 해야겠다고 마음먹었다.

서울 시대 시작

1948년 이병철 회장은 서울로 올라와 종로(鐘路) 2가의 영보빌딩에 사무실을 얻어 사업 연고지를 서울로 옮겼다. 그리고 작은 간판을 내걸었다. 바로 '삼성물산공사'였다. 무역업을 시작한 것이다.

삼성물산공사의 주요 취급 품목은 생활필수품이었다. 우리나라에서 잡힌 오징어를 수출하고 설탕과 면사를 주로 수입했다. 삼성물산공사는 승승장구했다. 사업 시작 2년도 채 안 돼 543개 등록된 무역회사 가운데 거래액이 7위로 올라섰다. 1950년 3월 결산에서는 1억 2,000만 원의 순익을 냈다. 당시 80kg 들이 쌀 한 가마니

가격이 906원이었으니 쌀 13만 2,450가마니를 살 수 있는 돈이었다. 만석꾼의 수입이었다.

1950년 6월 25일, 한국전쟁의 발발은 이병철 회장에게 치명적인 시련을 안겨주었다. 막대한 양의 수입 물품이 용산과 인천 창고에 쌓여 있었지만 맨손으로 서울을 떠나야 했다. 삼성물산공사는 포연과 함께 흔적도 없이 사라졌다.

이병철 회장은 1951년 1월 10일, 임시수도 부산에서 무역업을 재개했다. 전쟁으로 인한 물자 부족 문제를 해결할 수 있는 길은 무역밖에 없었다. 이 회장은 고철 등을 수집해 일본에 수출하고 설탕, 비료를 수입했다. (독자들이여! 이병철 회장이 이때 비료(肥料, Fertilizer)를 수입했다는 것을 기억해두자. 비료는 토지의 생산력을 높여 식물이 잘 자라도록 하는 영양물질이다.)

수입 물품들은 워낙 국내 생산이 부족했기에 수입하는 즉시 부산 도매시장에서 날개 돋친 듯 팔려나갔다. 이병철 회장은 설탕 무역 부문에서 타의 추종을 불허했다. '설탕' 하면 삼성물산으로 무역업계에서 인정받았다. 이병철 회장은 설탕 무역에서 독보적 존재였다.

무역업은 막대한 이익을 안겨 주었지만, 이병철 회장은 제조업 진출 꿈을 버리지 못했다. 이 회장은 '완제품의 수입은 당장 긴요한 물자를 국민에게 공급함으로써 국가 사회에 공헌할 수 있다. 그러나 거기에는 귀중한 외화가 소요된다. 또한 국민의 일상적인 필수품을 언제까지나 수입에만 의존하다간 해외 의존의 국민 생활이나 경제 체질을 영원히 탈피할 수 없으며 국가 경제의 자립적인 향상이나 그 발전을 기대할 수 없다. 경제의 기반 없이 국가의 존립이나 국방, 문화, 사회의 발전은 생각할 수 없다. 국민의 생활에 필요한 것은 국산으로 그것을 충족해야 한다. 그래야만 국내 산업이 이

록되어 값싼 상품을 안정적으로 공급할 수 있으며 보다 많은 일자리를 국민에게 제공할 수 있다. 또한 기술의 축적과 산업 활동의 확대에 이바지할 수 있다'는 결론에 도달했다.

이병철 회장은 제조업 진출을 결심하고 어떤 분야를 선택할지 다방면으로 연구했다. 제당, 제지, 제약 세 분야가 유력한 대상으로 떠올랐다. 이병철 회장은 세 분야에 대한 사업 진행에 관한 견적서 제공을 일본 미쓰이(三井)물산에 의뢰했다. 세 분야 모두가 국가적으로 필요한 사업이었다.

미쓰이에서 제일 먼저 제당에 대한 견적서가 도착했다. 운명적이었다. 이병철 회장은 제당을 제일 먼저 시작하기로 결심했다. 이병철 회장은 임원들 앞에서 제당 사업을 시작할 것이라고 선언했다.

수입 대체 산업. 제당(製糖)

제일제당이 소비자 선호에 따라 공전의 호황을 누리자 이에 대한 비판이 일어났다. 이병철 회장은 소비재 산업으로 돈을 번다는 것이다. 제일제당과 제일모직이 비판의 대상이었다.

여러 시각이 있겠으나 그 무렵 제당 산업은 국가와 국민에게 가장 시급한 생활재를 공급해 주는, 그리고 수입 대체로 외화 지출을 막아주는 수입 대체 산업이었다.

이병철 회장은 '호암자전' 회고록에서

"후일 한때 소비재 생산으로 치부했다는 비난 섞인 말을 듣기도 했지만 한 나라의 산업 발전에는 역사에서도 보듯이 단계적으로 굳혀가는 발전의 과정이 있다. 초기에는 일상생활의 필수품을 자급자족하는 소비재 산업과 경공업을 육성함으로써 기술과 경험과 자본을 축적하고 그 기반 위에 고도의 기술과 거대한 자본이 소요되는 중화학 공업이나 전자 등 고도 기술 산업으로 점차 이행해 가야 한다. 제일제당 창립 당시 우리나라에는 전자공업이나 제철공업 등 중화학 공업에 착수할 수 있는 사회경제적 그리고 기술적 요건이 전혀 갖추어지지 않았던 것이다."

이병철 회장은 자신이 본 경제발전 단계를 그대로 실천해 나갔다. 1954년에 제일모직을 세우고 양복지의 대명사인 '골덴텍스' 브랜드로 국민 경제에 이바지했다. 골덴텍스는 당시 영국산 복지가 국내 시장을 장악하고 있었으나 이를 구축했던 것이다. 이병철 회장은 점차 경공업에서 금융과 중공업으로 사업 분야를 확대했다.

- 1960년대 금융업 진출(한일, 조흥 등 시중 은행 대주주)
- 1969년 전자산업 진출(삼성전자)
- 1974년 중화학공업 진출(삼성조선)
- 1983년 첨단 산업 진출(반도체)

식품, 의류, 금융, 전자, 중공업, 첨단산업 등 시대적 요구에 부응하면서 창조적인 사업 다각화를 이룩했다. 그가 설립한 기업들은 국가 경제의 중추로 자리 잡았다. 그의 사업 보국 의지는 그렇게 실현되어 갔다.

이병철 회장은 회고록을 통해 제일제당의 의미를 다음과 같이 언급했다.

"일생동안 벌여온 크고 작은 사업들은 하나 같이 국민 경제를 생각하면서 구상한 것이지만 그중에는 국가 발전을 위해 필수 불가결하고 선구적인 역할을 한 사업도 있었다고 믿는다. 지금 나의 회상 속에 뚜렷이 떠오르는 사업들이 몇 가지 있다. 첫째는 1953년 동란의 와중에서 아직 포성이 들려오는 가운데 제일제당의 설립을 결심했던 일이다. 그때까지 무역업을 해온 상업 자본이 비로소 생산공장을 움직이는 산업 자본으로 전환되는 이를테면 나의 첫 변신(變身)이었다. (이 회장은 어떤 변화를 추구하는 것을 '변신'이란 단어로 사용했다.) 제일제당은 경제사적으로 보면 우리 민족 자본에 의해 최초로 탄생된 근대 산업 시설이었으며 자본주의적 생산 방식을 갖춘 첫 번째 생산공장이었다."

5

제일제당 수요 폭발로 증설 거듭, 최우량 상 수상

　1954년 7월 28일 전국 국산 부흥 선전 박람회가 사직공원에서 열렸다. 휴전 협정이 설립된 후 1년여 만이다. 전쟁의 화약 냄새가 채 가시지도 않았지만, 한국인의 경제 자립의 의지는 불타오른 것이다. 오늘날 세계 10대 경제부국에 오른 저력은 그때부터 싹터 있었다.

　행사 당일 일주일간 쏟아지던 폭우가 멈추고 파란 하늘이 드러났다. 사직공원에 사람의 행렬이 이어졌다. 단정한 옷차림의 제일제당 임직원들이 설탕 포대를 어깨에 메고 바삐 움직이고 있었다. 행사장에는 만국기가 휘날리고 있었다. 우리나라 최고의 국산 우수 제품들을 전시 판매하는 행사였다. 입장료 50환을 지불하고 전시장에 들어선 시민들은 우리나라 산업의 희망과 미래를 확인했다.

　그날 사직공원 중앙에서 국산품 경진대회 시상식이 열렸다. 제일제당 직원들이 중앙 단상으로 모여들었다. 사회자가 '제일제당'을 호명했다. 시상은 이승만 대통령을 대신해 함태영(咸台永) 부통령이 맡았다. 함 부통령은 대한제국의 법관이자 독립운동가였다.

"최우량 상, 제일제당. 품명 국산 설탕. 위의 자는 전국 산업 부흥 선전박람회 출품에 대하여 그 질적 우수성을 심사한 결과 위와 같이 최우량상을 수상하였기에 상장을 드림.

부통령 함태영."

제일제당이 받은 최초의 상이었다. 최우량 상은 임직원들에게 자신감을 주기에 충분했다. 출품된 물품 수는 전국적으로 280개 사 2만 점에 달했다. 그 가운데 1등 상을 수상했으니 국산품 최고의 영예였다. 우수한 품질을 유지하기 위해 끊임없이 노력한 결과였기에 감격은 더욱 컸다.

박람회장에서도 제일제당 백설표 설탕은 선풍적인 인기를 끌었다. 몰려드는 인파 속에서 제일제당 임직원들은 큰 자긍심을 느꼈다. 1953년 11월 최초로 설탕 생산에 성공한 이후 품질 개선을 위해 노력해 온 날들이 뇌리를 스쳐 지나갔다.

국산 설탕도 달고 맛있다

1953년 10월 말, 부산 시내 유통점에서는 단연 제일제당이 화제의 중심이었다. 이 회사에서 설탕을 생산한다는 이야기를 들은 많은 이들의 호기심을 자극했다.

"우리나라가 설탕을 생산한다고? 대단하데이."

"마, 국산 설탕이 외국제보다 달겠나?"

기대감을 갖는 사람도 있었지만 부정적인 시각이 더 많았다. 특히 시제품 생산에 실패했다는 소문이 나돌면서 국산 설탕은 시기상조라는 이론이 커져갔다. 시제품 생산에 실패했다는 소문은 원심 분리기에 원당을 과다하게 투입함으로써 설탕이 제대로 나오지 않은 것을 두고 하는 말이었다.

설탕 생산이 성공을 거둔 뒤에도 사람들의 부정적인 인식은 크게 달라지지 않았다. 이듬해인 1954년 정월 초, 제일제당 직원들은 부산 부평동 총판을 방문했다가 실망스러운 얘기를 들었다. 가격이 너무 싸서 사람들이 사 가지 않는다는 것이다. 제일제당의 설탕은 수입 설탕보다 30% 이상 저렴하다. 이 가격은 이 회장이 국민들에게 싼 가격으로 공급함으로써 국민 소비 생활을 돕자는 취지에서 정했던 것이다. 결코 질적으로 품질이 나빠서가 아니었다. 당시 이런 현상은 LG그룹의 치약에서도 일어났다. LG그룹은 질에 있어서는 콜게이트와 차이가 없지만 낮은 가격으로 소비자에게 판매했는데도 '비싸야 좋은 제품'이라는 편견 때문이었다.

제일제당은 처음 몇 달 동안은 고전했지만 한 번 사간 소비자들의 입소문을 통해 판매량이 늘어나기 시작했다. 가격이 저렴하면서 품질도 좋다는 소문이 퍼지기 시작한 것이다. 유통 업계에서는 제일제당 설탕을 취급하면 떼돈을 번다는 이야기가 나돌았다. 매일 아침 설탕을 받아 가려는 상인들이 제일제당 부산 공장 앞에 긴 줄을 섰다.

제일제당은 유통 체계를 확립할 필요를 느꼈다. 제일제당은 대리점을 통한 직거래 방식을 선택했다. 대리점이 제일제당에서 공급받아 중간 도매상에게 판매하는 방식이었다. 제일제당이 선정한 대리점은 전국에 오직 4곳 뿐이었다. 이들이 일정한 수익을 낼 수 있도록 판매 이익을 보장해 주었다. 대신 대리점들이 판매가격을 조작하는 행위는 엄하게 금지시켰다.

포장재(包裝材)로 고전

1954년 1월경 제일제당은 새로운 문제에 직면했다. 품질은 소비자로부터 인정받아 판매는 급증했지만, 설탕을 담을 포장재가 문제로 떠오른 것이다.

당시에는 비닐이 개발되지 않아 일반 헝겊(천의 조각)으로 포장재를 만들었다. 이제 막 설탕 생산에 성공한 때라 연관 산업인 포장재 기술이 있을 리 없었다. 설탕을 담는 천은 어느 정도 통풍이 되면서도 내용물이 새지 않아야 한다. 당시 우리나라 섬유 제조 기술 수준으로는 그런 천을 만들 수 없었다.

제일제당은 설탕을 담을 수 있는 천을 구하기 위해 백방으로 수소문했다. 많은 샘플(Sample)들이 왔지만, 제일제당이 원하는 천은 없었다. 성긴 천은 설탕이 줄줄 샜고 촘촘한 천은 공기가 통하지 않아 제품에 이상이 생겼다.

이병철 회장은 고민 끝에 일본 유학 중이던 장남 이맹희(李孟熙)에게 연락을 취했다. (독자들이여! 이병철 회장은 맹희, 창희, 건희 아들 셋을 두었는데 우리는 장남 맹희 씨를 기억해 둘 필요가 있다.) 다행히 그는 일본에서 천을 구해 한국으로 보내 주었다. 일본은 설탕 선진국으로 설탕 포장재도 다양하게 생산하고 있었다.

그러나 문제는 그 포장재 천을 당장 사용할 수가 없었다. 포장재를 박음질할 특수 재봉틀이 없었다. 어쩔 수 없이 공장장이 일본으로 갔다. 이맹희를 만난 공장장은 특수 재봉틀이 문제라며 도쿄 시내를 이 잡듯이 뒤진 끝에 중고 특수 재봉틀을 구하는 데 성공했다.

그러나 이번에는 기계를 부산으로 옮길 방법이 막연했다. 당시에는 부산과 일본을 잇는 정규 교통수단이 없었다. 급한 용무가 있는 사람들은 밀항선(密航船)을 타거나 미군 군용기를 이용하던 시절이었다. 다행히 기계는 미 군용기에 실려 부산에 도착했다. 제일제당은 한 발 한 발 전진해 나갔다.

저가 정책 고수와 1차 증설

1950년대 초반 설탕은 우리 소비 생활에서는 없어서는 안 될 귀중품이었다. 그런 만큼 가격이 비쌀 수밖에 없었다. 공급 부족과 인플레이션 때문에 외국산 설탕 가격은 꾸준히 상승했다.

1953년 10월, 수입 설탕 가격은 600g당 한 포에 100환이던 것이 6개월 반 만에 300환으로 치솟았다. 제일제당은 최초 생산 직후 설탕 가격을 600g당 48환으로 정했다. 외국 설탕에 비해 2분의 1에 불과한 파격적인 가격이었다. 6개월 사이에 판매량이 크게 증가하자 임직원들 사이에 가격 인상 논의가 일어났다.

'사실상 국산 설탕 제조 업체는 우리 제일제당뿐이다. 가격을 올린다 해도 경쟁력이 있다. 이제 가격 인상을 고려해야 한다'

그러나 이병철 회장은 가격 인상 논의를 중단시켰다. 생활 필수품이 된 설탕으로 폭리를 취할 생각이 없었다. 이병철 회장은 설탕의 수입 의존도는 낮춰야 한다는 철학으로 가격을 그대로 유지시켰다.

제일제당의 국산 설탕은 빠르게 시장을 점령해 나갔다. 주문이 폭주했지만 수요를 충족시키는 데 한계가 있었다.

이병철 회장은 생산시설 증설 이외에는 다른 방법이 없다고 판단했다. 설탕 생산에 성공한 지 불과 6개월 만의 일이다. 제일제당의 일일 생산량 증설 목표는 50톤이었다.

우선 제일제당은 부산 공장 인근 부지 1,152평(1만 3,808m²)을 매입했다. 이전 공장과 합하면 전체 면적은 6,892평에 달했다. 증설 공사는 12월까지 계속되었다. 우선 원당을 확보하기 위한 창고가 크게 늘어났다. 원당 창고의 규모는 554평(1,830m²)으로 인근에서는 보기 드문 넓은 공간이었다.

생산시설을 확충하면서 수입 설탕의 위세는 서서히 약해지기 시작했다. 제일제당이 설탕 생산을 개시한 1953년 이후 설탕 수입량 추세를 보면 알 수 있다. 1953년 우리나라 설탕 총소비량은 2만 3,800톤으로 그 중 수입 의존도는 97.5%였다. 그러나 시간이 지나면서 수입 의존도는 현저히 낮아졌다. 1954년에는 66.7%, 1955년 34.3%, 1956년에는 7.5%로 떨어졌다. 설탕을 국산화하겠다는 목표가 실현된 것은 1958년이었다. 그해 설탕 국산화 비중은 100%였다.

경쟁 제당 업체의 설립과 정부의 수입 정책 덕분이기도 했지만 이병철 회장은 내심 뿌듯한 자부심을 느꼈다. 불과 3년 만에 자신이 목표한 설탕 수입 대체에 성공을 거둔 것이다. 이 같은 성과는 기업인 이병철 회장에게 큰 용기를 심어 주었다.

후일 이 회장은 다음과 같이 제일제당의 의의를 설명했다.

"제일제당은 수요 증대에 따라 시설을 계속 확장하고 원가 절감을 위해 최신 시설을 도입했다. 제일제당의 성공은 삼성(三星)이 근대적 생산자로서의 면모를 갖춘 첫걸음인 동시에 상업자본을 탈피하여 산업자본으로 전환한 한국 최초의 선험(先驗) 자본이라고 할 수 있을 것이다."

성공의 비결. 좋은 설탕을 위한 고집

제일제당의 성장세는 눈부셨다. 매출액은 신화적이라는 표현이 어울릴 정도로 급상승했다. 창립 당시 460만 원이었던 매출액은 1954년 7,200만 원으로 늘어났다.

제일제당의 인기가 늘어나자 전국 소매상들의 '설탕을 팔게 해달라'는 아우성이 빗발쳤다. 제일제당은 전국 4개의 대리점만으로는 원활한 설탕 공급이 어렵다고 판단했다. 1955년 12월 제일제당은 '대한정당판매 주식회사'를 설립하고 유통 체계를 개선했다. 모든 설탕 판매를 이 회사에 일임하고 생산량 확대에 힘을 집중했다.

1956년 1월 이병철 회장은 대대적인 추가 증설을 지시했다. 국민 생활이 안정되면서 설탕 수요가 늘어나기도 했지만 후발 주자들과의 경쟁을 대비하기 위한 목적도 있었다. 일일 생산량 50톤에서 150톤 생산을 목표로 세 배 이상의 증설을 염두에 둔 공사였다.

제일제당 임원들은 이번에는 일본이 아닌 서독으로 날아갔다. 서독은 유럽에서 설탕 생산 강국이다.

1956년 12월 2차 확장 공사가 마무리되었다. 설비 증설 결과 그 어떤 후발 업체도 따라올 수 없는 생산 설비에 성공했다. 당시로서는 최첨단이었던 스위트랜드 압려기와 리프 압려기가 도입되었다. 국내 최초 각설탕 제조기가 도입되면서 가공 생산도 가능해졌다.

이후 제일제당은 3차, 4차 증설을 이어 나갔다. 제일제당은 후발 어느 회사도 따라올 수 없는 설비와 품질을 자랑하는 기업으로 성장했다.

1956년 수입 설탕 비중은 7.5%를 기록했다. 한해 전에는 34.3%였다. 제일제당의 증설과 품질 개선으로 수입 설탕은 설 자리를 잃은 것이다. 오히려 새로 설립된 국내 제당사들이 서서히 경쟁자로 떠오르고 있었다. 제일제당의 매출액은 기하급수적으로 늘어났다.

- 제1차 증설 이전(1954년, 7,200만 원)
- 제1차 증설 이후(1955년, 2억 8,100만 원)
- 제2, 3차 증설 이후(1958년 5억 6,500만 원)

매출액의 증가는 건실한 재무 구조로 이어졌다.

제일제당은 지속적인 증자를 단행했다. 설립자본금 2,000만 원으로 시작된 제일제당의 증자는 거의 해마다 이루어졌다. 1958년에는 3차례에 걸쳐 증자가 이루어질 정도로 확장을 거듭했다.

이와 같은 성장의 비결은 우수한 품질이었다. 초창기에는 저렴한 가격이 주무기였지만 시간이 지나면서 품질만으로도 소비자들의 인기를 끌었다.

1950년대 후반 우후죽순처럼 늘어난 후발 제당사보다 가격을 높게 책정해도 시장 점유율 1위를 기록했다. 우수한 품질을 이어가기 위한 노력도 계속되었다. 1957년 3차 시설 확장 이후 '시험 연구실'을 신설한 것도 그러한 노력의 일환이었다.

이병철 회장은 "당질을 더 높이는 기술 연구가 필요하데이." 하며 품질을 높이는 연구를 독려했다. 다른 제당사들이 이제 막 생산을 시작할 무렵 제일제당은 더 우수한 설탕을 만들기 위한 연구개발에 나선 것이다.

1958년에는 이병철 회장의 지시에 따라 공장 시설에 대한 대대적인 점검이 시작되었다. 때마침 ICA(미국의 경제원조 담당 기구)의 기술 원조를 받아 미국과 일본으로 연수를 떠났던 기술직 사원들이 회사로 복귀했다. 이들은 선진 공업국에서 보고 배운 생산 시스템을 적용해 나갔다. 제일제당의 놀라운 성장은 선진 기술과 합리적인 생산 시스템으로 양질의 설탕을 만들어 냈기에 가능했던 것이다.

6

사활을 건 설탕 전쟁

1956년 3월 중앙청 상공부 회의실에서 난상 토론이 벌어졌다. 정부의 관련 부서인 상공부와 재무부, 민간 이익단체인 제당협회, 제당 기업 대표자들이 참석한 회의였다. 논의는 계속되었다.

"지난 1월 23일 대한제당협회는 3백50만 달러의 원당 구매 실수요자로 지정되었습니다. 이후 원당 구매를 위한 원조 요청서를 ICA(미국의 원조 담당 기구, FAO의 후신) 본부에 발송한 바 있습니다. 이후 2월 초에 ICA는 원조 달러로 3만 2천 톤의 원당을 구매해 달라고 요구해 왔습니다. 부족한 자금은 추가 지원한다고 합니다."

당시 한국은 미국의 경제원조로 경제 정책이 이루어졌다. 전후 달러 부족으로 미국의 원조 없이는 경제 활동이 불가능했다. 회의 참가자들 사이에 치열한 논전이 벌어졌다. 당시 원당의 국제 시세는 톤 당 150달러로 ICA의 요구사항보다 저렴했다.

'비록 원조 자금이기는 하지만 원당을 더 비싼 가격으로 살 순 없다는 의견과 추후 부족 자금이 지원되니까 상관없다'라는 의견이 팽팽하게 대립했다.

더 큰 난제는 제당협회에 배정된 원당의 배분 문제였다. 설탕의 원료인 원당을 많이 확보할수록 유리했기 때문이다. 각 사의 입장이 팽팽하게 대립했다. 후발 주자들은 공평한 분배를 원했고 선발 기업들은 시장 점유율에 따라 분배를 주장했다. 각 회사의 사활이 걸린 문제인 만큼 한 치의 양보도 없는 설전이 오갔고 재무부와 상공부 당국자들은 중재안을 내놓기 위해 노력했다. 결국 정부 당국은 제당협회에서 각 회사의 입장을 반영한 협의안을 가져오라는 결론을 내렸다. 제당 7개 사의 난립으로 야기된 제당 전쟁은 갈수록 치열해지는 양상을 보이고 있었다.

사활을 건 설탕 전쟁 시작은 1954년으로 거슬러 올라간다. 1954년 3월 5일 기획예산처와 한국은행은 기자 회견을 가졌다. 그 자리에서 정부는 미 국무장관이 보낸 서한을 공개했다.

"지난 2월 26일 받은 미 정부의 전신은 다음과 같습니다. '한국이 전후 피해를 시급히 복구할 수 있도록 원당, 원피, 생고무, 면사 등 1,800만 달러 규모의 FOA(Foreign Operation Administration, 대외활동부) 자금이 지원될 것입니다. 구매 승인된 물자는 경쟁 입찰을 통해 민간인이 구매할 수 있습니다'."

그 소식을 들은 제일제당은 기쁨을 감추지 못했다. 원당을 저렴한 가격으로 보다 쉽게 확보할 수 있다는 기대감 때문이었다. 당시 제일제당의 가장 큰 문제는 원당 확보였다. 전시 후의 극심한 경제난으로 국내는 달러가 고갈되었고 우리나라 국가 신용도는 최하위 수준으로 국제 금융기관으로부터 달러를 빌릴 수도 없었다. 당시 제일제당의 한 임원은 원당 구매에 대한 일화를 다음과 같이 회고했다.

'처음 거래할 때는 중국인 개인으로부터 원당을 수입했으나 그 후에는 대만(臺灣, Taiwan) 당업 공사와 거래했다. 초기에는 난관이 많았다. 이 회사는 당시 일본과 특수 계약을 맺고 원당을 고가로 수출했는데 우리도 그 가격을 적용받았다. 그 후 이 회사 부사장이 우리 회사를 수차례 다녀간 뒤 이해가 깊어졌으며 그 뒤부터 국제 시세로 수출하기에 이르렀다'

원당 확보가 늘 고민이었던 차에 FOA의 원당 지원 소식은 가뭄 속의 단비와도 같았다. 그러나 모두가 기뻐하고 있는 사이에 예상치 못한 일이 벌어지고 있었다. FOA의 원당 지원 소식을 들은 기업가들이 일제히 제당 공장을 짓겠다고 선언한 것이다.

1954년 8월 동양제당이, 12월에는 한국정당이 문을 열었다. 이듬해 12월에는 삼양사(三養社)가 설립되었다. 이들 사이에 원당 확보 전쟁이 시작되었다.

제당 기업들이 난립하기 직전인 1955년 2월까지만 해도 제일제당은 FOA의 원당 구매 자금 전액을 배정받았다. 그러나 1956년 이후 제일제당이 배정받은 원당은 배정액이 30%에 불과했다. 4개 기업에 거의 공평하게 배정되었기 때문이다.

제일제당은 원당을 안정적으로 구할 수 있는 방법을 찾는데 골몰했다. 이병철 회장은 고민 끝에 임원을 필리핀 등 원당 생산 국가로 급파했다. 담당 임원은 약 2년 동안 10여 차례에 걸쳐 원당 구매 상담을 벌였다. 원당 난에 더해 후발 제당 회사의 연이은 설립으로 제일제당에게는 새로운 전운이 감돌았다.

제당 전국시대

뒤늦게 제당업에 진출한 회사들은 사업 초기부터 어려움을 겪었다. 공장을 완공했지만, 원당을 구할 수가 없어 가동이 여의치 못했기 때문이다. 수입 설탕의 증가도 어려움을 야기했다. 군소 무역업자들이 '설탕은 돈이 된다'는 인식에 편승, 외국산 설탕을 대량 수입하겠다고 나섰다.

한편, 정부는 설탕 수입 확대에 부정적이었다. 산업 기반이 전무한 나라에서 제당 산업을 육성 보호해야 하고 외화 지출도 억제해야 하는 것이다. 제당 회사들은 국내 산업 발전을 위해 설탕 수입 확대를 막아달라고 정부에 건의하기에 이르렀다.

1955년 상공부는 하반기 무역 정책 운용 계획을 통해 설탕 수입을 금지한다고 밝혔다. 상공부는 무역 계획에 있어서 설탕 수입 여부는 가격에 좌우된다는 원칙 아래 1954년 12월 12일 가격 보다 높을 경우에는 설탕 수입을 재검토하기로 하고 우선 수입 금지 조치를 취했다. 당시 이를 둘러싸고 상공부 내 상역국과 공업국 간에 많은 논쟁이 있었다. 상역국은 설탕 수입업자와 관계가 깊고 공업국은 제당 업체 문제를 다룬다.

1954년 8월부터 12월까지 매월 20만 달러 규모의 설탕 수입이 허용되다가 자연 전면 금지되고 말았다. 설탕 수입 금지 조치는 우리나라 경공업 발달을 위해 필요한 조치였다. 그러나 일각에서는 설탕이 수입되어야 국산 설탕 가격을 인하할 수 있다는 주장을 이어갔다.

제당 업계는 특단의 조치가 필요하다는 의견이 모아졌다. 우선 서로의 뜻을 하나로 모아야 했다. 그것이 애써 뿌린 산업의 씨앗을 거목으로 키울 수 있는 유일한 방법이었다.

1956년 3월 제당협회가 출범했다. 초기의 회원사는 제일제당을 비롯 모두 7개 사였다. 업체가 경쟁이 치열해지는 상황에서 제당사 간의 협력체가 결성되었다는 사실에 언론은 환영의 뜻을 보였다.

제당협회는 출범 즉시 설탕 산업을 지켜달라는 호소문을 발표했다.

'국내 제당 공업의 현황은 이미 가동 중인 제일제당과 이번에 준공된 동양제당, 삼양사가 본격적인 생산 단계에 이르러 현재 국내에서 수요되는 양을 여유 있게 보아서 연간 6만 톤으로 추정해도 이 수량을 훨씬 능가하여 수요량의 배 이상을 생산할 수 있으므로 상공 당국에서는 국가 산업의 기본 원칙과 계획에 의거해서 1954년 하반기부터 수출입 품목에서 외국산 설탕의 수입을 금지케 된 것입니다. 우리 협회는 당국의 기대에 위배 됨이 없이 저렴한 가격으로 설탕을 공급할 계획이오니 전폭적인 협조를 앙망하는 바입니다'

그런 사이에 제당업에 뛰어든 기업이 더 늘어났다. 1956년 2월에는 금성제당이, 3월에는 해태제과가, 7월에는 대동제당이 제당 공장 기공식을 가졌다. 이로써 제당 업계는 더욱 치열한 원당 확보 경쟁에 휘말리게 되었다.

1956년 초반까지만 해도 경쟁은 그다지 치열하지 않았다. 후발 주자들은 공장 설립 이후에도 기술적인 문제로 가동을 제대로 못했다. 원당 확보 마저 여의치 않아 시설을 제대로 가동하는 업체는 제일제당이 유일했다. 그러나 전 제당사가 생산을 시작하면서 총생산 규모는 15만 톤을 넘어섰다. 우리나라 전체 설탕 수요의 2.5배에 달하는 것이었다. 업계 모두가 공멸할 수 있다는 위기감이 감돌았다.

1957년에 들어서면서 상황은 더욱 악화되었다. 설탕에 대한 물품세(物品稅)가 큰 폭으로 인상된 것이다. 600g당 20환이었던 물품세가 60환으로 세 배 이상 인상되자 설탕 소비자 가격도 큰 폭으로 상승되었다.

- 1954년 설탕 가격 : 정백당 70원, 중백당 50원
- 1957년 설탕 가격 : 정백당 205원, 중백당 195원

급격한 설탕값 인상은 수요 격감으로 이어졌다. 1957년 설탕 소비량은 1년 전에 비해 절반 이하로 급감했다. 공급은 넘치는데 수요는 격감하니 판매 경쟁은 더욱 과열될 수밖에 없었다.

제일제당은 환경 변화에 따라 판매 기구를 정비하기 시작했다. 설탕 판매를 위해 설립했던 대한정당판매 주식회사의 문을 닫았다. 최소한의 중간 이윤도 경쟁력에 치명타가 될 수 있기 때문이다. 대신 각 지역 도매상들과 직거래 계약을 체결했다.

판매도 중요하지만 제당사들은 원당 확보가 최대의 난제였다. 서로 원당을 확보하기 위해 싸움이 벌어졌다. 마찰이 심화될 조짐을 보이자 제당협회는 생산 규모와 시설에 비례해서 원당을 배당하겠다는 결정을 내렸다. 이에 따라 각 사는 규모와 설비를 키우는 데 사활을 걸었다. 공장을 건설 중이던 회사는 설계를 변경, 생산 설비를 확대했다. 기존에 가동 중이던 곳도 마찬가지였다. 제일제당도 경쟁에 뒤지지 않게 생산 시설을 대폭 증설했다.

1955년 5월과 12월에 부산 공장 인근에 공장부지를 매입했다. 그러나 제일제당은 곧바로 시설을 늘리지는 않았다. 시장 자체가 포화 상태였고 무리하나 시설 확대는 결코 우리 경제에 도움이 되지 않았기 때문이다. 시장 점유율 1위 기업임에도 시설 확충을 않자, 제일제당의 원당 배정률은 14.9%로 떨어졌다.

이병철 회장은 치열한 경쟁에서 이기는 길은 품질 개선밖에 없다고 판단, '시험 연구실'을 신설했다. 제당 업계 최초였다. 연구원들은 생산 단계의 불합리한 요소를 제거하는 한편 더 좋은 설탕을 생산하기 위해 노력을 아끼지 않았다. 반면 경쟁사들은 가격 경쟁을

선택했다. 제일제당보다 20% 이상 저렴한 가격 정책을 들고 나왔다. 거의 덤핑(Dumping)이나 다름없었다. 덤핑이란 채산을 무시하고 저렴한 가격으로 상품을 파는 것을 말한다.

1957년 제일제당의 매출액은 설립 이후 처음으로 축소되었다. 1956년 4억 6,900만 원에서 1957년 2억 6,100만 원으로 줄어들었다. 어려운 상황이었지만 제일제당은 시장 질서를 바로잡고자 노력했다. 그것이 올바른 길이라고 믿었기 때문이다.

1958년 제당 업계는 큰 변화를 맞이했다. 그해 1월 업계 2위인 동양제당이 사업을 철수했다. 동양제당의 사업 포기는 제당 업계의 위기를 여실히 보여주는 것이었다. 그러나 그것은 서막에 불과했다. 같은 해 3월에는 금성제당이, 5월에는 한국정당이 폐업의 길을 걸었다. 뒤이어 7월에는 해태제과 제당 부문이 문을 닫았다. 무리한 시설 확장과 덤핑 판매가 야기한 결과였다. 이로써 1957년부터 시작된 제당 전국시대가 종언을 고하고 제당 업계는 제일제당, 삼양사, 대동제당의 3사 체제로 재편되었다.

업계가 정비되자 제일제당의 시장점유율은 큰 폭으로 늘어났다. 덤핑 판매가 근절되자 37.9%에 불과했던 시장점유율은 1960년 69.1%까지 확대되었다. 우리나라 설탕 판매량의 약 70%를 차지하게 된 것이다.

제일제당은 업계 선두의 위치임에도 시설 개선을 위한 노력을 아끼지 않았다. 1960년 제4차 시설 확충이 시작되었다. 이번에는 생산량 증대를 위한 것이 아니라 품질 향상과 공정 합리화에 주안점을 두었다. 제일제당의 생산 능력은 256톤으로 늘어났다. 제당 3사 중 가장 큰 규모였다.

제일제당의 도전, 사탕무 프로젝트

"원당 구하기가 이리 어려운데 원당을 우리가 생산할 수 있는 길이 없겠나?"

이병철 회장은 어느 날 관계 임원에게 지시 겸 한탄 섞인 말을 했다. 원당 확보는 제당업 시작 이후 최대의 난제였다. 제일제당은 필리핀과 대만, 남미의 과테말라, 미국 등 원당을 구할 수 있는 곳이라면 어디든 마다 않고 찾아 나섰다. 그러나 원당 확보는 시원스레 해결되지 않았다.

제일제당은 원당의 원활한 수급을 위해 직접 사탕무를 국내에서 재배하기로 결정했다. 사탕무(Sugar Beet, 甘菜)는 세계의 난온대 지방에서 많이 재배되며 세계 설탕 수요의 20% 이상을 충당한다.

사탕무 재배 역사는 사탕수수에 비해 역사는 짧다. 1747년 어느 날 프로이센 왕국의 화학자 안드레아스 지그문트 마르그라프가 현미경으로 사탕무 조각을 보던 중 당 성분이 들어있다는 것을 발견했다. 1801년이 되어 프리드리히 빌헬름 3세의 후원을 받아 설탕을 뽑아내는 데 성공했다.

제일제당 연구진은 전 세계를 돌면서 관련 자료를 수집하고 연구에 박차를 가했다. 부산 공장 내에는 사탕무 재배를 위한 연구시설이 갖추어졌다. 성공 확률은 낮았다. 그렇지만 연구를 꾸준히 계속했다. 성공하는 경우 원당 확보 문제를 해결하고 원당 수입에 소요되는 외화를 절약하는 국가적 이익이 큰 것이다.

사탕무는 우리나라 토양과 기후에 맞지 않아 이 프로젝트는 결국 무위에 그쳤으나 이 과정에서 익힌 기술 습득은 후일 제일제당이 굴지의 식품 기업으로 도약하는 데 토양이 되었다.

제일제당은 설립 이후부터 연관 산업 진출에 관심을 기울였다. 이미 설탕만으로도 최고의 기업 반열에 올라섰지만 더 나아가 관련 국내 산업 발전에 기여하겠다는 포부가 있었기 때문이다. 제일제당이 확보한 신산업은 다음과 같다.

- 1956년 동성물산의 구룡포(경북 포항시) 통조림 공장 인수
- 1962년 물엿 생산 착수
- 1964년 포도당 시장 진출

제일제당은 구룡포 통조림 공장을 외화 획득 목적으로 인수했다. 펭귄 표 브랜드를 부착한 통조림은 1962년까지 미국과 일본, 스웨덴 지역으로 수출되었다. 여기서 벌어들인 외화는 원당 확보를 위해 쓰여졌다. 이 공장은 1968년 대한식품에 매각되었다.

물엿 사업은 1962년 제일제당의 총매출액의 8.5%를 차지할 정도로 성장했다. 그러나 1964년 정부가 물엿의 원료인 소맥의 사용을 금지하자 생산을 중단했다. 당시 소맥(밀가루 원료)은 귀중한 주곡이었다.

제일제당은 1965년 포도당의 원료인 전분 시세가 급등하면서 사업에서 철수했다. 제일제당은 '제당 전국시대'를 극복하면서 종합식품 회사로의 전진을 멈추지 않았다.

7

제분(製粉, Flour mills) 사업 시작

제분은 곡물을 갈아내서 곡분으로 만들어내는 것이다. 인간은 자연 상태의 곡물을 그냥 소화할 수 없기 때문에 문명 이래로 가장 먼저 만들어진 것이 제분이다.

1958년 8월 7일 국회민의원 예결위(현 국회 예결위)가 기자회견을 열었다. 재무부가 제출한 서류 한 뭉치가 공개되었다. 전국 다액(多額) 납세자 명단을 발표한 것이다. 세금을 가장 많이 냈다는 것은 매출이 가장 높은 기업을 뜻한다. 언론은 이 내용을 일제히 보도했다.

· 1위 제일제당 16억 8,400만 원
· 2위 남전(南電, 당시 전력회사는 3社로 분할되어 있었다.) 12억 4,000만 원
· 3위 동양맥주 9억 6,900만 원
· 4위 조선맥주 9억 6,800만 원
· 5위 경전(京電) 7억 4,900만 원

사업 보국을 최고의 가치로 내걸었던 제일제당으로선 매우 뜻깊은 기록이었다. 제조업으로 경제 기반을 구축하고 수입 대체 산업을 통해 귀중한 달러를 절약한 데 이어 납세를 통해 국가 재정에도 기여하게 된 것이다.

기쁜 소식임에 분명했지만 1950년대 후반 제일제당의 상황은 그리 좋지 못했다. 제당 전국(製糖戰國)시대가 치열하게 이어지고 있었고 설탕 판매는 예전만 못했다. 공급은 수요를 초과했고 설탕을 기본으로 삼되 새로운 분야로 진출하는 것이 해결책이었다.

이병철 회장은 과연 어떤 사업을 통해 돌파구를 만들어야 할지 깊은 고심에 잠겼다. 제일제당이 신산업을 모색할 때는 7개 제당 회사들 사이에 사활을 건 난타전이 치열하게 전개되고 있는 1957년이었다.

새로운 사업 제과(製菓, Pastry)업 진출

1957년 제일제당의 판매 상황은 극히 저조했다. 한해 전인 1956년에는 4억 6,900만 원의 매출을 기록했지만 1957년에는 2억 6,100만 원으로 절반 가까이 줄어들었다. 후발주자들이 덤핑 판매 공세를 펴는 등 시장 질서가 혼탁해진 결과였다.

다른 회사들은 인력을 대대적으로 감축하면서 정상화를 모색했다. 매출 하락을 견디다 못한 임원들이 이병철 회장에게 인력 감축 구조조정을 건의했다.

"무슨 말이고. 회사가 좀 어려워졌다고 가족 같은 직원들을 내보낸다고? 사람이 즉 기업이다. 직원들을 헌신짝처럼 버리는 일이 어디 있노?"

이병철 회장은 일언지하에 거절했다. 이병철 회장은 사람을 자르는 것은 국가에 대한 기업의 책임도 다하지 못하는 것이라고 생각했다.

이병철 회장은 인원 감축 대신 신규 사업 검토를 지시했다. 임원들의 반응은 미온적이었다. 많은 자금을 공장 증설에 쏟아부었기 때문에 여력이 없다는 것이 이유였다. 이병철 회장의 생각은 달랐다.

"경쟁에 앞서기 위해서는 제조 간접비와 인건비를 줄여야 합니다. 그리고 그 여력으로 신규 업종에 진출하는 것입니다. 설탕을 원료로 하는 사업이라면 더 좋을 것입니다. 우리가 생산한 설탕을 활용할 수 있는 사업을 찾아봅시다."

이병철 회장은 새 사업의 가이드라인을 제시했다. 가장 유력한 사업은 제과업이었다. 제일제당이 조사한 바에 따르면 당시 국내 대다수 제과업체들은 시설이 미비했고 가내 수공업 수준을 벗어나지 못한 상황이었다. 우리나라 식품 산업의 발전과 국민 건강을 위해서는 제과업은 반드시 필요한 사업 분야 가운데 하나였다. 제일제당은 제과업 진출을 새 사업 목표로 결정했다.

제분업으로 방향 선회

제일제당은 우선 과자를 만들 수 있는 시험 설비를 도입했다. 제일제당이 직접 생산한 설탕을 재가공해서 시장에 내놓기 위한 시험 연구가 시작되었다. 결과는 만족스러웠다. 성공할 수 있는 충분한 가능성이 엿보였다.

그러나 예상치 못한 일이 발생했다. 기존에 제과업을 하고 있던 군소업자들이 제일제당을 찾아온 것이다. 그들의 요구는 다음과 같았다.

"제일제당같이 대기업이 제과업을 하게 되면 우리는 타격을 입을 수밖에 없다. 우리 생계를 고려해서 제과업 진출을 철회해 달라."

난감한 상황이었다. 그들은 제일제당의 설탕을 사용해 온 고객들이기도 했다. 이병철 회장은 제과업에 진출하면 다수 군소업자들은 파산을 면치 못할 것이라는 생각이 들었다. 이미 시설을 들여오고 시험 연구까지 마친 상황이었지만 제일제당의 진출로 누군가가 피해를 보는 것은 마땅한 일이 아니었다. 특히 그 대상이 군소 영세업자들이라면 더더욱 그러했다. 사내 일각에서는 사업 강행을 주장하는 의견도 있었지만, 이병철 회장은 제과업 진출을 접는 것이 옳은 일이라고 판단했다.

"제과업 말고도 새롭게 진출할 수 있는 사업 분야는 많지 않은가!"

제일제당이 제과업 다음으로 검토한 사업은 제분업이었다. 당시 제분업의 상황은 좋지 못했다. 16개 업체가 난립 중이었고 생산 능력도 45톤으로 국내 수요를 충족시키는 수준이었다. 그러나 밀가루는 설탕과 연계성이 높은 품목이었다.

오랜 검토 끝에 제일제당은 제분업 진출을 확정 지었다. 밀가루는 설탕과 밀접한 거래 품목이었고 설탕 취급 대리점에서 제분 사업을 해달라는 요청도 있었다. 두 사업을 병행하면 작업시간 조정이나 인력 운영 면에서 유리한 점이 많았기 때문이다.

제분 공장은 우리 기술로

1957년 7월 19일, 서울 소공동 조선호텔에서는 '합동경제 위원회 기획분과 위원회'의 회의가 개최되었다. 그날 저녁 1958년 소비재 도입 계획안이 발표되었다. 당시 우리 경제는 자립 상태는 아직 도달하지 못했고 미국의 원조 계획에 의존했다. 관계 당국은 "미국의 1958년 원조 품목은 1억 달러 규모입니다. 구체적인 품목은 다음과 같습니다. 소맥(밀) 450만 달러, 대맥(보리) 500만 달러, 원면 1,000만 달러, 유지 50만 달러…. 입니다."

밀가루의 원료인 소맥은 34만 톤으로 전년에 비해 30% 이상 늘어난 규모였다. 정부가 소맥의 양을 늘린 것은 식량난 때문이었다. 그 무렵 몇 년간 이어진 기상이변 때문에 흉작으로 쌀 공급량이 현저히 떨어졌다.

제일제당은 소맥을 배정받기 위해 공장 건설을 서둘렀다. 공장 부지 선정을 두고 임원들의 의견은 두 가지로 엇갈렸다. 원료 도입과 수송을 위해 해안 지역이 적합하다는 의견과 기존 제일제당 인근이 더 낫다는 것이었다.

이병철 회장은 후자를 선택했다. 설탕과 밀가루를 보완해 시너지 효과를 얻기 위해서는 두 공장이 가까이 있는 것이 유리했다. 제일제당은 인근에 약 300평(992m²)의 부지를 매입해 제분공장 터전으로 삼았다. 이병철 회장은 부지 확보와 동시에 원대한 포부를 밝혔다.

"우리에겐 제당 공장 건설 경험이 있습니다. 그때는 경험이 부족해 일본 설비를 사용했지만 이제 우리는 노하우가 있습니다. 제분 공장은 우리 손으로, 우리 기술로 지어 국민에게 희망을 줍시다."

기술 자립의 의지를 밝힌 것이다. 사내 일각에서는 우리 기계 공업 수준이 미약하다는 이유로 국산 설비 사용을 반대했다. 이병철 회장은 그러한 우려에도 아랑곳없이 자신의 뜻을 굳건히 밀고 나갔다.

제당 공장 건설 당시 주역이었던 15명의 사원들이 한자리에 모였다. 제분 기술자도 외부에서 영입, 새 진용을 구축했다. 이들은 밤낮을 가리지 않고 외국 기계 설계도와 선진국의 기술 자료를 탐독했다.

그해 여름 설비팀은 전국의 기계 제조업체를 방문했다. 직접 그린 설계 도면을 앞에 놓고 국내에서 제작이 가능한지 의견을 나누었다. 어떤 업체는 국내 기술로는 도저히 할 수 없는 일이라며 고개를 저었고 어떤 업체는 이상한 사람 취급을 하며 내쫓기도 했다. 그 정도로 당시 우리나라 기계 공업 기반은 미약했다. 서울 영등포의 한 업체와 계약을 체결하기 전까지 설비팀은 많은 난관을 이겨내야 했다.

제분공장 완공

1957년 10월에 제분 공장 기공식이 거행되었다. 가을에 시작된 공사는 한겨울에 본격적으로 이루어졌다. 공사가 속도를 내면서 철 구조의 건축물이 웅장한 모습으로 올라갔다.

공사는 철야를 해가면서 계속되었다. 영하의 추위 속에서 인부들은 장작불로 몸을 녹여가며 벽돌을 날랐다. 겨울 공사였기 때문에 많은 어려움을 겪었다. 콘크리트를 쏟아부어도 추위 때문에 시멘트가 굳지 않았다. 그럴 때마다 바닥에 불을 피워 콘크리트가 굳어지기를 기다렸다. 화재 위험 때문에 직원들은 밤을 새워 가며 지켜봐야 했다.

약 5개월 후인 1958년 2월, 거대한 철골 구조물이 완성되었다. 제당 공장에 뒤이어 제분 공장이 들어선 모습은 말 그대로 장관이었다. 우리 시설, 우리 기술로 만든 설비가 들어선 것이다. 36기의 제분기와 1,700톤 규모의 사일로(Silo, 저장고) 3기, 원심력 릴, 피분리기 등은 당시 최대 규모였다.

모든 설비를 우리 손으로 만들었다는 사실도 놀라웠으나 공사 기간 또한 모두를 놀라게 했다. 공사 완공 후 설비를 설치하는 데까지 불과 한 달밖에 걸리지 않은 것이다. 건설팀과 설비팀의 노력, 제당 공장 건설 경험이 없었다면 도저히 이룰 수 없는 놀라운 기록이었다.

1958년 3월 5일 제일제당 제분 공장이 완공되었다. 이병철 회장은 벅찬 감동을 억누르지 못했다. 불과 5년 전 제당 공장을 지을 당시 설비 구축 때문에 대한해협을 수도 없이 오가야 했던 때가 떠올랐다. 1954년 제일모직을 설립할 때도 마찬가지였다. 소모기(梳毛機) 설비를 구축하기 위해 유럽 각지를 헤맸던 일이 생각 났다.

제분의 첫 번째 브랜드 삼성, 월세계, 미인

마침내 시운전이 시작되었다. 이병철 회장이 가동 스위치를 누르자 주원료인 소맥이 기체 속으로 사라졌다. 그리고 출구에서 하얀 밀가루가 쏟아져 나왔다. 한 치의 오차도 없는 대성공이었다.

그러나 안심할 단계는 아니었다. 제분 공장은 적어도 한 달 정도의 시운전이 필요했다. 지속적인 기계 가동을 통해 공장 설비를 제대로 확인하는 것이 필요했다.

시운전 기간 동안 설비팀 직원들은 비상사태에 대비하고 있었다. 기계가 가동되기 위해서는 강력한 모터를 돌리기 위한 전기가 필요했지만, 상황이 여의치 못했다. 당시에는 전력난이 극심해 정전 사태가 자주 일어났고 전력 자체도 매우 약했다. 당시 모터에 시동을 걸 때면 1층에서 대형 벨트를 묶어 4~5층으로 연결했다. 직원들이 모여서 벨트를 당겨줘야 기계가 가동되었다. 벨트를 당기다 보면 늘어나거나 끊어지는 일이 발생하기도 했다. 하루에도 여러 차례 벨트를 돌리기 위해 작업이 중단되곤 했다.

1개월 동안의 시운전은 성공적으로 종료되었다. 1958년 5월 첫 제품이 출하되었다. 제일제당은 경쟁사와의 차별화를 위해 제품 등급에 따라 각각 다른 브랜드를 보였다. 1급 품은 삼성, 2급 품은 월세계, 3급 품은 미인이란 이름으로 출시했다.

당시 밀가루는 설탕 대리점에서 취급하는 경우가 대다수였다. 제일제당은 전국 각지의 설탕 도매상들과 특약을 맺고 직거래 방식으로 밀가루 유통을 시작했다. 서울과 부산을 중심으로 10개의 특약점이 만들어졌고 밀가루 소비가 많은 강원도 광산 지대에는 전담 특약점을 설치했다.

1958년 제일제당 밀가루는 시장점유율 8.5%를 차지했다. 생산을 시작한 지 8개월 만에 거둔 실적이었고 신생업체 가운데는 최고의 시장점유율이었다.

불안정한 원료 확보

제분 업계도 제당 업계의 원당 확보 경쟁만큼이나 소맥 확보가 최대의 난제였다. 제일제당이 시장에 진입하기 직전인 1957년만 해도 제분업은 큰 호황을 누리고 있었다. 원료인 소맥을 미국이 싼 가격으로 원조해 주었기 때문이다. 밀가루는 만들기만 하면 날개 돋친 듯 팔려나갔다. 이것은 우리의 배고팠던 시대를 반영하는 현상이기도 했다.

제분업체들은 더 많은 소맥을 확보하기 위해 심혈을 기울였다. 소맥을 많이 확보한 만큼 돈이 벌리기 때문이다. 소맥 확보를 위해 업체들 간에 암투가 이어졌다.

문제는 원조 되는 소맥의 총량이었다. 우리에게 제공되는 소맥은 미국의 잉여 농산물이었으므로 우리나라의 수급 상황과는 상관없이 어떤 해에는 막대한 양이 들어왔고 어떤 해에는 터무니없이 적은 양이 들어오기도 했다. 그러다 보니 밀가루 가격은 불안정했다. 미국에서 적은 양이 들어올 때는 업체 간 소맥 확보 전쟁이 치열해졌다.

수급이 유동적인 상황에서 정부는 소맥을 대한제분협회 산하의 업체들에 배정하는 방식을 취했다. 실수요자가 아닌 유통업자들에게 소맥이 배정되면 시장의 혼란이 야기될 우려가 있었기 때문이다.

대한제분협회는 과당 경쟁을 줄이기 위해 업체의 시설 규모를 기준으로 소맥을 배분한다는 원칙을 세웠다. 이에 따라 제분 기업들은 대대적인 증설 경쟁을 벌였다. 이로 인해 밀가루 공급량은 일일 4만 포대가 생산되었지만 증설 경쟁 이후에는 18만 포대로 폭증했다. 1년 만에 네 배 이상이 늘어난 것이다. 제당과 마찬가지로 제분업도 극도의 경쟁 체제로 바뀌었다. 당시 한 보고서는 "해방 이후 생산 기업의 왕관을 독점하다시피 했던 제분 업계가 수지 균형의 정상성을 상실하였음은 주지의 사실이거니와 최근에는 결정적 도산 상태에 직면하고 있다. 호황기를 유지해 오던 업체가 갑자기 불경기를 당하게 된 이유는 생산 시설의 과잉에 따르는 생산량의 과다에 있다는 것이 공통된 견해다."

제일제당은 고심 끝에 공장 증설을 결정했다. 제일제당이 사업 첫 해에 배정받은 소맥은 5.5%에 불과했다. 생산 능력을 확대하지 않으면 소맥을 구하기가 어려웠다.

1959년 5월, 제일제당은 사일로 탱크 3기를 증설했다. 제일제당의 생산 규모는 연간 1만 톤으로 증가했다. 증설 이후 제일제당이 확보한 소맥량은 25.9%로 늘어났다. 그해 제일제당의 생산량은 두 배 이상 늘어났다. 소맥분의 제일제당 시장점유율은 8.3%에서 25.5%로 확대되었다.

제일제당, 극동제분 임차 운영

제분 업계는 1960년대에 접어들면서 큰 불황에 직면했다. 제분 협회에 소속된 21개 공장 가운데 9개가 도산했고 나머지 공장들도 대부분 조업을 단축했다. 1958년까지 황금시대를 구가했지만, 밀가루에 대한 세금 인상과 환율 현실화가 이어지면서 어려움을 겪었다. 제분 기업들의 도산은 국가 경제에도 큰 손실이었다. 외화를 들여 세운 설비가 무용지물이 되었고 실업자가 양산되었다.

반면 제일제당은 조업을 지속하면서 고용 창출 면에서도 우수한 기업으로 인정받았다. 제분업을 시작한 1958년 297명이었던 종업원 수가 1963년에는 506명으로 크게 늘어난 것이다. 제일제당 제분 공장은 하루 종일 가동되었다. 제분 업계 후발주자였음에도 놀라운 성장세를 이어갔다. 이와 같은 성장세가 이어지면서 제분 시설의 추가 증설이 필요해졌다. 그러나 증설하는 데는 부담이 뒤따랐다. 제분업은 호황과 불황이 반복되었고 원료 확보도 미국의 소맥 공급량을 예측할 수 없어 미지수였기 때문이다.

그즈음 경영난으로 어려움을 겪던 극동제분이 은행에 넘어갔다는 소식이 전해졌다. 극동제분은 강자였다. 2,282톤의 생산 능력을 갖춘 극동제분공장의 가동 중지는 국가적으로 볼 때 큰 손실이었다.

제일제당은 1960년 4월에 이 공장을 임차 운영하기로 결정했다. 선진기법의 기발한 아이디어였다. 금융기관도 도와주고 공장 설비도 가동시키는 등 많은 긍정적인 효과를 가져왔다. 제일제당은 후발주자였지만 우수한 품질과 시장에 대한 정확한 판단으로 제분 업계를 선도해 나가는 기업으로 올라섰다.

분식(粉食) 운동과 밀가루 수요 폭발

분식 운동이란 밀가루 음식 먹기 권장 정책으로 1960~1970년대 시행되었다. 당시 주식인 쌀의 생산량 부족으로 이런 정책이 시행되었다.

1962년 11월 26일 오후 정부는 대책회의를 열고 긴급 성명을 발표했다. 5.16 군사혁명이 있은 지 1년 반 후의 일이다. 당시 우리나라의 식량난은 매우 심각한 수준이었다. 미국에서 들여온 원조 농산물로 근근이 부족분을 메우는 실정이었다. 특히 1962년에는 유례가 없을 정도의 흉작이 들어 쌀값이 크게 올랐다. 시중 일반 물가도 덩달아 높은 상승세를 기록했다. 쌀, 보리, 콩 등 주요 식료품의 물가 인상률은 연간 79%에 달했다. 식량이 부족한 가운데 물가마저 폭등하자 민심이 크게 술렁였다. 정부는 특단의 조치를 취했다.

- 일반 가정 : 잡곡을 섞어 먹고 이틀에 한 차례는 밀가루 음식을 먹는다.
- 쌀 판매 업자 : 반드시 쌀 8할, 잡곡 2할의 비율로 섞어 팔아야 한다.
- 음식점, 여관, 접객업 : 2할 이상 잡곡을 섞어야 하며 잡곡밥에는 3할 이상의 면을 섞는다.
- 구내식당 : 밀가루나 잡곡을 원료로 하는 음식만 제공할 수 있다.
- 제과업 : 쌀 이용을 일절 금지한다.
- 양조업 : 쌀로 소주를 만들어서는 안 되며 주정 원료는 고구마에 한한다.

제분 업계는 큰 호황을 맞이했다. TV에서는 빵 만들기 특집 프로그램이 연일 방송되었고 신문과 잡지에는 밀가루의 영양분이 높다는 기획 기사를 반복 게재했다. 밀가루 소비량이 폭발적으로 증가했다. 휴업 중이던 제분 공장이 일제히 기계의 녹을 털어내고 가동을 시작했다. 거의 24시간 공장을 돌려도 부족할 지경이었다.

그러나 정부의 분식 장려운동에는 많은 맹점이 있었다. 쌀 대신 밀가루 제공이 원활해야 했지만, 현실은 그러지 못했다. 원료인 소맥이 부족했기 때문이다. 공장을 가동하고 싶어도 원료가 부족한 상황이 계속되었다. 제분 공장의 90% 가까이 육박했던 가동률이 62.9%로 하락했다.

정부는 급히 50만 톤의 소맥 도입 계획을 발표했다. 지난해보다 15만 톤을 늘린다는 계획이었다. 그마저도 부족한 양이었다. 특단의 대책이 필요했다. 제분 업체 사이에서 소맥을 확보하기 위한 경쟁이 치열해지자 자정 운동이 일어났다. 지나친 경쟁은 제분업 전체적으로 보았을 때 득보다 실이 많았다.

대형 제분 업체를 중심으로 5인 위원회가 구성되었다. 제일제당, 대한제분, 삼화제분, 삼양사, 호남제분이 참여했다. 이들은 논의 끝에 '시설 규모에 따른 배분 대신 원료 구입 대금 순'으로 소맥을 배정하기로 합의했다. 업체들 간의 이해를 반영하기 위한 대안이었다. 그러나 차선의 고육지책이었다.

그러나 이러한 배분 방식은 결과적으로 밀가루 품귀 현상을 가져왔다. 국내 최대 밀가루 생산업체인 대한제분이 가장 많은 소맥을 확보한 것이 문제였다. 당시 대한제분은 내부적인 문제 때문에 1년 중 45일 가까이 조업을 하지 못했다. 공장을 풀가동해도 모자랄 판에 가장 많은 원료를 확보한 공장이 생산을 중단하자 시중에 밀가루 품귀 현상이 시작됐다.

제일제당은 원료의 확보량이 부족해 어려움을 겪었다. 주문이 밀려드는 상황이었지만 소맥이 없어 급기야 두 차례나 가동을 중단했다. 문제는 갈수록 악화되어 갔다. 미국과의 잉여 농산물 협정이 어려울 수 있다는 전망이 나오면서 도·소매상들은 일제히 밀가루 방출량을 줄였다. 품귀 현상으로 밀가루 값이 오르자, 폭리를 취하기 위해 방출량을 조절한 것이다. 제분 업계와 제당 업계를 파국으로 몰고 간 삼분파동(三粉波動)의 어두운 그림자가 시시각각 다가오고 있었다.

8

삼분파동(三粉波動)과 시련

1964년 6월 15일 오후 서울 검찰청사에 수많은 신문 기자들이 모여들었다. 사진기자들은 커다란 카메라 가방을 메고 검찰 총장이 들어오기만을 기다리고 있었다. 검찰 총장이 들어서자 카메라 플래시가 터졌다. 세칭 '삼분폭리 사건'(삼분이란 설탕, 밀가루, 시멘트를 가리킴)에 대한 검찰 수사 결과가 발표되었다.

"국내 제당 3사 가운데 대동제당은 1963년 6월경부터 휴업 중에 있고 제일제당과 삼양사 만이 가동 중인 바 둘 다 생산 과정과 유통 과정에 있어 부정을 인정할 하등의 자료가 없고 가격 형성에 있어 설탕은 고시 가격이 아닌 부정 축재 환수위원회의 승인 가격으로 판매되는 것임으로 물가 조절에 관한 임시 조치법 위반 행위는 논의될 수 없으며 생산자 가격에 비해 시중 시세가 폭등되는 이유는 자유 판매에서 오는 수급 상태에 따른 가격 변동에 기인되는 것이라고 인정됨으로 내사를 종결하고자 합니다."

제일제당 임원들은 라디오를 통해 그 소식을 들었다. 그간 근거 없는 오해를 뒤집어 썼던 임직원들은 안도의 한숨을 내쉬었다. 1960년대 초반 우리 사회를 뒤흔들었던 삼분파동의 원인은 제당

사, 제분사가 아니라는 사실이 밝혀지는 순간이었다.

이병철 회장에게는 그간 너무나 힘든 고통의 시간들이었다. 10년 전 제조업 불모지 한국에서 제당, 모직, 제분 등 세 종류의 사업을 시작한 이래 삼분파동은 가장 큰 위기였다. 국민들은 오해와 불신의 눈으로 제당 업계를 바라보았고 경영상 타격도 매우 컸다. 새로운 10년의 도약을 준비해야 하는 순간이었으나 미래를 위한 준비 대신 부도덕한 사건의 수렁에 휘말려야 했던 지난날이 떠올랐다.

독자들이여, 삼분파동을 좀 더 정확하게 이해하기 위해서는 당시 관련 국제 시장 상황을 들여다볼 필요가 있다.

국내 원당 가격 폭등

1960년에 세계 최대 원당 생산 국가인 쿠바(Cuba)에서 혁명이 일어났다. 쿠바는 북아메리카의 카리브 제도에 있는 섬나라로 인구 1,000만 명의 주민이 살고 있다. 쿠바의 경제에서 기본은 사탕수수 생산이다. 사탕수수는 쿠바 수출 총액의 80~85%를 차지한다.

새로 정권을 잡은 카스트로는 미국과 극한 대치를 시작했다. 미국은 쿠바와 단교를 선언하고 미국인의 쿠바 여행을 금지시켰다. 1961년 3월에는 쿠바의 설탕 무역 쿼터를 인정하지 않는 강수를 두었다. 쿠바의 달러 수입원을 원천 봉쇄한 것이다.

쿠바도 이에 대응하는 조치를 취했다. 미국을 비롯한 서방 세계에 원당 수출을 전면 중단한다는 선언이었다. 연간 3,000만 톤에 달하는 막대한 원당 공급이 끊기자 글로벌 시장은 일대 혼란에 빠졌다. 악재는 여기에서 그치지 않았다. 쿠바에 뒤이은 사탕무 생산지였던 유럽(Europe)에 기상이변이 일어났다. 추위가 휘몰아친 바람에 사탕무 재배가 사상 최악의 흉작을 기록한 것이다.

국제 원당 가격은 천정부지로 상승했다. 1962년 톤당 63달러 선이던 국제 원당 가격은 이듬해 277달러까지 폭등했다. 미국에서도 설탕 사재기 열풍이 일어날 정도였다. 1963년 4월에는 세계 2대 원당 시장 가운데 하나인 런던에서 전후 최고가인 톤당 100파운드를 돌파했다.

국제 설탕 이사회 전무이사는 유엔 식량농업기구(FAO. Food and Agriculture Organization of the United Nations)에 출석해 긴급 호소문을 발표했다.

"현재의 국제 설탕 상황은 막대한 대가를 지불하고 있는 수입 국가는 물론 수출국들에게도 위험 신호가 될 것입니다. 현재 시세는 평화 시에는 유례를 찾아보기 힘들 정도의 위험성을 내포하고 있습니다. 당장 시급한 문제는 설탕의 증산입니다. 지금까지는 많은 국가가 오직 자국의 이익만을 위해 생산을 제한해 왔지만, 이제는 이를 완화하는 것이 불가피하다고 봅니다."

국내 제당 업계는 충격에 빠졌다. 원당의 국제 시세 급등 소식이 시시각각 전해졌다. 우리나라에서 제당 산업이 시작된 이래 원당 가격이 이렇게 폭등한 적은 없었다. 국내 시장에서는 서서히 '설탕을 사재기'하는 일부 유통업자들이 나타나기 시작했다.

그런 가운데 정부는 1961년 2월 1일 달러당 1,000원이었던 환율을 1,300원으로 인상한다고 발표했다. 경제 개발을 위한 자금 조성이 목적이었다. 그러나 15년 만의 환율 인상은 국민들에게 불안감을 안겨 주었다. 설탕과 밀가루와 같은 생필품 시장이 가장 먼저 반응을 보이기 시작했다. 물가는 예정된 수순처럼 폭등세를 보였다.

설탕 대란과 밀가루 품귀

"1964년에는 극도의 경제 위기가 올 것이다. 그 이유는 외환 보유가 부족한 데다가 1964년이 되면 아주 고갈되기 때문이다. 이대로 간다면 경제적 중대 사태가 일어날 것이다. 외환이 말라 없어지는 것은 실로 중대 사태다."

1963년 1월 4일, 정부 관계자는 기자회견을 열고 외환 부족 문제가 심각하다고 발표했다. 실제로 당시 우리나라 외환 보유고는 심각한 수준으로 낮았다. 한국전쟁 이후 10여 년 동안 이어져 온 미국의 원조 액수가 현저히 줄어들고 있었기 때문이다.

군사혁명 정부는 1962년부터 달러 절약을 위한 특단의 조치를 취하기 시작했다. 그 가운데 하나가 소비재의 수입 제한 조치였다. 제한 물품 가운데는 설탕의 주원료인 원당도 포함되어 있었다. 이전까지 신고제로 운영되었던 원당 수입은 허가를 받아야만 할 수 있는 것으로 바뀌었다.

그러한 조치에 따라 1963년 원당 수입에 배정된 외화는 300만 달러에 불과했다. 전 해의 절반이었다. 국제 원당 가격이 오른 것을 감안하면 4분의 1 규모였다. 설탕 대란은 이미 그 무렵부터 싹트기 시작한 것이다.

연구기관의 보고서에는

"앞으로의 설탕 전망은 어둡다. 소비 자체가 다소 준다고 해도 공급량이 워낙 부족하니 설탕 품귀가 예상되고 이에 따라 가격고(價格高)도 예상된다. 원당 수입 쿼터가 반감된 데 영향을 받는 것은 소비자뿐만 아니라 제당 업계에도 그만큼 타격을 줄 것이 예상된다. 제당 업체의 가동률도 절반 정도였는데 금년 중에는 이것의 절반으로 떨어지게 되었으니 말이다. 그렇다고 가뜩이나 외화가 부족한 처지에 원당 수입 쿼터를 늘릴 가망성은 없고 보니 아무래도 설탕 부족 현상은 양적으로나 가격으로 나타날 것이다."

예상대로 설탕 가격은 걷잡을 수 없는 수준으로 급등했다. 1963년 1월, 정백당 30kg 가격은 1,850원으로 상승했다. 해방 이후 최고가였다.

1963년 1월 26일 최고회의와 내각은 최고회의 본 회의실에서 연석회의를 가졌다. 이 자리에서 물가 대책이 심각하게 논의되었다. 내각은 물가 억제책을 제시했고 최고회의는 이를 승인했다. 이 자리에서 집중적으로 논의된 것은 생필품의 가격 문제였다. 그해 겨울 몇 가지 사건이 겹치면서 식량 가격 또한 이상 조짐을 보였기 때문이다. 가장 큰 원인은 1962년의 대흉년이었다. 그해 쌀 수확량은 1,600만 석으로 필요량에 비해 570만 석이나 부족했다. 식량 품귀 현상이 일어날 것을 우려한 정부는 밀가루 가격을 통제하기로 결정했다.

한편, 예기치 못한 상황이 발생했다. 추운 날씨 때문에 인천항이 얼어붙으면서 소맥 도입이 지연된 것이다. 원료를 구입하지 못한 상당수 제분 기업들의 가동이 중단되었다. 여기에 또 한 가지 나쁜 소식이 전해졌다. 미국과의 잉여 농산물 원조 협상이 지연된 것이다. 독자여! 당시 미국의 잉여 농산물은 우리를 굶지 않게 하는 젖줄과도 같은 것이었다.

시장에서 밀가루 가격이 서서히 들썩이기 시작했다. 정부는 4월 3일 밀가루 고시 가격을 포대당 370원으로 정하고 이를 어길 시 강력히 단속한다는 방침을 밝혔다.

정부는 제분 공장 가동을 격려하는 한편 관수용으로 수매했던 밀가루를 시장에 내놓는다고 발표했다. 그러나 이 조치는 시행되지 못했다. 정부가 관리했던 밀가루는 창고 안에서 썩어가고 있었다. 당시 밀가루는 수분이 많은 데다가 밀기울이 쌓여 부패되는 경우가 많았다. 이 사실을 알지 못했던 정부의 관리 소홀 때문이었다. 밀가루도 품귀 현상을 빚으면서 설탕과 마찬가지로 가격이 폭등했다. 이른바 '삼분파동'의 시작이었다.

밀가루를 달라!

1963년 5월 6일 9시, 밀가루 도매상인 부산 부평동 천일상사 앞에서 시위가 벌어졌다. 제과점과 국숫집 주인 등 약 300여 명에 이르는 실수요자들이 주인공이었다. 이들은 큰 피켓을 들고 아우성을 쳤다.

"밀가루를 달라."

하루 전에도 배급표를 받기 위해 시민들이 몰려드는 바람에 자전거와 유리창이 파손되었다. 밀가루 품귀 현상은 서서히 사회 문제로 비화되고 있었다. 쌀값 상승은 밀가룻값 폭등으로 이어졌고 밀가룻값 폭등은 다시 쌀값 폭등을 불렀다. 꼬리에 꼬리를 물면서 가격 인상을 부추기는 현상이었다.

각 지역에서는 시민들이 날이 밝기가 무섭게 도매상과 소매상 앞에 줄을 섰다. 설탕 사재기도 시작되었다. 설탕을 사두었다가 다시 내다 팔면 막대한 차익을 남길 수 있다는 소문이 나돌았다. 새벽이 되면 판매점 앞에는 가정주부와 군인, 회사원들까지 줄을 섰다. 작은 규모의 기업들은 사원 후생용이라는 명목으로 설탕을 구매했다. 어떤 협동조합에서는 직원들의 공제 기금으로 설탕에 투자하는 일도 생겼다.

설탕이 투기의 대상이 된 것은 생산업체의 의지와는 무관했다. 유통 과정에서 생긴 무질서와 국제 원료 가격 상승이 주된 원인이었다.

1963년 1월, 이병철 회장은 긴급 임원 회의를 소집했다. 설탕 가격은 물론 밀가루 가격까지 오르는 상황이었다. 정부 대책을 기다리고 있기에는 너무나 심각하고 급한 상황이었다.

"설탕과 밀가룻값이 이리 오르고 있는데 국민에게 무슨 말이라도 드리는 게 도리이다. 우리는 설탕과 밀가루를 생산하는 큰 업체 아닌가?"

이병철 회장은 임원들에게 의견을 구했다. 오랜 논의 끝에 제일제당은 중간 유통을 배제한 직접 판매가 필요하다는 결론에 도달했다. 중간 이윤을 없애는 한편 도·소매 과정에서 생길 수 있는 부당이득의 근거를 없애기로 한 것이다.

이날 제일제당은 제당협회와 함께 신문광고를 게재하기로 했다.

설탕 소비자 제현께 고함

"근자 일시적 현상으로 설탕 도소매 시판 가격이 급등 됨은 기실 일반 소비자 대중의 성급하고도 막대한 가수요에 기인된 결과로 사료됩니다.

첫째, 제당업자는 거년 1월 중에 생산 공급한 설탕 수량보다 더 많은 양을 금년 정월에 판매했습니다. 둘째, 판매가격은 환수 절차법에 의거 승인받은 지시가격으로 판매했습니다.

이러함에도 불구하고 세평은 좋지 않음으로 이러한 난국에 처한 우리 업계는 만난을 배제하고 끝까지 국책인 저물가 정책에 호응하고 상품 유통의 원활을 기하며 소비자 대중의 편의와 이익을 도모코져 불일내 서울시 요소요소에 일반 가정용 설탕 소매 판매소를 신설하여 목적을 달성코자 하오니 기대하여 주시기 바랍니다."

1963년 2월 신세계백화점을 비롯한 서울 시내 주요 지역에 5개의 직매소가 설치되었다. 이곳에서는 정부에서 지정한 가격 그대로 가정용 설탕이 판매되었다. 부산에도 10여 개의 판매소가 설치되었다. 소비자들의 입장을 고려해 판매 시간을 오전 8시부터 오후 9시까지 확대했다. 일부 사재기에 악용될 소지를 막기 위해 한 사람당 판매량을 600g으로 제한했다.

정치 문제화된 삼분 가격 폭등

설탕, 밀가루 가격 폭등 현상은 결국 폭리(暴利) 문제로 국회에서 정치 파동으로 비화됐다. 1964년 1월 15일 개최된 임시 국회는 극심한 파동을 불러왔다. 대정부 질의에 나선 야당 의원들이 삼분파동에 정치권력이 개입되었다고 폭로했다. 1964년 전반기 동안 세상을 떠들썩하게 했던 삼분 사건의 시작이었다. 한 야당 의원이 '특정 재벌의 국민 경제 파괴 반민족 행위 조사를 위한 특별위 구성 결의안'을 제안하는 등 사건은 점차 확대되어 갔다.

언론은 국회의원의 발언을 대서특필하면서 그들의 주장을 기정 사실화했다. 그런 가운데 한 언론은 '폭리 의혹 점차 확대'라는 제하의 기사를 통해 삼분 사건의 가장 큰 혐의자로 제일제당을 지목했다. 업계 최정상에 있는 데다가 제당 업계와 제분 업계 상징이나 마찬가지였기에 공격 대상이 된 것이다.

사태는 걷잡을 수 없이 확대되었다. 신문 보도가 사실이라고 판단한 국민들의 항의가 빗발쳤다. 제일제당은 삼성물산과 공동으로 대국민 해명서를 발표했다.

「한 언론지상에 국회의원이 제안한 한국민 경제 파괴 행위 조사 특별 위원회 구성 결의안에 연관된 기사가 악의적으로 연일 보도됨으로써 그 사실과 내용을 모르는 선량한 국민을 현혹시키고 아울러 폐사에 막심한 피해를 입히고 있는바 인내의 한계가 넘은 폐사로서는 이 나라의 정치 도의와 건전 언론을 위하여 보도 내용과 몇 의원의 발설이 허위와 과장된 사실임을 밝힘으로써 국민의 올바른 판단을 바라고자 하는 바입니다.」

해명서의 주요 내용은 '왜곡된 사실의 바로잡기'였다. 대표적인 것이 '납작 밀'에 대한 보도였다. 납작 밀은 보통 밀보다는 가격이 싸다. 당시 제일제당에는 납작 밀 처리 시설이 없었는데도 언론에서는 제일제당이 납작 밀을 통해 폭리를 취했다고 보도했던 것이다. 폭리란 매점매석 등 여러 방법을 통하여 큰 이득을 부당하게 취하는 행위를 말한다.

제일제당의 의지와는 달리 언론은 왜곡 보도를 이어갔다. 제일제당은 허위 보도를 이어가는 일간지를 명예훼손 혐의로 서울 지방검찰청에 고소하고 진실을 밝혀줄 것을 요청했다.

검찰 수사 결과 다음과 같은 내용들이 밝혀졌다.

① 생산업자가 폭리를 취했다는 일부 주장은 근거가 없음

② 부당 이득을 취한 업자는 생산업체가 아니라 중간 상인임.

특히 설탕과 밀가루는 정부 통제 아래 있었으므로 가격을 생산업체가 임의대로 조정한다는 것은 불가능했다.

1964년 삼분 사건의 검찰 조사 결과가 발표된 날, 제일제당 임직원들은 만감이 교차했다. 제일제당 창업 10년이라는 영광의 기록임에 분명했다. 그러나 우리나라 최초의 제당 기업이자 납세 1위로 국가 경제 발전에 기여했던 영광의 이면에는 삼분 사건이라는 상처 또한 분명히 남아 있었다. 제일제당은 어느덧 모든 국민의 관심을 모을 정도의 친숙한 생활 기업으로 우뚝 서 있었다.

9

국민들의 삶에 지대한 영향을 준 제일제당

　　호암 이병철 회장은 1980년 7월 3일, 전경련 국제 경영대학원에서 개최한 최고 경영자 연수회 강사로 초청되어 '나의 창업이념과 경영 철학'이라는 주제로 약 두 시간 동안 담담하게 강연을 이어 나갔다.

　　이병철 회장의 이날 행보는 특별했다. 평소에는 세미나나 강연회에는 전혀 참석하지 않는 이 회장이었다. 전경련은 사실 5.16 군사혁명 이후 정부와 재계가 일체가 되어 국가 명운이 달린 1차 경제개발 5개년 계획을 효과적으로 수행하기 위해 발족한 민간 경제인 조직이었고 이병철 회장은 초대 회장을 맡았었다.

　　100여 명에 이르는 참석자들은 한국 최대 기업 그룹을 일군 경영인의 강연에 귀를 기울였다.

　　"40여 년 동안 기업을 일으키면서 사업보국, 인재 제일, 합리 추구 등 세 가지의 경영 원칙을 갖고 일해 왔다. 전쟁 이후 주변의 만류를 뿌리치고 제조공장을 세우기로 결정하여 자본금 2,000만 원으로 일산 15톤의 제일제당을 완공했다. 초기의 회사 이익은 엄청났다. 2~3년 후 한국 제일의 거부(巨富) 소리를 듣게 되었고 국가 조세의 20분의 1을 부담했다. 제일제당의 성공은 나 스스로 근대적 생산자로 면모를 갖추는 제일보였다."

제일제당의 성공은 우리 국민들의 삶에 지대한 영향을 미쳤다. 설탕과 밀가루 가격이 가계에 미치는 영향력은 지대했다. 수입 설탕에만 의존했다면 결코 생각할 수 없을 정도의 저렴한 가격으로 소비자에게 공급했다.

설탕으로 인해 가정 소비문화도 바뀌었다. 제일제당이 설립되어 설탕이 공급되자 가정의 문화도 바뀌었다. 반가운 손님이 찾아오면 설탕물을 타 대접했다. 주스나 커피가 없는 시절이어서 손님에게 설탕물을 타주는 것은 당시에는 최상의 대접이었다.

한국 제조업(Manufacturing Industry) 개화

이병철 회장은 제일제당의 의의를 개인적인 이유에서가 아니라 국가 산업 발전에서 찾았다. 제일제당의 성공 덕분에 우리나라 제조업의 꽃이 활짝 피었다고 본 것이다.

이병철 회장은 "그동안의 사업 발자취를 되돌아보면 물산, 제당, 모직의 세 기업은 서장(序章)에 지나지 않는다. 그러나 나는 제일제당과 제일모직의 완성에 각별히 큰 의의를 찾고 있다. 내 나름으로는 역사를 선도했다는 자부심을 간직하고 있다면 오만일까? 그것은 이 두 기업의 경영이 잘 되어 부를 얻었기 때문이 아니다. 나의 성공이 우리나라 기업가에 대하여 적어도 생산공장 건설에의 의욕을 불러일으켜 오늘의 한국 경제를 지탱하는 산업 발전의 계기가 되었다는 뜻에서이다."라고 회고했다.

실제로 제일제당의 성공은 다른 기업인들에게도 자극이 되었다. 그간 제조업에 두려움을 갖고 있던 기업인들에게 크게 성공하려면 제조업을 해야 한다는 인식을 심어줬다. 우리나라 근대 산업사에서 제일제당이 차지하는 위치에 대해 〈전경련 40년사〉는 다음과 같이 기록하고 있다.

> '제일제당은 대단한 성공을 거두었다. 그 자극을 받아 다른 기업들은 전시 무역으로 축적한 상업자본을 투자하여 락희화학, 한국유리, 동양제당, 삼양제당 같은 근대적인 산업 시설에 도전했다. 이처럼 상업자본의 산업 자본화라는 시류의 흐름을 탄 기업들은 훗날 한국에서 대기업 군 형성의 기폭제로 작용하게 되었다. 제일제당은 삼성그룹 모태가 되었고 락희, 개풍, 삼호, 삼양사, 대한전선, 금성방직, 동양제당, 대한제분 등 초창기 대기업 그룹군은 모두 이 시기에 성장의 고속도로를 질주했다'

제일제당이 기업 공개를 단행했던 1970년대, 한 언론은 제일제당을 '삼성의 모체 기업으로 오늘의 삼성을 재계 정상으로 올려놓는 데 결정적 역할을 한 기업'으로 언급했다. 제일제당은 한국전쟁 이후 개척을 시작했던 우리나라 근대 산업사의 첫 장에 기록되고 있다.

인간적인 사업가 이맹희(李孟熙) 부회장

제일제당은 창업 초기 많은 장애를 이겨내야 했다. 제당 공장이 우리나라 최초의 근대식 제조공장이었던 만큼 모든 것이 난제였다. 그럴 때마다 이병철 회장은 선진 사례를 검토하고 거기에서 교훈을 얻으면서 사업을 성공으로 이끌었다.

제일제당이 난국을 극복하는 데 결정적인 역할을 한 이가 이맹희 부회장이었다. 이병철 회장의 장남인 그는 1953년 제일제당 설립 당시 일본 도쿄에서 유학 생활을 하는 중이었다. 제일제당이 기술적인 문제로 난관에 부딪힐 때마다 그는 학생의 신분으로 아버지 이병철 회장의 지시를 받고 회사 일을 도왔다. 당시의 제일제당은 일본에 사무실을 내고 직원을 상주시킬 형편은 못 되었다. 새로운 기계를 주문하거나 정보 등을 수집하여 회사에 제공하는 일은 죄다 그의 몫이었다. 필요한 선진 기계류를 수입하는 문제나 출장 온 임원들의 통역도 도맡아 했다. 제일제당 주재원이나 다름없이 활동하고 있었던 것이다.

이맹희 부회장은 평생 '호암의 아들'로 살아왔다. 때로는 그 사실이 큰 짐이기도 했다. 그러나 호암의 장자로서 호암의 경영이념을 계승한 기업인이 되고자 부단히 노력했다.

호암을 직접 보좌하며 경영 수업을 본격적으로 쌓기 시작한 것은 제일제당과 제일모직에서였다. 그는 '경영자로서 아버지만 한 능력과 정열을 가진 사람은 없다고 확신한다'는 말을 남긴 바 있다. 그 정도로 그는 호암의 경영 철학과 기업가 정신을 받아들였다.

경영 2세로서 이맹희 회장은 두 가지 면에 관심을 기울였다. 한 가지는 새로운 세계에 대한 끝없는 호기심이었다. 또 다른 하나는 운영의 치밀함이었다. 모두 호암에게서 이어받은 경영인의 DNA였다.

실제로 호암은 여러 사업을 시도했지만 새로운 분야를 개척하면서 경영에 실패한 적이 없었다. 기업가로서는 완벽할 정도였다. 게다가 도전 정신과 치밀함을 동시에 지녔다. 이맹희 부회장은 이 두 가지 가운데 전자의 성품을 이어받으려고 애썼다.

이맹희 회장이 경영 일선에 나설 당시 언론은 그를 '인간적인 사업가'라고 평했다. 그를 잘 아는 인사들은 우선 그를 가리켜 퍽 인간적인 사업가라고 말한다. 인간적이란 말은 그가 동정심, 정의감이 풍부하다는 뜻이며 이런 인간적인 면 때문에 간혹 그는 격정적이라는 표현을 듣기도 한다는 것. 기업인 특히 큰 재산을 움직이는 사람은 인간적이기보다는 냉철, 이재, 계수를 앞세우는 극히 산술적인 사람이어야 한다는 것으로 되어 있지만, 그는 일반적으로 이야기되고 있는 이런 유형의 사업가 범위에는 속하지 않는다는 것이었다.

이맹희 회장은 대인관계가 원만하고 교제 반경이 넓었다. 한편으로는 판단이 빠르고 업무 추진력이 강했다. 그는 삼성물산, 중앙일보, 제일제당 부사장 외에 여러 방계 회사 이사를 역임했다. 그는 호암이 한국비료 사건으로 어려움을 겪었던 시기인 1967년부터 1973년까지 7년 동안 삼성의 회장 역할을 수행했다. (독자들이여! 우리는 이맹희 회장이 7년 동안 회장직을 수행할 때의 보다 자세한 이야기를 이 책 후반부에서 만날 수 있을 것이다.)

이맹희 회장의 공식 타이틀은 제일제당, 삼성물산, 중앙일보 부사장. 흔히 그는 '부사장'으로 불리고 있었다. 부사장 직함의 그를 감히 총수라고 이르는 것은 이병철 회장이 그를 후계자로 선정, 수습 총수 과정에 두고 있기 때문이다. 이맹희 씨는 새 총수로 각광받기 전까지는 경영 일선에 참여하지 않았다. 오히려 멀리 소외된 곳에서 일해 왔다. 그는 그동안 사업보다는 '인간'을 더 많이 배운 것으로 전해지고 있다.

이 기간 동안 이맹희 회장은 전자산업에 진출한 것을 비롯, 용인 자연농원(현 삼성 에버랜드) 기본 계획을 수립하고 호텔 사업부 등을 신설했다. 또 제일제당 가양동 공장 건설, 전주 제조공장 완공, 고려병원(현 강북 삼성병원) 개원, 현충사 중건 및 경주 개발 총괄 등 여러 프로젝트를 성공적으로 추진했다. 특히 전자 사업(현 삼성전자)은 그가 열정을 쏟은 분야였다. 이맹희 삼성그룹 부총수가 새 경영인으로 한 첫 작품이 전자공업이다.

지난 3년 동안 침묵을 지키면서 신규 사업 대상을 물색한 것으로 알려졌으며 대상 업종으로는 한때 조선(造船), 도자기 공업 등이 유력하게 떠올랐으나 전자공업을 최우선으로 선택했다. 1969년 10월경에는 국내에서도 국산 전자기기가 선보이게 될 것이라고 전망했다.

이맹희 부사장은 앞으로 총력을 신규 사업인 전자공업에 치중하고 수출 진흥에 노력하겠다고 강조했다. 공장을 짓거나 확장할 때 이맹희 회장은 단 하루도 밤 12시 이전에 귀가한 적이 없었다. 또 새벽 6시면 어김없이 집을 나섰다. 어떤 때는 아예 현장에서 야전 침대를 가져다 생활하기도 했다.

늘 새로운 일을 개척하는 한편 대외 업무를 비롯해 합작 등 해외 업무에도 열중했다. 삼성코닝을 설립할 때는 미국의 유리 제조업체인 코닝사와의 합작 문제를 협의하기 위해 직접 미국으로 날아가 담판하기도 했다. 뉴욕주 코닝시에 본사를 둔 코닝(Corning)은 소재 과학 분야를 선도하는 세계적 기업 중 하나이다.

이맹희 부회장은 전자산업을 일으켜야 한다며 한 해 동안 이병철 회장을 비롯 경영진을 설득해 결국 공장을 세우는 데 성공했다.

제당, 창업 10년 만에 자본금 125배, 매출액 56배 성장

제일제당은 설립 직후부터 호암 이병철 회장에게 막대한 부(富)를 안겨주었다. 호암이 한국 최고의 거부로 등극하는데 밑거름이 되었다. 호암이 '한국 제일의 기업가'로 불린 것은 제일제당 성공이 있었기 때문이다.

호암은 그의 자서전에서 '제일제당 설립 불과 2년 만에 나는 거부의 칭호를 받았다. 일신의 안락을 위해서는 그것으로 충분했을 것이나 언제나 축재가 목적이기보다는 신생 조국에 기여할 수 있는 새로운 사업을 모색하고 있었다'고 밝히고 있다.

실제로 제일제당은 설립 이듬해부터 성장 가도를 달렸다. 창립 10년 만에 자본금이 125배로 늘어났다. 매출액도 56배 가까이 증가했다. 무역업을 통해 많은 자본을 축적했던 호암이었지만, 제일제당만큼은 차원이 달랐다. 제일제당은 '설탕을 만드는 공장이 아니라 돈을 찍어내는 공장'이라는 말이 나돌았던 것도 이 무렵이었다.

호암은 제일제당을 통해 확보한 자금을 바탕으로 끊임없이 신사업을 추진했다. 대표적인 것이 제일모직(골덴텍스)이었다. 설탕 판매로 벌어들인 자본과 차관이 제일모직의 설립 자금이었다. 이후 호암은 한국흥업은행 주식과 조흥, 한일은행 주식을 확보했다. 당시 네 개 시중 은행의 절반을 소유하게 되었다. 자본주의 시장에서 한 사람이 전 시중 은행 주식의 절반을 소유하는 것은 이례적인 일이었다.

호암은 뒤이어 호남비료와 한국타이어, 삼척시멘트 등의 주식도 매입했다. 이 과정에서 이런 힘을 만들어 준 것이 제일제당의 수익금이었다. 후일 한국비료를 설립할 때는 물론 전자산업과 중화학공업에 진출할 때도 제일제당은 물적 지원을 했다.

CJ(제일제당)은 삼성그룹의 모태 기업이다. 지난 1953년 이병철 회장이 제지, 제당, 제약 가운데 가장 유망하다고 판단한 제당 산업에 뛰어들면서 그룹의 역사가 시작되었기 때문이다.

그해 11월 5일 설탕을 생산하기 시작한 CJ가 외국산 설탕의 절반 값에 제품을 내놓자, 소비자가 밀물처럼 밀려들었다. 이렇게 자금을 모은 제일제당은 이후 제일모직과 삼성전자, 삼성생명 등 현재 삼성그룹의 축을 이루는 기업의 설립과 인수에 자금줄 역할을 했다. 한국비료를 설립할 당시 호암은 "기업가의 본령은 돈을 버는 것도, 현상을 유지하는 것도 아니고 다른 사람이 하지 않은 일, 할 수 없는 사업을 일으키는 것."이라고 언급한 바 있다.

호암을 연구한 한 저널리스트는 제일제당이 호암에게 미친 영향을 이렇게 언급한 바 있다.

> '호암은 그 생애에서 처음으로 가장 근대적인 제조기업 제일제당의 설립과 판매에 성공함으로써 오늘날 삼성이라는 최대 그룹을 만들 수 있는 기반을 닦게 됐다'

최초의 공개경쟁 시험으로 인재 확보

이병철 회장은 1957년 초 어느 날 '우수한 사람을 확보해야 회사가 성장한다. 실력이 좋은 사람이 일도 잘한다. 인재 확보 방안을 마련해 봐라'라고 주문했다. 우리나라 재벌 기업들이 공개경쟁 시험으로 우수 인재를 뽑는 최초의 역사가 시작되는 것이다. 당시 대기업 대부분은 신입사원을 공개 전형을 거치지 않고 인척을 통하거나 학교 추천으로 충당했다. 실력을 보고 뽑는 것은 아니었다.

1957년 우리나라 최초의 사기업에서 공개채용 시험이 열렸다. 그해 1월 30일, 서울 성북구 종암동에 있는 서울대학교 상대(商大)에는 무려 2,000명의 응시자가 몰렸다. 그날 영하 15°의 강추위가 몰아쳤지만, 국내 최고 기업에 입사하겠다는 젊은 인재로 수험장은 가득했다.

　　두 달 전에 이미 이병철 회장은 각 대학 게시판에 신입사원 모집 공고를 게재하라고 지시했다. 학연과 지연을 보지 않고 오직 실력 있는 인재만을 뽑겠다는 의도였다. 제일제당과 무역, 모직 부문에서 일할 사원을 확보하는 일이었다. 이전까지는 공개채용 형식의 신입사원 모집이 국내에 없었으므로 이 시도는 시중의 화제가 되기도 했다.

　　영어, 논문, 상식 등의 필기시험을 통과한 이들은 2주 후에 면접시험을 치렀다. 첫 시험 결과 모두 27명의 합격자가 선발됐다. 80대 1에 육박하는 경쟁이었다. 이들은 배정받은 회사에서 신입사원 교육을 받았다.

　　신입사원 교육 과정의 백미는 제일제당에서 시행한 3개월 간의 현장 실습이었다. 그들은 원당 창고에서 중량이 나가는 설탕 부대를 옮기는 일부터 시작했다. 작업 현장을 알고 밑바닥의 어려움을 배우도록 하려는 이병철 회장의 의도에 따른 것이었다. 제일제당은 호암이 생각한 인재상을 구현하는데 가장 적합한 기업이었던 것이다.

　　이 때문에 제일제당은 그룹의 인재를 길러낸 인재사관학교 또는 이병철 사관학교라고 했다. 후일 시중에서 삼성맨(Man)이라는 삼성그룹 사원들의 별칭이 나돌았는데 삼성 신입사원들은 엄격한 훈련을 받고 업무 수행에서도 모범적이었기 때문이다.

　　제일제당에서 성장한 인재들은 곳곳에서 두각을 나타냈다. 제일모직 설립 당시 취체역(현재의 이사직) 12명의 임원들 가운데 8명이 제일제당 출신이었다. 제일제당 공장장이었던 김재명(후일 동서식품 창업) 취체역도 그 중의 한명이었으며 그는 이병철 회장의 유능한 참모였다. 사람을 길러내는 데도 일가견을 갖고 있었다. 김재명 씨는 한국비료 건설 때도 핵심 인력으로서 공장 건설을 진두지휘했다. (독자들이여, 이병철 회장의 3대 참모 중 한 사람인 김재명 회장에 대해서는 이 책 후반부에서 자세히 다룰 계획임을 기억해 두시길 바란다.)

삼성 CEO의 99%가 제일제당 출신이라는 통계가 있을 정도로 인재 산실의 역할을 톡톡히 했다. 제일제당은 내부적으로도 인재 양성소 역할을 했지만, 업계에서도 인재사관학교의 명예를 드높였다. 제일제당은 국내 1위의 식품회사인 데다 식품업체로서는 드물게 사내 판매 대학을 운영하는 등 인력 관리에 주력해 왔다. 1953년 설탕 회사로 출범해 제일모직, 삼성전자(반도체), 삼성생명 등 현재 삼성그룹의 주력 기업의 '젖줄'이 되었다. 또 삼성의 인재를 길러낸 '인재사관학교'의 역할을 했던 곳이기도 했다고 평가 되었다.

10

삼성 조미료(調味料, Condiment) 산업 진출

    1975년 제일제당은 직원들을 대상으로 중요한 사내 공모전을 실시했다. 기존의 발효 조미료와는 전혀 다른 새로운 개념의 천연 종합 조미료의 탄생을 앞두고 새로운 브랜드명을 공모하는 것이었다. 전 임직원들의 적극적인 참여가 이루어진 가운데 무수한 이름이 경합했다. 마침내 '다시다'가 최종 확정되었다. '맛이 좋아 입맛을 다시다'에서 만들어 낸 이름이었다. 기지가 넘치는 것이었다.

    MSG(글루탐산나트륨, Monosodium Glutamate)에 쇠고기, 생선, 양파, 마늘 등 각종 동식물 원료를 첨가한 조미료 쇠고기 다시다는 출시 즉시 조미료 시장을 평정하고 1위에 올랐다. 경쟁 상대인 '대상'은 맛나와 김치미 등 천연 성분이 많이 들어간 종합 조미료를 뒤늦게 출시했지만, 다시다의 큰 파고를 막기에는 역부족이었다.

    이후 다시다에 대한 소비자의 반응은 예상보다 뜨거웠다. 제품 출시 두 달 만에 생산량을 10배로 늘려야만 했다. 새로운 시장과 새로운 수요가 빠르게 형성되었다. 그때까지 조미료 시장을 장악하고 있던 발효 조미료가 천연 종합 조미료 시장으로 대체되었다. 조미료의 패러다임이 바뀌면서 제2세대 조미료 시대가 열리고 있었다.

1980년대 들어 다시다는 더욱 승승장구했다. 1983년 종합 조미료의 전체 판매량은 6,800톤, 1985년에는 1만 톤에 육박했다. 제일제당은 각각 6,000톤과 7,000톤을 넘어섰다. 평균 65%의 시장 점유율이었다. 특히 1983년을 기점으로 다시다의 판매량은 전체 조미료 부문에서 발효 조미료를 넘어서기 시작했다. 종합 조미료가 발효 조미료를 제치고 조미료 부문의 매출을 주도하는 핵심 상품으로 성장한 것이다.

이에 힘입어 다시다는 그간 공식처럼 굳어졌던 '미원=조미료'의 등식을 깨고 마침내 조미료의 대명사로 떠올랐다. 다시다 브랜드 하나로 시장 주도권을 확실히 장악한 것이다. 조미료 생산에 뛰어든 지 15년 만의 일이었다.

종합조미료 다시다의 1등 신화

1970년대로 접어들면서 제일제당의 고민은 깊어갔다. 1963년 조미료 생산을 시작한 이래 막대한 자금을 쏟으며 공을 들였지만, 시장에서 만년 2위를 벗어나지 못하고 있었다. 소비자의 욕구에 부응하고 경쟁 우위를 확보하기 위해서는 '더 좋은 제품 만들기'만으로는 부족했다. 새로운 인식의 전환이 필요했다.

처음부터 다시 시작한다는 마음으로 소비자의 소비 패턴과 식생활을 면밀히 연구했다. 이 연구는 1년간 진행되었다. 이를 통해 제일제당은 소비자들의 기호가 차츰 변화하고 있다는 사실을 발견했다. 생활이 윤택해지면서 건강에 대한 관심이 높아지면서 비화학성 식품에 대한 선호 추세를 보이면서 간편성을 추구하는 경향도 뚜렷해졌다. 또 새로운 '맛'을 찾고 있다는 것도 알아냈다.

제일제당 경영진은 연구 결과를 토대로 심사숙고에 들어갔다. 새로운 맛을 찾아내는 일이었다. 마침내 현재 생산하고 있는 제품과 완전히 다른 조미료를 개발해야 된다는 결론에 도달했다. 세상에 없었던 것을 제일 먼저 만들고 소비자가 최상의 만족을 하는 제품을 만들기로 했다. 이런 결론에 따라 찾아낸 것이 '종합 조미료'였다.

조미료는 음식 맛을 돋우는 데 쓰는 양념의 일종이다. 결국 이 작업은 우리 식탁의 음식 맛을 한 차원 높이는 일이었다. 1974년 개발팀을 구성, 본격적인 개발에 나섰다. 국물을 좋아하는 한국인의 식습관을 고려하여 쇠고기와 다랑어로 국물 맛을 내는 두 가지 품목을 개발하기로 했다.

먼저 쇠고기와 생선의 현황을 조사했다. 쇠고기, 생선, 양파 등 천연 원료의 가장 이상적인 배합 비율을 찾아내는 작업도 진행했다. 원료의 천연 영양소를 파괴하지 않으면서 액체 원료를 위생적인 분말로 만들어 내는 것 역시 해결해야 할 중요한 과제였다. 당시 우리나라 식품 업계 수준으로는 꽤 까다로운 기술이었다.

제일제당은 모든 어려움을 극복하고 마침내 우리 입맛에 맞는 종합 조미료 '다시다'를 개발하는 데 성공했다.

다시다는 기존의 발효 조미료와는 개념부터 달랐다. 원료의 80%가 천연 재료였다. 단백질, 지방, 탄수화물, 비타민 등 영양 성분이 풍부했고 어느 음식에나 두루 사용할 수 있는 간편성도 큰 장점이었다. 살균 등 혁신적인 위생 단계를 거쳤다는 점 또한 기존의 발효 조미료와는 달랐다.

미국 CPC사나 스위스 네슬레사 등 다국적 기업들도 국내 식품회사와 손잡고 국내 조미료 시장 참여를 시도했다. 그러나 얼마 안 가서 모두 철수했다. 다시다와 맛나가 지배하는 시장에 끼어들 수 없

었기 때문이다. (매일경제 2012년 12월 4일 자 기사)

제일제당은 곧바로 생산기지 구축에 나섰다. 창립 22주년을 맞은 1975년 11월 5일, 김포공장 내에 종합 조미료 공장을 준공했다. 한 달에 20톤을 생산할 수 있는 규모였다. 닷새 후인 11월 10일부터 우리나라 최초의 종합 조미료인 '쇠고기 다시다'와 '생선 다시다'가 본격 생산되었다.

50년간 지속된 맛의 전쟁(戰爭)

우리나라 조미료 산업의 역사는 숙명적인 맞수 제일제당과 미원(味元)이 벌여온 경쟁의 역사다. 미원은 대상그룹에서 1956년에 출시했다. 대한민국에서는 그 이름 자체가 조미료의 뜻으로 통한다. 양사의 조미료 대결 역사는 50년 가까이 계속되었다. 1세대가 MSG, 핵산 등 인공 첨가물을 넣은 발효 조미료라면 2세대는 천연 재료를 혼합한 혼합 조미료, 3세대는 인공 첨가물이 없는 원물 조미료이다.

1세대 발효 조미료 시장의 승자는 '대상'의 미원이었고 2세대 혼합 조미료 시장은 '제일제당'이 제패했다. 1960년대 '미풍'과 '미원'의 MSG 경쟁, 1970년대 '아이미'와 '복합 미원'의 핵산 조미료 경쟁에 이어 '다시다' 대 '맛나'가 다시 격돌했다. 이를 두고 언론과 식품 업계 그리고 소비자들은 '조미료 전쟁 3차전'이라는 표현을 쓰며 강한 관심을 드러냈다.

1세대 조미료라 불리는 발효 조미료 시장에서 제일제당은 후발 주자였다. 막대한 자금을 들여 1960년대 말 '미풍 100번', 1970년대 초 'RBTC 미풍'을 선보이며 업계 정상을 노렸지만, 선발 브랜드의 위력을 꺾지 못했다. 1977년 적게 넣어도 맛있는 핵산 조미료 '아이미'를 출시했지만, 미원의 벽을 넘지 못하고 시장점유율 차이를 다소 줄이는 데 만족해야 했다.

그러나 1975년 '다시다'의 개발로 입장이 뒤바뀌었다. 과거 발효 조미료 시장에서 미원의 아성에 제일제당이 도전장을 던졌지만, 종합 조미료 시장에서는 제일제당의 성벽에 미원이 도전하는 입장이 되었다. '다시다'가 조미료 시장 판도를 바꾸며 무서운 속도로 영토를 확장해 나가자 식품 회사들이 하나둘 종합 조미료 시장에 뛰어들었다. 발효 조미료 시장에서 정상을 달리던 미원도 조미료 시장의 변화를 인식하고 1982년 종합 조미료 '맛나'를 출시했다.

맛나는 다시다를 추월하기 위해 회사의 역량을 총동원했다. 광고 판촉비는 물론 판매 인력, 판촉 차량, 판촉 장비 등 판매의 전 부문에 걸쳐 제일제당보다 두 배 이상의 물량을 투입했다. 그러나 이미 시장을 장악한 다시다의 상대가 될 수 없었다. 특히 1980년대 중반 발효 조미료의 유해 시비가 강하게 일면서 천연의 맛을 살린 종합 조미료 시장이 대세가 되었고 다시다의 수요는 더욱 늘어났다. 다시다는 기존 발효 조미료에 비해 가격이 두 배나 높았지만 오히려 판매량은 늘어났다.

두 회사의 치열한 경쟁은 오래도록 계속되었다. 당시 경쟁이 얼마나 치열했는지는 언론(동아일보 1997년 3월 1일)의 보도로 알 수 있다.

'제일제당이 일본 아지노모토 사가 제품의 품질을 보증할 정도로 결정이 균일하고 불순물이 없는 최상의 제품이라고 광고하자 미원이 서울 민사지법에 '부정 경쟁 행위 중지 청구 소송'을 제기했다'

두 회사의 경쟁은 국내 식품 업계의 고전적인 사례로 남을 만큼 다양한 모양으로 치러졌다. 그 대표적인 사례가 1970년대에 치러진 판촉전이었다. 당시 제일제당은 '국자표 미풍'을 앞세워 고객 선물 대잔치를 실시했다. 이때 다 쓴 미풍 봉투 다섯 장을 모아오면 스웨터를 사은품으로 주는 파격적인 프로모션을 전개했다. 스웨터(Sweater)는 털실을 두툼하게 짠 옷으로 당시 여성들에게는 갖고 싶어 하는 고급 옷이었다. 그러자 미원 측은 한돈(3.75g) 짜리 금반지를 사은품으로 내걸었다. 판촉 행사장에서는 두 회사의 판매 사원끼리 몸싸움도 심심찮게 일어났다.

두 회사는 광고전에서도 첨예하게 대립했다. 1970년대에 있었던 아지노모토 사(味の素社)관련 광고, RBTC 공법 논쟁, 그리고 1980년대에 있었던 발효 공방과 핵산 비율 공방 등이 대표적인 사례다.

광고 모델(Model)을 두고도 경쟁했다. 제일제당이 탤런트 김혜자 씨를 앞세워 광고를 내보내자 미원은 고두심 씨를 모델로 기용했다. 라디오 광고에서 제일제당이 '이제는 다시다 시대'라고 광고하자 미원은 '지금은 맛나 시대'라며 맞불 작전을 펼쳤다. 이처럼 제일제당과 미원은 전 부문에서 경쟁을 벌였다.

이 같은 선의의 경쟁은 두 회사를 성장시킨 힘으로 작용했다. 자존심을 건 두 회사의 경쟁은 우리나라가 세계적인 수준의 발효 기술을 확보하는 원동력이 되었고 우리나라 식품 산업을 성장시키는 데 결정적인 역할을 했다.

광고 대상(廣告大賞)을 휩쓴 '다시다'

다시다의 성공 뒤에는 맛과 기술력 이외에도 치열한 마케팅의 지원이 있었다. 그중에서도 TV 광고는 소비자에게 다시다를 '조미료의 대명사'로 각인시킨 일등 공신이었다. '그래 바로 이 맛이야' 한국의 어머니상을 대표하는 김혜자 씨가 보글보글 끓는 찌개에 다시다를 넣은 후 맛을 보며 외치는 한 마디. 1970~1980년대를 거친 사람이라면 한 번쯤 들어봤을 다시다의 광고 카피다.

다시다의 TV 광고는 1975년 11월 제품 출시와 함께 시작되었다. 이때 제일제당은 다시다를 상징하는 가장 유명한 문구인 '그래 바로 이 맛이야'를 대표 카피로 내놓았다. 이 말은 금세 유행어가 되었고 뒤에 이어지는 제품명 '쇠고기 국물 맛 쇠고기 다시다'는 사람들의 뇌리에 깊이 박혔다.

이 광고는 1980년대 중반까지 이어졌다. 이때의 소구 포인트는 천연 국물 맛과 다시다를 연결시키는 것이었다. 기존 발효 조미료에 대한 소비자의 관심을 환기시키는 것으로 충분했기 때문이었다.

그러나 1980년대 중반부터 시장이 달라졌다. 미원이 '맛나'를 내놓고 광고전에 뛰어든 것이다. 미원은 발효 조미료 시장에서 선점해 온 인지도를 바탕으로 다시다를 맹추격해오기 시작했다. 이런 상황에서 '천연'만으로는 부족했다. 새로운 광고 전략이 필요했다.

이때 탄생한 것이 바로 한국 광고사(史)에 한 획을 그은 '고향의 맛' 캠페인이었다. 고향과 맛을 연계해 다시다는 혀에서 느껴지는 일차적인 맛을 뛰어넘어 고향의 맛을 낸다는 맛의 상징화를 시도한 것이다. 고향의 맛을 콘셉트로 한 광고는 1987년 '어머니의 손맛, 고향의 맛 다시다'를 시작으로 1990년까지 시리즈로 제작되었다. 기업이나 상표 이름을 전면에 내세우지 않고 고향에 대한 향수를 불러일으키며 소비자에게 어필했다. 광고 효과는 기대 이상이었다. 고향 시리즈를 연달아 내보내면서 매출이 3배나 뛰었다.

1990년대부터는 광고의 방향을 새롭게 설정했다. 고향이라는 소재에 새로운 의미를 부여했다. 그 결과 실향민들을 중심으로 한 '망향' 시리즈 광고가 탄생했다. 특히 1991년에 방영한 망향 시리즈 중 '황해도 사각 만두' 편은 그해 한국방송공사 광고대상과 제1회 SBS 광고 대상 금상을 잇달아 수상, 한국의 최고 광고임을 입증했다.

이처럼 고향의 맛 시리즈는 단순한 광고의 차원을 넘어 '맛의 문화'를 창조했다. 동시에 다시다를 종합 조미료 1위 브랜드로 인식시키는 데 결정적 역할을 했다.

조미료 산업의 역사

조미료는 음식을 조리할 때 좋은 맛을 내기 위해 쓰는 양념의 일종이다. 우리나라 최초의 발효 조미료는 1955년 대성공업사가 선보인 '미미소'였다. 이듬해 동아화성공업 주식회사가 선보인 일본의 아지노모토 사에서 기술을 배워와 미원을 생산하면서 이름이 서서히 알려지기 시작했다.

일본 아지노모토 사는 1925년에 설립된 회사다. 아지노모토가 한창 회사를 창립하여 이름을 날리기 시작했을 때 한반도는 일제 강점기였고 한반도에도 진출했다.

1950년대까지만 해도 조미료는 특수 계층에서나 사용하는 사치품으로 여겨졌다. 일반 가정의 소비는 미미했고 주로 요식업소나 식품 가공업체에서 사용했다. 발전의 계기를 맞이한 것은 1960년대 말 일반 가정의 수요가 증가하면서부터다. 이에 따라 조미료 생산업체도 7~8개로 늘어났다.

그 무렵 제일제당은 사업 다각화를 모색하고 있는 중이었다. 이병철 회장은 제당 사업 환경을 극복하고 회사 성장을 견인할 수 있는 신규 사업을 검토하고 있었다. 이때 관심을 끈 분야가 조미료 사업이었다. 제당 사업을 통해 정제 기술을 축적하고 있었고 결정 포도당 개발을 통해 발효 기술도 상당한 수준으로 높아 있었으므로 이를 조미료 사업에 연계하는 것은 별 어려움이 없어 보였다. 조미료 사업은 부가가치가 높고 경제 성장으로 우리 식탁 문화가 변하면서 조미료 소비량이 매년 54%씩 급증하는 추세라 성장 잠재력이 큰 것이다.

그때 절호의 기회가 찾아왔다. 조미료 생산 업체인 원형산업에서 인수 의사를 타진해 온 것이다. 제일제당은 1963년 12월 28일 원형산업을 인수했다. 신규 공장을 건설하기보다 기존 업체를 인수하는 것이 시간적으로나 경제적으로나 효과적이라는 판단이 섰다. 이로써 제일제당은 설탕과 밀가루에 이어 조미료라는 또 하나의 식품 기간사업을 사업에 추가하게 되었다.

제일제당은 원형산업의 사명을 미풍(味豊)산업 주식회사로 바꾸고 진용을 정비한 후 사업을 본격적으로 추진했다. 브랜드는 원형산업 시절부터 써오던 '여인표'를 그대로 사용했다. 인지도가 높았기 때문이다.

서울 양평동에 위치한 미풍공장은 1965년부터 정상 가동했다. 설비를 개선하고 수율(收率)을 대폭 향상시켰으며 생산능력도 월 60톤으로 끌어올려 대량생산의 길을 열었다. 덕분에 그해 350만 원의 흑자를 기록하며 발효 조미료 사업에 서광이 비치기 시작했다.

제일제당, 미풍산업 합병

1968년 9월 30일, 제일제당은 종합 식품회사를 지향하는 장기적인 관점에서 미풍산업 주식회사를 합병했다.

이에 앞서 6월 조미료 공장을 새로 건립하기로 했다. 매년 빠르게 증가하고 있는 조미료 수요에 대응하기 위해서였다. 더욱이 그 무렵 국내 조미료 업계는 앞다퉈 설비 확장에 열을 올리고 있었다. 치열한 판매 경쟁에서 이기려면 생산량 확보가 필수적이다. 제일제당도 예외가 아니었다.

그러나 양평동 공장은 대량생산의 여건이 갖춰지지 않았다. 부지가 협소하고 생산 설비가 노후화된 데다 용수까지 부족하여 장기적인 발전을 도모하기 위해서는 한계가 있었다. 새 공장은 용수 확보가 좋은 김포에 짓기로 했다.

총 3억 2,700만 원을 들여 1968년 2월 준공했다. 1967년 4월 착공 당시에는 월 150톤 생산을 목표로 했으나 향후 시장 확대에 대비해 월 300톤 생산이 가능할 수 있도록 건설했다. 공장에는 발효조, 이온교환수지탑, 원통형 건조기, 정제 공정의 에코 필터 등 최신 기계들이 설치됐다.

김포공장의 완공으로 제일제당은 늘어나는 수요에 대처하고 본격적인 조미료 문화를 정착시킬 수 있는 기반을 마련했다. 특히 김포공장은 국내 최초로 이온교환수지법을 채택했다는 점에서 주목을 받았다. 이온교환수지는 미세한 3차원 구조의 고분자에 이온 교환기(Functional group)를 결합시킨 것으로 용액 중에 녹아 있는 이온성 불순물을 교환, 정제해 주는 고분자 물질이다.

생산 초기에는 난항을 겪었다. 재래식 생산 방식에 비해 원가가 비슷하면서도 품질은 월등한 장점이 있는 반면 흡착 과정에서 손실이 많았다. 게다가 새 기술에 대한 직원들의 숙련도가 떨어졌다. 결국 일본 아지노모토 사와의 기술 제휴를 통해 안정화를 이룰 수 있었다.

1970년대 들어 제일제당은 기존 공법보다 진일보한 '이온교환수지 B법'을 채택했다. 특수합성수지를 이용한 이온교환 방식으로 이물질을 완전히 제거해 순도를 이상적인 상태까지 높이는 혁신적인 정제법이었다. 이 공법으로 생산한 제품은 'RTBC 미풍'의 이름으로 출시되었다.

제품 출시와 함께 광고도 시작했다. RTBC 공법으로 만들어 순도가 높고 입자가 깨끗하며 적은 양으로도 즉시 맛을 낸다는 점을 적극적으로 홍보했다. 인지도가 높아지면서 판매량이 증가했다. 그동안 김포공장의 설비도 꾸준히 증설하여 1974년에는 생산량을 월 940톤으로 늘렸다. 덕분에 1975년 5월 제일제당은 조미료 사업에 진출한 이래 처음으로 월간 MSG 생산량 1,000톤을 돌파했다. 국내 조미료 한 달 생산량의 34%에 해당하는 양이었다.

제3의 맛 핵산(核酸, Nucleic Acid) 개발

1세대 조미료라 불리는 발효 조미료가 첫선을 보였을 때 각계에서는 '맛을 창조하는 마술사'라는 찬사가 쏟아졌다. 그러나 점차 고급화하고 다양해지는 현대인의 맛을 만족시키기에는 부족했다. 보다 진화된 조미료를 개발할 필요가 있었다. 무엇보다 제일제당으로서는 조미료 분야에서 1위로 도약할 수 있는 대반전의 계기가 절실했다.

1972년 초 김포공장 시험 연구실에 개발 전담팀이 꾸려졌다. '프로젝트 XY' 제일제당의 핵산 제조법 개발을 위한 프로젝트에 붙여진 암호명이었다. 핵산이란 알려져 있는 모든 생명체에 필수적인 생체 고분자 또는 작은 생체분자이다. 핵산이란 용어는 DNA와

RNA를 모두 포함한다. 프로젝트명을 비롯해 모든 것을 암호명으로 처리할 정도로 극비리에 진행되었다.

1976년에는 개발 전담반을 정비하여 연구개발팀으로 확대했다. 이때 생산 현장 경험이 풍부한 직원과 외부 전문 인력을 대거 영입했다. 이들은 마스터플랜을 마련하고 균주(菌株, Strain) 탐험의 길에 본격적으로 나섰다.

제일제당이 핵산 개발을 위해 제조 공법은 직접 발효법이었다. 이 공법은 미생물학, 유전학, 생화학, 발효화학 및 발효공학 등 모든 분야가 총출동된 발효 공법의 최첨단 기술이었다. 원가가 적게 들고 품질이 균일하며 순도가 높은 반면, 성공 확률은 1,000만 분의 1일 정도로 희박하다. 연구개발팀은 직접 발효법 중에서도 돌연변이 법에 주목했다. 발효 기술의 꽃이라 불리는 '핵산의 개발'은 예상했던 것보다 훨씬 어려웠다. 균주를 선발하기 위해 동일한 실험을 1년이나 진행해야 했고 실험한 미생물 수만 1,000가지가 넘었다.

1977년 6월 마침내 최종 단계인 돌연변이주를 개발하는 데 성공했다. 5년여의 기간과 100여 명의 인원, 10억여 원이 투입된 프로젝트가 결실을 맺은 것이다. 핵산 개발 성공은 국내에서는 최초이고 세계적으로도 일본에 이어 두 번째였다. 제조 공법에서는 일본보다 오히려 앞선 기술로 평가받았다.

핵산은 맛의 강도가 MSG의 30~80배에 달하고 MSG와 혼합해 사용할 경우 적은 양으로도 강력한 상승효과를 낸다. 이런 이유로 '맛의 혁명', '제3의 맛'으로 불린다.

제일제당은 국내 조미료 시장에 '핵산계 조미료'라는 이정표를 세우며 또다시 새로운 맛의 시대를 열었다.

즉석식품(卽席食品, Instant Meal) 시대 열어

조미료 시장의 절대 강자로 부상한 제일제당은 '다시다'의 성공에 안주하지 않고 신제품을 지속적으로 선보이며 시장을 주도했다.

제일제당은 불고기 양념, 매운탕 양념 등 액체 양념을 출시, 양념 가공 식품 시대를 열었다. 그러자 샘표 식품, 미원 등 후발주자들이 가세했다. 1991년 액체류의 시장 규모는 96억 원에 불과했으나 이듬해 166억 원 규모의 시장으로 성장했다.

제일제당의 끊임없는 창조 의지는 1991년, 이 땅에 편의 식품 시장의 문을 열었다. 그해 3월 동결 건조법으로 원료의 신선함을 고스란히 살린 '즉석 미역국', '즉석 북어국', '즉석 김치찌개'를 국내 최초로 내놓았고 사골 우거지탕, 청국장, 추어탕 등을 편의 식품으로 포장 가공한 '즉석 다시다' 시리즈를 출시했다. 출시 첫해 이들 제품의 매출액은 50억 원이나 되었다. 돌풍이었다.

1992년에는 또다시 '즉석 곰탕', '즉석 육개장', '즉석 된장국'을 선보이며 제품군을 다양화했다. 일본으로 즉석 북어국을 처음으로 수출한 것도 그해였다.

1992년 제일제당이 즉석 다시다 제품으로 벌어들인 매출은 150억 원이었다. 조미료의 시장 영역을 편의식 분야로 확대하며 새로운 수요를 창출하는 데 성공한 것이다. 제일제당은 가공식품의 영역을 넓히며 국내 식품업계를 선도해 나갔다. 이처럼 다시다는 출시 이후 비약적인 성장을 거듭했다. 경쟁사들의 치열한 공세 속에서도 80% 이상의 시장점유율을 유지하며 신화는 여전히 진행되고 있었다.

11

히트 브랜드 백설(白雪)표 탄생

제일제당은 1965년 4월 도하 신문 지면에 2단 광고를 통해 소비자들에게 '백설표'의 탄생을 알렸다. 광고 내용에 비해 광고지면 사이즈는 작았다.

"주부 여러분! 금번 폐사에서는 백설표 포장으로 가정용 특상품 설탕을 생산, 공급하기 시작하였습니다. 앞으로도 계속 많이 이용해 주시기 바랍니다." 백설표 브랜드가 처음으로 적용된 가정용 설탕의 포장 광고였다.

'백설표'라는 단어가 최초로 등장한 설탕 포장에는 눈(雪)의 입자를 형상화한 심벌마크가 선명하게 찍혀 있었다. 이때부터 백설표 상표와 마크는 제일제당에서 만드는 설탕의 포장과 광고 등에 빠지는 일 없이 언제나 함께 실렸다. 백설이라는 친숙한 이름과 눈의 결정체 이미지는 사람들에게 친근함을 주었고 인지도가 점차 높아졌다.

이후 백설표는 밀가루, 조미료, 식용유, 햄 등으로 적용 범위가 확대되면서 식품 대표 브랜드로 성장했다. 회사의 위상과 함께 '백설' 브랜드의 파워는 갈수록 막강해졌다.

- 소비자 인지도가 가장 높은 국민 브랜드
- 제일제당 하면 가장 떠오르는 이름
- 48년간 변함없이 사랑받고 있는 최장수 브랜드
- 막강한 파워를 발휘해 온 식품 업계 최고의 브랜드

이 모든 타이틀의 주역이 '백설'이다. 소비자 조사 결과 백설은 식품 사업에 꼭 필요한 '깨끗한', '전통적인', '믿을 수 있는', '친숙한' 이미지로 인식되어 있었다. 브랜드에 대한 호감도도 높게 나타났다. 국내 최고의 식품 회사인 제일제당의 백설 브랜드는 믿을 수 있는 제품이라는 인식을 심어주며 어느새 국민 브랜드로 자리 잡았다.

판매 타깃(Target)을 주부(主婦)로

제일제당은 1963년 2월 조사과를 신설, 이 부서에 제당 사업의 현주소를 파악하고 영업 강화를 위한 대책을 마련하라는 특명을 내렸다.

얼마 후 조사과 실무팀은 '시장 동향과 유통 과정의 문제점에 대한 조사 보고서'를 내놓았다. 이 보고서에 따르면 1963년 당시 국내 설탕 소비량 중 일반 가정용이 차지하는 비중은 40%에 달했다. 제과용이 42.8%, 청량음료와 약품 등 기타가 17.2%의 비중이었다.

1960년대 초 제일제당은 소포장 제품을 시범 판매한 적이 있었다. 이때 소포장 제품이 기대를 훨씬 웃도는 매출을 올렸다. 제일제당은 이 점에 주목했다. 이는 설탕이 가정 내 필수품으로 자리 잡고 있음을 시사하는 대단히 의미 있는 현상이었다. 보고서는 이와 같은 변화를 재차 입증하고 있었다.

이 보고서를 토대로 제일제당은 판매 전략을 전격 수정했다. 설탕 판매의 주요 타깃을 제과제빵 업자로 대표되는 실 수요처에서 주부로 변경했다. 포장 단위도 대형 포장에서 소형 포장 위주로 출시했다. 그전까지 설탕은 15kg, 밀가루는 22kg 단위로 포장되었다. 일부 소포장을 하기도 했지만, 그 양은 미미했다. 대형 포장은 가정에서 사용하기에는 양이 너무 많았다. 운반하기도 불편했다. 판매 전략을 가정용으로 전환함에 따라 소포장용 기계도 들여왔다.

1964년부터 가정용 설탕의 경우 300g과 375g 단위로 포장하여 출시했다. 이때 새로운 브랜드의 필요성을 인식했다. 일반 소비자에게 보다 가까이 다가갈 수 있는 친근하고 친숙한 이미지의 상표가 필요하다는데 경영진 모두가 인식을 같이한 것이다.

제일제당의 첫 브랜드는 회사의 영문 표기인 'Cheil Sugar Co, Ltd'에서 'Cheil'과 'Sugar'의 머리글자를 딴 'CS'였다. 이를 마름모꼴 안에 나란히 배열한 도안을 상표로 썼다. 1950년대 당시에는 단순하면서도 명쾌한 이미지와 함께 설탕 제품의 우수성을 대변하는 상표였다. 이 상표는 1956년부터 1964년까지 9년 동안 사용되었다.

1964년 설탕의 판매 전략을 가정용으로 변경한 제일제당은 사내 공모를 실시했다. 설탕에 적용할 새 브랜드의 이름을 찾고 직원들의 관심을 유도하려는 목적이었다. 사내 공모를 통해 결정된 새 브랜드의 이름은 '백설표'였다. 백설에는 순수하고 깨끗하며 풍요롭고 영원한 이미지가 담겨있다. 도안으로 채택된 눈(雪)의 입자 모양이 설탕 제품의 이미지와도 잘 부합되었다. 그렇게 태어난 백설표는 1965년 4월부터 설탕 제품에 처음으로 적용되었다. 백설표 설탕의 출발이었다.

새 브랜드에 새 포장 단위들이 제품은 지정 판매점에서 판매했다. 가정용을 효과적으로 개척하기 위해 소비자에게 가까이 다가갈 수 있는 지정 판매점 제도를 도입했던 것이다.

새 브랜드는 주부들 사이에 인기를 끌었다. 소포장 제품은 급격히 가정으로 파고들며 제일제당이 가정용 시장에서 경쟁 우위를 확고하게 다지는 결정적 요인으로 작용했다.

제일제당은 수요를 창출하고자 신제품을 적극적으로 개발했다. 1965년 8월 선보인 60g짜리 휴대용 설탕은 야외나 식당, 병원에서 간편하게 사용할 수 있어 소비자들의 호응이 대단했다. 추석을 앞둔 1965년 8월에는 3kg 단위와 6kg 단위로 캔과 플라스틱 포장의 선물용 제품을 처음으로 출시했다. 정초 명절을 겨냥한 전략이었다.

다음 달인 9월부터는 각설탕(角雪糖) 생산을 본격화했다. 11월에는 그래뉴당(Granulated Sugar)을 출시했다. 이들 제품은 출시하자마자 선풍적인 인기를 끌었다. 특히 설탕 선물 세트의 인기는 조미료 선물 세트로 이어지는 동반 효과를 거두었다. 매출도 늘었다. 설탕의 매출액은 1965년 17억 6,000만 원, 1966년 27억 3,200만 원, 1967년 37억 5,700만 원 선으로 급격하게 늘어났다. 덕분에 제일제당은 1960년대 상반기의 극심한 원료난과 설탕 파동을 극복하고 활기를 되찾을 수 있었다.

밀가루, 조미료 제품에도 사용된 백설표

백설표 브랜드는 1965년 4월 설탕에, 11월에는 밀가루와 조미료 제품에도 적용되었다. 당시 조미료 상표는 원형산업의 '여인표'를 그대로 사용하고 있었다. 여기에 제일제당의 막강한 인지도를 조미료 판매에 활용하고자 백설표로 바꾼 것이다. 이를 시작으로 점차 다른 상품에도 백설표를 확대 적용했다.

1967년 8월에는 제일제당에서 생산하는 모든 제품은 백설표로 통일했고 이듬해 10월에는 밀가루 전 제품에도 백설표를 적용했다. 1972년 9월에는 조미료 전 제품으로 확대했다. 이로써 제일제당이 생산하는 설탕, 밀가루, 조미료는 모두 백설표로 통일되었다.

밀가루의 경우 1958년 생산 초기에는 '삼성', '월세계', '미인', '견우', '직녀' 등으로 등급과 종류에 따라 브랜드를 달리했으나, 1967년 11월 고급 밀가루 소포장 제품에 백설표를 적용하기 시작하여 1968년 10월에 이르러 전 제품에 확대했다.

조미료 브랜드는 백설표로 통일될 때까지 여러 브랜드를 거쳤다. 조미료 생산 초기에 사용한 '여인표'를 비롯하여 '미풍 100번', '국자표', 'RBTC 미풍' 등이 그것이었다. 이는 상표에 따라 제품을 차별화하려는 전략이었다. 예컨대 미풍 100번은 제품의 고급화라는 측면에서 고가 정책을 반영한 전략이었다. '국자표'는 당시 시장을 장악하고 있던 미원에 대응하기 위해 제당 4개 회사가 공동으로 설립한 미풍판매주식회사의 공동 브랜드였다. RBTC 미풍은 당시 진일보한 기술로 만든 제품임을 어필하기 위해 제조 공법의 머리글자를 딴 이름이었다. 그러나 이러한 전략은 차별화라는 목적을 달성하는 데는 성공했지만, 가정용 시장에서 혼란을 야기했다. 브랜드 이미지 정착이라는 측면에서도 효과적이지 못했다. 더욱이 '국자표'를 내세우며 출범했던 미풍판매주식회사가 해체되면서 이미지를 쇄신할 수 있는 새로운 브랜드가 필요했다. 이에 제일제당판매주식회사 출범에 앞서 제일제당은 1972년 조미료 상표 '미풍'을 통일하여 소비자 인지도를 높이고자 했다.

새로운 CIP(Corporate Image Identity) 작업

1974년 11월 제일제당은 CIP 개발위원회를 발족하고 곧바로 회사의 시각적 요소를 통일하는 작업에 착수했다. 심벌마크, 로고타이프, 심벌 컬러 등을 개발해 다양한 서식류와 매체, 포장지 및 용기, 사인 및 차량 등에 적용하는 일이었다.

이 시기 제일제당은 체계적인 교육과 훈련을 통해 마케팅 개념을 본격적으로 정착시키는 단계에 있었다. 회사에서 생산하는 전 제품을 '백설표'로 통일했지만, 여전히 아쉬움이 있었다. 기존의 심벌마크와 로고타이프, 심벌 컬러는 회사와 제품 이미지를 함축적으로 드러내기에는 부족했고 제품에 대한 적응도 산발적으로 이루어지고 있었다. 특히 심벌마크와 로고타이프는 현대적 감각에 맞지 않고 인지 효과 면에서 다소 뒤떨어진다는 평가였다. 이러한 결점을 보완해 기업 이미지와 상품 이미지를 함축적이고 통일감 있게 나타낼 수 있는 구심점을 확보할 필요가 있었다.

우선 심벌마크는 눈(雪)의 결정체 이미지를 그대로 이어나가되 세부적인 부분을 수정하기로 했다. 이에 따라 디자인을 직선으로 단순화하고 끝을 부드럽게 처리하여 기억 효과와 편안함을 살렸다. 사명으로 이루어진 로고는 유연성과 안전성을 부여하고 전체적으로 균형감을 높였다. 컬러는 종래의 군청색에서 주력 제품인 '설탕'을 잘 표현할 수 있는 원청색으로 바꾸었다.

새로 제정된 마크와 로고는 1975년 4월 1일부터 적용되기 시작했다. 초기에는 단순화, 상징화된 새 마크를 놓고 그동안 쌓아온 백설표의 이미지를 손상시킬 수 있다는 우려가 있기도 했다. 실무팀은 약 6개월에 걸쳐 글로벌 기업의 사례를 들며 반대하는 이들을 설득했다. 뒤이어 소비자, 사원, 대학생들을 상대로 반응을 조사해 해당 심벌마크에 대한 호응도가 70%에 이른다는 점을 입증했다. CIP 작업은 성공을 거두었다.

브랜드를 생명처럼 생각합니다

'식품은 생명과 직결됩니다. 따라서 우리는 브랜드를 생명처럼 생각합니다.'

제일제당 판매 사원들이 백설 브랜드를 어떤 마음으로 대하는지를 여실히 드러내는 말이다. 제일제당은 1979년 대두 가공사업, 1980년 육가공 사업을 추가하며 이들 제품들에도 백설표를 적용, 패밀리 전략을 이어갔다. 1990년에는 프리믹스와 밀가루의 BI(Brand Identity) 작업을 전개해 기존의 백설표 밀가루와 백설표 프리믹스를 '백설 밀가루', '백설 프리믹스'로 부르기 쉽게 바꾸었다.

당시 제일제당은 국내 최대 식품회사로의 위상을 드높이고 있었다. 생산 제품만 해도 설탕, 밀가루, 조미료, 프리믹스, 육가공품, 면류, 인스턴트류, 식용유 등 15개 품목, 90여 종에 달했다. 전국 다섯 개 사업장에서 생산된 제품은 주요 지역 20여 곳에 산재해 있는 50여 개의 제품별 판매 조직망을 거치고 다시 300여 개의 대리점과 위탁점을 통해 슈퍼 등에 공급되었다. 당분, 조미식품, 식용유, 육가공 등 여섯 개 사업 부문에 걸친 판매 사원만도 500여 명에 달했다.

이들의 노력은 참으로 놀라운 정도였다. 판매 사원들은 직접 유통 질서 확립에 앞장설 수 있도록 시장 관리 요령을 매뉴얼화했다. 거래처를 방문해 상품 진열, 재고 관리, 광고물 부착 업무를 수행하고 매장 직원에게도 가르쳤다. 효과적인 시장 관리를 위해서는 물동량을 신속하게 공급하는 일 못지않게 문제 있는 제품을 수거하는 일도 중요했다.

제일제당은 전국 판매망을 통해 대리점, 슈퍼 등에서 3회 이상 모든 제품의 변질 여부를 체크하고 파손된 제품이 발견되면 즉각 수거, 조치했다. 특히 클레임(Claim, 이의 제기)은 신속하게 처리하고 주관 부서에 내용을 통보해 곧바로 개선될 수 있도록 했다. 소비자 문제에 적극적으로 대처하기 위해 소비자 보호 상담실도 상설, 운영했다. 소비자 관리는 매우 중요한 일이었다.

전국 곳곳에서 신제품이 출시되기 전에 시식회를 갖고 소비자 반응을 타진했다. '백설 주부 대학'을 열고 건강, 교양, 요리 강좌 등을 수시로 개설해 소비자와의 소통에도 힘썼다. 공장문을 활짝 열어 소비자나 대리점, 소매상, 슈퍼 관계자가 언제라도 방문할 수 있도록 했다.

스토리텔링 마케팅

스토리텔링이란 이야기를 통해서 내용을 전달하는 것을 말한다. CJ제일제당은 2012년 7월 14일 백설의 BI를 또 한 번 새롭게 교체했다. 그 무렵 백설은 설탕, 밀가루, 식용유, 다시다, 육가공 제품의 대표 브랜드로서 매출액 1조 500억 원을 달성한 대형 브랜드로 성장해 있었다. 국내 재계에서도 조 단위 매출 규모인 곳은 몇 곳 되지 않았다. 대단한 성장이었다. 그러나 방대한 카테고리에 백설 브랜드를 적용하다 보니 종합 식품 브랜드 성격을 지니게 되어 요리 재료라는 차별성이 부각되지 못했다. 브랜드의 아이덴티티가 오히려 희석되고 있었다. 이에 교체를 단행하기에 이르렀다. '백설'의 근본을 되살리는 것이 핵심이었다.

- 1953년부터 지금까지 맛은 쌓인다
- 엄마에게서 딸에게로 이어지는 맛의 역사
- 대한민국 밥상의 역사
- 역사 속에 안주하지 않고 새로운 식문화를 제고하고자 하는
- 백설의 정통성과 신뢰를 상징화하다

브랜드 리뉴얼 과정에서 강조된 핵심 메시지는 정통성이었다. 백설의 상징인 눈꽃 모양을 붉은색으로 강조하고 슬로건은 '1953년부터 지금까지 맛은 쌓인다'로 정했다. 60여 년에 가까운 오랜 전통을 국내 대표요리 소재 식품의 정통성과 연결한 것이다.

바뀐 BI는 백설의 상징인 눈꽃 모양을 부각하고 휘장 문양을 도입해 정통성에 대한 신뢰감을 주는 데 초점을 맞췄다. 로고 위쪽에는 백설의 상징인 눈꽃을 붉은색으로 그려 넣고 아래쪽에는 '1953년부터 지금까지 맛은 쌓인다'는 슬로건을 삽입했다. 오랜 전통을 이어온 정통성을 강조하기 위해서였다.

한편으로는 백설 브랜드에 대한 친근성과 신뢰를 놓치지 않도록 스토리텔링 마케팅을 전개했다.

「그때, 그곳, 그맛,
그때부터 지금까지 우리 집 식탁에는 맛있는 눈이 내린다」

1953년부터 지금까지 우리의 식탁을 풍성하게 채워주었던 백설의 과거와 현재를 서정적인 이미지로 재현하는 광고였다. 이는 소비자들의 향수를 자극했다.

BI 교체와 함께 패밀리 브랜드 포트폴리오도 일부 조정했다. 새로운 백설 BI를 설탕과 올리고당 등의 당류와 밀가루 등 분류, 식용유와 참기름 등의 유류, 양념장 등의 소스류 전반에 사용해 요리 재료 브랜드의 정체성을 강화했다. 대신 다시다는 백설에서 분리해 운영하고 만두, 햄, 소시지 등 육가공 제품군은 '프레시안' 브랜드로 바꿔 달았다. 또한, 식 소스인 '다담'과 파스타 요리 소스인 '이탈리타' 제품을 추가해 양념류의 폭을 넓혔다.

이처럼 오늘은 '백설'이 있기까지는 몇 번의 변화가 있었다.

CJ제일제당은 '브랜드는 기업이 추구하는 핵심 가치를 함축적으로 담고 있다는 점에서 기업 자체를 의미한다'고 인식했다. 따라서 그 변화의 과정은 48년간 쌓은 브랜드의 힘을 강화하고 기업의 가치를 키우는 계기가 됐다. '백설'은 소비자 가장 가까이에서 지금도 변함없는 사랑을 받고 있다.

12

인천에 동양 최대 제당 공장 건설

이병철 회장은 제당 사업 시작 후 17년을 맞아 새로운 변화를 구하는 것이 성장을 지속할 수 있는 가장 효과적인 선택이라고 판단했다. 1970년은 제일제당에게는 뜻깊은 한해였다. 그해 제일제당은 매출 100억 원을 달성하고 연간 설탕 생산 10만 톤을 돌파하며 국내 제당 산업 역사에 한 획을 그었다.

1953년 산업의 불모지였던 산업계에 제당 산업을 일으킨 지 17년. 그 사이 500만 원에도 미치지 못했던 매출액은 100억 원으로 증가했다. 그중 설탕의 매출액이 60억 원이나 되었다. 646톤에 불과했던 설탕 생산량도 10만 톤 이상으로 늘어났다. 무려 155배나 늘어난 것이다.

1970년 국내 전체 설탕 생산량은 20만 7,000톤, 그중 10만 6,000톤을 생산해 시장의 절반을 제일제당이 공급했다. 이러한 성과를 거두기까지 부침과 위기 극복 과정이 여러 번 있었다. 제당 업계에 있어 1960년대는 희비가 교차하는 시기였다.

1960년대 상반기 국내 제당 업계는 최악의 경영 환경이었다. 쿠바 혁명으로 국내 원당 시세가 천정부지로 치솟은 것이다. 이로 인해 국내 설탕 가격이 폭등하고 수요가 감퇴하는 이중고를 겪었다. 다행히 1965년을 기점으로 원당 도입이 순탄해지면서 안정을 되찾을 수 있었다.

이후 설탕 대량 수요 산업인 제과업과 청량음료업이 성장하고 일반 가정의 소비가 증가하면서 성장의 발판이 마련되었다. 이 시기 국내 제당 산업은 연평균 35.8%의 높은 신장률을 기록했다. 전체 식품에서 설탕이 차지하는 비중도 16% 수준으로 증가했다.

동양 최대 인천 공장 준공

제당 산업이 성장 궤도에 오르는 중에 하나의 기쁜 소식이 기다리고 있었다. 1969년 3월 공사를 시작한 인천 공장이 마침내 준공한 것이었다.

1970년 11월 5일, 이날은 제일제당이 창립 17주년을 맞이한 날이었다. 동시에 인천공장의 준공식이 거행된 날이기도 했다. 이날 준공식은 이병철 회장을 비롯해 일본 측 거래선 대표, 인천 시장과 각 기관장, 그 밖의 각계 인사들이 참석, 대성황을 이루었다. 창립기념일과 공장 준공일이 겹쳐 분위기는 한층 기쁨이 넘쳐흘렀다. 이병철 회장을 비롯해 임원과 내빈들은 공장 앞마당에 기념식수를 하며 회사의 지속적인 발전을 기원했다.

이에 앞서 1970년 10월 중순 주요 일간지에는 제일제당 인천공장의 가동을 알리는 광고가 일제히 게재됐다. 인천공장이 설탕 생산을 개시했다는 소식과 공장별 생산 품목을 알리는 광고였다.

「저희 인천공장은 완전 자동화된 최신의 시설을 갖춘 국제 단위의 임해 공장으로서 준공을 계기로 저희들은 여러분이 믿고 찾는 '백설표' 설탕을 보다 원활하게 공급하는 데 최선을 다하겠사오니 많은 지도와 애호를 바랍니다.
· 부산 공장: 백설표 설탕, 백설표 밀가루,
· 인천 공장: 백설표 설탕
· 영등포 공장: 아지노모토 기술 합작 미풍」

제일제당이 부산 공장의 한계를 파악하고 새로운 공장 건설을 검토한 것은 1965년의 일이었다. 그동안 부산 공장은 국내 제당 산업의 산실이었다. 1953년 전쟁의 폐허 속에서 일으킨 공장이었기에 이병철 회장의 애정도 각별했다. 그러나 설탕이 생활필수품으로 자리 잡으며 설탕의 수요가 폭발적으로 늘고 있는 상황에서 일일 생산량 375톤 규모의 부산 공장으로는 이를 충당할 수가 없었다. 또 장기간 가동으로 설비가 노후하여 대체가 불가피했다. 그간 수차례에 걸친 확장과 제분 시설 도입으로 더 이상 넓힐 수 있는 여유 공간도 없었다. 전국 설탕 수요의 60% 이상을 차지하는 서울과 인천으로 제품을 수송하는 데도 어려움이 많았다. 부산 공장에서 경인 지역으로 운송하는 데 드는 수송비와 시간적 낭비도 문제였다.

이런 문제점을 해결하고 향후 설탕의 생산기지로서 적합한 곳을 찾아본 결과 새 공장은 인천이 최적의 장소로 떠오른 것이다. 새 공장부지(인천 중구 신흥동)는 경인고속도로가 인접해 있고 인천 제2도크(Dock)가 건설될 예정이어서 육지와 바다 교통 요충지로 더없이 좋은 곳이었다.

서둘러 부지를 확보하고 1969년 3월 공사를 시작했다. 동시에

네 차례에 걸쳐 일본 태당주식회사에 기술진을 파견, 기술 연수를 실시했다. 이들은 일본 및 선진 업체의 동향과 정보를 수집하고 해외 교류를 주관했으며 관련 신기술을 익히고 돌아왔다.

공사는 난공사였다. 부지 대부분이 매립지였고 일부는 갯벌이었다. 매립지의 파일링(말뚝박기) 공사 시에는 지반이 워낙 약해 12m의 파일을 두 개씩 이어 박아야 했다. 반면 갯벌 지역은 파일이 들어갔다가 도로 튀어나오는 일도 있어 애를 먹었다.

이러한 어려움을 극복하고 1969년 12월 30일 모든 공사를 완료했다. 이어 생산 설비와 기계를 설치했다. 원료 입고에서 생산, 포장, 적재, 출하에 이르기까지 최신의 설비였다. 특히 소량 포장은 완전 자동화였다. 일반 소비자를 주요 타깃으로 한 만큼 소형 포장 제품에 주력하기 위한 조치였다.

시운전을 거쳐 1970년 8월 15일부터 완제품을 출하하기 시작했다. 이후 약 4개월간 기술과 공정을 보완, 개선하여 그해 12월, 일일 200톤의 생산 능력을 발휘할 수 있게 됐다. 공사 기간 1년 6개월, 공사비 15억 원, 연 인원 12만 명이 동원된 대역사였다.

이로써 제일제당은 부산 공장, 인천 공장, 영등포 공장의 세 곳을 생산기지로 두게 되었다. 이처럼 제일제당은 희망찬 분위기에서 1970년대를 맞았다.

국제 원당(原糖) 가격 폭등 쇼크

1971년 벽두부터 들려온 국제 원당 가격의 급격한 인상 소식은 1970년의 제당 업계의 성장 추세에 찬물을 끼얹는 것이었다. 국제 원당 가격은 1966년 톤당 평균 81달러에서 1971년에는 무려 110

달러로 올랐다. 오일쇼크(Oil Shock)가 절정에 이른 1974년 10월에는 무려 1,489달러까지 치솟았다. 생산 원가에서 원당 가격이 차지하는 비중이 절대적인 제당업 특성상 국내 제당 업계가 받은 타격은 엄청났다. 국내 설탕 가격 인상이 불가피했다.

1974년 7월을 기해 설탕 가격은 49.6%나 올랐다. 그나마 시장에서 구하기도 어려웠다. 도매상마다 쌓여있던 설탕은 그해 6월 들어 자취를 감췄다. 원당 확보가 쉽지 않은 데다 출처를 알 수 없는 설탕 가격 추가 인상설이 나돌면서 가수요까지 일어났기 때문이다.

제일제당도 이 파동을 피해 갈 수는 없었다. 1974년 제일제당 설탕 생산량은 14만 1,000톤이었다. 이는 전년도 14만 9,000톤에 비해 8,000톤이나 감소한 물량이었다. 세계적으로 불어닥친 원당 품귀 현상은 원당의 주요 수출국이던 소련이 이상 기후의 여파로 오히려 200만 톤이나 수입한 게 가장 큰 원인이었다. 여기에 그즈음 인공감미료가 암을 유발한다는 이유로 세계 각국이 사카린 사용을 법적으로 금지하면서 설탕 수요가 촉발되었다.

ISO(국제 설탕 기구, International Sugar Organization)가 그해 세계 원당 수급이 200만 톤 부족하다고 보도한 가운데 일본과 중동 각국이 원당을 대거 사들이면서 원당 품귀 현상이 더욱 심화되었다. 세계적인 투기꾼들의 장난도 원당 가격 상승을 부채질했다.

이러한 상황에서 제일제당은 원가 절감과 생산성 향상에 더욱 노력했다. 이 시기 '구두쇠 운동', '제로 로스 운동(ZL)', '무사고 운동' 등을 적극적으로 전개했다. 또 부산 공장과 인천 공장의 생산량을 적절하게 조절하는 등 생산기지의 이원화 시스템을 활용하여 효율성을 극대화했다. 또한, 장기적인 안목에서 인천 공장의 생산 설비를 지속적으로 증설했다.

덕분에 인천 공장의 생산 능력은 1975년 일산 500톤으로, 1979년에는 1,000톤으로 늘어났다. 국내는 물론 일본을 포함한 동양 최대의 규모가 됐다. 외형적인 생산 능력의 증대에만 초점을 맞춘 것은 아니었다. 포장 공장을 자동화했으며 20톤 벌크로리를 추가로 구입하여 대량 수송 체제도 갖추었다. 특히 인천 공장에 열병합 발전소를 지어 에너지 절감을 실현했다. 이를 통해 외부 전력 사정과 관계없이 전천후로 공장을 가동할 수 있게 되었다. 생산 품목도 늘려 커피 슈가 등 여덟 개의 제품을 새롭게 만들었다.

기적의 감미료(甘味料, Sweetner) 아스파탐 개발

감미료란 식품에 감미를 부여할 목적으로 첨가하는 식품첨가물이다. 1984년 말에 제일제당 종합연구소는 고급 감미료인 '아스파탐(Aspartame)'을 개발하는 데 성공했다. 국내 최초이자 세계 3번째였다.

아스파탐은 설탕에 비해 단맛은 200배이면서도 칼로리는 100분의 1에 불과해 '기적의 감미료'라 불리운다. 그때까지 국내에는 아스파탐 주원료인 페닐알라닌의 발효 기술이 전무한 상태였다. 미국과 일본으로부터 기술 이전을 받으려 해도 기피하거나 과도한 로열티를 요구했다.

이에 1981년 10월 제일제당은 종합연구소 내에 특수 당 연구팀을 구성하고 아스파탐 연구에 나섰다. 이미 상당한 기술을 확보한 터였다. 1960년대에 제2의 감미료인 포도당 개발에 나서 국내 기업으로는 유일하게 성공시켰으며 1970년대에 핵산 조미료 생산 과정에서 터득한 발효 기술도 축적하고 있었다.

당시 제일제당은 1,267억 원의 매출을 올리고 있었다. 이는 국내 총매출액 3,475억 원의 34%에 해당했다. 전체 설탕 시장의 절반을 차지하는 셈이었다. 이 같은 상황에서 인공감미료 개발에 나선 것은 당시의 시장 상황을 적극적으로 반영한 것이었다.

그 무렵 식품 가공원료로 쓰이는 설탕과 과당이 기업 수요를 놓고 치열한 쟁탈전을 벌이고 있었다. 식품업체들은 가격이 저렴한 과당 등 대체 감미료 사용을 늘리고 비싼 설탕의 사용은 점차 줄여 가고 있었다. 특히 설탕의 주요 수요처의 하나인 콜라 시장이 설탕 대신 과당을 사용하자 이를 뒤따르는 식품업체가 늘어났다. 대체 감미료의 수요가 하루가 다르게 증가하고 있었다. 설탕의 단맛을 그대로 즐기되 비만 등 성인병의 염려가 없는 새로운 감미료에 대한 소비자의 욕구도 증가했다. 이런 추세에 부응하여 국민 건강 증진에 기여해야 한다는 선도 기업으로서의 사명감도 아스파탐 개발에 나서게 된 요인이었다. 시장 전망도 밝았다. 국내는 물론 미국과 일본 등에서도 다이어트용 감미료가 큰 인기를 끌고 있었다.

1984년 기준으로 세계 수요는 6억 달러 선이었지만 1988년에는 30억 달러가 넘을 것으로 예상되었다. 제일제당은 기술 이전을 전혀 받을 수 없는 상태에서 부족한 시간과 인력을 최대로 활용하기 위해 '24 연구팀'을 별도로 조직, 연구에 몰두했다. 그리고 3년 여의 연구 끝에 마침내 아스파탐을 개발하는 데 성공했다. 공로를 인정 받아 정부로부터 석탑산업훈장을 받았다. 성공 비결은 '끈기'였다.

"생명공학 기술에 이용되는 돌연변이 균주를 개발할 수 있는 확률은 1000분의 1이라고 합니다. 우리는 약 6,000번의 시도 끝에 아스파탐의 주원료인 페닐알라닌을 만드는 데 성공했습니다."

연구팀장의 술회였다.

제일제당이 사용한 생산기술은 직접 발효법이었다. 이 공법은 기존 제조법에 비해 원가가 낮으면서도 제품의 농도와 수율이 뛰어났다. 균주의 역가(力價), 발효 기술 측면에서 세계적 기업들과 어깨를 나란히 하는 기술이었다. 이로써 제일제당은 국내 식품업계 발효 기술 부문에 또 하나의 업적을 남겼다.

1985년 3월 국내 최초로 아스파탐의 제조 허가를 획득한 제일제당은 아스파탐의 사업화를 서둘렀다. 당시 동인당제약이 미국의 지디시얼리사(GD. Searle&Co.)로부터 아스파탐을 수입해 시판을 준비하고 있었기 때문이다. 시장을 선점하기 위해서는 하루라도 빨리 시중에 내보내야 했다.

제품화를 서두른 덕분에 드디어 1985년 4월 '화인 스위트'라는 이름으로 시중에 첫선을 보일 수 있었다. 식품 분야에서는 최초로 아스파탐과 페닐알라닌에 대한 기술 보호도 받게 되었다. 화인 스위트는 아스파탐 3%와 유당 97%의 비율로 제조되어 같은 양의 설탕에 비해 200배의 당도를 가진 저칼로리 감미료였다. 제일제당은 성인병 환자나 다이어트를 필요로 하는 고객층을 타깃으로 광고를 게재해 제품의 인지도를 높였다. 기존 거래처 외에도 직거래점을 개설했고 약국을 통한 유통을 확대했다. 제품의 특성을 살려 헬스클럽, 호텔, 커피숍 등 특수 경로도 개발했다. 출시 1년도 채 안 돼 해외에서도 주문 상담이 이어졌다.

1986년 5월 미국의 원료의약품 판매회사인 GF케미칼사에 페닐알라닌을 수출한 데 이어 프랑스에도 수출했다. 선진국의 기술 보호압력과 보호무역의 장벽을 뚫은 성과가 아닐 수 없다.

아스파탐의 기술 개발과 화인 스위트의 판매 호조에 자신감을 얻은 제일제당은 부가가치가 높은 기능성 건강 감미료의 개발에 고삐를 바싹 당겼다. 그 결과 프락토올리고당과 팔라티노스당, 대두올리고당을 개발하는 데 성공했다. 프락토올리고당은 1987년 3월 세계에서 두 번째로 개발에 성공했다. 균주 생산에 적용한 바이오리액터 기술은 첨단 생명공학 기술 중 하나로 이를 계기로 '기술 제일 제당'의 면모를 드높였다.

프락토올리고당을 상품화한 것이 '백설표 올리고당'이다. 이 제품은 초기 생산이 100톤이 밑돌 만큼 저조했다. 그러나 1988년을 기점으로 시장 규모가 100% 이상씩 성장했다. 분유, 아이스크림, 사료, 의약품, 음료 등으로 사용 범위가 확대되면서 시장 규모가 빠르게 성장했다.

팔라티노스당은 1990년 12월 개발에 성공했다. 이 제품은 비충치성 천연 감미료로, 이를 산업화한 것은 일보에 이어 세계에서 두 번째였다. 이 역시 프락토올리고당에 활용된 바이오리액터 기술이 적용되었다. 특히 팔라티노스당은 정부와 기업의 공동 노력이 결실을 맺은 모범 사례라는 평가를 받았다. 과학기술처가 주도하고 한국유전자공학협회가 주관하는 특정 연구개발 과제 발주 정책의 일환으로 시작하여 상품화까지 진전시킨 것이다. 이런 점을 인정 받아 1997년에는 제17주 1R52장영실상 수상 제품으로 선정, 제일제당의 기술력을 대내외에 다시 한번 과시했다.

사실 개발 역사가 오래되지 않은 대체 감미료가 감미료 시장에서 차지하는 비중은 그리 크지 않았다. 당시 전체 감미료 시장 규모는 5,000억 원대로 그 중 설탕이 3,000억 원대로 전체 감미료 시장의 60% 이상을 점유하고 있었고 나머지를 과당, 포도당, 물엿 및 전분당 등이 차지하고 있었다. 이 같은 구도 속에서 대체 감미료의 시장 규모는 미미했다. 그러나 제일제당은 식생활 개선과 향후 성장 가능성에 무게를 두고 제품을 연이어 개발, 식품 업계를 선도해 나갔다.

부산 공장 설탕 생산 마감

1982년 3월 12일, 제일제당은 창업 이래 설탕 총생산량 300만 톤을 초과하는 경사를 맞았다. 부산 공장 125만 톤, 인천 공장에서 175만 톤을 생산했다. 경기 침체와 경기 부진, 대체 감미료의 소비 증가와 설탕 유해론의 대두, 가열되는 판매 경쟁 등 숱한 악재 속에서 경영 합리화와 새로운 제품 개발을 지속적으로 추진해 온 덕분이었다.

이를 계기로 제일제당은 제당의 설비를 정비하면서 부산 공장의 설탕 생산을 전면 중단했다. 설탕과 밀가루에 이어 사료 사업까지 추가되면서 부산 공장은 과부하가 걸리고 있었다. 이에 효율적인 생산을 위해 부산 공장의 가동을 중단하고 제당 설비를 인천 공장으로 옮겼다. 이로써 1953년 조업을 시작한 이래 회사 발전의 원동력이자 중추적인 생산기지 역할을 했던 부산 공장은 1982년 5월 30일을 기해 설탕 생산을 중단했다. 아쉬운 일이었지만 더 큰 발전을 위한 선택이었다. 이후 부산 공장은 밀가루와 사료 생산기지로 재정비되었다.

이듬해 산당(散糖) 공정 합리화 및 소프트 슈거 생산 설비를 설치했다. 이를 계기로 커피 슈거, 골든 시럽, 가루 설탕, 각설탕 등 모든 특수당을 한 곳에서 생산할 수 있게 되었다.

1980년대 중반 3저에 의한 국내 경기가 호전되면서 설탕 수요가 늘자 생산 설비를 꾸준히 증설하고 공정 합리화 사업도 지속적으로 추진했다. 그 결과 1992년 4월 인천 1공장의 생산 능력은 1,589톤으로 늘어났다. 더불어 이 시기에 결정 공정을 컴퓨터 시스템으로 전환하여 설탕 품질을 결정하는 가장 중요한 요소인 정규 입자율을 획기적으로 향상시켰다. 포장 단위도 6가지로 다양화했다.

덕분에 1992년 9월 18일 인천 1공장은 설탕 생산 600만 톤 돌파라는 대기록을 세웠다. 공장 가동한 지 21년 10개월 만의 일이었다. 제일제당은 창업 이래 질적으로나 양적으로나 명실공히 국내 설탕 업계 부동의 1위 기업으로 군림했다.

13

식문화(Food Culture)를 바꾼 제분 사업

1977년 7월 한 달 동안 서울 명동에 위치한 신세계백화점 지하 식품부에서 맛있는 냄새가 풍겨 나왔다. 같은 시간 여의도 한양슈퍼 체인과 태평로 동방빌딩 지하 아케이드에서도 고소한 밀가루 음식 향기가 사람들을 유혹하고 있었다. 그 냄새의 근원지는 시식 코너, 냄새를 따라가면 프리믹스 백설표 도너스 가루와 '백설표 핫케익 가루'를 이용하여 만든 맛있는 도넛과 핫케이크가 기다리고 있었다.

프리믹스란 조제분(Prepared Mix)의 약어로 2종 이상 분말 원료를 균등하게 혼합한 것을 말한다. 그날 신세계 시식 코너는 여느 시식 코너와는 풍경이 사뭇 달랐다. 단순히 완성된 음식을 맛보기만 하는 시식이 아니었다. 앞치마를 두른 판매사원들이 프리믹스 제품을 이용해 직접 반죽하여 요리를 완성하기까지의 전 조리 과정을 시연해 보이고 있었다. 소비자들에게 이제 막 출시된 프리믹스에 대한 이해가 있을 리 만무했다. 제일제당은 생소한 제품을 가장 효과적으로 소비자들에게 알리기 위해 착안한 방법이었다.

반응은 폭발적이었다. 신기한 듯 구경하던 사람들은 그 '맛'과 간편성에 고개를 끄덕였고 돌아서는 그들의 장바구니에는 '백설표 도너스 가루'가 담겨 있었다.

1977년 7월 26일, 서울 효자동 내자호텔에서 열린 IFSEA 정기 모임. 100여 명의 외국 식품 전문가들이 참석한 이날 행사에서 제일제당은 프리믹스로 만든 도넛과 핫케이크를 선보였다. 호평 일색이었다. 외국인의 입맛까지 사로잡은 것이다. 제일제당은 이를 계기로 프리믹스 제품을 각 호텔 및 외국인 전용 베이커리에 납품하게 되었다.

제일제당이 프리믹스 개발을 처음으로 검토한 것은 1960년대 후반이었다. 1960년대 두 차례에 걸친 강력한 분식 장려 시책으로 제분 업계는 호황을 누렸다. 이는 1970년대 초까지 이어졌다. 그때까지도 쌀 수급 문제가 해결되지 않아 정부는 분식을 장려하고 있었다.

정부는 모든 요식 업소에 25% 이상의 잡곡을 혼식하도록 의무화했다. 그 영향으로 밀가루의 수요가 크게 늘었고 이를 원료로 하는 가공식품 공업도 급성장했다. 호기를 맞은 제분 업체들은 너나없이 시설을 확장했다. 국내 제분 업계의 시설 능력은 1967년 일산 5만 3,000배럴에서 1973년 6만 3,000배럴로 늘어났다. 전국 밀가루 판매량도 1969년 2,264만 대(袋)에서 1971년 4,965만 대로 늘어났다. 연평균 19.5%에 가까운 신장률이었다.

이 시기 제일제당의 판매량도 1969년 269만 대에서 1971년 530만 대로 연평균 17%의 신장세를 기록했다. 시장점유율은 10% 수준을 유지했다. 이때 이미 제일제당은 프리믹스에 대한 수요를 예상하고 있었다. 1969년 말 미국의 AB사와 일본의 닛산닛폰사에서 기술을 습득하여 국내 최초로 박력분을 개발했는데 이는 프리믹스의 성장 잠재력을 예견했던 것이다.

그러나 프리믹스 사업을 시작하기에는 시기가 좋지 않았다. 국제 원맥 시세가 폭등하면서 국내 제분 업계에 먹구름이 드리우기 시작했다. 1972년 톤당 70달러 수준이던 국제 원맥 시세는 1차 오일쇼크 후인 1974년 1월에는 260달러 선으로 폭등했다. 국내 밀가루 가격도 대폭적인 인상이 불가피했다.

정부는 전분, 물엿, 포도당에 밀가루를 사용하지 못하도록 하는 등 밀가루 사용 억제책을 폈다. 이로 인해 전국 밀가루 판매량은 1973년 6,367만 대에서 1974년 5,101만 대로 줄어들었다. 제일제당의 판매량도 1973년 609만 대에서 이듬해 533만 대로 감소됐다. 불황이 계속되는 상황에서 새로운 사업을 시작하기에는 부담이 컸다.

이 시기 제일제당은 노후 시설을 정비하거나 공장 합리화를 꾀하는 등 내실을 기했다. 또한, 부분적으로 증설을 단행했다. 이를 통해 1973년경 부산 제분 공장의 생산 능력은 88,491배럴로 증대되었다. 다행히 1976년을 기점으로 국제 원맥 시세가 하락하고 정부의 지원 정책에 힘입어 제분 업계는 안정을 되찾았다. 경기도 되살아나기 시작했다. 더 이상 프리믹스 사업을 망설일 이유가 없었다.

프리믹스 탄생과 판매 전략

1976년 제일제당은 부산 공장 제분 관계자와 외부에서 영입한 전문 인력으로 프리믹스 개발팀을 발족시켰다. 일본으로 기술진을 보내 관련 자료를 수집하고 공장 견학단을 파견하여 생산 공정 등을 면밀히 연구했다. 프리믹스 개발이 무르익고 있었다. 이미 설비를 갖추고 있었고 관련 기술도 어느 정도 확보하고 있던 터라 제품 개발은 빠르게 진행되었다.

첫 개발 품목은 도넛 가루와 핫케이크 가루였다. 주원료인 밀가루에 분유 및 쇼트닝, 베이킹파우더 등을 위생적으로 혼합, 가공하여 즉석에서 만들어 먹을 수 있는 편의 식품, 이것이 바로 '프리믹스'였다.

먼저 해결해야 할 과제는 적합한 베이킹파우더를 만들어 내는 것. 개발팀은 수없이 베이킹파우더를 만들어 냈고 이를 이용해 도넛 샘플을 선보였다. 작업이 이루어지는 동안 부산 공장 실험실에서는 언제나 달콤한 냄새가 풍겨 나와 그 앞을 지나가는 직원들의 코를 자극했다.

1977년 2월 마침내 도넛 가루와 핫케이크 가루 2종의 프리믹스 시제품을 만들어 내는 데 성공했다. 국내 최초의 일이었다. 발효 조미료가 시장을 완전히 장악한 상황에서 천연의 맛을 살린 종합 조미료로 새로운 돌파구를 마련했듯이 제분 부문에서 국내 최초로 프리믹스 제품을 개발, 새로운 영역을 개척한 것이다.

제일제당이 프리믹스 개발에 나선 것은 지속 성장을 추구하겠다는 의지에서였다. 식품 소재인 밀가루 시장은 이미 성숙 단계에 진입해 정체 현상을 보이고 있었다. 반면 프리믹스 같은 2차 상품은 부가가치가 높았고 성장 잠재력도 컸다. 홈메이드 가전 수요가 늘고 맞벌이 핵가족의 등장에 따라 간편한 식문화로 변화하고 있는 상황도 고려했다. 변화하는 소비자의 기호에 맞는 신제품을 지속적으로 출시하고 효과적인 판촉을 전개한다면 성장성이 매우 높다고 판단한 것이다.

새로운 제품이 시장에 진입하여 정착하기까지는 어려움이 많다. 프리믹스도 마찬가지였다. 프리믹스를 첫 출시 했을 때 일부 판매

처에서는 진열 자체를 기피했다. 프리믹스에 대한 이해가 없었고 사업성을 확신할 수가 없었기 때문이었다. 이들을 설득하기 위해서는 일일이 제품 사용법을 시연해야만 했다. 이 점을 고려하여 제일제당은 1977년 12월 서울 직판과를 신설했다. 프리믹스에 대해 알리고 판매를 강화하기 위해서였다.

출시 첫 해 제일제당이 생산한 프리믹스는 463톤이었다. 기대에 못 미치는 수준이었다. 그러나 프리믹스 제품이 점차 소비자에게 알려지면서 반응이 나오기 시작했다. 이듬해 생산량은 1,672톤으로 늘어났다. 4배나 증가한 양이었다. 특히 제빵, 제과 업소에의 수요가 큰 폭으로 늘어났다. 아주 희망적인 현상이었다.

사업이 기대 이상의 호조를 보이자 1978년 10월 부산 공장 제분 부문에서 프리믹스 파트를 분리, 38명의 전담팀을 구성했다. 이들로 하여금 '프리믹스'의 생산과 신제품 개발에 전념하도록 한 것이다. 그 결과 1979년에는 3,007톤을 생산하여 전년 대비 80% 가까운 신장세를 보였다. 수요가 폭발적으로 늘자 미국 GEM사에서 최신형 기계를 도입, 생산 능력을 월 400톤으로 늘렸다.

제일제당은 '백설표 밀가루', '백설표 녹두 빈대떡 가루' 등 신제품을 잇달아 내놓았다. 이를 기점으로 기존의 서구식 제품 일변도에서 벗어나 한국형 제품을 개발하기 시작했다. 제과, 제빵 업소를 대상으로 세미나(Seminar)를 개최하는 등 프리믹스 제품에 대한 실 수요처의 인식 전환을 유도했다.

전국적으로 열다섯 개 과(課) 단위의 일선 현장 판매 조직과 300여 명의 판매사원, 150여 대리점 조직과 축적된 판매 경험을 무기로 시장을 적극적으로 공략했다. 그 결과 1980년에 프리믹스 4,350톤을 생산, 매년 평균 120%의 놀라운 증가율을 기록했다. 이로써 제일제당은 국내 프리믹스 시장을 주도하며 1980년대 제분 사업의 안정적 기틀을 마련할 수 있었다.

1970년대만 해도 밀가루의 원료 비중은 제면, 제과, 제빵, 가정 및 영업소 순이었다. 그러나 1980년대에 들어 가정 및 영업용이 32.4%를 기록하며 계속 증가하는 소비 패턴의 변화를 보였다. 소득 증가로 생활 수준이 높아짐에 따라 고급화 경향을 보인 것이다. 마침 정부도 86 아시안 게임과 88 올림픽 유치를 앞두고 밀가루 가격 고시제와 가격 안정 기금제를 폐지하는 내용의 자율화 조치를 취했다. 밀가루의 종류를 다양화하고 제분 업계의 경쟁력을 강화하는데 목적이 있었다. 이와 때를 같이 하여 제분 업계는 강력분(Strong Flour), 박력분(Weak Flour)의 생산량을 늘리고 제품의 고급화를 적극적으로 추진했다. 원맥 수입선도 미국 일변도에서 벗어나 호주, 캐나다, 아르헨티나 등으로 다변화했다.

이때 제일제당은 설탕, 밀가루, 조미료 등 기간 식품 전반에 걸쳐 폭넓은 개발과 개선 작업을 추진했다. 식품 개발에 다양성을 부여해 변화하는 소비자의 기호에 적극 대응하기 위해 1982년 부산 공장 내에 강력분과 실수요분 전용 생산 라인을 구축했다.

1979년 강력분으로 만든 국수 4종을 선보인 이래 이 제품들은 소비자에게서 꾸준히 사랑받고 있었다. 이듬해에는 서독(통독 이전) 뷜러 마아그사에서 기계를 들여와 불순물 제거와 분리 공정도 크게 개선되었다. 이 같은 설비 합리화를 통해 생산성 향상과 품질 개선에 힘을 쏟은 결과 제분 사업은 1982년부터 1984년까지 생산과 판매 부문에서 평균 8%의 신장세를 보였다.

용도별 제품 개발과 품질 고급화에도 박차를 가했다. 1984년 라면 전용분을 개발하여 삼양식품과 농심 등 라면 업체에 공급했으며 새로운 원맥 가공 기법으로 생산한 특수 강력분과 박력분 등 고급 밀가루를 제과, 제빵 업체에 공급했다.

동림산업 흡수합병, 제분 1위로 도약

1985년 7월 1일 제일제당은 동림산업을 흡수, 합병함으로써 제분 사업에 새로운 전기를 마련했다.

동림산업은 삼양사와 대한제당을 포함한 제당 3사가 1978년부터 공동 관리해 온 회사였다. 제당 3사의 공동 관리가 장기화되면서 경영상의 불합리성과 관리 효율 등의 문제점이 드러나자, 제당 3사는 한 회사에 이를 인수시켜 일괄 관리하기로 합의를 보았다. 이때 제일제당이 동림산업의 인수 의사를 밝혔다.

인수 직전 동림산업은 흑자 경영을 시현하는 등 경영지표가 양호했다. 성장 가능성이 충분했다. 그리고 무엇보다도 영등포 공장을 가지고 있다는 것이 매력적이었다. 그때까지 제일제당의 밀가루는 모두 부산 공장에서 생산했다. 부산 공장이 제일제당 유일의 밀가루 생산 지역이었고 생산 기반이 없었던 경인 지역의 수요가 날로 늘어나고 있는 상황에서 이런 구도는 매우 불리한 것이었다. 부산 공장은 경인 지역 수요에 적절히 대응하기에는 원거리에 있었고 제품을 운송하는 데 소요되는 시간과 비용도 막대했다. 동림산업을 인수하게 되면 이러한 문제를 한꺼번에 해결할 수 있었다. 무엇보다도 밀가루의 대 수요처인 서울을 비롯한 경인 지역의 수요에 효과적으로 대응하게 되는 것이다.

제일제당은 동림산업을 합병한 후 제분 사업본부 영등포 공장으로 이름을 바꾸었다. 이로써 영등포 공장은 기존의 부산 공장에 이어 제일제당의 제분 사업의 새로운 요람으로 거듭나게 됐다. 그리고 제일제당은 제분 부문의 획기적인 규모 확대로 제1의 제분 업체로 도약하는 원동력을 확보했다.

영등포 공장의 출범을 계기로 제일제당은 제분 부문의 획기적인 규모 확대로 제1의 제분 업체로 도약하는 원동력을 확보했다. 동림산업 인수 직전 제일제당의 밀가루 생산 능력은 일일 생산량 1,050톤에 연간 판매량 971만 5,000대(袋)였다. 여기에 동림산업이 보유하고 있던 일일 생산량 500톤 규모의 공장을 확보하게 되어 제일제당의 생산 능력은 일일 생산량 1,550톤으로 늘어났다. 시장점유율도 기존 14%에서 22%로 높아졌다.

지역적 한계를 뛰어넘는 효과도 거두었다. 당시 서울과 경기 지역의 판매량이 밀가루 수요의 65%, 프리믹스 수요의 75%를 차지하고 있었다. 제일제당은 생산 시설을 부산에 두고 있었기 때문에 경인 지역으로의 수송 비용과 제품 보관에 부담이 컸다. 시간적으로도 낭비가 아주 심했다. 영등포 공장이 출범함으로써 이같은 단점을 해소하고 제분 부문의 경쟁력을 획기적으로 제고할 수 있게 되었다.

제일제당은 영등포 공장의 정상 가동에도 힘을 쏟았다. 1985년 10월에는 부산 공장의 프리믹스 시설을 영등포 공장으로 옮겼다. 이로써 프리믹스 일일 생산량은 20톤에서 30톤으로 늘어났다. 1987년에는 소용량 페트 포장 제품을 종이함 포장으로 변경하고 리본 믹서(리본형 혼합기)를 도입해 가정용 포장 라인을 완전 자동화했다. 이를 통해 영등포 공장의 프리믹스 생산량은 40톤으로 늘어났다.

1986년에는 부산 공장의 강력분 생산 라인도 영등포 공장으로 옮겼다. 1988년 일일 생산량 600톤, 프리믹스 생산 능력 40톤을 갖추게 되었다. 제일제당이 프리믹스를 출시한 이후 시장에서 반향을 일으키자 프리믹스 사업에 진출하는 기업들이 점차 늘어났다. 제일제당의 뒤를 이어 1978년 프리믹스 사업을 시작한 '오뚜기 식품'을 비롯해 1983년 대한제분, 이듬해 대한제분 등이 시장에 뛰어들었다. 그러나 제일제당의 위상은 흔들리지 않았다. 많은 기업들이 시장에 뛰어들어 경쟁을 벌임으로써 시장점유율이 80%에서 74%로 떨어지긴 했으나 제일제당은 절대 강자였다.

제일제당은 신제품 개발 및 시장 확대에도 힘을 쏟았다. 1985년부터 1987년까지 '다용도 부침가루', '닭튀김 가루', '모카 핫케이크 가루', '생선용 튀김가루' 등을 출시해 호평을 받았다.

1987년에는 해외로 눈을 돌려 '분(紛) 믹스' 135톤을 일본에 선적, 해외시장의 문을 두드렸다. 당시 일본은 설탕과 밀가루의 가격이 매우 높았고 불황이 지속되면서 원가 절감의 욕구가 고조되고 있었다. 경쟁력 있는 가격에다 품질 및 서비스의 질을 높인다면 지속적인 수출이 가능하다는 판단이 섰다.

1988년에 프리믹스 일본 수출용 라인을 증설하고 1991년에는 당믹스와 분유믹스 라인도 증설, 향후 이루어질 수출시장 확대에 대비했다.

14

식용유(Cooking Oil)와 배합 사료 사업 진출

1979년 7월 20일 밤 11시, 무더운 여름밤이었다. 인천시 신흥동에 잇는 신축빌딩 제일제당의 대두(大豆, 콩) 가공공장은 대낮처럼 환하게 불을 밝히고 있었다.

그때였다. 공장 안에서 환호성이 터져 나왔다. 착유기 출구에서 맑디맑은 기름이 쏟아져 나오고 있었다. '백설표 식용유'가 자태를 뽐내면서 폭포처럼 흘러내렸다. 이를 지켜보는 임직원들은 벅찬 가슴을 억누르면서 박수갈채를 보내고 있었다. 그동안 흘린 땀이 비로소 결실을 맺게 된 것이다.

그로부터 50일이 지난 그해 9월 6일, 백설표 식용유의 첫 제품 출하식이 대두유 창고에서 거행되었다. 제일제당은 대두 가공공장을 지어 제품을 출하하기 가지에는 힘든 고비를 여러 차례 넘겨야 했다. 공장부지에 폭우를 무릅쓰고 자갈을 깔며 진행했던 기초 공사와 15m짜리 콘크리트봉 5,400개의 파일을 박는 난공사 끝에 상량식을 치를 수 있었다. 공장 부지신흥동은 갯벌을 메운 땅이었다.

이병철 회장도 대두 가공공장에 거는 기대는 각별했다. 공사 현장 시찰을 나올 때마다 깊은 관심을 드러냈고 건설 관계자들에게

치하와 격려를 아끼지 않았다.

예상치 못한 문제도 발생했다. 탈취탑 배관에 난 작은 구멍 하나가 정제 공장에 문제를 일으키고 수분 함유량이 맞지 않아 색이 변색되는 등 제품이 성공적으로 생산되기까지 수많은 난제를 극복해야 했다. 모든 문제를 해결하고 제품을 출시하게 된 기쁨은 컸다.

고소한 맛 '백설표 식용유'

1979년 9월 6일 백설표 식용유가 일제히 출시되었다. 식용유는 제일제당이 설탕, 밀가루, 조미료, 사료에 이어 다섯 번째로 소비자에게 선보이는 것이었다. 그런 만큼 소비자의 반응이 기대와 우려가 교차되었다.

결과는 대성공이었다. 제품은 인기리에 팔려나갔고 시식 코너마다 주부들로 문전성시를 이루었다. 철저한 품질 주위 방침 아래 모든 정성을 쏟은 것이 성공 비결이었다. 식용유 시장에 늦게 진출했지만, 품질로 업계를 선도했고 국민 식생활을 한 단계 끌어올렸다. 일선 판매 사원들의 열정과 회사의 치밀한 판매 전략 또한 성공의 요인이었다.

제일제당은 공장 건설이 한창이던 1979년 3월 곡물 사업부 내에 식품 판매부를 신설하여 판매 체제를 미리 갖추었다. 후발주자가 선발주자를 이기기 위해서는 더 많은 노력과 비상한 준비가 필요했기 때문이다. 이들이 주축이 되어 판매를 잘할 수 있는 대리점을 모집하고 결정했다.

그 결과 효율을 낼 수 있는 전국에 20여 개의 대리점망을 구축했다. 슈퍼와 백화점, 실 수요처 등 대형 거래처도 확보했다. 특히 기존 제품의 슈퍼마켓 비중이 낮은 점에 주목하고 군소업체 위주의 유통 구조를 슈퍼마켓 위주로 전환해 나갔다.

공략 지역은 서울을 포함한 경인 지역, 지방은 대도시에 국한했다. 회사의 생산 능력이 업계 전체의 20% 정도에 불과했기에 전국적으로 확대하기보다 한 지역을 집중공략하는 것이 효과적이라 판단한 것이다.

소비층의 주요 타깃은 주부들이었다. 처음부터 주부들을 만족시킨 만큼 더 좋은 식용유를 만드는 데 집중한 것이다. 주부들의 의견을 정확히 수렴하기 위해 서울 주부 1,500명을 대상으로 시중에 판매되고 있는 식용유에 대한 의견을 수렴했다. 주부들의 의견을 제품 개발에 반영한 것은 물론이다. 대표적인 예가 용기와 마개였다. 투명 용기를 사용하여 소비자가 직접 제품 상태를 확인하도록 했고 기름의 양을 쉽게 조절할 수 있게 특수 이중 마개를 만들었다. 당시로서는 혁신적인 것이었다.

제일제당은 제품 출시를 한 달 앞둔 1979년 7월부터 TV, 라디오, 신문, 잡지 등 전 매체에 식용유 광고를 대대적으로 내보냈다. 슈퍼와 백화점, 실수요업체에 시제품을 배포하는 판촉 캠페인도 내보냈다. 대리점주를 대상으로 하는 세미나와 시식회, 공장 견학 등의 다채로운 행사도 마련했다. 제품 출시 직후에는 서울과 부산을 비롯해 전국 주요 8개 도시의 백화점과 슈퍼마켓에서 출시 기념 시식 코너를 운영했다.

백설표 식용유가 시장에서 좋은 반응을 얻자 업계 경쟁은 더욱 치열해졌다. 그간 독점적 지위를 누려왔던 업계 1위의 '동방유량'을 비롯해 삼양식품, 대일유업, 해태가 잇따라 시설을 늘리고 소비자를 공략했다. 그 속에 제일제당은 '깨끗하고 고소한 맛'의 이미지를 강조하며 소비자에게 깊은 인상을 심었다.

덕분에 매출이 늘어나 제품 출시 7개월 만인 1980년 3월 제일제당은 마침내 서울 지역 판매에서 경쟁사들을 앞섰다. 제일제당은 이를 계기로 판매 전략을 수정해 그동안 서울 및 대도시 중심으로 판매하던 것을 전국으로 확대했다. 가정용에 치중하던 판매 방향도 실 수요처용 판매를 강화하는 쪽으로 선회했다. 이 같은 노력으로 1984년 제일제당은 35%의 시장점유율을 확보했다.

대두(콩, Bean) 가공 산업 진출

제일제당이 신규 사업으로 대두 가공사업을 검토한 것은 1967년의 일이었다. 설탕과 밀가루, 조미료 사업을 일으키며 식생활 문화를 선도해 온 입장에서 신사업으로 대두유 및 그 가공식품에 관심을 갖는 것은 자연스러운 일이었다. 더욱이 식용유 생산과 더불어 식품, 축산업 등 다양한 영역에 걸친 동반 성장을 기대할 수 있었다. 종합 식품회사를 지향하는 제일제당으로서는 식품의 계열화를 구축할 수 있는 좋은 기회였다.

이는 당시 정부의 정책과도 부합했다. 정부는 1968년 '축산 진흥 4개년 계획'을 발표했는데 그중 하나가 국내 생산량이 절대 부족한 사료 공급에 대한 내용이었다. 사료 부족 문제를 해결하기 위해서는 대두 가공 공장을 건설해야 한다고 보고 지원책을 강구하는 것이었다. 이는 국민의 소득 수준 향상과 식생활 패턴의 변화로 수요가 증가하고 있는 식용유의 공급 문제도 함께 해결할 수 있는 방안이어서 산업계로부터 크게 환영을 받았다.

그러나 제일제당이 대두 가공사업을 본격화한 것은 그로부터 10

년이 지난 1978년이었다. 대두 가공사업 착수가 늦어진 것은 조미료 사업에 역량을 집중하기 위해서였다. 대두 가공사업은 업종 특성상 식용유 생산과 배합 사료 생산을 연계해서 추진해야 하는데 그러기 위해서는 시간과 열정, 막대한 투자 비용이 필요했다. 조미료 사업을 성장시켜 놓아야 하는데 다른 산업으로 역량을 분산하는 것은 바람직하지 않았던 것이다. 그러던 중 1978년에 이르러 사업 전 부문이 성장 궤도에 오르자 마침내 대두 가공사업을 본격적으로 추진하게 되었다. 연계된 사업인 사료 사업에서는 이미 일정 수준의 기반을 확고히 구축한 상황이었다.

1973년 제일제당은 사료 사업 진출을 구체화했다. 사료(飼料, Feed)는 가축이나 애완동물에게 먹이는 식품을 말한다. 제일제당은 사료 사업에 있어서는 이미 일정 수준 이상의 기반을 구축해 본 경험을 가지고 있었다.

1960년에 배합 사료 생산을 경험했다. 당시 밀가루를 생산하던 부산 공장에서 나오는 부산물을 이용하여 양계(養鷄)용 사료를 시험적으로 생산했던 것이다. 1973년 12월 1일 부산 제분 공장에 배합 사료 공장이 건설되었다. 하루에 150톤을 생산할 수 있는 규모였다. 제품 브랜드는 '풍년 사료'였다. 풍년 사료는 우수한 품질을 인정받으며 출하 직후부터 인기리에 팔려나갔다. 1974년 1만 4,767톤에서 1977년에는 4만 7,329톤을 생산, 연평균 49%라는 높은 신장률을 기록했다.

수요가 늘면서 최신 설비를 갖춘 별도의 공장 건설이 시급해졌다. 마침, 정부도 대기업의 사료 사업 참여를 적극 권장하고 나섰다. 제일제당은 사료 사업 확장 계획을 수립하고 대두 가공사업과 연계하여 추진하기로 했다. 설탕과 밀가루, 조미료에 이어 사료 및 식용유라는 대규모 사업을 목전에 두고 있는 상황이었다.

인천 제2 공장 건설

1978년 5월 제일제당은 인천시 신흥동 연안 매립 부지 5만 8,854평(19만 456m²)을 공장 부지로 매입했다. 주 소비지인 서울과 가깝고 항만을 끼고 있어 원료 수송이 유리했기 때문이다. 대두 가공공장은 하루 대두 처리 능력 200톤으로 하되 향후 500톤까지 증설이 가능하도록 설계했다. 배합 사료 공장은 일산 700톤으로 결정했다.

1978년 6월 부지 성토 작업과 함께 건설의 막이 올랐다. 그해 9월 파일링 공사를 시작으로 본격적인 공사에 돌입했다. 특히 대두 공장의 건설은 전처리, 추출, 정제 공정을 담당하는 세 개의 별도 공장과 대두박(콩깻묵) 저장 사일로, 대두박 포장실과 창고, 대두유 포장실과 제품 창고, 옥외 원유 및 제품 탱크 등을 포함하는 대단위 공사였다. 설비와 기술을 제공한 해외 기술진만도 독일, 스위스, 스웨덴, 일본 등 4개국이었다.

서해안의 황량한 갯벌 위에 우렁찬 망치 소리가 울려 퍼진 지 1년 만에 공사가 마무리되었다. 대두 가공공장은 1979년 8월 30일에, 배합 사료 공장은 이보다 3개월 앞선 5월 12일에 각각 제품을 생산하기 시작했다. 투입된 공사비는 110억 원에 달했다. 대두 가공공장 시설 능력은 일산 200톤, 배합 사료 공장은 기존 부산 공장의 300톤을 합해 일산 1,000톤의 능력을 갖추게 되었다. 단일 공장으로는 동양 최대 규모였다. 무엇보다 인천 제2 공장 건설을 계기로 제일제당은 종합식품 계열화 구축에 한 발 더 다가서게 되었다.

1979년 5월 12일, 본격적인 사료 생산에 돌입한 제일제당은 제품 출시를 앞두고 만반의 준비를 갖췄다. 판매 인력을 대폭 강화하고 집중적인 마케팅 교육을 실시했다. BI(Brand Identity) 작업도 끝마쳤다. 축우, 양돈, 양계의 세 가지 이미지를 심벌화한 도안과 기존 '풍년 사료'에서 '제일제당 배합 사료'로 변경한 이미지를 통일했다. 이들 제품 포장에서부터 스티커, 팸플릿, 차량에 적용하여 홍보 효과를 극대화했다. 판매망도 확대해 전국에 위치한 여섯 개 위탁점 외에 30개 신규 위탁점을 추가로 확보, 전국적인 판매망을 구축했다. 축산 농가를 대상으로 사료 판매 캠페인도 적극적으로 전개했다.

　제일제당의 배합 사료는 출시되자마자 인기를 끌었다. 1978년 7만 2,652톤이던 생산량은 1979년 20만 4,082톤으로 늘어났다. 무려 180.9%의 신장률이었다. 이듬해에는 30만 톤을 넘어섰다. 비약적인 성장에 힘입어 1979년 12월 제일제당은 경쟁사를 제치고 업계 1위에 올라섰다. 공장 가동 8개월 만의 일이다.

　이 같은 성공은 처음부터 업계 선두를 목표로 일관되게 품질 우위 전략을 고수해 온 결과였다. 업계 최초로 생산 공장을 전산화하여 품질의 균일성을 유지하고 철저한 시장 조사를 통해 초기에 거래선과 판매망을 확보했기에 가능했다. 또 전국 축산 농가를 대상으로 축종별 사양 관리 지도 및 세미나 개최 등 고객 만족 활동을 꾸준히 전개하여 제품의 호응도를 높인 것도 성공의 비결이었다.

　1980년대 들어 세계 경제 요인에 의해 국내 경기가 침체되면서 여느 사업과 마찬가지로 대두 가공 사업이나 사료 사업도 영향을 받았다. 그러나 그 와중에서도 국내 사료 업계는 대기업을 중심으로 설비 현대화 및 대량생산 체제를 구축했다. 물론 정부의 지속적인 축산 진흥 정책과 육류 소비 증가에 힘입은 바가 컸다.

제일제당은 이 시기에 공정 합리화를 추진하여 생산 능력을 끌어올리고 한 차원 높은 기술과 품질 향상을 위해 노력했다. 신제품 개발과 다양화에도 앞장섰다. 배합 사료의 부문의 경우 1981년에 생산 능력을 일산 360톤으로 끌어올렸다. 1983년에는 일본 마루베니 사와 2차 기술 제휴를 체결, 한 단계 높은 가공 기술과 품질 수준을 갖췄다. 벌크 수송 체제를 도입해 유통 구조의 현대화를 꾀했으며 우지 사료를 비롯해 양어 사료, 양견 사료, 육성 비육 사료 등 제품의 다양화도 기했다. 업계 1위 기업의 사명감을 갖고 축산 기술 보급에도 최선을 다했다.

대두 가공 사업 부문에서도 성과는 눈부셨다. 1980년 생산 능력을 기존의 일산 200톤에서 700톤으로 대폭 끌어올렸다. 경기 침체로 식용유 수요가 둔화됐음에도 불구하고 백설표 식용유는 여전히 인기가 높아 수요를 충족하기 어려울 정도였다. 매출에서도 사업은 승승장구했다. 1981년 제일제당 대두유는 전년 대비 67%, 대두박은 무려 110%의 신장율을 기록했다. 시장점유율도 기존의 20%에서 39% 수준으로 높아졌다.

사료 부문의 성장은 더욱 놀라웠다. 1981년 제일제당은 연 30만 톤 이상의 사료를 생산했다. 이는 1979년에 비해 47%나 성장한 것이었다. 전국 사료 시장의 10%에 해당하는 규모였다. 이에 힘입어 1981년 12월 제일제당은 곡물 사업 부문에서만 매출 1,000억 원을 달성했다. 전체 매출액 3,475억 원의 30%에 육박하는 비중이었다. 한편 1983년 8월 인천 2공장은 배합 사료 100만 톤을 판매하는 기록을 세웠다. 배합 사료를 출하한 지 4년 3개월 만의 일이었다. 이어 1985년 6월에는 대두 처리 실적 100만 톤을 돌파했다. 공장을 가동한 지 5년 9개월 만에 이룬 성과였다.

우리 기술로 만든 군산 사료 공장

사료 사업을 시작한 이후 고객의 사랑을 한 몸에 받은 제일제당은 이에 부응하기 위해 질적 향상에 더욱 매진했다. 먼저 배합 사료 생산기술을 선진국 수준으로 끌어올리기 위해 1986년 5월 미국 센트럴소야사와 기술 계약을 체결하고 1991년 9월까지 5년간 사료 생산 및 품질 관리 기술은 물론 선진 사양 프로그램과 판매 기법을 도입했다. 이듬해에는 전국 17개 농장에서 3개월간 사양시험을 거쳐 고품질의 프로텍 사료를 개발, 출시했다. 이 제품은 단백질량을 줄이고도 기존 사료와 동일한 산유량을 얻을 수 있어 농장주들로부터 환영을 받았다.

1987년 11월에는 안성에 시험 농장을 건설했다. 우리 실정에 맞는 배합 사료를 개발하고 사양 기술이나 질병 관리, 농장 경영 등 사양 프로그램과 사양 관리 지침 자료를 마련하여 보급하는 것이 목적이었다. 궁극적으로는 양축 농가의 질적 향상을 이루는 것이 목표였다.

이와 함께 군산(群山) 임해 공업단지 내에 일산 300톤 규모의 새로운 공장을 짓기로 했다. 기존의 인천 2공장의 경우 공장 가동률이 100%에 육박할 정도로 생산 능력이 한계에 달하고 있었다. 더욱이 대형 자본과 경쟁력을 갖춘 다국적 기업들과 대형 수산업체들이 속속 사료 시장에 뛰어들고 있었다. 급변하는 환경에서 경쟁우위를 확보하고 업계 1위를 수성하기 위해서는 공장 증설이 절실했다. 이에 원료 도입이 용이하고 정부의 서해안 개발 정책에 따라 대단위

공업 단지로 부상하고 있던 군산 임해단지 내에 공장을 신설하기로 한 것이다. 이곳에 공장을 건설할 경우 타 지역에 비해 판매 열세에 있던 호남 지역의 점유율도 끌어올릴 수 있어 일석삼조의 효과를 기대할 수 있었다.

군산 공장은 1987년 7월 착공하여 1989년 3월 준공되었다. 일부 첨단 시설을 제외한 대부분의 설비를 국산으로 사용하고 우리 기술로 건설한 최첨단 사료 공장이었다. 벌크 운송 시스템을 완비했으며 원료 입고부터 제품 출하까지 완벽한 품질 관리 체제를 구축했다. 생산 능력은 일산 1,500톤, 주요 생산 품목은 센트럴소야사의 제조 기술 특허를 받은 프로텍 사료였다.

군산 공장 준공으로 제일제당은 국내 시장 점유율 1위를 고수해 나갈 수 있는 경쟁력을 확보했다. 또한 국내 최고 품질의 배합 사료를 공급하여 국내 축산업과 양축 농가의 질적 성장에 기여할 수 있게 되었다.

1984년 12월 제일제당은 일일 대두 처리 능력 1,200톤, 식용유 정제 능력 250톤, 대두박 저장 능력 2,300톤의 위용을 갖추었다. 이 무렵 경쟁사들도 증설 경쟁에 나서 당시 국내 대두 처리 능력은 일산 3,700톤이었다.

제일제당은 치열한 경쟁에 대비하여 소용량 판매 확충, 식용유 판매 조직의 정비 및 내실 강화를 판매 전략으로 삼았다. 소포장의 가정용 제품 판매를 활성화하기 위해 페트 용기의 강도를 높이고 이중 캡을 사용하여 편리성을 더하는 등 가정용 상품 경쟁력을 강화했다. 가정용 시장의 확보는 백설표 식용유의 지속적인 성장을 보장해 주는 척도였으므로 특히 공을 들였다. 대리점을 증설하고 부실한 대리점은 교체했다. 1986년 대리점은 85개로 늘어났다.

이러한 노력으로 1984년 제일제당의 가정용 제품의 시장점유율은 37%에 이르렀고 대두유 시장 점유율도 37%까지 높아졌다.

1987년에는 '백설표 참기름'을 출시하여 대두유 일변도의 시장에 새로운 활력을 집어넣었다. 당시 대두유 판매 경쟁으로 심각한 순익 감소에 직면해 있던 터라 그 대책으로 참기름을 내놓은 것이다. 시기적으로 가짜 참기름이 난무하여 사회적 문제로 번져 있는 상황이라 신뢰도가 높은 제일제당의 참기름은 소비자들로부터 큰 호응을 받았다.

1987년에 이르러 제일제당은 가정용 제품의 시장점유율을 40% 수준으로 끌어올릴 수 있었다. 대두유 전체 시장점유율도 1986년 38%에서 1987년 39% 수준으로 높아졌다.

대두유, 대두박 시장 개방

보호막 속에 막혀 있던 한국의 축산물 시장이 문을 열었다. 관련 제품과 외국 자본이 한국 시장에 들여올 수 있게 한 것이다. 기존에 보호받던 관련 산업은 새로운 경쟁 환경에 놓이게 되었다.

1988년을 기점으로 사료 사업과 대두유 및 대두박 산업은 악화 일로를 걸었다. 축산물의 시장 개방으로 국내 축산업이 크게 위축되었고 이는 자연히 배합 사료의 수요 감소로 이어졌다. 더욱이 세계적인 곡물 제조업체인 미국의 카길(Cargill)사가 국내에 본격 진출을 앞두고 있어 상황은 더욱 나빠지고 있었다. 카길사는 1865년 설립된 다국적 기업으로 포춘지 세계 500대 기업 중 28위에 랭크된 회사다.

사료 업체가 침체되자 대두 가공업계도 연쇄적인 경영 악화 길로 들어섰다. 대두유 생산 부산물로 나오는 대두박이 제때 소화되지 못하고 재고로 누적되었다. 시장 자유화를 앞두고 있었기에 시장은 호전될 기미가 없었다.

1991년 업계의 우려 속에 대두유 및 대두박의 수입 자유화가 시행되었다. 예상대로 국내 대두 가공업계는 사상 초유의 위기 상황에 직면했다. 제일제당은 국제 경쟁력을 높이는 것만이 유일한 활로인 것을 인식하고 제품의 품질에서부터 유통, 판매, 서비스 등 전 부문에 걸친 선진화를 적극적으로 추진해 나갔다. 사료 부문에서는 배합 사료의 효율을 높이기 위해 1988년에 센트럴소야사의 최첨단 유효 아미노산 개념을 양돈, 양계 사료에 적용, 품질 혁신에 전기를 마련했다. 설비도 꾸준히 증설했다. 인천 2공장의 펠릿(Pellet) 밀 설비를 일산 450톤에서 925톤으로 군산 공장의 펠릿 후레이크 생산 설비를 월 1만 6,000톤 규모로 늘렸다. 이는 손익분기점인 1만 5,000톤을 넘어서는 물량이었다. 어려운 와중에 1989년 5월 15일, 풍년 사료를 출시한 지 16년 만에 배합 사료 생산 500만 톤을 돌파하는 기쁨도 맛봤다. 이러한 노력으로 1990년대 이후 한국 경제가 평균 3%대의 저성장을 지속하는 가운데서도 제일제당은 여전히 업계 1위를 고수했다.

대두 가공 부문에서도 수입 개방과 불황 타계를 위한 노력은 지속되었다. 판매 부진을 극복하기 위해 제일제당은 그동안 추진해 온 소량 판매 전략을 더욱 강화했다. 그 일환으로 1989년 5월 BI(Brand Identity) 작업을 추진하여 1989년 5월부터 적용했다.

'깨끗하고 고소한'을 컨셉으로 해 백설표 식용유의 이미지를 어필했다. 제일제당은 어려운 시기를 힘찬 도약을 위해 숨 고르는 시간으로 삼은 것이다.

15

육가공(肉加工, Meat Processing) 사업 분야 진출

　육가공이란 육류를 인공적으로 처리하여 새로운 제품으로 만드는 것을 말한다.

　1980년 12월 9일 제일제당의 이천(利川) 육가공 공장 앞마당에는 진풍경이 벌어졌다. 냉동차 한 대를 사이에 두고 한가운데 흰 위생모를 쓴 직원들이 양옆으로 도열해 있었다. 차량 외관에는 '백설햄'이라는 로고가 큼직하게 쓰여 있었다. 당시 제일제당 대표이사가 제품 한 박스를 직접 차량으로 옮겼다. 이윽고 제품을 실은 차량이 경적을 울리며 출발했다. 이날은 제일제당이 백설햄을 처음으로 출하하는 날이었다.

　1980년 이전까지만 해도 경제적으로 빈곤한 우리나라에서 햄에 대한 인식도 점차 바뀌었다. 특히 제일제당의 백설햄은 그 맛과 품질을 인정 받으며 소비자의 사랑을 받았다.

　제일제당이 사업 다각화의 일환으로 육가공 사업을 처음으로 검토한 것은 1974년의 일이었다. 당시 돼지고기를 부위별로 포장한 제품이 수출 품목에 포함되어 있었는데 그 과정에서 자연스럽게 육가공 사업 진출을 고려했다. 이를 위해 1975년 1월 그룹사였던 '중앙일보'가 경영하던 용인 에버랜드 내 양돈장을 인수, 원료의 안정적인 공급을 확보했다. 이미 대두유 및 사료 사업에 진출해 있었기 때문에 여기에 육가공 사업을 추가하여 계열화를 구축하고자 했다.

그러나 당장 사업을 착수하기에는 무리가 있었다. 육가공업의 특성상 막대한 투자자금이 필요했고 관련 제품에 대한 정밀하고 철저한 연구가 아직 미비하다고 판단했던 것이다.

그로부터 4년이 지난 1979년 12월 제일제당은 기획 개발실 내에 육가공 사업팀을 발족하여 육가공 사업에 본격적으로 진출했다. 식생활 패턴이 서구화되고 고급화, 간편화 바람이 불면서 육류 소비량이 급증하고 있어 사업을 시작할 적기가 된 것이다.

우리나라 육류 소비량은 1973년 3,394톤이던 것이 1979년에는 1만 258톤으로 국민 1인당 육류 소비량도 1976년 7.7kg에서 10.2kg으로 증가했다. 소비 패턴도 종래 쇠고기 위주에서 점차 돼지고기나 닭고기 등으로 확대되었다. 반면 관련 시설 및 가공 기술은 한두 업체를 제외하고는 여전히 낙후된 상태였다. 이러한 실정을 고려할 때 최신 설비와 양산 체제를 갖추고 잠재 수요를 적극 개발한다면 사업성 측면에서 매우 유망하다는 결론을 내렸다.

제일제당은 곧바로 경기도 이천군 마장면 덕평리 일대에 공장 부지를 마련했다. 이곳은 원료 공급이 원활하게 이루어져야 하고 주요 소비지인 서울 등 수도권과 가까우며 교통이 편리해야 한다는 육가공 공장의 조건을 충족하고 있어 최적의 장소였다.

1980년 5월, '힘찬 출발, 보람찬 건설, 빛나는 새 상품'이란 구호 아래 공사는 빠르게 진행되었다. 이천 공장은 최단 공기, 최신 공법, 최단기 시운전이라는 기록을 세우며 6개월 만에 완공되었다. 햄, 베이컨, 소시지 등 10여 종의 육가공 제품의 일일 생산량이 50톤이었던 것을 감안하면 대단한 규모가 아닐 수 없었다. 무엇보다 대두 가공, 배합 사료, 육가공 등 신규 사업을 통해 종합식품 계열화의 꿈을 실현했다. 즉 '용인 양돈장 건설로 축산 육가공 사업의 기반 마련 → 인천 2공장의 배합 사료 공장 건설로 사료 자급 → 용인 양돈 농장을 바탕으로 육가공 사업 본격화'라는 완전 자립 순환의 구조를 이룩한 것이다.

백설햄 첫 출시, 24시간 가동

육가공 식품의 종합 브랜드는 '백설햄'으로 정했다. 백설의 강력한 브랜드 인지도를 통해 보다 빠르고 친숙하게 소비자에게 다가가기 위해서였다.

당시 최대의 경쟁 상품은 3개월 앞서 출시된 롯데그룹 햄의 '살로우만'이었다. 이병철 회장과 신격호 회장이 일본 와세다 대학 선후배로 평소 절친이었는데 육가공 분야에서는 라이벌이었다. 살로우만은 순살코기로 만든 햄이란 구호를 내걸고 나름의 이미지를 쌓고 있었다. 후발주자인 제일제당으로서는 확실한 차별화가 필요했다. 이에 백설햄을 '독일 정통햄'으로 포지셔닝했다.

독일은 햄 생산 원조국이라 할 수 있다. 햄 소비량도 세계적이다. 햄버거라는 이름은 독일 함부르크 지역 스테이크에서 유래될 정도다. 실제 기술 제휴선인 라스팅 사는 독일 현지 육가공업체 '맛' 테스트에서 4년 연속 우승한 저력 있는 기업이었다. 이러한 점을 적극적으로 홍보해 햄의 본고장인 독일의 맛을 살린 제품임을 강조했다. TV 광고에도 독일인 요리사를 내세워 독일의 정통햄 이미지를 부각시켰다.

그 결과 한 달여만에 '백설햄'은 다른 제품과 뚜렷이 구분되는 맛을 지닌 제품으로 인식시키는 데 성공했다. 마케팅도 새롭게 구축했다. 공장 건설이 한창 진행될 때부터 대리점 및 지정 판매점을 모집해 선정했다. 동시에 슈퍼마켓, 백화점, 실수요업체 등 대형 거래처도 확보했다. 특히 중간 유통망을 줄이고 백화점이나 슈퍼마켓에 직접 제품을 공급했다. 콜드 시스템을 갖춘 탑차를 운행해 안전상, 위생상 발생할 수 있는 문제도 원천적으로 차단했다. 시식 코너, 무료 증정 행사 등 판촉 캠페인도 활발하게 전개했다.

백설햄의 판매 실적은 예상을 뛰어넘는 것이었다. 엄선된 원료를 특수가공 처리하여 질긴 맛을 완전히 제거하고 부드러운 맛을 살렸다. 가정주부들이 부담 없이 구입할 수 있도록 소포장 위주로 상품화한 점도 주효했다. 용인 양돈장에서 원료를 자체 조달하여 중간 이윤을 배제한 것도 역시 효과적이었다. 통일된 광고와 적극적인 판촉 행사도 판매에 좋은 효과를 미쳤다.

1980년 12월 9일, 첫 제품을 출시한 후 그해를 넘기기 전 이천 공장은 24시간 풀가동 체제로 전환했다. 공급량이 모자랄 정도로 수요가 급증했기 때문이다. 이에 고무된 제일제당은 이듬해 기술 및 신제품 개발에 더욱 박차를 가했다. 1981년에 선보인 육가공 제품의 품목 수는 국내 최초로 선보인 캔 제품 '런천미트 캔'을 포함해 16개였다. 그해 생산량은 2,300톤에 달했다. 비약적인 성장이었다.

제일제당은 축육 제품 부문에서 시장점유율 34.8%를 차지하며 업계 1위로 올라섰다. 국내 육가공 업계에 가장 늦게 진출한 후발주자가 사업 출범 1년 만에 이룩한 개가였다.

이듬해의 실적은 더욱 놀라운 것이었다. 1982년 제일제당은 축육 제품 부문에서 전년 대비 100% 이상 늘어난 2,125톤을 생산했다. 전국 시장의 49%를 차지한 것이다. 출범 2년 만에 국내 육가공 업체 최초로 매출 100억 원을 돌파, 업계 1위로 도약한 것이다.

이로써 제일제당은 어육 중심의 혼합 제품이 주종을 이루던 국내 육가공 시장의 장기 가도에 새로운 이정표를 세우게 되었다.

제일제당, 스팸(Spam)을 만들다

스팸은 미국 호멜사(Hormell Foods)에서 만든 식품으로 런천미트(Luncheon Meat) 중 프레햄 통조림이다. 스팸이라는 이름은 양념된 햄을 뜻하는 '조미햄(Spiced Ham)'을 줄여 사용한 것이고 동시에 스팸의 주재료인 돼지의 앞다릿살과 뒷다릿살(Shoulder of Pork and Ham)을 줄인 말이다. 스팸 제조회사 호멜 식품은 1891년 미네소타주 오스틴에서 설립되었다.

1980년대 중반 국내 육가공 업계는 새로운 경쟁 구도를 형성했다. 국내 관련 업체들이 도산하고 1위 기업인 제일제당을 위시해 롯데햄, 진주햄, 한국냉장, 한국종합식품, 상지식품, 한국식품공업, 남부햄 등 여덟 개 업체의 경쟁 체제로 재편되었다. 제품 양상도 혼합 제품에서 햄, 베이컨 등의 축육 제품으로 바뀌었다.

짧은 기간에 육가공 업계의 정상에 오른 제일제당은 사료 사업, 용인 양돈장 운영, 선진 유통 수단의 꾸준한 확대 등으로 경쟁력을 강화해 나갔다. 동시에 신선도가 최상급인 제품을 개발하여 국내 육가공 사업의 선두 자리를 더욱 확고히 구축했다. 연평균 30% 이상의 높은 신장세를 기록하는 육가공 수요에 대비하여 설비도 일일 생산량 25톤으로 늘렸다. 이때 원료를 수송 차량에서 컨테이너로 직접 이송하도록 설계해 신선도를 한층 높였다. 무엇보다 국민 식생활 변화 패턴에 맞는 신제품 개발에 심혈을 기울였다.

1985년 13개 품목을 출시한 데 이어 1986년에 14종, 1987년에 16종의 신제품을 선보였다. 놀라운 신제품 개발력이었다. 그중 스팸의 인기가 단연 높았다. 스팸은 1986년 3월 제일제당이 미국 육가공 업체인 호멜사(Hormell Foods)와 기술 제휴를 체결하고 도입한 제품이다.

스팸이 출시되기 전 국내 캔 제품 시장은 제일제당의 '런천미트'와 '치즈햄', 롯데햄의 '로스팜'과 '장조림햄'의 4개 제품이 전체 시장의 75% 이상을 차지할 정도로 독보적이었다. 캔 제품은 일반 상품에 비해 고가이기는 했지만, 휴대 및 사용이 간편하고 보존 기간이 길다는 장점 때문에 수요가 꾸준히 증가했다. 그러나 1980년대 중반을 고비로 상승세가 차츰 둔화되는 추세였다. 그런데 특이하게도 스팸과 외형이 같은 런천미트 사각 캔만은 여전히 높은 성장세를 유지하고 있었다. 제일제당은 이 점에 주목했다. 사각 캔 햄에 대한 소비자들의 선호도를 보고 성장 가능성을 예측한 것이다.

이에 캔(Can) 시장에서 우위를 확고히 다져 전체 육가공 매출 증대를 도모하고자 세계적 브랜드인 스팸을 도입하기로 결정했다. 극적인 선택이었다. 이때 계약을 체결한 제품은 스팸, 치즈 스팸, 스모크향 치즈 스팸, 저염도 스팸 등 캔 제품 4종이었다.

1987년 5월 시중에서 첫선을 보인 백설햄 스팸은 예상대로 시장에서 좋은 반응을 보였다. 명절 선물로 손꼽힐 정도로 인기가 좋았다. 덕분에 출하한 그해 당초 예상치를 훨씬 넘어 연간 500톤의 스팸을 판매했다. 이듬해인 1988년에는 매출이 두 배로 늘었다. '따뜻한 밥 위에 스팸 한 조각'을 광고 문구로 내세운 백설햄 스팸은 곧 캔 햄의 대명사로 되었고 제일제당은 업계 1위 자리를 지켰다.

86아시안 게임, 88올림픽 휘장 사업 참여

제일제당의 육가공 제품이 시장에서 인기가 높았던 것은 무엇보다 맛과 품질의 우수성을 인정받았기 때문이었다. 1985년 11월 86아시안게임과 88서울올림픽의 휘장 사업 공식 공급업체로 선정된 것 역시 품질의 우수성을 제대로 입증한 사례였다.

휘장(徽章, Insignia)이란 신분이나 직위, 명예 따위를 나타내는 띠, 리본, 배지 등을 말한다. 휘장 사업권은 한 품목당 한 개 업체에만 주어졌기에 국내 육가공 제품 중 품질이 가장 뛰어나다는 사실을 공식적으로 인정받은 셈이었다. 이어 1987년 3월 농림수산부로부터 국내 최초로 KS마크를 획득하며 다시 한번 품질의 우수성을 입증했다.

88년 서울올림픽을 계기로 국내 육가공 식품의 소비가 급속도로 늘어났다. 그러나 업계 사정이 마냥 좋은 것은 아니었다. 1987년 캔 제품의 시장이 개방되고 올림픽 이후 수입 자유화가 본격화되면서 값싼 수입품들이 국내 시장에 쏟아져 들어온 것이다. 게다가 원료육의 가격마저 폭등했다.

이 시기 제일제당은 TPI 운동, 55운동 등 경영혁신 운동을 추진하며 생산관리와 판매의 합리화를 도모해 나갔다. 한편, 새로운 선진 기술을 도입하고 소비자의 욕구에 부응하는 신제품을 꾸준히 개발했다.

1988년 일본의 마루다이 식품과 기술 제휴를 체결, 생산 공장의 효율화와 품질 향상, 신제품 개발 등 육가공 전반에 관한 기술을 업그레이드했다. 1989년에는 독일 프랑크앤홀더 그룹과 육가공 기술 도입을 체결, 다양한 제품을 선보였다. 더불어 미국 레이몬드사에 기술 용역을 발주하여 포장 재질의 혁신 및 물류 개선에도 큰 발전을 이뤘다.

이러한 다방면에 걸친 기술 축적은 1990년 4월 국내 식품 업계 최초로 육가공의 본고장인 독일 농업협동조합(DLG) 품질 평가에서 대상을 수상하는 결실로 나타났다.

한편 그해 제일제당은 '백설표 동그랑땡'과 불고기 맛을 살린 '백설표 불고기 후랑크'를 개발해 시판에 나섰다. 이들 제품은 수입 개방에 따른 시장 변화에 대응하여 '잊혀가는 향토 음식을 복원하자'는 모토 하에 개발한 제품이었다. 우리 전통의 맛을 가미하고 동그랑땡을 상품명에 그대로 차용하여 인지도를 높였다. '동그랑땡'은 원래 엽전의 모양과 엽전 떨어지는 소리를 모사한 말로 동그랑땡이라는 전래 민요의 후렴구다.

특히 동그랑땡에 대한 반응은 폭발적이었다. 이전까지 가장 인기가 좋았던 냉동만두 시장을 빠르게 대체하며 시장 판도를 바꿀 정도로 큰 고객의 사랑을 받았다.

1992년 동그랑땡 제품은 매출이 82.5%나 늘어나며 전체 시장을 주도했다. 육가공 업계의 최고의 히트 상품으로 떠오른 것이다. 그 중에서도 단연 백설햄 동그랑땡의 인기가 높았다. 후발주자들이 가세하면서 경쟁이 치열해지자 제일제당은 신제품을 대거 출시했다. '새우 동그랑땡'과 '왕동그랑땡'을 시작으로 '핫도그 골드', '파티 스모크햄', '더블후랑크', '왕동그랑땜' 그리고 지방 함량을 낮춘 로우로우 시리즈 3종 등 다양한 형태의 제품을 출시했다.

그 결과 1990년 2만 8,228톤을 생산해 매출 1,000억 원을 달성, 1위 브랜드의 자리를 굳건히 지키며 종합 식품회사의 위상을 대내외에 드높였다.

음료 사업 진출과 게토레이 선전

1987년 5월 중순, 세계적으로 이름이 알려진 스포츠음료가 일제히 선을 보였다. 제일제당이 '게토레이'를 출시한 데 이어 동아식품이 '포카리스웨트', 코카콜라 보틀러가 '아쿠아비스', 롯데삼강이 '스포테라'를 각각 내놓았다.

스포츠음료 시장은 순식간에 달아올랐다. 모두가 내로라하는 기업이었던 만큼 회사의 자존심을 걸고 한판 승부에 나섰던 것이다.

당시 제일제당은 독자적인 스포츠음료 기술을 확보하고 있었다. 스포츠음료를 자체 기술로 개발한 것은 제일제당이 처음이었다. 종합 식품회사로서 스포츠음료 사업까지 영역을 넓히려는 의지로 이룩한 성과였다.

제일제당이 개발한 스포츠음료는 '아이소퀵'이었다. 제일제당은 아이소퀵과 게토레이를 함께 출시할 계획이었다. 그러나 결과적으로 이 계획은 실현되지 못했다. 게토레이의 기술제휴 선인 S.V.C.사가 난색을 표했기 때문이다. 협소한 시장에서 두 브랜드가 서로의 영역을 잠식할 가능성이 높다는 이유였다. 마케팅이 분산되는 것도 바람직하지 않다는 의견이었다. 결국 제일제당 경영진은 시장 창출 차원에서 아이소퀵보다는 게토레이가 우세할 것으로 판단, 게토레이를 도입하는 것으로 최종 결론을 내렸다.

이에 이천 1공장에 일일 생산량 10톤 규모의 게토레이 생산라인을 갖추고 생산을 개시했다. 제품을 출시한 그해 게토레이는 시장점유율을 31% 차지하며 업계 2위라는 성적을 냈다. 시장의 절반을 차지한 포카리스웨트가 1위였다. 아쿠아비스와 스포테라는 각각 시장의 10%를 점유하며 뒤처졌다.

제일제당으로서는 값진 성과였다. 경쟁사들에 비해 불리한 상황에서 일군 결실이었기 때문이었다. 제일제당은 판매를 장담하지 못해 반입을 꺼리는 점주들을 끈질기게 설득해 거래를 성사시켰다. 고속도로 휴게소, 테니스 코트, 볼링장, 헬스클럽을 일일이 방문하여 시장을 넓혔다.

국내 스포츠음료 시장은 1988년을 기점으로 규모가 커지기 시작했다. 1991년에는 해태음료의 '이오니카', 롯데칠성의 '마하세븐', 일화의 '맥켄레이' 등이 시장에 가세했다. 그러나 게토레이와 포카리스웨트가 전체 시장의 80%가량을 점유하며 시장을 이끌었다. 업계 간 선두 경쟁도 더욱 치열했다.

1990년 제일제당은 게토레이 마케팅 전략을 수정했다. 스포츠음료에서 '갈증 해소 음료'로 이미지 변신을 꾀한 것이다. 전체 음료 시장을 겨냥한 결정이었다. 대전환이었다.

전략은 효과가 있었다. 게토레이의 판매가 급증하기 시작했다. 그 결과 1990년에 28%였던 시장점유율이 1991년에는 35%로 증가하며 1위인 포카리스웨트를 바짝 따라잡았다. 특히 1992년에는 수도권 지역에서 46%의 시장점유율을 기록하며 포카리스웨트를 제치고 1위에 올라섰다.

16

제약산업(製藥産業, Phamaceutical Industry) 진출

　1987년 11월 5일 제일제당은 창립 34주년을 맞았다. 창립기념식에서 제일제당이 나아갈 방향과 청사진이 제시되었다. 아주 뜻깊은 일이었다. 기업의 장기적인 발전과 경쟁력 강화를 위해 21세기 '세계적인 정밀화학업체'로 변신한다는 내용이었다. 그동안 종합식품회사를 구축해 왔다면 앞으로는 제약과 정밀화학에 기업의 역량을 집중하겠다는 엄청난 변화를 예고하는 것이었다. 회사의 비전을 발표하는 대표이사의 목소리에는 비장함까지 서려 있었다.
　"기존 사업을 활발히 추진하는 한편 국제화의 시대적 요청에 부응, 신약 물질 개발을 추진하여 세계적인 기업으로 뻗어나가겠습니다." 대표이사의 선언이었다.
　그 무렵 제일제당은 식품 업계 최초로 매출액 6,000억 원을 돌파하여 종합 식품회사로 성장해 있었다. 그러나 이에 만족할 수는 없었다. 기업의 속성상 현실 안주는 퇴보를 의미한다. 식품 부문만으로는 성장의 한계가 있을 수밖에 없다. 21세기를 대비해 새롭고 부가가치가 높은 고도 기술 사업으로 변신할 필요성을 깊이 인식했다.
　그 대안이 제약산업이었다. 외국의 대형 식품회사들이 제약산업에 진출해 성공을 걸은 것도 자극이 되었다. 제약산업은 단순히 국내 시장만을 겨냥한 것은 아니었다. 치열한 경쟁을 벌이고 있는 국내 시장보다 해외 시장으로 눈을 돌리겠다는 '국제화'의 포석이었다. 말하자면 제약 사업 진출인 동시에 '탈 식품'과 '수출 지향'을 의미하는 것이었다.

이 같은 목표 달성을 위해 조직 개편과 연구기술 분야에 대한 과감한 투자 계획까지 끝낸 상태였다. 임원 9명과 부장급 36명이 자리바꿈을 한 대대적인 조직 개편을 단행했다. 조직 개편의 핵심은 연구 및 기술을 강화하는 것이었다. 반면 식품 사업은 기존 조직을 그대로 승계했다. 연구 분야의 역량을 제고하기 위해 미국 현지 연구법인인 ETI의 대표이사를 연구 총괄로 발령 냈다. 연구 조직은 기존의 유전 공학실, 식품 공학실, 식품 가공실 체제에서 연구관리실, 발효 연구실, 식품 연구실, 생명공학 연구실, 생화학 연구실의 5개 실로 확대 개편했다.

무엇보다 연구 기술 분야를 키우기 위해서는 인재 확보가 관건이었다. 연구 인력을 확보하기 위해 미국의 주요 5개 도시를 돌면서 재미 한국 과학자를 대상으로 유치 활동을 벌였다.

당시 제일제당이 수립한 계획은 1990년까지 500억 원, 2000년까지 700억 원을 투자하여 신약 개발 과제 12가지를 연구하는 것이었다.

R&D 산실, ETI 구축

제일제당은 1978년 4월 식품 연구소 발족을 계기로 제약 사업 진출의 꿈을 키웠다. 당시 연구소의 연구 과제 방향은 발효 공업과 정밀화학, 그리고 식품 가공 분야였다. 조미료 사업을 전개하는 과정에서 발효 기술을 축적하고 있었고 정밀화학 분야에서도 연구에 진척을 보여 기초원료 의약품 연구에 착수하는 데는 큰 어려움이 없었다.

이듬해 1월 식품 연구소 내에 제약 사업 담당팀을 발족하고 인력을 충원했다. 또 의약품 제조 및 판매업을 사업 목적에 추가하면서 제약 사업 진출 의지를 더욱 확고히 했다. 이를 계기로 발효 부문과 정밀화학 분야에서 국내 최고 수준의 설비와 기술을 기반으로 기초 의약품 개발과 유전공학 연구를 진행했다.

1984년 5월 1일 유풍제약을 인수해 제약업 허가를 획득하면서 제일제당의 제약 사업은 급물살을 탔다. 당시 제약업은 고도성장이 예상되는 유망 업종이었다. 일반 제조업에 비해 세 배 이상의 이익률이 보장되는 사업이었다. 그러나 국내 제약 업계는 여러 가지 문제를 안고 있었다. 생산액 기준 300억 원 이상인 업체는 13개에 불과했다. 매출액 대비 연구개발 투자비는 1% 미만에 머물러 있었다. 제약회사 대부분이 외국 제약업체로부터 원료를 소량으로 재포장 또는 제제화하거나 완제품을 그대로 수입해서 판매하는 실정이었다. 연구 기반이 매우 취약했고 후진성을 벗어나지 못했다.

제일제당은 국내 제약 업계의 취약점인 기술 개발에 초점을 맞추기로 했다. 경쟁력을 확보하려면 가장 취약한 부분을 공략하는 것이 정석이었다. 또 한국 내 제약산업의 수준을 높이는 길이기도 했다. 이를 위해서는 무엇보다 연구소의 역할이 중요했다. 이미 국내 최고 수준의 설비와 기술을 갖춘 식품 연구소를 운영하고 있었지만 그것만으로는 부족했다. 조직과 기능이 확대되고 특히 유전공학 연구가 본격화되면서 이에 적합한 시설과 환경이 필요했다.

제일제당은 논의 끝에 1983년 4월 이천 공장 내에 새로운 연구 시설을 건립하기로 하고 공사에 착수해 1984년 6월 27일 준공했다. 모두 200억 원이 투입된 연구소는 '바이오 클린룸'과 초고속 냉동 균체 분리기를 비롯해 선진국 수준 연구기기를 대거 갖춘 국내 최대, 최고 시설의 연구소였다.

제일제당의 종합 연구소의 모든 시설은 미국의 우수 실험실 운영 기준(GVP) 및 우수 의약품 제조 관리 기준(GMP)에 맞춰 건설했다. 연구진도 대거 확충해 박사 7명을 비롯한 159명으로 인원을 재정비했다. 조직은 유전공학 연구실, 식품공학 연구실, 식품가공 연구실로 구성했다.

국내의 종합 연구소와 함께 미국 현지 법인 설립도 추진했다. 유전공학 전쟁이라 일컬어지는 치열한 경쟁 상황 속에서 국내 기술진만으로는 한계가 있었다. 종합 연구소를 보완하고 국제 경쟁력을 확보할 수 있는 창구가 필요했다. 그것이 바로 1984년 1월 26일 설립한 ETI였다. ETI는 제일제당과 미국의 유전공학 연구기관인 '유진텍'이 합작한 회사였다. 유전공학 기초 기술 연구개발, 관련 기술 및 정보 입수, 연구 인력 유치, 양성 및 연수 등이 설립 목적이었다. 현지 법인 설립과 함께 뉴저지주 앨런데일에 370만 달러를 투입해 연구소를 건립하고 이천 종합 연구소의 출범에 발을 맞춰 문을 열었다.

이로써 제일제당은 이천 종합 연구소와 ETI 간에 유기적인 연구 체제를 구축하고 한 차원 높은 기술적 위치를 확보하게 되었다. 나아가 세계 의약품 시장 진출의 전진 기지를 마련하게 되었다.

ETI와 이천 종합 연구소는 그동안 추진해 온 B형 간염 백신의 조기 상품화와 인터페론 양산 기술의 보완 및 실용화 기술을 비롯해 각종 의약품 개발 활동에 박차를 가했다. 더불어 이들 첨단 의약품을 생산할 수 있는 생산 기지 건설에 착수했다.

원료 의약품 생산기지 건설

1985년 초 제일제당은 제약 사업을 위한 생산기지가 따로 갖춰져 있지 않았다. 따라서 제약설비가 여러 곳에 분산되어 있어서 비효율적이었다. 제약 품목도 100여 개로 늘어나 이를 집중화할 필요가 있었다. 무엇보다 개발이 완료된 간염 백신의 양산 체제를 구축하는 것이 시급했다. 제약 사업에 필수적인 캡슐제 및 미생물학적 주사제를 위한 설비도 절실했다. 제약 사업을 위한 생산기지 건설이 당장 필요했던 것이다.

이에 이천 종합 연구소 부지에 공장을 건설하기로 하고 1985년 5월 공사에 착수해 1986년 7월 18일 준공했다. 이름은 이천 2공장이라고 했다. 이천 2공장은 지상 2층, 지하 1층에 1만 68평 규모였다. 설계 단계에서부터 세계적 수준의 본격 제약 공장을 지향하여 KGMP(Kor ea Good Manufacturing Practice)에 맞춰 건설했다. 약품 제조 사업장으로서 공신력을 획득한 것이다. 사전 관리 품목이던 국가 검정 의약품의 국가 검정을 면제받게 되어 생산 즉시 제품 출고도 가능해졌다.

한편 제일제당은 이천 2공장과 별도로 1986년 12월 안산시 목내동 반월공단에 소재한 삼풍제약 회사를 3년간 임차했다. 이는 제약 원료 사업에 본격적으로 진출하기 위한 포석이었다.

의약 원료 사업을 독자적으로 추진하기 위해서는 제약 원료 사업의 기반이 있어야만 가능했다. 그러나 원료의약품 공장은 대단위

공사로서 이를 건설하는 동안 원료의약품 생산을 담당할 기지가 필요했다. 또한 이미 개발을 끝낸 소염제 '세라지오펩타제'에 대해 보사부에 원료 보호 조치를 신청해 놓은 상태였으므로 생산 공장의 조기 확보가 절실했다. 이 때문에 반월 공장을 임차했던 것이다. 반월공장은 대소 공장을 준공할 때까지 원료의약품의 산실 역할을 톡톡히 했다.

이로써 제일제당은 생산과 연구를 위한 시설과 조직을 재정비하고 제약 사업에 새로운 전기를 마련하게 되었다. 이후 이천 2공장은 간염 백신의 대량생산 기지 구축에 돌입했다. 반월 공장은 1987년부터 시메티딘, 세라티오펩티타제, 노르플록사신 원료를 순차적으로 생산하며 향후 원료의약품 대량생산의 발판이 될 기술을 축적해 나갔다.

국내 최초의 신약, 헤팍신-B

1988년 6월 중순, 주요 일간지 및 경제 신문에는 희소식이 실렸다. 제일제당이 개발한 '헤팍신-B'가 영국의 권위 있는 의약 전문지 〈스크립〉지에 의해 신약으로 선정되었다는 기사였다. 신약 개발(Drug Discovery)은 인간의 질병을 치료하거나 치유하는 새로운 약을 찾는 과정이다.

국내 의약품이 신약으로 선정된 것은 초유의 일이었다. 우수 의약품을 개발하여 인류의 건강과 행복에 기여한다는 제일제당의 집념이 일군 개가였다. 당시 신문 기사는 '우리나라는 그동안 선진국에서 개발한 의약품을 그대로 복사해 쓰던 제약 후진국을 면치 못했으나 최근에는 신약을 개발, 수출까지 하는 신약 개발 국가의 하나로 등장하게 됐다. 대학 교수 등 50여 명으로 구성된 영국의 의약 전문지 〈스크립〉지 신약 선정위원회는 최근 신약 58품목을 선정, 발표했는데 이 가운데 제일제당이 개발한 B형 간염 백신(헤팍신-B)이 국내에서 최초로 들어갔다. (중략) 신약으로 선정된 헤팍신-B는 HAP이라는 처리 방법으로 백신류로는 처음으로 '전 표면 항원'을 유지하도록 했으며 특수 열처리로 면역력을 7배 이상 높인 기술력을 인정받은 것이다'라고 쓰고 있었다.

신약 개발은 선진국이라 해도 통상 7~10년이 소요되고 연구자 1인당 연구비가 9만 달러를 웃돌 정도로 장기적이며 투자비가 높은 것이다. 성공 확률도 5~10%에 그친다. 이런 이유로 국내 제약 업계의 신약 개발 연구는 극히 부진했다. 이러한 국내 현실에서 헤팍신-B가 신약으로 선정되어 그 의미가 더욱 각별했다. 이로써 우리나라는 세계 13번째 신약 개발 국가로 이름을 올린 것이다.

제일제당이 간염 백신 개발을 본격화한 것은 1982년이었다. 당시 국내 간염 실태는 심각한 수준이었다. 전 인구의 10%가 B형 간염 보균자이고 그중 70만 명이 만성 간염 환자일 정도였다. 국내 위생 환경이 극히 열악한 시기였다. 1983년 12월 정부가 간염(肝炎, Hepatitis) 퇴치 5개년 계획을 마련한 것은 그만큼 사태가 심각했기 때문이다.

간염이란 간 조직에 염증이 생기는 질환이다. 당시 국내에는 해외에서 수입한 간염 백신이 시판 중이었다. 가격이 너무 고가여서 국민 부담이 컸다. 1983년 녹십자가 국산 치료제를 개발해 시판하면서 가격이 하락했으나 3회 이상 맞아야 면역 효과가 발생하는 간염 백신 특성상 대량으로 보급하기에는 여전히 부담이 상당했다. 때문에 정부의 간염 퇴치 5개년 계획은 크게 효과를 보지 못하고 있었다.

제일제당은 1984년 초 간염 백신에 대한 기초 연구를 완료하고 ETI의 설립을 계기로 B형 간염 개발 및 상품화 작업에 돌입해 1984년 7월 시제품을 생산했다. 그해 10월에는 세계 14개국, 150명의 간염 전문 학자들을 초청해 '개발 도상국의 B형 간염 예방 대책에 관한 국제 심포지엄'을 개최해 학술적으로 인정을 받았다.

제일제당이 개발한 간염 백신은 역가(力價) 수율, 가격 면에서 수입 제품에 비해 결코 뒤지지 않는 제품이었다. 제일제당은 6개월 동안 국내외 테스트를 거쳐 안정성을 입증했다. 같은 양의 원료 혈장으로 10배의 백신을 생산할 수 있었기 때문에 기존 제품에 비해 가격이 절반에 불과했다. 간염 치료에 획기적인 전기를 마련한 것이다. 이 제품은 높은 역가로 출시 초부터 호평을 받았다.

1987년 4월에는 '면역성을 증가시킨 B형 간염 백신의 제조 방법'과 'B형 간염 표면 항원의 정제 방법'에 대한 특허도 획득했다. 이 특허의 획득으로 제일제당의 간염 백신 기술이 대내외적으로 널리 인정받게 되었음은 물론 헤팍신-B와 제조 기술의 수출에도 유리한 고지를 점하게 되었다.

헤팍신-B는 제약 사업의 매출을 빠르게 신장시켰다. 1986년 22억 원에 불과하던 제약 부문 매출액은 1988년 203억 원, 1990년에는 367억 원으로 늘어났다. 이처럼 헤팍신-B는 초기 제약 사업의 매출을 이끈 핵심 제품이었다. 이어 1989년에는 유전공학 실용화 제품으로 수요가 늘고 있는 간염 치료제인 '인터페론' 제품을 출시해 신약 개발의 명성을 이어갔다.

유전공학(遺傳工學, Genetic Engineering) 제품, 인터페론(Interferon)

유전공학은 유전자를 조작하는 학문으로 인간에게 이로운 산물을 얻어내는 공학이다.

1981년 제일제당은 인터페론 양산 기술을 개발했다. 인터페론(약어IFN)은 척추동물의 면역 세포에서 만들어지는 자연 단백질이다. 당시 전 세계적으로 유전공학 붐이 일고 있었다. 식량과 에너지 자원의 고갈, 난치병 등 인류를 위협하는 난제를 근본적으로 해결할 수 있는 20세기 최고의 첨단 기술로 유전공학이 각광받기 시작했던 것이다.

그러나 국내 시장은 달랐다. 일부 대학에서 유전공학의 기초 연구를 하는 정도였고 산업계에서는 제일제당이 유일했다. 다행히 1982년 정부가 유전공학을 국정 과제로 선정하면서 국내에도 유전공학 연구의 기반이 조성되었다. 기업들도 관심을 갖기 시작했다.

1982년 3월 제일제당을 비롯해 국내 13개 기업이 한국 유전자공학 연구 조합을 창립하고 여섯 가지 특정 연구 과제를 선정하여 회사별로 연구하기로 했다. 1981년부터 인터페론(IFN)의 개발을 추진하고 있던 제일제당도 이를 계기로 연구 활동에 더욱 박차를 가했다. 드디어 1982년 제약 사업의 첫 결실을 보았다. '세포 배양에 의한 인터페론 대량생산 법'을 개발하는 데 성공한 것이다.

제일제당은 1982년 11월 27일 대한 바이러스학회가 주최한 제14차 학술대회에서 이를 발표했다. 이는 국내 산업계는 물론 일반 국민에게도 커다란 반향을 불러일으켰다. 당시 인터페론은 암을 비롯한 난치병 치료에 탁월한 효과를 보이는 최첨단 기초 의약품으로

'기적의 치료제'라 불렸다. 세계에서도 미국, 일본, 스위스 정도만이 개발에 성공한 고도의 기술이었다. 때문에 제일제당이 인터페론의 양산 기술 개발에 성공했다는 것은 기업 차원을 넘어 국가 산업 발전에 커다란 성과였다.

제일제당은 인터페론의 실용화 첫 단계로 1985년 11월 인터페론 연고(軟膏)를 상품화하고 이를 바탕으로 인터페론 주사제 개발에 나섰다. 세포배양법보다 생산 수율이 월등한 유전자 재조합 기술 개발에 도전한 것이다.

그 결과 1987년 말 '알파 인터페론'의 개발을 성공적으로 완료했다. 알파 인터페론의 대량생산이 가능해졌다는 점에서 획기적인 성과였다. 수입 제품에 비해 제법이 간단하면서도 대등한 약 효과와 경제적인 가격이 최대의 장점이었다. 당시 유전공학 기법으로 알파 인터페론을 생산하는 회사는 스위스의 로슈, 미국의 쉐링푸라우에 이어 제일제당이 세 번째였다.

제일제당은 1988년부터 연세대 의대 암센터를 비롯한 주요 병원에서 임상 실험을 거쳐 안정성을 확인하고 산업화에 착수해 1989년 12월 7일부터 '알파페론'이라는 이름으로 제품을 출시했다. 이로써 그간의 높은 해외 의존도에서 탈피하고 수입 대체 효과를 거둘 수 있게 되었다.

알파페론을 두고 스위스 로슈사와 특허 분쟁도 겪었다. 자신들의 기술을 침해했다는 주장이었다. 이에 대해 독자 기술임을 입증하는 등 강력히 대응하여 특허 분쟁에서 승소했다.

숙취 해소 음료, '컨디션'의 질주

제일제당 제약 사업 중 OTC(Over the Counter) 시장을 주도한 제품은 단연 컨디션이었다. OTC란 일반의약품으로 전문의약품과는 달리 의사의 처방 없이 판매, 구입할 수 있는 의약품을 말한다.

컨디션은 기능성 드링크라는 새로운 영역을 개척했다는 점에서 회사의 색깔을 드러낸 대표적인 제품으로 평가받았다. 활발한 신약 개발로 기술 축적을 해온 제일제당은 1992년 9월 드링크 시장에 진출했다. 접대가 많은 우리나라 특유의 음주 문화에 착안하여 최초로 숙취 해소 음료 개발에 나선 것이다.

제품명은 이름만으로도 기능을 알 수 있도록 '컨디션'으로 정했다. 컨디션은 몸의 건강 상태를 뜻한다. 출시 초기 서울대 약대, 연세대 의대 등에서 효능 실험을 통해 음주로 인한 부작용을 완화하는 효과가 있음을 입증했고 특히 음주 전에 복용하면 효과가 더욱 높다는 것을 확인할 수 있었다.

숙취 방지 기능성 드링크제인 컨디션은 시장에 돌풍을 몰고 왔다. 출시 다음 해인 1993년 한해에만 70억 원의 매출을 올렸다. 1994년에는 289억 원, 1995년에는 301억 원으로 매출이 급증했다.

1993년 2월 이후 2년 2개월 동안 5,255만 병이 팔렸다. 당시 국내 음주 인구를 700만 명으로 볼 때 1인당 7.5병씩 마신 꼴이었다. 이 같은 인기에 힘입어 '컨디션 = 숙취 해소 음료'라는 새로운 카테고리가 형성될 정도였다. 컨디션의 인기에 편승하여 크고 작은 20여 개의 회사들이 관련 제품을 생산하며 시장에 가세해 경쟁을 벌였지만 컨디션은 업계 1위를 굳건히 지켰다.

한편 제일제당은 OTC 부문을 강화하기 위해 1990년 8월부터 수액제 사업을 시작했다. 1986년 제약 사업을 본격화한 이후 처방 약 중심으로 사업을 전개해 왔고 전체 매출의 74%를 차지할 정도로 처방 약의 비중이 높았다. 그러나 간염 백신이나 수두 백신과 같은 예방약이 처방 약의 주류를 차지하고 있었다. 제약업계 내의 경쟁력을 고려할 때 대형 치료제의 개발이 필요했다.

이에 시장 규모 및 향후 성장 가능성이 높고 병·의원에서 사용하는 필수 품목이자 처방 약 전문 회사로서 병·의원을 선도해 나가는데 절대적으로 필요한 수액제 사업을 시작한 것이다. 수액(輸液, Fluid)은 흔히 말하는 링거액이나 체액 성분 또는 영양 성분을 보충하기 위한 체내에 공급하는 것을 말한다.

제일제당은 이를 위해 1992년 4월 산하 대소 공장 내에 수액제 공장을 준공했다. 세계 최대 수액제 생산업체인 미국 박스터(Boxter)와의 기술제휴로 최첨단 설비를 갖추었다. 기초수액제 및 특수수액제를 연간 800만 포대를 생산할 수 있는 규모였다. 이로써 제일제당은 처방 약 시장에서는 수액제를 구심점으로 타제품을 연계하여 시너지 효과를 얻고 OTC 시장에서는 컨디션을 대표 브랜드로 키워 매출 확대를 꾀할 수 있었다.

국내 제약 업계 최초 수출 1억 달러 달성

1995년 12월 제일제당은 의약품 수출 1억 50만 달러를 기록해 국내 제약 업계 최초로 1억 달러 고지를 돌파했다. 이는 당시 국내 의약품 수출 총액 4억 달러의 25%에 해당하는 액수로 국내 400여 개 제약업체 중 단연 최고의 실적을 보인 것이다. 의약품은 반도체나 기계 등 다른 공산품과는 달리 사람의 생명과 직결된 만큼 국가

별로 수입 규정과 규격이 엄격하고 수입 절차도 까다롭다는 점에서 수출 1억 달러 달성은 큰 의미를 지니고 있다.

수출을 견인한 품목은 원료 의약품인 7-ACA와 간염 백신인 헤팍신-B, 복합 소염진통제 킨도라제, 항암제 인터페론, 광범위 항생제인 반코마이신 등이었다. 헤팍신-B는 1986년 5월 말레이시아에 5만 배럴을 선적하며 수출시장의 문을 열었다. 이후 1988년 세계적인 신약으로 선정되면서 새로운 전기를 마련했다.

이를 계기로 1990년대 들어 필리핀 보사부가 발주한 B형 간염 백신 국제 입찰에서 다국적 기업인 스미스클라인사를 제치고 최종 공급자로 선정돼 해외 시장에서 제품의 공신력을 인정받았다. 또한 1994년 UN의 산하 기관인 WHO(세계보건기구)와 유니세프(UNICEF, 국제연합아동기금) 등으로부터 감염 백신 공식 공급업체로 지정되면서 수출이 비약적으로 늘어났다. 중동, 러시아, 동남아시아, 아프리카 등을 포함한 세계 20여 개의 나라에 제품을 수출했다. 무엇보다 헤팍신-B 수출을 계기로 비로소 국내 제약업계에도 완제 의약품 수출의 길이 열렸다는 점에서 의미가 컸다.

7-ACA는 1990년 1월 처음으로 수출을 시작했다. 중국, 인도, 일본 시장을 석권하면서 3,000만 달러 상당을 수출했다. 이는 세계시장 점유율 20%를 차지하는 것으로 최대 규모였다. 세계적인 기업인 일본 후지사, 영국의 글락소사 등 세계 유수의 제약사들과 대등한 위치에서 경쟁을 벌여 얻은 성과였다. 세파계 항생제 완제품도 5,000달러 상당을 수출했다. 이로써 원료에서 완제품에 이르기까지 전 제품을 수출하며 세계적인 항생제 수출 기업으로 부상했다.

1990년부터 유전자 재조합에 의한 3세대 간염 표면 항원도 일본에 수출하기 시작했다. 유전자공학 제품 수출은 국내 최초였다. 이를 계기로 미국, 독일 등으로 수출 지역을 계속 확대했다. 1992년에는 복합 소염진통제인 킨도라를 일본에 수출했다.

1992년 제일제당은 의약품 4,460만 달러를 수출하여 국내 제약 수출 1위 업체였다. 그리고 3년 후인 1995년 12월 의약품 수출 1억 50만 달러를 기록하며 국내 제약업계에 새로운 기록을 달성했다.

17

해외 생산기지 구축과 수출 국제화
(수출 드라이브)

　1980년 12월 1일 세종문화회관에서 제17회 수출의 날 기념식이 열렸다. 기념식에는 전두환 대통령과 신병현 부총리를 비롯한 정부 관계자와 수출 유관 단체 및 수출 유공자, 노사 대표 등 4,000여 명이 참석해 대성황이었다.

　바로 이날 제일제당은 '1억 불 수출탑'을 수상하는 기쁨을 누렸다. 그해 우리나라가 올린 수출 실적은 155억 8,500만 달러, 최고의 수출고를 올린 삼성물산과 현대종합상사 두 회사가 10억 불 탑을 수상했고 제일제당을 비롯한 9개 회사가 그해 처음으로 1억 불 탑을 수상했다. 수상 업체 대부분은 중화학 관련 기업이었고 식품 전문업체로는 제일제당이 유일했다.

　이날의 행사는 서석준 상공장관(추후 경제 부총리)의 경과보고에 이어 수출 유공자들에 대한 포상 순서로 진행되었다. 특히 이날의 기념식은 TV 사상 처음으로 컬러(Color)로 전국에 생중계되었다. 그 덕분에 제일제당은 수출 기업으로서의 위상을 국민들에게 널리 알릴 수 있었다.

1980년 제일제당은 식품 업계 최초로 수출 1억 달러를 돌파했다. 그해 1억 3,099만 달러를 해외에 수출한 것이다. 이는 전년도 실적인 2,035만 달러에 비해 무려 5배나 증가한 것이었다. 수출 품목은 설탕이 1억 2,343만 달러로 94%이고 핵산 조미료 아이미와 프리믹스 등이 6%를 차지했다. 설탕은 홍콩, 인도네시아, 중동 등지에 수출했고 아이미는 구미 지역, 밀가루는 미주 지역에 주로 수출했다.

제일제당이 자사 제품을 처음으로 수출한 것은 1962년 3월이었다. 일본 오키나와에 200톤의 그라뉴당을 톤당 88달러에 수출한 것이다. 국내 최초의 수출이었다. 당시 정부의 수출 드라이브 정책이 시동을 거는 시기에 하나의 마중물 역할을 한 것이다. 이후 수출량은 꾸준히 늘어났다. 1968년에는 밀가루를 수출하기 시작했고 이듬해부터 조미료 '미풍'도 해외로 팔려나갔다. 덕분에 1970년에 106억 원의 수출고를 올리며 100억 원대의 고지에 올라설 수 있었다.

수출 품목이 늘어나고는 있었지만 1971년까지 수출을 견인한 품목은 설탕이었다. 수출 지역은 1972년을 기점으로 홍콩, 인도네시아 등 동남아 지역으로 확대되었다. 1970년대 중반에는 쿠웨이트, 이라크, 리비아, 수단 등 중동 지역과 유고슬라비아, 스페인, 미국 등으로까지 이어졌다.

MSG는 1971년 홍콩과 미국으로 처음 수출되었다. MSG의 초기 시장은 동남아 지역으로 형성되었다가 1970년부터 전 세계로 확산되었다. 이를 고려하여 홍콩과 미국을 먼저 공략한 것이다. 그러나 수출량은 기대에 못 미치는 42톤에 불과했다. 일본 아지노모토사와 기술 도입 시 체결한 계약 때문에 수출 지역에 제한을 받았던 것이다. 기술 후발국은 언제나 기술 선진국들의 족쇄에 제약받기 일쑤였다.

1979년 아지노모토사와의 계약이 끝나면서부터 수출은 활기를 띠기 시작했다. 이때 캐나다, 영국, 코스타리카, 호주 등을 신시장으로 개척했다. 덕분에 그해 658만 달러의 수출고를 올릴 수 있었다. 1974년에는 1,777만 달러를 기록해 1,000만 달러 고지를 넘어섰다. 이 수준은 국가 외환보유고에도 의미 있는 것이었다. 1975년에는 무려 6,000만 달러를 넘어섰다.

이 같은 놀라운 성장으로 11월 30일 수출의날 기념식에서 은탑산업훈장을 수상하기도 했다. 특히 그해에는 식품 업계 최초로 매출 3,000억 원을 달성해 그 의미가 더욱 컸다. 매출에서 차지하는 수출 비중도 점차 높아졌다. 1971년 수출이 매출에서 차지하는 비중은 1.5%에 불과했지만 1973년 8.1%, 1974년 15.8%로 높아졌고 1975년부터 1980년 사이에는 무려 35%에 육박했다.

제품별 수출 실적은 설탕이 전체의 70%를 차지했고 MSG 및 핵산 조미료는 20%를 웃도는 수준이었다. 수출 대상 국가도 미국, 일본을 비롯해 35개 국으로 늘어났다. 수출 규모는 동남아 지역이 가장 높았고 뒤를 이어 미국과 유럽 순이었다. 1980년에 수출이 폭발적으로 늘어난 것은 수출 대상 국가를 다변화했기 때문이다. 그리고 최전방에 4개의 해외 지사가 있었다.

수출 전진 기지, 해외사무소

1970년대 우리나라 경제는 중화학공업 육성과 수출 중심 전략으로 일대 전환기를 맞이했다. 개발 도상국에서 중진국으로 진입하는 시기였다. 그러나 지속적으로 실시된 수입 억제와 물가 안정 정책,

중화학공업 우선 정책은 산업의 불균형과 외형 위주의 성장이라는 부작용을 초래했다. 수출 파급 효과가 크지 않아 상대적으로 정부의 관심에서 멀어진 식품회사들은 스스로 성장의 돌파구를 찾아야 했다.

국내 최고의 종합 식품회사로 성장한 제일제당은 나름대로 세계적인 종합 식품회사로의 청사진을 만들었다. 제일제당은 이때 세계 식품 산업의 흐름을 면밀히 파악하고 수출 신장을 지원할 창구의 필요성을 절감했다. 수입 의존도가 높은 각종 원료의 물량과 가격에 관한 국제 시장 정보의 확보, 양질 원료의 안정적인 확보, 수출 증대를 위한 해외 시장 개척, 신규 사업 본격화에 따른 선진기술 도입 등 수출 관련 업무가 다각적으로 필요했던 것이다. 독자적인 해외 사무소 설치가 불가피했다.

1977년 10월 15일, 원당 구입과 유럽 지역 설탕 수출 업무를 전담할 런던(London) 사무소를 시작으로 이듬해 홍콩(Hong Kong) 사무소, 동경(Tokyo), LA(로스앤젤레스) 사무소가 차례대로 설치되었다. 이로써 제일제당은 4개의 해외사무소 영업망을 갖추고 1980년대의 국제화 시대에 대비하게 되었다. 해외사무소는 수출 전진기지로 역할을 톡톡히 하며 회사 성장에 기여했다.

1986년 회사는 큰 변화를 맞이했다. 본격화된 제약 사업 부문에서 신약과 수출을 전제로 한 제품들이 속속 개발되면서 국제화(Internationaliz ation)가 진전된 것이다. 여기에 MSG 및 라이신 생산을 위한 합작회사 설립과 생활 화학 제품의 수출이 추진되면서 해외사무소의 역할이 더욱 중요해졌다.

이처럼 사업의 국제화를 추진하고 변화하는 국제 환경에 대응하고자 제일제당은 기존 해외사무소의 기능을 확대하고 신규 사무소를 신규 추가하기로 했다. 조미료 및 제약 수출 업무를 지원하기 위해 1987년 5월 독일 프랑크푸르트에 사무소를 개설한 데 이어 1988년 1월에는 조미료 수출 확대에 대비하여 일본 오사카에 사무소를 열었다. 그해 9월에는 원맥 구매 정보의 입수 및 수출입 지원을 위해 미국 포틀랜드에 사무소를 개설했다. 1981년 1월에는 대두(콩)와 옥수수 구매 정보 입수를 위해 미국 시카고에, 10월에는 합작법인인 PT, CSA에서 생산한 제품의 동남아 수출을 지원하기 위해 인도네시아 자카르타에 사무소를 각각 설치했다.

이로써 1992년 제일제당은 모두 6개국에서 4개의 해외사무소를 갖게 되었다.

MSG(글루탐산나트륨) 플랜트 수출과 중국 시장 진출

1980년대 중반 제일제당 내에서는 MSG의 지속적인 성장을 놓고 깊은 논의가 계속되었다. 1980년 말 국내 MSG 수요가 4만 5,000톤으로 더 이상의 성장을 기대하기 어려운 것으로 전망됨에 따라 대응책 마련이 시급한 것으로 결론되었다. 결국, 해외 시장에서 성장의 돌파구를 찾아야 한다는 답이 나왔다. 실제로 MSG 수출은 과거 4~5년간 연평균 17% 수준으로 꾸준히 성장하고 있었다. 시장 전망도 밝았다. 중국을 비롯해 동남아 일대의 수요가 계속 늘어나고 있었고 유럽의 조미료 생산업체들이 원가 경쟁력을 상실하는 추세라 향후 MSG 수출량은 더욱 늘어날 것으로 전망되었다.

이에 동남아 시장에 대한 상품 및 플랜트 수출 등을 적극 모색했다. 설탕, 밀가루, 조미료, 식용유 등은 개발 도상국들의 경제개발 과정에서 필요한 기호식품 분야이기 때문에 이 같은 시도는 각국에서 환영하는 분위기였다.

동서 냉전 해빙 무드가 조성되던 1986년 11월, 중국 광동성 전장시 경공업 성에서 MSG 플랜트 수출에 대한 문의가 왔다. 아시아 지역의 MSG 산업을 두루 조사한 결과 한국에서 플랜트를 수입하는 것이 가장 유리하다고 판단해, 수출 의사를 타진해 온 것이다. 마침 삼성그룹도 중국 진출을 고려하고 있던 터라 그룹 차원에서 대응했다. 즉 공장 설계 및 균주 공급은 제일제당에서 담당하고 기자재와 실험기기 및 부품은 삼성엔지니어링에서 공급하며 중국 측은 현장 공사를 담당하기로 했다.

그러나 중국 현지의 공사는 순조롭지 못했다. 체제와 문화가 서로 달라 발생한 문제라 회사 차원에서 해결하기에는 한계가 있었다. 이런 이유로 당초 계획보다 9개월이나 지연된 1990년 9월에야 부분적인 시운전에 들어갈 수 있었다. 그러나 그 이후에도 원자재와 부자재의 수준 미달, 자원 및 설비의 불안정, 현지 기술자들의 책임감 부재 등으로 정상화까지는 어려움이 많았다. 비록 기대했던 성과에는 못 미쳤지만, 중국에서의 경험은 귀중한 자산이 되었다. 실제로 곧이어 진출한 인도네시아에서 중국의 경험은 길잡이 역할을 톡톡히 했다.

바이오(BIO) 사업의 성장기지 인도네시아

바이오의 어원은 그리스어 'Bios'에 기원하며 생명(生命)이라는 뜻을 의미한다.

제일제당이 인도네시아에 진출한 것은 국내 시장의 성장 한계를 수출 증대로 극복하기 위해서였다. 국내 수요는 한계에 다다랐지만 수출은 계속 늘어나는 추세를 보이고 있어 해외 시장을 선점한다면 지속적인 성장을 유지할 수 있는 것이다. 다만 해외 생산기지가 문제였다. 기존 김포 공장은 공간이나 생산 능력에 있어서 더 이상의 증설은 어려운 상황이었다. 국내 다른 지역에 공장을 건설할 경우 원화 상승과 인건비 등으로 가격 경쟁력을 확보하기가 어려울 것으로 예상되었다. 그 대안이 해외 진출이었다. 1980년대 들어 기업들이 수출시장을 유치하고 생산 시설의 가동률을 높이기 위한 전략으로 해외 투자에 눈을 돌리는 것이 대세였다. 자원 공급선을 다각화하고 각국의 수입 규제를 피하려면 제3국이 유리했다.

제일제당은 동남아부터 중남미에 이르기까지 여러 지역을 비교한 결과 인도네시아를 투자 대상국으로 최종 결정했다. 인도네시아는 타 국가보다 원재료나 부재료의 품질이 우수하고 가격이 저렴하며 공급 여건도 좋았다. MSG를 생산하는 데는 최적지였다.

1988년 11월 제일제당은 인도네시아 프로젝트팀을 발족시키고 기초 설계 업무를 시작했다. 이때 MSG 공장과 함께 라이신 생산공장을 건설하기로 했다. 라이신(Lysine)은 리신이라고도 하며 인체에서 만들어낼 수 없는 필수 아미노산이다. 전 세계적으로 라이신 공급량이 수요를 따라가지 못하고 시장을 선점하던 일본 업체들의 원가 경쟁력이 떨어지는 추세를 보이고 있어 충분히 승산이 있어 보였다.

마침내 1988년 12월 20일, PTCSA를 출범시켰다. 제일제당과 삼성물산, 인도네시아 아스트라그룹 3사가 지분 참여로 설립한 합작 법인이었다. 공장 규모는 MSG 1만 톤, 라이신 1만 톤을 합해 연산 2만 톤이었다. 이와 함께 부제품으로 10만 톤 규모의 유기질 비료와 사료 원료도 함께 생산하기로 했다. 이때 향후 4만 톤 규모의 세계 최대 복합 아미노산 공장으로 확장한다는 청사진도 마련했다.

공장부지는 동부 자바의 파스루안 일대 10만 1,576평(33만 579m²)으로 결정했다. 이곳은 당밀의 주산지로서 부재료의 근거리 공급이 가능하고 용수가 풍부할 뿐 아니라 해상 운송도 편리해 공장부지로 적합했다.

공장은 1989년 7월 8일 기공식과 함께 공사에 착수해 최단기간 건설이라는 기록을 세우며 이듬해 8월 30일 준공되었다. 그리고 그해 10월 10일 시제품 생산에 들어가 11월 28일 MSG 150톤을 현지 거래처에 첫 출시하는 데 성공했다. 라이신 공장은 1990년 2월 8일 기초공사를 착수해 1991년 1월 3일 시제품을 생산했다. 그해 2월 26일 이곳에서 나온 라이신 제품을 유럽에 수출했다. 특히 유럽 지역은 품질 검사가 까다로워 제일제당의 기술력을 국제적으로 입증하는 계기가 되었다.

이를 시작으로 PTCSA의 MSG 및 라이신 생산을 본격화했다. 1991년 7월 8일에는 MSG 5,000톤과 라이신 1,000톤을 출하하여 성공적인 해외 진출을 대내외에 알렸다. 이후 MSG는 베트남, 미얀마, 대만 등 동남아 국가에, 라이신은 독일, 네덜란드, 이탈리아 등 유럽 지역으로 수출이 확대되었다.

한편 1991년 12월 17일 제일제당은 PT, CSA에 대한 투자자금을 조달하기 위해 3,000만 달러 규모의 해외 전환 사채를 발행하며 국제 금융시장의 문을 두드렸다. 주간사는 한신증권과 미국계 메릴린치사가 공동으로 담당했다. 만기 15년에 표면금리 3%, 전환 프리미엄 11.5%, 보장수익률 6.95%의 좋은 발행조건이었다.

이듬해 국내 주가가 약세를 지속하면서 해외 증권 값이 크게 떨어졌을 때도 제일제당의 해외 전환사채만은 예외였다. 매집 세력이 형성되면서 주식 전환을 노린 투자자들의 매입으로 126%까지 가격이 치솟았다. 제일제당의 안정적인 경영과 신용도를 재차 입증하는 순간이었다.

이처럼 1963년 김포공장을 모태로 태동한 바이오 사업은 1988년 인도네시아에 진출하면서 획기적인 성장의 발판을 마련하게 되었다. 또한 생산과 판매, 성장 잠재력, 그리고 자금 조달에 있어서까지 해외 진출의 성공 사례라는 평가를 받았다.

18

기업공개(IPO, Initial Public Offering)로 국민 기업으로

　1973년 6월 30일 오전 10시, 당시 제일은행 본점 강당에서 제일제당 임시 주주총회가 열렸다. 바로 전날 한국증권거래소에 주식을 상장했으니 기업 공개를 단행한 후 처음 갖는 주주총회였다. 참석자는 전체 주주 4,312명 중 317명, 총회 성립 요건을 갖춘 것이었다.
　이날 총회에서는 '공개법인 요건의 확인의 건'을 상정해 참석 주주 만장일치로 통과시켰다. 공개법인의 적격 요건이 구비됨에 따라 제일제당은 국민 기업의 이정표를 세우며 새롭게 출발했다. 창립 20년 만의 감회 깊은 기업 성격의 전환이었다.
　우리나라에 기업 공개 여건이 마련된 것은 1968년이었다. 정부는 그해 11월 자본시장 육성법을 제정하고 한국투자개발공사를 설립했다. 기업공개를 통한 직접 금융으로의 전환을 유도하기 위한 것이었다. 직접 금융은 자금 수요자가 증권 시장에서 직접 주식 또는 채권을 발행하여 자금을 조달하는 방식이다.
　이런 금융 방식이 성립하려면 공신력 있는 기업과 일반 국민의 자본 형성이 되어 있어야 한다. 당시 정부는 외자(外資) 도입으로 고도성장을 구가하던 외자 기업들이 인플레이션과 물가 인상으로 부실화가 이어지자 기업공개를 촉진해 기업의 재무 구조를 개선시키려고 했다. 정부와 국민들의 관심은 기업 순위 상위에 랭크(Rank, 순위)된 회사로 쏠렸다.

연간 제당 능력 12만 6,870톤인 제일제당은 1967년 한 해 동안 설탕만으로 46억 원의 납세 실적을 올려 제3위 고액 납세자에 속하고 있었다. 1968년 국세청이 발표한 최고 납세자 순위(법인 기준)에 따르면 1위가 한국전력, 2위가 석유공사, 3위가 제일제당 순위였다. 1위와 2위가 국영기업인 것을 감안하면 민간기업으로는 제일제당이 1위였다. 그러나 당시 국내 증권시장 여건이 취약하여 일반 투자자의 호응은 기대하기 어려웠다.

정부가 1972년 금리의 하향 조정 및 사채(私債) 동결을 주요 내용으로 하는 8.3 조치를 취하면서 기업공개는 비로소 활발한 진전을 보였다.

국민의 기업으로

제일제당은 1972년부터 기업공개를 준비했다. 이를 위해 재무 구조, 장단기 경영전략, 실무 차원에서의 법 적용 절차 등 여러 조건을 면밀히 검토했다. 기업을 공개하기 위해서는 충실한 경영으로 매출액과 자산 규모를 매년 확대하고 그 실적을 일반에 공개할 수 있는 기업이라야 했다. 특히 순이익이 매출 신장과 자본 규모 확대 비율을 능가하는 업적을 제시할 수 있어야 한다. 제일제당은 기업공개의 기본 요건을 결격 사유 없이 모두 갖추고 있었다. 자본금 19억 원으로 설탕, 밀가루, 조미료 등을 생산하는 국내 굴지의 회사로서 삼성(三星) 그룹 내에서도 수익성이 가장 높은 기업체였다.

1972년 4월과 8월 두 차례에 걸쳐 총 10억 원의 회사채를 발행하며 기업공개에 한발 앞서 직접 금융의 문도 열었다. 당시 무담보, 무보증 조건으로 공개 모집한 회사채는 타사에 비해 이율이 낮았음에도 청약 개시 수 시간 만에 매진될 정도로 인기가 높았다. 이병철 회장의 후광 효과도 있었다. 주식 공개의 인기를 예고하는 전초전인 셈이었다.

1973년 1월 5일 정부가 기업공개 촉진법을 제정, 공표하며 기업공개 여건이 무르익자 제일제당은 그해 5월 28일 이사회를 소집하고 그 자리에서 기업공개의 기본 원칙을 의결했다. 기본 원칙은 '총 발행주식 190만 7,221주 가운데 20만 주를 매출하고 이를 통해 기업을 공개한 다음 주식을 증권시장에 상장한다는 것이었다.

이틀 후 한국투자개발공사에 주식 매출 의뢰서와 분석 자료를 제출하고 한국감정원과 매출 주선 계약을 체결했다. 이러한 절차를 거쳐 1973년 6월 12일과 14일 양일간 주식 청약을 실시하자 청약이 쇄도했다. 무려 717만 4,050주가 신청됐다. 36대 1의 엄청난 경쟁률이었다. 매출 조건은 최저 50주, 최고 300주, 주당 1,000원이었다. 150%의 프리미엄이 붙어 1,000원 액면이 2,500원에 매출되었다. 이 같은 높은 프리미엄에도 불구하고 36배의 청약률을 보인 것은 제일제당의 공신력이 그만큼 높다는 것을 의미했다. 실제로 마감 시간에 청약 신청이 마감되어 청약을 받을 수 없게 되자 내려진 셔터를 흔들거나 2층 창을 타고 사무실에 들어오는 등 일반 투자자들의 열기는 뜨거웠다.

제일제당은 기업공개를 통해 실질적으로 국민기업으로 거듭났다. 이병철 창업회장이 '사업보국의 이념'으로 회사를 일으킨 지 20

년, 일반 사기업에서 진정한 국민 기업으로 발돋움한 것이다.

제일제당의 기업공개는 그룹 내에서 전주제지(全州製紙)에 이어 두 번째로 건전한 기업 문화를 창달하고 국가 경제 발전에 이바지할 새로운 전기를 마련하는 계기가 되었다. 또한 직접 금융 조달 방식을 통해 기업 체질을 한층 강화할 수 있게 되었다.

그해 말 서울 증시에서의 종가는 2,890원. 거래소가 계산한 제일제당의 1주당 배당 수익률은 5.3%였다. 1975년 2월 제일제당은 임직원들의 재산 형성을 촉진하고 기업 참여 의식을 높이기 위해 우리사주조합을 설립했다.

놀라운 성장 속도(사세의 급신장)

1973년 기업공개를 실시하면서 제일제당은 주식을 소유하게 된 주주들의 이익을 최대한으로 보장하기 위해 경영합리화와 기업 체질 개선에 나섰다. 건전한 기업 경영을 통해 안으로는 임직원들에게, 밖으로는 주주에게 수익을 주고 나아가 국가 산업 발전과 국민 건강에 기여하고자 하는 의지의 소산이었다.

제일제당은 1975년 9월 사업부제를 도입했다. 종래의 중앙집권적 관리에서 독립적 사업 단위로 분권화한 것이다. 이로써 회사 전 조직을 관리, 제당, 식품, 판매 부문으로 재편했다.

1978년 11월에는 제품별 사업부제로 재정비했다. 사세가 급신장함에 따라 외부 환경 변화에 탄력적으로 대처하고 기업 경영의 내실을 다질 수 있는 보다 합리적인 경영 체제가 필요했던 것이다. 당시 제일제당은 부산 공장, 김포 공장, 인천 1공장이 모두 증설에 나서고 있었다. 프리믹스와 아이미, 비료, 대두 가공사업 등의 제품군을 신사업으로 추가했으며 식품 연구소를 설립한 상황이었다. 명실공히 종합 식품 공장 회사로서의 책임 있는 경영이 그 어느 때보다 필요했다. 회사 조직은 관리본부, 당분 사업본부, 조미료 사업본부, 곡물 사업본부로 재편되었다. 이듬해에는 육가공 사업본부를 추가해 다섯 개 사업본부로 늘어났다. 이후 제일제당은 사업부제를 통한 책임경영 체제를 정착시켜 나갔다.

1970년대를 관통해 보여준 제일제당의 응집력은 결실로 나타났다. 1973년 기업공개 후 활발한 신제품 개발과 의욕적인 신규 사업 진출로 종합 식품 회사로 거듭난 것이다. 제당, 제분, 조미료, 사료, 식용유, 대두 가공, 육가공으로 생산 품목이 확대됐다. 사업장은 부산 공장, 인천 1공장, 김포 공장, 인천 2공장, 이천 공장의 다섯 개로 늘어났다. 임직원 수도 1,083명에서 3,398명으로 증원되었다. 경영 혁신과 품질 관리, 전산화 등을 추진하며 미래 성장을 위한 기반도 확실히 다졌다.

매출액에서의 성장은 더욱 눈부셨다. 1970년 106억 2,000만 원이던 매출액은 1978년 대망의 1,000억 원대를 돌파하고 이후 불과 2년 만인 1980년에 3,000억 원을 넘어섰다. 놀라운 성장 속도였다.

제일제당은 1985년 3월을 기해 제품별 사업부제를 개인별 사업부제로 전환했다. 기존 사업부제의 기능을 개인에게까지 세분화하고 심화하여 운영 효율성을 높이기 위해서였다. 당시로는 혁신적인 선택이었다.

개인별 사업부제를 활성화하기 위한 제도적 장치도 마련했다. 성과가 탁월한 직원에게는 수상과 함께 해외 연수 기회를 부여하고 상금 지급 등의 포상을 했다. 반면 성과가 미진한 직원에게는 교육을 통해 새로운 기회를 부여하거나 적성에 맞는 부서로 재배치하는 등 신상필벌의 기강을 확실히 했다.

개인별 사업부제를 통해 생산 부문에서는 공장별 목표 관리와 작업 방법 표준화가 크게 개선되었다. 판매 부문에서는 대리점 증가, 판매사원별 일일 방문 점수 증가, 여신 기일 단축 등의 성과를 거둘 수 있었다. 무엇보다 직원들 스스로 목표 달성을 향한 강한 의지를 다지면서 바람직한 조직 문화가 형성되었다.

온라인(On-line) 전산 시대 개막

온라인이란 컴퓨터 주변 기기들이 중앙처리장치와 직접 연결되어 그것의 통제 하에 있는 상태 또는 통신이 연결되어 사용 가능하게 된 상태를 말한다.

제일제당이 사업부제를 채택한 가장 큰 이유는 책임경영제를 통해 품질 경영을 실현하기 위해서였다. 제일제당은 품질 관리라는 개념이 확립되기 전인 1950년대부터 이미 품질 관리를 철저히 해왔고 1971년 품질 관리 기법을 도입하면서 품질 관리 경영을 체계화했다.

특히 1973년 기업공개를 계기로 인천 공장에서 무사고 운동, 김포공장에서 ZD(Zero Defect) 운동, 부산 공장에서 목표관리 운동을 전개, 전사적인 성격을 띠기 시작했다. 이 과정에서 생긴 주인 의식과 도전 정신을 바탕으로 1975년 TQC(Total Quality Control, 종합 품질 관리) 체제를 도입했다. 품질 관리 활동이 비로소 체계적으로 정립된 것이다. 이로써 생산 부문은 물론 원자재의 구입부터 제품이 고객 손에 들어가기까지의 전 부문에 걸쳐 조직적이고 총체적인 관리 체제가 확립되었다.

1976년 추진 조직 체제를 재정비하면서 TQC 체제의 효율 및 성과는 더욱 극대화되었다. 1978년에는 창업 이래 25년간 축적된 기술과 관리 기법을 매뉴얼화하고 100여 건의 표준화 작업을 마무리했다. 특히 식품연구소의 설립으로 국제 수준의 제품을 지향하는 보다 차원 높은 품질 관리 시대를 열게 되었다.

제일제당의 품질 관리는 대외적으로도 인정받았다. 1978년 10월 7일, 제4회 전국 품질 관리 및 표준화 단계에서 최고 점수를 기록하며 품질 관리 대상을 수상한 것이다. 식품업체가 대상을 수상한 것은 초유의 일이었다. 이는 TQC 체제로 전환한 이후 4년여 동안 사업부제에 의한 책임경영 체제를 확립하고 TQC 서클 활동을 극대화하는 등 전 직원이 TQC의 정착을 위해 노력해 온 결과였다.

이 무렵 인사, 판매, 경리 업무의 전산화(電算化) 작업도 결실을 맺어 업무 효율성이 크게 높아졌다. 제일제당의 전산화는 1976년부터 시작되었다. 조직이 커지고 인원이 늘고 매출액이 증가하는 등 사세가 크게 확장되면서 전산화의 필요성이 더욱 커졌다. 결국 전산화 계획이 1983년 완성을 목표로 수립되었다.

- 준비 및 도입기(1970~76) : 전산 담당 부서 발족, 기초 교육 및 전산 요원 양성, 배치 시스템 개발
- 확장기(1977~80) : 전산처리 업무 확대, 자체 설비 보유, 시스템 온라인화 착수, MS 기본 골격 구성
- 안정기(1981~82) : 설비통신망 확충, 전산시스템 온라인화, 현업 업무 온라인 대체, MS 구축 심화

특히 1975년 사업부제의 도입은 전산화를 본격화하는 계기가 되었다. 이때 온라인 전산화 시스템을 구축하여 물동 관리 부문부

터 적용하기 시작했다. 이후 관련 인원을 대거 충원하여 자체 전산 인력을 양성하는 등 전산화에 박차를 가했다. 미국 휴렛팩커드(Hewlett-Packard)사로부터 최신 기종의 메인컴퓨터 HP3000 시리즈와 15개의 터미널을 도입했다.

마침내 1978년 11월 23일, 메인 컴퓨터 가동식을 시작으로 '온라인 전산화 시대'를 개막했다. 이후 1979년 10월 15일까지 본사와 각 사업장 그리고 전국 판매망에 15대의 터미널을 설치하고 1980년 1월부터 본격 가동했다.

하반기에는 인천 2공장과 지방의 다섯 개 판매망에 9개의 터미널을 설치, 모두 27대의 터미널을 총괄하는 대단위 온라인 전산망을 구축했다. 일부 금융 회사를 제외하고는 국내 제조회사 중 최초의 일이었다.

1981년에는 휴렛패커드사로부터 HP3000-44를 추가로 도입했다. 이미 전산화된 판매 물동 관리와 인사 관리, 재무회계 관리, 일반 자재 수급 관리를 모두 감당할 수 있는 성능이었다. 동시에 무전표 온라인 시스템을 개발했다. 이의 운용을 통해 회계 업무의 자동화 시대를 열었다. 기존 물동 온라인 터미널도 대폭 확장했다.

그 결과 1981년 온라인으로 연결된 터미널 수는 전국적으로 50대에 이르러 물동 정보 파악에 만전을 기할 수 있게 되었다. 이 밖에도 1983년 주니어보드를 결성해 사무 자동화를 적극적으로 전개했다. 그 결과 사무 능률이 향상돼 일일 관리 체제의 기반을 닦을 수 있었다.

제2 창업을 위한 혁신 운동

1984년 11월 18일, 북한산에는 등산복 차림의 등산객들이 모여 있었다. 마침 뚝 떨어진 기온과 쌀쌀해진 바람에도 아랑곳하지 않는 모습이었다. '신풍운동(新風運動)'의 일환으로 열린 등반대회, 신풍대행군에 참가한 제일제당의 임직원들이었다.

북한산 정상에 오른 이들은 대열을 정렬하고 기업 변신을 통한 '제2의 창업 의지'를 다지는 선언문을 낭독했다. 그들 뒤로 실천 항목이 적힌 긴 띠들이 깃대에 묶여 바람에 펄럭이고 있었다. 이윽고 그들은 각오와 다짐을 담아 한목소리로 함성을 지르기 시작했다. 그들이 내지른 함성이 북풍을 가르며 멀리 퍼져 나갔다.

1984년 11월 5일 제일제당은 '제2 창업의 기반을 확고히 다지기 위한 의식 개혁'을 내걸고 신풍운동의 불을 당겼다.

신풍운동은 속보 운동, 생활질서 지키기, 근무 강도 높이기 등 실천성캠페인을 통해 근무 자세와 일상 행동을 변화시키는 데 목적이 있었다. 의식 개혁은 생활 속 작은 실천으로부터 시작된다는 믿음 때문이었다. 신풍 운동은 1985년 3월 도입된 개인별 사업부 확충과 함께 제품별, 지역별 수송 체계를 권역별로 확대했다. 편도 수송 방식을 복합 수송 방식으로 전환했으며 고객 불만을 수용하는 녹색 전화를 운용하는 등 한 단계 높은 서비스를 제공했다.

특히 1992년에는 최첨단 컴퓨터 시스템으로 운영되는 장림 배송 센터를 부산 2공장 내에 완공해 신물류 시대를 열었다. 이 밖에도 그해 유통 서비스카(Car)를 운영하고 24시간 고속 처리할 수 있는 고객 주문 센터를 개설하여 고객 만족을 위한 서비스를 한차원 끌어올렸다.

시장 구조, 판매자 중심에서 소비자 중심으로

기업공개로 새롭게 출발한 제일제당은 이후 고객과의 소통을 더욱 중시했다. 1980년대를 전후하여 소비자 보호를 위한 법적 기반이 마련되면서 소비자와 소통하기 위한 노력과 대외 홍보도 크게 강화했다. 특히 1981년에 있었던 산가 사건을 계기로 그해 4월 독점 규제 및 공정거래법이 발효되면서 상품 구매 및 기업에 대한 소비자의 의식에 큰 변화가 나타났다. 정부의 강력한 지원 아래 소비자 보호단체들의 활동도 조직적으로 전개되었다. 이는 시장 구조를 종래의 판매자 중심에서 소비자 중심으로 변화시키는 기폭제가 되었다.

이런 추세에 대응해 제일제당은 홍보실 내에 소비자 상담실을 두고 대외 활동을 강화하는 등 소비자와 함께하는 기업상을 정립해 나갔다. 소비자와의 소통을 위한 주요 활동으로 소비자 상담실과 백설 주부대학 운영, 〈생활 속의 이야기〉 발간 등을 꼽을 수 있다.

한번 인연은 영원한 인연, 불만 접수 즉시 처리

1981년 제일제당이 소비자 상담실을 설치하면서 수립한 모토(Motto, 신조)였다. 1973년부터 운영해 오던 소비자 신고 센터를 확대, 발전시켜 소비자 상담실로 재편하고 서울과 전국 4대 도시에서 운영했다. 24시간 상시 불만 접수를 위해 자동응답 시스템을 도입했으며 기본적으로 불만 접수 후 3시간 내 처리를 원칙으로 했다.

소비자 상담실의 가장 중요한 기능 중의 하나가 대 소비자 업무 처리와 불만 및 클레임 처리인 만큼 이에 대한 세부 규정을 만들고 반품 처리 규정도 일원화했다. 클레임 처리와 관련한 소비자 의견은 각 사업 부서에 전달해 더욱 엄격한 제품 관리가 이루어지도록

했다. 나아가 1991년 9월부터는 생산 현장에 있는 생산 담당자들을 소비자 상담실에 파견해 소비자들의 불만을 직접 듣고 제품 개발과 생산 현장에 반영하도록 했다.

소비자들의 불만을 직접 경청하기 위해 1987년부터 주부 모니터 제도도 운영했다. 이들의 의견은 온라인을 통해 공유하고 제품 개발이나 광고 등에 적극 반영했다. 중요 사안은 사진 전시회를 개최해 재발 방지에 만전을 기했다.

백설 주부대학은 기혼 여성을 대상으로 운영했다. '소비자와 함께하는 기업'을 목표로 운영하는 순수 무료 교양 강좌였다. '건전한 가정생활', '건전한 자녀 교육' 등 교양 강좌에서부터 요리 강좌에 이르기까지 여성들의 주요 관심사를 다루었다. 서울과 지방에서 연간 1만여 명이 참석할 정도로 소비자의 호응이 높았다. 백설 주부대학은 정기적으로 매년 운영되었으며 회를 거듭할수록 프로그램이 다양해졌다.

1984년 12월부터 사외보 〈생활 속의 이야기〉를 발간했다. 사외보는 사외 홍보의 기능을 독립시킨 전형적인 케이스로 회사 PR을 벗어나 소비자와의 커뮤니케이션에 목적을 두었다. 따라서 내용도 제품 PR보다 주부들에게 실제로 도움이 되는 생활 정보와 이야깃거리를 담았다. 〈생활 속의 이야기〉는 격월간으로 5만 부씩 발행하여 서울 지역을 중심으로 전국의 주부들에게 무료로 배송되었다. 이후 고객들의 구독 신청이 쇄도하여 1988년 부수를 10만 부로 대폭 늘렸다.

19

호암 이병철(李秉喆) 회장의 77년 인생

1986년 제일제당은 활력이 넘쳤다. 그 무렵 국내 경기는 장기 불황의 긴 터널에서 빠져나와 '단군 이래 최대 호황'을 누렸다. 국제 금리, 유가(油價), 달러가 함께 떨어지는 이른바 '삼저(三低) 현상' 덕분이었다. 제일제당도 순항 중이었다. 설탕, 밀가루, 사료, 식용유, 육가공 등 전 사업 부문에서 고른 성장을 보이며 매출과 순이익이 꾸준히 늘어나고 있었다.

- 자산 3,780억 2,800만 원
- 자본금 150억 원
- 매출액 5,449억 2,600만 원
- 종업원 수 4,124명

식품업계에서 매출 5,000억을 달성한 것은 제일제당이 처음이었다. 중화학공업을 포함한 국내 기업 중 매출 순위는 18위였다.

제일제당은 이에 만족하지 않았다. 국내 최고 식품회사로서의 위상과 건실한 재무 구조를 바탕으로 또 다른 도전을 준비하고 있었다. 제약 및 정밀화학 기업으로의 변신이 그것이었다. 제약 사업의 시작은 이병철 회장의 '의식동원(醫食同源, 의약과 식품의 근원은 동일하다)'의 신념에서 비롯되었다.

제약 사업의 진출의 꿈을 키워온 지 10년, 이제 꽃을 피울 차례였다. 1987년 11월 5일 창립 34주년 기념식에서 제일제당은 이 같은 비전을 발표했다. 이를 계기로 회사의 새로운 도전의 분위기는 한껏 고조되었다. 어느 때보다 활기찬 모습이었다.

한국재계, 큰 별 지다

그러나 그런 기쁨도 잠시, 그로부터 보름 뒤 들려온 소식은 제일제당 임직원 모두를 충격에 빠뜨렸다. 호암 이병철 회장의 병세가 위독하다는 소식이었다.

이병철 회장은 서울대 병원에서 서울 용산구 이태원 자택(후일 승지원)으로 옮겨졌다. 그리고 1987년 11월 19일 오후 5시 5분, 가족들이 지켜보는 가운데 편안한 얼굴을 한 가운데 숨을 거뒀다.

이병철 회장의 별세 소식이 전해지자 각계에서는 깊은 애도를 표했다. 곧바로 전경련과 대한상의 등 경제 다섯 개 단체가 논평을 발표했다. 「우리나라의 역사에 위대한 경제인이 기록된다면 그 첫째가 이병철 회장이 기록될 것이다. 그는 천부적인 사업 감각과 과감한 결단력으로 우리나라 경제 발전에 불멸의 공적을 쌓아 올렸다. 또한 타의 추종을 불허하는 경영 철학과 경륜은 경영의 귀감으로서 후진들의 길잡이가 되어 왔다. 근대화 도정에서 막중한 위치를 차지해 온 이 회장의 별세는 경제계의 큰 손실이다」

신문과 TV, 라디오 등에서는 속보로 비보를 알렸고 고인이 걸어온 길을 특집 방송으로 자세히 내보냈다. AP 등 세계 주요 통신사들도 급전으로 고인의 별세 소식을 타전했다.

빈소는 서울 이태원의 자택에 차려졌으며 국내 16개소, 해외 37개소에도 마련됐고 조문객의 발길이 끊이지 않았다. 국내 각계에서 1,200여 명이 찾아와 고인의 넋을 기렸다. 조문은 미망인 박두을 여사를 비롯해 유가족들과 그룹 임원들이 맞았다.

정부는 고(故) 이병철 회장의 업적을 기리고자 국민 훈장 무궁화장(1등급)을 추서했다. 또 대통령을 대신해 김윤환 비서실장이 조의를 표했다. 일반 문상객으로는 처음으로 민정당 노태우 총재(후일 대통령)가 조문했다. 김대중 평민당 총재도 빈소를 찾았고 정인용 부총리, 사공일 재무부 장관, 나웅배 상공부 장관 등도 조문했다.

경제계에선 정세영 현대그룹 회장, 조석래 효성그룹 회장 등이 빈소를 방문했다. 김우중 대우그룹 회장도 미국에서 귀국해 사장단 일행과 함께 빈소를 찾았다.

(독자들이여, 이 책의 저자인 백인호 당시 매일경제 편집국장도 빈소를 찾아 조문했다는 것을 알려드린다. 백 국장이 조문을 간 것은 언론인의 한 사람으로 우리 경제 성장을 이끈 경제 원로에 대한 존경을 표하기 위해서이지만 더불어 현역 일선 기자 때 이병철 회장님과의 취재 인연이 있었기도 해서다. 자세한 이야기는 이 책 다음 장에서 밝힐 계획이다.)

레이건 미국 대통령은 조전을 보내 조의를 표했다. 미국 현직 대통령이 조전을 보내는 것은 극히 이례적이고 이병철 회장의 해외에서의 명성이 어떠했다는 것을 말해준다.

일본 경제계 인사들도 두 대의 전세 비행기를 타고 와서 문상을 했다. 이병철 회장은 평소 일본 재계와 깊은 인간관계를 유지해 왔으며 여러 신규 프로젝트 추진에서 일본과의 관계가 긴밀했다. 어느 일본 경제인은 빈소에서 애절한 작별 인사를 건네 눈길을 끌었

다. 마치 산 사람을 대하듯 다정하면서도 정중한 인사였다. 그가 마지막으로 건넨 인사말 '사요나라(きょうなら)'는 고인을 향한 일본 경제인들의 사랑과 존경을 의미해 긴 여운을 남겼다. 일본 정부는 그해 12월 한·일 경제 발전과 양국 관계의 우호에 기여한 공을 기려 '훈일등서보장'을 추서하고 주한 일본 대사를 통해 전달했다.

11월 23일 오전 8시, 서울 이태원 자택에서 불교 의식으로 발인을 마친 고인의 유해는 노란색과 흰색 국화 송이가 뒤덮인 운구 차량으로 옮겨졌다. 영결식장인 호암 아트홀을 거쳐 장지인 용인 자연농원(현 에버랜드)으로 떠나는 길이었다. 유택은 고인이 생전에 보아 놓았던 곳이었다. 경찰 축악대의 연주로 조곡이 울려 퍼지자 장내는 더욱 슬픔 속으로 빠져들었다. 이제 고인을 떠나보내야만 했다. 영정을 받쳐 들고 장손인 이재현(李在賢) CJ그룹 현 회장이 맨 앞에 나섰다.

경영의 신(神)으로 추앙받아

호암 이병철 회장은 격동의 시대를 살았다. 그는 일본이 조선 반도를 강제 병합한 해인 1910년 식민지 백성으로 태어났다. 중일(中日) 전쟁과 한국전쟁(6.25)으로 힘들게 일으킨 사업은 잿더미로 변했다. 4.19 혁명과 5.16 군사혁명으로 인생 최대의 시련을 맞기도 했다.

그 같은 격랑 속에서도 이병철 회장은 흔들리지 않고 중심을 지켰다. 치밀한 분석력과 결단력으로 누구보다 앞서 기민하게 사업 기회를 포착했다. 도전적인 기업가 정신과 탁월한 경영 능력으로 한국의 경제 성장을 이끌었으며 수많은 인재를 키웠다.

특히 호암은 기업 활동을 통해 나라를 이롭게 한다는 사업 보국 신념을 평생을 통해 실천했다. 제일제당을 비롯해 그가 창업한 수많은 기업들은 해당 분야에서 우리나라를 대표하는 기업으로 성장했다. 국가적으로는 소비재에서 중화학공업, 그리고 첨단산업 분야에 이르기까지 우수 기업을 이 땅에 뿌리 내리게 했다. 이 나라의 경제 발전을 이끈 버팀목이었으며 우리나라 경제의 새 지평을 연 경제인이었다. 오늘의 세계 부국이 있기까지 그는 절대적인 영향을 미쳤다.

그런 이유로 생전 그에게는 숱한 별칭이 따라붙었다. '경영의 신', '한국의 재성(財星)', '재계의 거목', '부의 대명사' 등등이다. 그는 서화 등 인문적 분야에도 일가견을 가졌다. 그는 한국의 기업사(史) 이정표이자 1세대 기업가를 대표하는 기업인이었다.

호암 이병철 회장이 세상을 떠난 후 많은 이들이 그를 추억했다. 이 회장의 평생 라이벌로 비교가 되었던 현대그룹 정주영(鄭周永) 회장은 그의 성공을 '승부 근성'에서 찾았다. '호암의 승부에 임하는 자세를 드러내는 단적인 예는 골프를 칠 때이다. 그는 사업상의 경쟁뿐 아니라 운동 경기에서도 지는 것을 아주 싫어한다. 이는 단순히 승부에 집착하는 것이 아니라 자신이 원하는 플레이가 나오지 않는 것을 스스로 용인하지 못하는 것이다. 사업을 하다 보면 반드시 성공과 실패의 갈림길에 서게 된다. 여기서 과감히 승부수를 던져야 할 때도 있고 정교하게 자신의 모습을 되돌아보고 재추진해야 할 때도 있다. 그가 일군 기업들이 국내 최고의 자리를 지키고 있는 데는 바로 승부에 임할 때 지니고 있던 이러한 자세가 영향을 미쳤다고 나는 굳게 믿는다'라고 정주영 회장은 말한다.

이병철 회장과 오랫동안 친분을 나눈 일본 상공회의소 특별 고문을 지낸 세지마 류조(瀨島 龍三) 이토추상사 고문은 이 회장의 선견지명에 늘 놀라워했다.

"호암 선생의 경영 특징을 말한다면 단연 첫 번째로 선견지명을 꼽고 싶다. 기존의 기업을 잘 경영하는 데 그치지 않고 끊임없이 새로운 기업을 창설하고 또 하는 일마다 성공한 것도 바로 그 놀라운 선견지명 덕이다. 그래서 나는 사업가라기보다는 새로운 것을 개척해 가는 창업가로서 호암 선생을 기억한다."

제너럴일렉트릭(GE)의 잭 웰치(Jack Welch) 전 회장은 이병철 회장이야말로 참된 경영자라 평했다.

"나는 경영자에게 가장 필요한 네 가지가 책임감과 사람을 중시하는 경영, 적재적소에 사람을 배치하는 능력, 그리고 올바른 비전이라고 생각한다. 호암은 그 네 가지를 고루 갖춘 경영자였다. 특히 인재제일주의에 관해서는 호암에게 전적으로 동의한다."라고 했다.

모모세다라시 한국 미쓰이물산 고문은 한국을 대표하는 글로벌 기업인, 벤치마킹의 대상으로 호암을 꼽는 데 주저하지 않았다.

"호암은 한국의 선구자였다고 생각한다. 오늘날 한국 경제를 만들고 세계 무대로 끌어올린 것은 다름 아닌 1세대 기업인이다. 그중에서도 호암은 첫손가락에 꼽히는 기업가다. 일본 경제계에도 호암을 존경하는 이들이 많다."

이병철 회장과 마음을 터놓고 의견을 나누던 벗이었던 이창우 전 성균관대 명예 교수는 그를 자기 관리가 철저한 사람으로 회고했다.

"호암은 잠자리에 들기 전에 그날 있었던 일을 노트에 정리하며 복습하곤 했다. 그는 자기 자신의 삶을 누구보다 냉정하게 들여다보고 성찰하는 분이었다."

한국경제인연합회 활동을 통해 만난 김입삼(金立三) 전 전경련 부회장은 호암과 여러 번 밀가루 국수를 먹은 사이었다. 김입삼 씨는 전경련 상임부회장을 10여 년 넘게 지내면서 한국 경제 발전의 초석을 놓은 분으로 평가받는다.

"그는 지독할 만큼 철저한 완벽주의자였다. 스스로에게 엄격했다. 카리스마적 권위는 최고만을 추구하는 성격에 기인한 면이 적지 않다. 때문에 접근하기 어려운 외경의 대상이었다. 그러나 그것은 온정주의로 조직의 기강이 무너지는 것을 경계했기 때문이다. 실제로 그는 소탈하고 인간적인 면이 많았다. 그에게 식사 초대를 받은 사람은 직위를 막론하고 누구나 밀가루 국수를 함께 먹을 각오를 해야 했다."

이병철 회장은 실제 국수를 아주 좋아했다. 호암은 이제 세상에 없지만 남은 이들의 기억 속에 존재하고 있다. 미당(未當) 서정주 시인이 헌정한 조시의 한 구절처럼 세상을 떠난 그는 이제 '역사의 자리'에 이름을 올렸다.

병마와 싸우면서도 신사업 구상

1976년 여름, 도쿄에 들른 호암은 게이오대학 병원에서 건강검진을 받았다. 위궤양이라는 진단이었다. 빨리 손을 쓰는 것이 좋다는 의사의 소견이었다. 바쁜 일정에 쫓겨 이렇다 할 치료 없이 귀국한 후 다시 한번 가족과 병원 전문의로부터 수술을 권유받았다. 호암은 병세가 심상치 않다는 것을 직감했다.

담담한 어조로 사실을 묻자 가족들이 어렵게 변명을 털어 놓았다. 위암(Stomach Cancer)이었다. 호암은 가족 앞에서 짐짓 의연한 모습을 보였지만 마음은 착잡했다. 그의 나이 66세 때 일이다. 죽음은 피할 수 없는 자연의 섭리지만 아직 못다 한 일들이 남아 있었다.

호암은 전문가들에게 의견을 구했다. 초기 위암은 수술로 완치가 가능하다는 견해였다. 그 방면에서 의술이 가장 앞서 있는 일본에서 수술을 받는 것이 좋겠다는 견해가 지배적이었다.

1976년 9월 13일, 호암은 도쿄의 한 병원 수술대에 누웠다. 수술 담당 의사는 그 방면에서 세계적인 권위자로 알려진 가지타니(梶谷) 박사가 맡았다. 마취에서 깨어난 호암은 "수술은 완벽했다. 이제 담배만 끊으면 된다."라는 의사의 말을 들을 수 있었다.

호암은 심한 애연가였다. 마도로스파이프(Matroos Pipe) 수집가일 정도였다. '하고 싶고 해야 했던 사업에는 손을 댔고 성공도 했다. 그 사업을 통해 국가 사회에도 기여했다. 그 이상을 바란다는 것은 욕심일 지도 모른다. 생(生)은 기(寄)요, 사(死)는 귀(歸)다. 사람이 이 세상에 사는 것은 잠시 머무는 것이며 죽는 것은 원래 자기가 있던 본집으로 돌아가는 것일 뿐이다'

호암의 생사관이다. 위암 수술을 계기로 호암은 죽음에 대해 직시하게 되었다. 수술 후 한동안 주 2회로 출근을 제한하며 건강을 관리했지만, 곧 경영 일선에 복귀했다.

1986년 5월, 이번에는 폐암(Lung Cancer)이 발견되었다. 위암을 떨쳐낸 지 10년, 다시 시련이 찾아왔다. 화학 치료와 방사선 치료가 반복되는 고통스러운 시간이었다. 현재 한국을 먹여 살리는 반도체(半導體, Se miconductor) 아이디어도 이 시기에 시작되었다. 그는 천생 기업가였다.

한경련 초대 회장을 맡다

1961년 8월 16일, 전국경제인연합회의 전신인 협의회 회의장, 이병철 초대 회장은 엄숙하게 정관 낭독을 이어 나갔다. 5.16 군사혁명이 일어난 지 3개월 후의 일이다.

"경제인 및 경제 각 분야 간의 연결을 도모하며 주요 산업의 개발과 국제 경제 교류를 촉진함으로써 건전한 국민 경제 발전에 기여함을 목적으로 한다."

그 무렵 우리나라는 세계에서 가장 가난한 나라 중 하나였다. 국민소득(GNP) 78달러로 하루 세 끼를 먹는 가정이 고작 10% 수준이었다. 국가의 최고 숙제는 가난에서 벗어나는 것이었다.

이때 경제인들이 하나로 뭉쳤다. 호암을 구심점으로 한국경제인협회를 창설한 것이다. '경제인협회'라는 이름은 이병철 회장과 대한양회의 이동준 회장이 함께 지었다. 한학에 조예가 깊은 두 사람은 경세제민(經世濟民) 또는 경국제민(經國濟民)의 뜻을 가진 사람의 모임이라는 의미를 담아 회의 이름을 지었다.

호암은 거듭 사양했지만 1961년 8월 16일 창립총회에서 회장으로 선임되었다. 호암의 생애에서 딱 한 번 공직을 맡은 것이다. 창립회원은 모두 13명. 그해 말 국내 경제인들을 추가로 영입하여 40명으로 늘어났다.

한국경제인협회는 명실공히 한국 경제인을 대표하는 단체로 발전했다. 협회장으로서 호암은 한국경제인협회가 해야 할 일이 무엇인지에 집중했다. 우선 경제를 살리는 것이 급선무였다. 당시 정부는 5.16 군사혁명으로 정권을 잡은 군사정부였다. 국가 최고 권력기관은 박정희(朴正熙) 의장이 이끄는 국가재건최고회의였다. 군사

정부는 경제에 관해서는 막연한 구상만 있을 뿐 구체적인 실천 방안은 정립하지 못한 상태였다. 이병철 회장은 한국 경제가 나아가야 할 길은 외자(外資)를 도입해서 공장을 건설하는 것이라고 판단했다. 그리고 한국경제인협회가 나서서 대정부 창구 역할을 하기로 했다.

이병철 회장은 박정희 최고회의 의장을 만났다. 그 자리에서 준비해 간 '기간산업 건설 계획안'을 보여주고 그 내용을 설명했다. 문제는 자금, 돈이었다. 당시 우리나라 정부가 보유한 외환은 1억 5천만 달러에 불과했다. 제철공장 하나를 겨우 지을까말까하는 금액이었다. 이병철 회장은 해외 차관(借款) 도입을 건의했다. 박정희 의장은 이병철 회장의 구상을 받아들였다. 이병철 회장의 외자 도입 구상은 아주 적절하고 옳은 것이었다. 국내 자본 축적이 전무한 나라에서 공장을 지으려면 외국 자본에 의존할 수밖에 없는 것이다. 이병철 회장은 자신이 외자 유치의 길에 나섰다. 1961년 9월 한국 경제인 대표로서 샌프란시스코 국제산업회의에 참석했다. 참석 목적은 당연히 외자 유치였다.

회의에서 돌아온 이병철 회장은 제1차 경제개발에 필요한 민간 외자 도입 계획을 만들어 보고했다. 정부는 곧바로 민간 외자 도입 교섭 단체 두 팀을 구성하여 미국과 유럽에 파견했다. 이때 이병철 회장은 교섭단 단장으로서 외자 도입에 직접 나섰다.

대표단들이 미국과 유럽, 일본에서 돌아온 후 이병철 회장은 울산(蔚山)을 공업지구로 선정할 것을 정부에 제안했다. 울산은 멀리 바다가 펼쳐져 있고 항구 안은 1만 톤급 선박 대여섯 척은 충분히 소화할 수 있을 정도로 넓었다. 기상 면에서도 타지에 비해 유리했고 용수(用水) 등 대부분의 조건을 갖추고 있었다. 정부는 이 제안을 받아들였다.

1962년 1월 11일 이병철 회장은 한국경제인협회 이름으로 '울산공업단지 조성안'을 최고회의에 제출했다. 이렇게 해 울산공업단지는 탄생했고 다른 공업단지의 모델이 되었다.

1962년 2월 3일, 울산공업센터 기공식이 열렸다. 멀리 바다가 보이는 모래벌판 위에 박정희 의장(당시 직책)과 이병철 회장, 그리고 내로라하는 기업인들이 모였고 그 뒤로 태극기를 손에 든 국민이 가득했다. 박정희 의장이 기공식의 발파 버튼을 누르자 울산공업센터 간판이 내걸렸다. 이때부터 울산공업단지를 건설하는 망치 소리가 항구에 울려 퍼졌다.

울산공업센터의 기공식을 기점으로 이병철 회장은 신규 투자를 받기 위해 동분서주 뛰어다녔다. 미국, 일본, 독일 등 각국의 경제인단을 초청하여 한국의 경제 상황과 사업 계획을 설명했다. 곧 가시적인 결실이 나타나기 시작했다. 독일의 크루프제강, 일본의 고베제강과 차관 도입 계약서 작성만 남겨두었다. 정부의 투자 명령도 떨어졌다.

한국경제인협회 회원들이 비료, 정유, 시멘트, 나일론, 합성수지, 전기기기 등을 각각 맡아 공장 건설을 시작했다. 이병철 회장은 동료 경제인들에게 공장 건설을 서두르도록 권고했다. 자금이나 기술 면에서 난처한 문제가 생기면 이 회장은 자신의 인맥을 동원하여 해외 경제단체나 기업인에게 연결해 주는 등 도움을 아끼지 않았다.

그러나 이 계획은 아쉽게도 결실을 보지 못했다. 우리나라 수출액이 1억 달러 미만이었던 때 30만 톤의 제철공장, 50만 톤의 비료공장을 짓기에는 시기상조였다. 비록 당초의 원대한 목표는 달성되지 못했지만 오늘날 자동차, 중공업, 석유화학 등 울산공업단지의 초석을 마련한 의미는 있는 것이다.

이병철 회장은 1년의 임기를 채우고 한국경제인협회장직을 사임했다. 처음이자 마지막으로 맡은 공직이었다. 이 회장은 초대 회장을 끝으로 오로지 경제인으로서 국가 경제 건설과 기업 발전의 외길에만 전념했다.

박정희 대통령, 이병철 회장에게 비료공장 건설 권유

박정희 대통령이 이병철 회장을 청와대로 초청했다. 1963년 10월 대통령 선거에서 당선된 후 처음으로 가진 만남이었다. 이 자리에서 박 대통령은 그에게 비료공장 건설을 권고했다. 비료(肥料, Fertilizer)는 토지의 생산력을 높여서 식물이 잘 자라도록 뿌려주는 영양 물질을 말한다. 당시 우리나라는 토질이 척박해 쌀 수확량이 아주 낮은 수준이어서 농민은 기아에 시달렸고 항상 미곡 파동이 일어나며 민생에 문제를 일으키고 있었다.

그러나 이병철 회장은 그 자리에서 확답을 할 수가 없었다. 비료공장의 필요성을 누구보다 절감하고 있으며 애정도 컸지만 이전에 정치적인 상황 때문에 좌절한 경험이 있었기 때문이다.

독자들이여, 이 회장이 비료공장 건설을 추진하다 정치적 상황 변화로 좌절한 사연을 잠시 들어주기 바란다. 이 회장은 기업인 중 어느 누구보다도 우리나라가 가난에서 벗어나려면 쌀 생산량이 늘어나야 되고 그러려면 비료 공급이 충분해야 된다는 신념을 가지고 있었다. 1950년대 말, 한국은 매년 미국으로부터 2억 5천만 달러 규모의 원조 자금을 받고 있었는데 그 중 비료 수입에만 1억 달러가 소요되는 상황이었다. 우리나라의 연간 비료 소요량은 30만 톤인데

1955년 ICA 자금으로 설립된 충주비료와 1958년에 설립된 나주비료 두 공장의 생산량은 6만 톤에 불과했다.

이병철 회장은 우리의 비료 산업은 최소한 30만 톤 규모는 되어야 한다고 생각했다. 이 회장은 이 정도 규모의 공장을 건설하려면 4~5천만 달러가 소요되는 것으로 계산했다. 이병철 회장은 대단위 비료공장을 짓기로 결심하고 여기에 소요되는 자금은 외자(外資)로 충당할 수밖에 다른 길은 없다고 판단했다. 당시 세계에서 달러 부국은 서독(통독 이전)과 일본 두 나라였다. 이병철 회장은 서독이 제일 유력하다고 생각했다. 서독은 100억 달러를 가지고 있었다. 일본은 20억 달러 수준이었다.

이병철 회장은 당시 집권자였던 이승만 대통령에게 비료공장 건설 계획을 보고했고 2인자였던 이기붕 국회의장에게도 설명했다. 이병철 회장은 당시 주한 서독 대사였던 헤르츠 대사의 협력으로 서독의 에르하르트 경제상의 면담을 주선해 주었다.

마침 에르하르트 경제상은 미국 출장중이었으므로 차관을 만났으며 그의 주선으로 독일 최대 철강그룹 크루프(Crupp)사 대표를 만났다. 크루프는 400년 이상 철강 생산과 군수품, 병기 제조로 유명한 크루프 가문이 19세기에 창업한 기업이다.

이병철 회장은 한국이 30만 톤 규모 비료공장을 건설할 계획이며 그에 소요되는 자금을 차관으로 크루프가 제공해 줄 것을 요청했고 크루프는 이에 동의했다. 이병철 회장은 득의만면으로 귀로에 도쿄에 들렀는데 그를 기다리고 있는 소식은 4.19 혁명이 일어났고 이승만 대통령이 하야했다는 것이다. 이에 따라 크루프 그룹의 차관 제공 계획은 무산됐고 한국의 대단위 비료공장 건설은 지연된 것이다.

이병철 회장이 박 대통령의 권고를 받고도 선뜻 확답을 못 주는 것은 그런 과거의 일이 있었기 때문이다. 이후 장기영(張基榮) 기획원 장관 겸 부총리는 여러 차례 이병철 회장이 비료공장을 서둘러 건설해 줄 것을 요청했다.

"이 회장님, 이것은 박정희 대통령의 지시이기도 하고 우리 농촌이 가난에서 벗어나는 길이기도 합니다. 공장 건설을 하루빨리 시작해 주십시오."

"그렇다면 나는 몇 가지 정부의 약속을 받아놓고 싶습니다."

이병철 회장은 ①연산 30만 톤 규모의 비료공장을 지으려면 정부의 시책이 조령모개(朝令暮改, 일관성 없는 정책)여서는 안 되고 ②대외 차관 교섭권 등 모든 권한을 일임한다는 정부의 공식적인 약속이 있어야 한다고 요구했다. 이병철 회장은 이러한 요구가 정부에 의해서 받아들인 후에야 건설을 승낙했다.

우선 공장의 규모부터 검토했다. 일본 최대의 18만 톤 공장보다 2배나 되는 36만 톤 규모의 공장을 계획했다. 당시 세계 최대였다. 스탈린 치하의 소련 최대 공장은 30만 톤 규모였다. 이 회장은 10년 앞의 시장을 내다본 것이다.

비료공장 건설은 쉽지 않았다. 선진국들의 견제가 심했다. 제일 먼저 미국의 유솜(USOM, 주한미국경제협조처)이 제동을 걸어왔다. 그렇게 큰 규모의 공장은 공급 과잉을 불러와 막대한 원리금 상환이 어렵게 된다는 것이었다. 명분은 그럴싸하지만 연간 1억 달러에 달하는 미국 비료 수출 시장을 확보하겠다는 저의가 깔려 있기도 했다.

이 문제를 해결하고 나니 이번에는 일본에서 차관 공여 제지 운동을 벌이는 등 비료공장 건설을 반대하고 나섰다. 이병철 회장은 4,190만 달러의 차관을 일본 미쓰이그룹에서 일으켰다. 일본 역시 자국의 비료 수출 시장인 한국이 비료 자급국이 되는 것을 원치 않았다.

　차관 도입 계약은 한·일 협정이 조인되기 한 달 전인 1964년 8월 20일에 이루어졌으며 우리나라에서 도입한 최초의 민간 차관이라는 점에서 기념비적인 의미가 있다. 이를 토대로 '한국비료공업주식회사(약칭 한비)'가 출범했다. 이병철 회장은 공장부지를 울산으로 정하고 33만 평(10만 909m²)의 용지를 사들였다. 이 공업단지는 이 회장이 한국경제인협회 초대 회장으로 있을 때 정부에 건의하여 조성한 곳이기도 했다.

　1965년 12월 15일 공사에 착수했다. 드디어 한국이 비료를 자급하는 시대의 막이 오른 것이다. 한국 비료공장은 1967년 4월 20일 준공되었다. 공사에 착수하고 준공에 이르는 사이 OTSA(사카린)로 빚어진 예상치 못한 사건이 발생했지만 이병철 회장은 한국비료 건설은 '나의 숙명'이라는 마음으로 최선을 다했다. 준공에 앞서 이미 한국비료를 국가에 헌납하기로 발표한 상황이었다. (독자들이여, 한국비료 국가 헌납에 대해서는 장(章)을 바꾸어 쓸 계획이다.)

　준공식을 맞은 이병철 회장의 마음은 복잡했다. 그간의 험난했던 과정을 생각하니 만감이 교차했다. 그러나 한 가지 분명한 사실에 보람을 느낄 수 있었다. 국가가 시급하게 필요로 하는 세계 최대의 비료공장을 자신의 손으로 완성했다는 사실이었다.

제 2 부

20

한비 헌납과 이맹희 부회장 등장

헌납(獻納, Dedication)이란 돈이나 가치 있는 물건을 바치는 것을 의미한다. 이병철 회장은 한비(한국비료)를 국가에 헌납했다. 사유가 허용되는 시장경제 체제에서 자신이 창업한 사기업을 아무 대가도 없이 국가에 바치는 것은 역사적으로 흔치 않은 일이다. 더러 전시 상황에서 기업이 자발적으로 헌납하는 경우는 있다.

한비 헌납으로 삼성그룹은 대변화를 맞이했다. 가장 큰 변화는 창업주인 이병철 회장이 경영 일선에서 물러나 야인이 되었으며 장남인 이맹희(李孟熙) 씨가 그룹 부회장이 되어 그룹을 이끌어 나가게 된 것이다. 이맹희 부회장은 1967년부터 1973년까지 7년간 그룹을 총괄했으며 삼성의 성장을 책임졌다. 한비 헌납 과정에서 수많은 우여곡절이 있었으며 후유증도 컸다. 특히 이 과정에서 노정된 삼성이 자랑하던 우수하고 성실, 충성스러운 가신그룹의 배신, 이반은 뼈아픈 것이었다.

이병철 회장의 헌납 성명

이병철 회장은 1966년 9월 23일 한비 헌납의 성명서를 발표하며 신문 광고면을 통해 헌납 취지를 밝히고 모든 사업 활동에서 손을 뗀다는 선언을 했다. 이병철 회장은 조선일보 1966년 9월 23일자 1면 5단 통 광고란에 "저는 한국비료를 국가에 바치는 동시에 모든 사업 활동에서 손을 떼겠습니다."라는 제하로 다음과 같은 내용을 발표했다.

「한국비료공업주식회사 관계 밀수 사건을 계기로 하여 저는 오늘에 이르기까지의 제 기업 및 사회 활동에 대해서 기본적인 반성을 하지 않을 수 없었습니다.

저는 5.16 직후에 모든 제 재산권(財産權)을 국가에 바치겠다는 충의를 표한 바 있습니다. 그 이유는 기업은 그 소유 형태가 공사(公私)를 불구하고 국민의 것이며 기업 잉여는 당연히 사회 전체의 이익으로 귀속되어야 한다는 제 신념에서였습니다.

제가 소관하는 기업의 규모가 확대되면 될수록 이 같은 제 신념은 더욱 굳어졌습니다. 다 아시는 바와 같이 기업은 그 규모가 확대될수록 국민 여러분에게 보다 더 효율적이고 직접적으로 공헌할 수가 있을 것으로 믿어왔습니다. 이러한 의도에서 규모의 경제성을 좇고 새로운 기술과 합리적인 경영 양식을 도입코자 심혈을 기울여 왔지만 제 자신의 역량 미급으로 말미암아 본래의 의도를 그대로 실현할 수가 없었습니다.

지금 그 준공을 목전에 둔 한국비료도 첨단적인 기술에 의한 세계 최대의 규모의 것이며 이것이 가동하게 되면 연산 35

만 톤의 비료 공급으로 이 나라의 농업 생산성의 획기적인 향상과 외화 절약에 거대한 기여를 하게 될 것으로 확신하여 마지않았었습니다.

그러나 저 혼자만의 역량으로서는 도저히 그 순조로운 건설을 담당할 수가 없다는 것을 이번의 불미스러운 사건으로 인해서 절감하게 되었습니다. 저의 미력한 소치로 국가적 요청에 부응할 수 없다면 이는 비단 저 자신의 문제일 뿐만 아니라 국민 경제 전체 그리고 5개년 계획 사업에도 크나큰 차질을 초래하는 결과가 되지 않을 수 없습니다.

이에 연일연야 고민한 끝에 저는 제가 그 대표가 되어 있는 한국비료공업주식회사를 국가에 바치기로 결심했습니다. 한국비료는 그 사업의 성격으로 보나 그 막대한 규모에 비추어 어떤 개인이나 법인의 역량만으로는 절대로 건설할 수가 없습니다. 이에 국가가 직접 경영 주체가 되어 그 건설과 경영을 담당하는 길밖에 없다는 결론에 이르게 된 것입니다. 이는 오로지 비료가 국민의 소원과 정부의 계획대로 건설되기를 바라는 제 본래의 소신에서입니다.

그리고 이 기회에 제가 대표로 되어 있는 「중앙매스컴」 및 학교법인을 비롯한 모든 사업 경영에서 손을 떼겠습니다. 이는 제가 관여함으로해서 기업의 사회적 책임과 문화 사업의 공익성이 유린될 것을 염려하시는 여러분의 뜻에 따르고자 함에서입니다. 지금까지 저 나름대로 확신하여 온 기업 활동의 사회적 공헌과 언론과 대학의 본연의 사명을 구현하기에는 제 역량이 너무나도 미약하다는 것을 최근에 이르러 더욱더 절실히 깨닫게 된 동시에 저로 인해서 기업과 언론 기관, 그리고 대학이 그 본래의 사회적 사명을 다할 수가 없다면 제가 물러서야 하겠다는 것이 저의 숨김 없는 참뜻이기 때문입니다.

이렇게 함으로써 이 나라의 번영과 국민 여러분의 복지 증진에 더욱더 기여할 수가 있다면 그것을 그대로 제 일생을 통해서 사업에 정진하여 온 보람이라고 믿습니다. 저는 저로 인해서 야기된 사회적 물의에 대하여 재삼 사과의 말씀을 드리는 동시에 어떠한 문책이라도 그것을 달게 받겠습니다.」

1966년 9월 22일

이병철(李秉喆)

이맹희 부회장의 부담

이맹희 부회장이 그룹을 이어받았을 때는 그의 나이 36세 때다. 사실 이 부회장은 기업 승계를 위한 체계적인 수업을 충분히 받지 못한 상태에서 그룹을 총괄하게 된 것이다.

이 부회장이 당장 해야 할 일은 한비 헌납에 따른 대정부 마무리 작업과 그룹 내 가신 일부의 반란을 수습하는 것이었다. 한비 헌납은 이병철 회장이 헌납 선언을 한 이후에도 집권 세력 일부가 삼성 내 최고위직 경영진과 합세, 한비를 사유화하려는 움직임을 보여 결국 1년 1개월이나 시간이 지연되어 1967년 10월에 끝이 났다.

이맹희 부회장은 그의 회상록 '묻어둔 이야기'에서 당시 상황을 자세히 밝히고 있다. (독자들이여! 이 장에서는 이맹희 부회장의 회상록을 참고로 해서 이야기가 전개되는 것임을 알려드린다.)

아버지가 나에게 은퇴하겠다고 밝힌 것은 한비 사건이 일어나고 얼마 되지 않았던 66년 10월의 일이었다. 부자지간의 대화라서 무슨 문서를 쓴 것은 아니었지만 당시 아버지는 일본과 미국에서 경영학 공부를 하고 온 큰아들이 어느 정도는 미덥기도 해서 새로운 경영기법으로 삼성(三星)을 이끌고 나갈 것으로 믿고 있었다.

아버지가 대내적으로 나에게 전권을 넘긴다고 밝힌 것은 1년이 흐른 후 한국비료를 정부에 헌납한 직후였다. 당시 나와 아버지는 사무실을 따로 쓰고 있었는데 그 6월 말의 어느 날 아버지가 내 사무실로 전화 연락을 했다. 당시는 내가 매일 아침 6시면 일어나서 6시 30분이면 아버지를 모시러 가곤 했다. 이 부회장 자택은 필동이었고 이병철 회장 자택은 장충동이었다. 아버지와 더불어 아침 식사를 하고 그날의 일과를 미리 정리한 다음 8시 25분에 반도호텔(현 롯데호텔) 앞 삼성 본관에 있는 아버지의 집무실로 가면 도착 시간은 8시 40분. 1, 2분 차이가 있었다. 아버지는 일일이 회사 일에 개입을 하지는 않았지만 꾸준히 회사에 출근하고 중요한 일은 보고를 받곤 했다. 일을 진행하면서 중간보고는 하지 않았고 거의 모든 일은 내가 단독 처리하고 사후에 보고를 드리는 식이었다. 그러던 어느 날 아버지가 전화상으로 이상한 전갈을 해왔다.

"낼 말이다. 누가 날 만나자고 하는데 맹희 니도 갈래?"

너무 이상해서 내가 "아버님, 무슨 말씀입니까. 누구 말입니까?"라고 물었더니 돌아온 대답이 "낼 이후락(李厚洛, 대통령 비서실장), 김형욱(金炯旭, 중앙정보부장)이 반도호텔 803호에서 날 만나자고 하는데 니도 갈래?"라고 다시 설명했다.

당시 이 호텔(반도호텔, 현 롯데호텔) 803호실에서는 재계 인사들과 정치인들의 밀담이 잦은 곳이었다. 이맹희 부사장은 이곳을 그렇게 인식하고 있다.

"네, 제가 모시고 가겠습니다."라고 대답을 드리자 아버지는 "아마도 도장을 가지고 가야 할게다."라고 혼잣말처럼 했다.

이병철 회장과 대화를 나눌 때 이처럼 바로 말하지 않고 짐작하여 알아듣도록 하는 대화 형태를 잘 간파해야 한다. 그런 센스가 없으면 이 회장과의 대화는 되지 않는다.

이맹희 부회장은 이진석(李眞奭) 비서실장을 불러 "회장님 인감증명서를 만들고 낼 아침에 내가 회장님 인감도장을 챙겨서 갈 수 있도록 하시오."하고 부탁했다.

다음날 인감증명서와 도장을 챙겨 아버지 차에 동승해 호텔로 갔다. 그때까지도 아버지도 그들로부터 구체적인 이야기는 못 들었음에도 불구하고 내심으로는 그들이 원하는 것이 한비 헌납이라는 것을 충분히 짐작했던 것 같다. 그래서 아침에 장충동 집 대문을 나서면서도 계속 혼잣말처럼 "저들이 그거 받을 수 있을까. 못 받을 낀데…."라고 했다.

아침 8시, 반도호텔 803호실에 도착하니 이미 이후락, 김형욱 씨가 도착해서 기다리고 있다가 아버지와 나를 맞아서 일어섰다. 겉으로는 예의를 갖추었지만 대화 내용은 험악하기 이를 데 없었다. 아버지가 박 대통령과 좋은 관계에 있을 때는 감히 말도 제대로 꺼내지 못하던 그들 입에서 "빨리 한비를 헌납해야 한다."라는 말이 터져 나왔다.

아버지가 "나는 이미 6, 7개월 전에 다 헌납했던 걸로 알고 있다."라고 말하자 김형욱이 "그 문제가 아니다. 한비 주식의 51%가 아니라 전부(100%)를 다 헌납해야 한다."라는 대답이 나왔다.

이것은 대단히 엄청난 시각차였다. 이병철 회장의 입장에서는 자신의 소유 주식 51%를 헌납하는 것으로 충분하며 그 이상의 지분을 헌납할 수도 없고 가능하지도 않은 일이었다. 정부는 그런데도 100% 지분 헌납을 요구하는 것이다.

이맹희 부회장은 당시 정부 핵심층이 얼마나 엉터리 같은 짓을 했는지 이 대화로 잘 알 수 있었다고 쓰고 있다.

　아버지 : 무슨 말이냐? 신문을 통해서도 내 주식의 전부인 51%를 헌납한다고 하지 않았느냐? (독자들이여, 우리는 이병철 회장의 신문 광고를 통한 헌납 의사 표명을 알고 있다.)

　김형욱 : 그게 아니라 한비 전체를 다 헌납해야 한다

　아버지 : 만약 내가 헌납하지 않으면 어떻게 되는가?

　김형욱 : 이사장 가족이 국내에서 무사히 거주하는 것을 보장하지 못한다

　엄청난 압박이고 협박이었다. 이맹희 부회장은 그저 얼떨떨할 수밖에 없었다. 한참 창밖을 보시던 아버지 입에서 무거운 말이 떨어졌다.

　"맹희야! 도장 어데 있노? 그거 찍어줘라!"

　나로서도 아버지 인감을 본 것은 그게 처음이자 마지막이었다. 내가 도장을 찍어주자 그들은 무슨 이유인지 한 장 더 찍어주길 요구했다. 그러자 아버지는 차갑게 말을 끊었다.

　"한비가 두 개요, 세 개요? 도장을 한 번만 찍으면 됐지, 무슨 도장을 또 찍어? 가자, 맹희야!"

　그들은 더 이상 요구하지는 않았다. 나는 그때 아버지의 차갑고 단호한 모습을 지금도 생생히 기억하고 있다.

　그 길로 그들과 헤어져서 나왔다. 그날 아버지와 나는 걸어서 건너편 사무실까지 갔다. 그동안 아버지는 한마디도 하지 않았다.

　아버지는 참으로 특이한 성격을 지닌 경영인이었다. 그런 순간을 겪으면서도 아버지는 일상생활에서 단 한 순간도 흔들림이 없었다. 아버지가 한비를 국가에 헌납했을 때와 나중에 전두환 정권 때 '동양방송(TBC, Tongyang Broadcasting Company)'을 포기하면서 눈물

을 흘리는 것을 보았다고 마치 본 것처럼 말하는 사람이 있으나 그것은 잘못 알고 하는 말이다. 아버지는 결단의 순간에 그렇게 여린 모습을 보이지 않는다.

또한 감정 표현을 그렇게 흔하게 하는 성격도 아니다. 일단 직원들이 삼성에 입사하면 그들을 철저히 믿어서 서류 일체를 맡겼고 그 후로는 그것을 확인하는 법이 없었다. 나 역시 아버지의 인감을 이때 처음이자 마지막으로 보았고 나도 마찬가지로 인감을 늘 회사에 맡겨두고 있었다.

아버지는 일에 대해서도 일단 지시를 하면 다시 확인하는 법이 없었다. 하기야 삼성에서는 최고 경영자가 한번 지시한 일이 제대로 이행되지 않았던 적이 없었다. 그래서 지시한 일은 늘 진행이 되어 있는 것으로 알고 있었다.

아버지는 대범한 분이다. 한비를 헌납하고 나서도 일상생활은 여전했다. 저녁 10시만 되면 잠자리에 들었고 아침 5시면 일어나서 6시 40분에 식사하고 8시에 목욕하고 출근을 했다.

"앞으로 맹희한테 삼성의 일을 모두 맡깁니다."

1967년 7월 첫 월요일, 이날은 삼성 성장사(史)에 특별한 날로 기록된다.

6월 말 한비 헌납의 일을 겪고 나서 아버지는 1967년 7월 첫 월요일에 처음으로 나를 삼성의 총수로 정하고 아버지를 대신하여 삼성을 이끌어 갈 권리를 부여한다고 발표했다. 장소는 삼성빌딩 내의 아버지의 사장실 옆 방 회의실이었다. 정기적으로 월요일에는 사장단 회의가 열리는데 그 사장된 회의 석상에서 처음으로 그 사실을 발표했다. 당시 나는 성상영(成相永) 전 제일모직 사장이 퇴직한 후 삼성 계열의 여러 회사의 부사장을 맡고 있었다.

"앞으로 맹희한테 삼성의 일을 모두 맡깁니다. 아직 나이가 어리니 여러분들이 잘 도와주십시오. 나는 당분간 기업 경영 일선에서는 떠나 있으려 합니다. 물론 늘 마음은 삼성에 있겠지요. 하지만 실체적인 모든 일은 맹희와 더불어 하시고 만약 정당한 일인데 맹희 부사장이 거부하면 세 번 이야기해 보고 그래도 듣지 않으면 나에게 이야기해 주시오. 나도 출근은 하겠지만 예전처럼 일을 챙기는 것은 모두 맹희 부사장이 할 겁니다."

이런 요지의 말은 그 후 사장단 회의에서 서너 번 더 이야기되었고 임원급 회의에서도 수차례 그 사실을 밝혔다. 당시의 사장단 회의에서는 이창업 고문, 김재명 제일제당 사장, 정수창 삼성물산 사장, 조우동 동방생명 사장, 그리고 안국화재 손영기 사장(이맹희 부사장의 장인), 홍진기 중앙일보 사장, 유희춘 씨, 이은택 제일모직 사장, 정재구 씨, 신문철 전무 등이었다.

엉겁결에 주어진 총수 자리였지만 어쨌든 외국에서 배운 경영 이론으로 멋지게 일할 수 있는 상황이었다. 나로서는 당시 기업 운영에 절대적인 영향을 미치고 있었던 정부 측과의 관계도 비교적 편한 편이었다. 당시 정부 요로에는 중학교 시절부터 친분이 있었던 윤필용 선배가 수도경비 사령관으로 있었고 비교적 삼성에 긍정적이었던 박종규 청와대 경호실장도 있어서 정부와의 관계도 그리 힘들지만은 않았다.

공식적으로, 또 비공식적으로 은퇴했던 아버지는 실무적인 일은 하지 않았지만 출근만은 꾸준히 했다. 아침 8시 40분 경이면 삼성빌딩으로 출근을 했는데 출근길에는 늘 내가 집에서부터 모시고 나왔다. 아버지의 출근 시간과 일과는 10분 이상 오차가 생기는 법이 없었다. 요즘처럼 교통이 복잡할 때가 아니어서 시간을 맞추기가 쉬웠던 탓도 있었지만 원래 시간관념이 철저한 성격이었다.

퇴근은 오후 6시 정각이었는데 일을 하다가 시계를 보는 법도 없이 자리에서 일어나곤 했는데 그때 시간을 쳐다보면 늘 6시 정각이었다. 그런 면에서는 퍽 놀라운 면을 지니고 있었다. 아버지의 일과는 아침에 출근한 후 11시 30분에 서소문에 있는 중앙일보로 건너가서 그곳에서 지내다가 퇴근하는 것이었다. 1주일에 한 번은 삼성빌딩에 건너와서 그동안 있었던 일의 계략적인 상황을 보고 받고 회사 안팎의 사람들을 만나며 하루 일과를 보내곤 했다. 내가 외국에 나가면 빈틈없이 1주일에 사흘을 삼성빌딩에서 보냈는데 아마도 내가 없으니 불안해서 그렇게 했던 듯하다. 아버지의 이런 행동이 나중에 창희의 불만을 사서 결국 창희가 아버지에게 몹쓸 짓을 한 이유가 된 듯하다. (독자들이여, 창희의 몹쓸 짓에 대해서는 추후에 자세히 쓸 계획이다.)

"맹희야, 니는 내가 죽기 전에 삼성을 100배로 늘릴 자신 있나?"

"맹희야, 니 삼성을 세계의 삼성으로 만들 자신 있나?"

아버지는 경영의 실무에 대해서는 일체 말씀이 없었고 가끔 던지는 이야기도 이런 큰 범주의 것이었다. 늘 "니 능력을 열심히 길러서 삼성을 더 큰 회사로, 세계적인 회사로 만들어야 한다."라고 다짐을 주곤 했다.

21

공신(功臣) 그룹의 배신

공신이란 나라를 위하여 특별한 공을 세운 신하를 말한다. 이병철 회장이 한비를 헌납하겠다는 성명을 발표하자 정부와 삼성 내부에서도 균열이 생겼다. 당시 정부 내에서는 두 파로 갈려 있었는데 이후락, 김형욱 씨는 삼성에 대해 비우호적이었고 윤필용, 박종규(경호실장) 씨는 호의적이었다.

삼성 내에서는 성상영 제일모직 사장이 문제였다. 성상영 사장은 이병철 회장의 일급 참모로 이병철 회장의 대외 활동을 도맡아 처리하는 그룹의 간판스타였다. 성상영 씨는 제일모직 상무로 삼성과 인연을 맺었다. 창업 공신은 아니었다. 1922년 경남 진영읍에서 태어나 1954년 정치 대학의 학력을 갖기까지는 별다른 학벌도 없었던 그가 우연한 기회에 이병철 회장에 발탁되어 삼성에 입사하게 된 것은 확실히 좋은 기회였다.

삼성에 몸을 담은 후 남이 부러워할 만큼 빠르게 성장했다. 1962년 제일모직 사장에 취임하게 된 것을 기반으로 64년 '중앙라디오' 이사, 역시 64년 한비 이사, 65년 중앙일보 이사, 66년 한비 사장에 오르기까지 5년 동안에 당시 총자산 500억으로 평가되는 국내 제1

위 재벌의 2인자로 군림했다.

이 5년 동안 이병철 회장은 산하 12개 직방계 회사의 실질적인 운영권을 성상영 씨에게 위임했다. 성상영 씨는 위임된 대권을 종횡무진으로 구사했다. 성상영 씨가 승승장구하면서 삼성의 실권을 장악하게 되자 그를 둘러싼 세력이 등장하게 됐으며 그가 삼성 내에 부식시킨 세력 또한 만만하지 않았다. 삼성 내에서는 성상영 씨가 순탄하게 대성하게 된 데 대해 그가 참모를 잘 만났기 때문으로 분석했다.

성상영 씨는 그의 1급 참모로 박태서(朴泰緖) 씨와 이만우(李萬雨) 씨 두 사람을 선택, 성장시켰다. 박태서 씨는 1948년 서울대 법대를 졸업하고, 1957년 제일제당에 입사한 모사적인 영리함과 재치로 성상영 씨에게 인정받게 되어 성 사장의 가까운 참모로 일하게 되었다. 성상영 씨는 삼성물산의 기획과장으로 있던 박태서 씨를 62년 기획부장으로 승진시켜 이병철 회장의 비서실장으로 앉혀 놓았다.

성상영 씨 참모 2인자인 이만우 씨는 성 사장과 동향으로 서울대 문리대를 1953년에 졸업, 1959년에 제일모직에 입사한 후 성상영 씨와 동향이라는 점과 이론에 밝고 영리한 점이 인정되어 성 사장 참모로 각광받게 되었다. 이만우 씨는 입사 6년 만에 차장 승진 특급을 타고 65년 삼성물산 기획부 차장과 비서실 차장에 앉게 되었다. 비서실장과 차장이 성상영 씨 참모로 짜여지고 이들 참모를 배경으로 성상영 씨는 삼성의 실권을 장악한 것이다. 사람들은 이들이 '비서실 왕국'을 만들어 삼성 재벌을 요리했다고 말한다.

한동안 삼성 비서실을 말할 때 '비서실 왕국'이라고 불렀다. 비서실을 왕국이라고 부르는 것은 비서실의 성벽이 그만큼 높고 은밀한 정보를 많이 가지고 있으며 세력이 강하다는 것을 뜻한다.

박태서 씨가 62년 비서실장의 자리에 앉고 이만우 씨가 비서실에서 박태서 씨를 도와주게 되자 비서실은 성상영 사장 '팀'으로 짜여져 성상영 씨의 유감없는 활동 무대가 구축된 것이다. 이병철 회장의 성상영 씨에 대한 신임은 물론 비서실장 박태서 씨에 대한 신임과 총애도 대단해 누구의 말도 귀담아듣지 않았지만 박태서 실장의 이야기는 믿어주었다는 것이다.

박태서 씨가 이 회장으로부터 이러한 신뢰와 총애를 받게 된 데는 성상영 씨의 배후 작용이 컸던 것은 물론이다. 이병철 회장의 박 실장에 대한 신임이 커짐에 따라 비서실의 힘이 이와 정비례해서 비대하게 되었으며 비서실의 횡포도 서서히 두드러졌다. 박태서 씨가 62년부터 66년까지 비서실장으로 재직한 5년간 비서실의 위력은 대단했다. 직, 방계 회사 사장급은 물론 중역들이 비서실장 앞에서 감히 허리를 펴지 못했다. 이병철 회장의 경영 스타일은 비서실을 통해 모든 것을 이끌어가는 특징을 가지고 있었다. 각 사 사장 및 중역들의 회장 면담이 비서실장의 재량에 의해서 결정되고 이병철 회장의 지시 및 주의 사항이 박 실장을 통해서 각 사장이나 중역들에게 전해졌기 때문에 각 사 사장이나 고급 간부들이 비서실장에 의해 좌지우지 당하지 않을 수 없었던 것이다.

성상영 씨에게 한비를 맡기시오

(이맹희 부회장은 그의 명상록에 다음과 같이 쓰고 있다.)

아버지가 한비의 주식 51%를 국가에 헌납하려고 하자 이후락 씨 쪽에서 전해 온 메시지가 있었다.

"국가에 헌납하는 것보다는 성상영 씨를 비롯, 박태서 씨, 이만우 씨들에게 한비를 맡기고 그들로 하여금 한비를 계속 운영하게 하는 것이 어떻겠는가?"

이것은 한비를 국가에 헌납하지 말고 성상영 씨에게 맡기라는 것이었다. 풍문에는 성상영 씨가 이후락 씨와 밀착되어 있다는 것이었다. 이 메시지에는 한비를 성상영 씨에게 맡기는 경우 정부 쪽에서 발생하는 문제는 자신들이 책임을 진다는 조항이 들어 있었다. 이 메시지는 마치 정부 차원에서 이 일이 이루어지고 있다는 것을 암시했고 삼성에게 무언의 압력을 넣고 있었다. 세계 최대 규모의 비료공장인 한국비료를 기업 CEO 몇 사람이 맡는 것은 어느 모로 보나 불합리하고 합당한 논리가 성립되지 않는 것이었다.

아버지는 이후락 씨 측에서 전해 온 메시지와 시중에 나돌고 있는 이야기를 듣고 성상영 씨에 대해 몹시 불쾌하게 생각했다. 이병철 회장이 '어려운 시기에 삼성을 버리고 떠나간 임원들'이라고 표현한 것은 바로 성상영 씨와 박태서, 이만우 씨를 지적한 것이었다.

성상영 씨는 그 후 '그 당시 한비를 내가 가지려고 했던 것이 아니라 어차피 국민감정이 그러한 만큼 내가 한비를 잘 운영하다가 다시 삼성으로 돌려주려고 했다'라고 말했지만 설득력이 없었다. 성상영 씨가 진심이었다면 직접 이병철 회장에게 그런 취지를 이야기하는 것이 마땅했고 정부 권력 서열 2인자를 통해 하는 것은 방법면에서도 잘못된 것이었다.

게다가 박태서 씨가 했던 행위도 우리 집안으로서는 납득이 되지 않는다. 박태서 씨는 당시 부모님이 기거하고 있었던 장충동 집에 찾아온 일이 있었다. 집에 들른 원래 목적은 '위로차'였다. 어머니 역시 여느 어머니처럼 둘째 자식이 차디찬 감옥에 있다는 사실에 대해 가슴 아파하고 있었다. 아버지가 평소 집안에서는 일체 회사 일을 이야기해 본 적이 없으니 당연한 일이었다. 어머니는

"이보게, 이 사람들아, 자네들이 어떻게 했길래 창희가 그래 그렇게 옥살이를 하는가?"라며 울음을 터뜨렸다. 어느 어머니나 당연히 할 수 있는 이야기였는데 박태서 씨의 태도는 달랐다. 갑자기 화를 내면서 "우리도 최선을 다했는데 그렇게 말씀하시면 섭섭하지 않습니까?"라며 차마 어른 앞에서는 하지 못할 행동을 했다.

그 후 세 사람이 삼성에서 뛰쳐나간 후 새로운 기업을 시작했고 세 사람 사이가 예전 같지 않게 험악하다고 할 때 아버지가 박태서 씨를 삼성으로 불러들이자고 했던 적이 있었다. 그때는 출감했던 창희가 성상영 씨가 운영하는 공장의 곁에다 부지를 매입해서 상대편을 불편하게 하는 등 몇몇 분풀이를 한 적이 있었던 후의 이야기다. (성상영 씨는 삼성을 나와 '프리모텍스'라는 브랜드의 모직 회사(대성모방)를 세워 운영하며 제일모직 골덴텍스와 경쟁했다.)

나는 박태서 씨의 능력을 아무리 크게 보더라도 감히 어머니에게 그렇게 불손하게 대한 것은 용서하지 못하겠다고 했다. 아버지는 세 사람 중 한 사람이 눈물을 흘리면서 용서를 빌고 있었는데 그래도 용서하지 못하겠느냐고 물었다. 그때 인희 누나(이병철 회장의 첫째 따님)도 곁에 있었는데 나는 끝까지 용서하지 못하겠다고 했다. 나는 나대로 하청 업체를 통해서 그들이 하는 기업을 골탕을 먹이고 있었는데 그들이 미워서 도저히 용서 못 할 기분이었다.

이 일은 아버지와 나 사이에 어느 정도의 틈을 만들었고 아버지로서 나의 기업인의 자세에 대해서 '실망'을 한 계기가 된 것 같다.(독자들이여, 우리는 이 대목을 기억해 둘 필요가 있다.)

아버지는 미운털이 박힌 성상영 씨 측의 사람을 빼 온다는 것과

그를 통해서 그동안 당한 복수를 하겠다는 생각을 하셨던 것이 아닌가 싶은 느낌을 가진 적이 있다. 나는 아버지의 이런 기업 경영 혹인 인사 관리 태도도 맞지만 그보다는 감정적으로 분명하게 싫은 것은 싫다고 표현하자는 쪽이었다.

한비 헌납 사건이 한창 진행되고 있을 때의 분위기는 위험할 정도였다. 당시 성상영 씨와 박태서, 이만우 씨는 아버지의 경영자로서의 시대는 그렇게 끝이 난다고 믿었던 것 같다. 중역진과 비서실 등 아버지의 측근에서 삼성의 핵심 멤버로 일했던 그들이 그렇게 험악한 태도로 우리를 대했던 것은 아마도 그 시기를 분기점으로 삼성과 아버지는 끝이 나고 곧이어 자신들의 시대가 열린다고 믿었던 것 같다. 그 이면에는 당시의 실세인 이후락(대통령 비서실장), 김형욱(중앙정보부장) 등이 자신들의 뒤를 받쳐주고 있다는 믿음도 작용한 것 같다.

그들은 한때 삼성의 절반을 자신들에게 양도해야 한다는 주장도 했다. 자신들의 공로가 그 정도는 된다는 이야기였다. 그러나 모든 것이 그들이 원하는 대로 진행되지 않았다. 아버지 쪽에서 역공세를 취해서 성상영 씨를 쫓아냈다.

"성상영을 손봐야 합니다."

매일경제신문(현 매일경제) 경제부 백인호 기자는 1968년 4월 어느 날 삼성그룹 비서실로부터 전화를 받았다. 전화를 건 사람은 이진석(李眞奭) 비서실장이었다.

"왠일이십니까? 이병철 회장님께서 한비 국가 헌납도 결심하시고 큰일은 마무리되는 단계인데..."

백 기자는 상투적인 인사말을 했다.

"백 기자, 나하고 낼 반도호텔에서 차 한잔합시다. 긴히 드릴 말씀이 있습니다."

"그렇게 합시다."

백 기자는 저널리스트 특유의 촉감으로 꽤 중요한 사안이 있다는 것을 감지했다. 더구나 삼성그룹의 비서실장이 만나자는 것 아닌가. 다음 날 오후 이진석 실장과 백 기자는 반도호텔에서 마주 앉았다.

"백 기자, 시간 내서 우리 그룹 새 총수로 계시는 이맹희 부회장을 한 번 만나주시오."

"이맹희 부회장을요?"

의외였다. 신문기자들이 삼성그룹 총수를 만나는 것은 아주 어렵고 흔치 않은 일이었다. 그런데 삼성그룹 스스로가 인터뷰를 하자는 제안을 해 온 것이다. 백 기자는 거부할 이유가 하나도 없으며 오히려 간청하고 싶은 일이었다.

인터뷰는 그날 오후 6시경에 시작되었다. 백 기자는 삼성본관빌딩(현 롯데호텔 맞은편) 505호 실에서 이맹희 부회장과 마주 앉았다. 당시 37세의 이맹희 부회장은 활기 넘치고 강력한 에너지가 발산되고 있었다. 이맹희 부회장의 인상은 이병철 회장보다는 모친 박두을 여사를 많이 닮아 보였다.

"백 기자, 반갑소. 오늘 백 기자에게 말하려고 하는 것은 성상영, 이 사람을 손 좀 봐야겠다는 것이오. 이 친구 아주 나쁜 사람입니다. 개인적으로도 그렇고 회사의 임원으로서의 윤리면에서도 그렇습니다."

백 기자는 경악했다. 성상영 사장이라면 삼성 그룹의 간판스타로 이병철 회장의 최측근 실세로 활동해 온 사람이다. 이맹희 부회장은 그런 그를 용서하기 힘든 나쁜 놈이라고 신문기자 앞에서 말하고 있다. 백 기자는 대뜸 특종 기삿거리가 취재될 수 있다는 감을 잡았다.

"백 기자, 성상영 이 사람은 아버님의 국가 헌납 성명 발표 이후 한국비료를 통째로 차지하려고 했습니다. 그게 안 되니까 이제는 우리에게 거액의 퇴직금과 위로금을 요구하는 것입니다. 그 액수가 어마어마한 규몹니다. 아버지는 성상영에게 제일 모직 3%, 한국비료 6%를 공로주로 주셨습니다. 일 열심히 해달라는 뜻이었지요. 그런데 성상영은 이 공로주를 시가(時價)로 평가해서 계산해 달라는 것입니다. 특히 한비의 6% 공로주가 문젭니다. 삼성이 한비의 주식 51%를 정부에 헌납했기에 성상영의 6% 공로주도 3%가 되어야 하는데 성상영은 6%를 주장하고 있는 것입니다."

백 기자는 기자 수첩에 열심히 적었다.

"전문경영인이 퇴직할 때는 규정에 따른 퇴직금을 받는 것이 통례이고 국제적으로 그렇게 하고 있습니다. 더구나 공로주로 받은 것을 시가로 평가해서 달라는 것은 말이 되지 않지요. 퇴직금이 어떻게 흥정의 대상이 됩니까. 성상영은 권력 실세를 뒤에 업고 거의 협박 수준으로 우리를 압박하는 것입니다. 자신의 요구가 관철되지 않는 경우 재임 시에 알고 있는 극비 사항을 폭로하겠다는 이야기도 하고 있습니다. 백 기자, 오늘은 이 정도에서 끝냅시다."

시간이 꽤 흘러 밤 9시를 넘기고 있었다. 백 기자는 회장실을 나와 이진석 실장을 만났다. 이 실장은 이맹희 부회장이 조만간 다시 한번 만나자고 할 것이라고 말했다.

"언제든 연락주세요."

백 기자는 오늘 인터뷰만으로도 대특종 기삿거리였는데 추가로 무엇이 있나 흐뭇하기만 했다. 2일 후 이진석 실장의 전화가 왔다. 오후 5시 회장실에서 만나자는 것이었다.

"오늘은 김재명 사장(현 동서식품 명예회장) 말입니다, 이 사람도 엉

통한 데가 있습니다. 이 사람은 13살 때부터 아버님 대구 국수 공장에서 국수 배달 일부터 시작했습니다. 워낙 착하게 시키는 일을 잘했기 때문에 30년간 아버님을 보필했지요. 아버님은 김재명 사장을 친자식 이상으로 믿고 애정을 쏟았습니다. 삼성물산, 제일제당, 제일모직 일을 주로 관여했고 결국 아버님이 개인 인감, 회사 인감 모두를 맡기고 자금, 회계 모든 일을 맡겼습니다."

이병철 회장은 그 많은 사장들과 임원을 '사장' 또는 '군'으로 호칭했지만 김재명 사장과 이은택 사장에게만은 '재명', '은택'으로 실명을 부르며 신뢰와 친밀감을 나타내는 정도였다.

이병철 회장은 신규 사업을 추진할 때마다 공장부지 매입을 김 사장에게 맡겼다. 우선 비밀이 지켜졌고 감쪽같이 일 처리를 해내는 수완이 있었다. 대기업들이 신규 사업을 추진할 때마다 가장 신경 쓰는 것이 부지 확보였다. 수십만 평 또는 수백만 평 규모의 부지를 마련하는 것은 보통 일이 아니다. 극비 군사 작전 이상의 치밀한 계획과 비밀을 요하는 일이기 때문이다. 재벌급 기업들이 땅을 사들인다는 소문이 나면 그 신규 사업을 망치는 경우도 있다. 지주들이 땅값을 천정부지로 올리기 때문이다. 김재명 사장의 땅 사는 기술은 타의 추종을 불허한다.

"백 기자, 삼성그룹이 한비 사건으로 흔들리자 김재명 사장은 마음이 달라졌습니다. 삼성은 망한다, 한몫 챙겨야겠다는 생각이 난 것입니다. 김 사장은 아버님 개인 인감, 그룹 계열사 인감이 수중에 있는 것을 이용, 그룹 전체 재산의 1/3을 자기 개인 명의로 변경했습니다."

(이 사실은 이병철 회장의 호암자전에도 언급되고 있다. 자전에는 '가장 신뢰하던 임원이....'로 표현되고 있다.)

"그 후 두 사장의 일은 어떻게 되었습니까?"

"우선 성상영 사장 이야깁니다. 내가 성상영 사장에게 연락을 해서 퇴직금 문제를 이야기하자고 했습니다. 워커힐 빌라에서 만나자고 했습니다. 성상영 사장은 약속 시간에 빌라에 왔습니다.

'성 사장, 당신이 요구하는 거 부끄럽지도 않나? 어떻게 머슴 놈이 주인한테 그런 못된 짓을 할 수 있나! 한비를 통째로 차지하려다 그게 안 되니 삼성의 재산 반을 내놔라? 에이 '똥' 같은 인간'이라면서 테이블 위에 있는 맥주 병을 얼굴에 내던졌습니다. 성 사장은 재빨리 일어나 문을 열고 구두도 신지 않은 채 달아났습니다. 나도 맨발로 글마를 쫓아갔지요. 성 사장은 1km 가까이 달려가다 택시를 붙잡아 사라졌습니다.

김재명 사장은 본래 인성이 착한 사람입니다. 한 짓으로 보면 마땅히 감옥에 가야지요. 본인이 스스로 아버님을 찾아뵙고 용서를 빌었습니다. 아버님은 그의 본성을 잘 알고 계셨기 때문에 용서해 주셨고 모든 서류는 원상 복구되었습니다."

(독자들이여, 여기서의 백 기자는 저자가 초급 기자 때의 일을 쓰고 있음을 알려드리고 있으며 이제 백 기자 쪽으로 이야기를 돌려보겠습니다.)

이맹희 부회장의 이야기는 확실히 특종감이었다. 그러나 너무 큰 것이었고 성상영 사장의 배후에는 당시 나는 새도 떨어뜨린다는 권력을 잡고 있는 권력 실세들이 버티고 있었다.

백 기자는 소속사 사장님을 찾아가 자초지종을 보고했고 기사화 여부를 물었다. 왜냐하면 당시 매일경제는 창간 3년 차의 신생 언론사로 사세도 미약했다. 정진기(鄭進基) 매일경제 사장은 심각한 얼굴을 했다. 그도 신문기자 출신이었다. 저널리스트의 '쓰고 싶어하는 본능'을 충분히 이해하는 분이다.

"백 기자, 삼성으로부터 돈 받은 일 있나?"

"전혀 그런 건 없습니다."

"그럼 기사화해."

이 사건은 굉장한 폭발력이 있다. 백 기자는 기사 작성을 했고 그 기사는 1면 머리기사로 취급되었다. 표제는 '전문 경영자의 배신'이었다. 그 기사가 나가자마자 중앙정보부에서 백 기자를 연행하려고 검은 지프차를 탄 정보부 언론 담당국장이 정진기 사장실로 급습해 왔다.

"정 사장님, 백인호 기자를 연행하려고 합니다. 백 기자는 삼성으로부터 돈을 받고 엉터리 기사를 썼습니다."

"그렇습니까? 백 기자가 돈을 받았다는 증거를 갖고 계십니까? 백 기자는 돈 받고 기사 쓰는 사람 아닙니다. 그리고 백 기자가 쓴 기사는 팩트(사실)입니다."

백 기자는 기자실에서 회사로부터 연락을 받았다. 당분간 회사 출근을 하지 말고 피해 있으라는 전갈이었다. 백 기자는 1주일간 회사에 휴가계를 내고 부산 해운대로 피신했다. 그리고 거기서 '삼성 재벌, 제2의 탄생' 제하의 5회에 걸친 내리다지(Box 기사)를 썼다.

얼마 후 각 신문에 〈성상영 사장, 삼성그룹에서 퇴진〉 기사가 났다. 이진석 비서실장으로부터 전화가 왔다. 백 기자 기사가 나간 후 성 사장은 더 이상 그룹에 돈 요구를 포기하고 그룹을 떠나게 됐다는 얘기를 전했다. 성 사장은 그룹을 떠나면서 제일모직의 엘리트 직원 150명을 데리고 나갔다. 삼성에게는 뼈아픈 손실이었다. 이만우 씨도 합류했다.

(우리의 이야기는 다시 이맹희 부회장의 회상록으로 돌아온다.)

성상영 사장의 퇴직금은 반드시 주어야 할 돈이다. 나는 아버지의 지시를 받아서 성상영 씨를 박종규 씨(청와대 경호실장)와 함께 만났다. 그 이전에 이미 그가 삼성을 떠난다는 결정은 되어 있었고 그 자리는 퇴직금의 규모를 정하는 자리였다. 약수동에 있는 어느 고급스러운 요정이었는데 당시엔 '3공화국의 산물'인 이런 무허가 술집(비밀 요정)들이 많이들 성업하고 있었고 대부분 청와대 사람들과의 연관된 모임이 열렸다.

성상영 씨는 그 자리에서도 자신이 아니면 삼성이 오늘날만큼 성장하지 못했을 것이라고 자화자찬을 했다. 당시 성상영 씨 측에서는 퇴직금으로 10억 원 혹은 최소 5억 원은 받을 것이라는 소문을 흘리고 있었다. 아버지가 나에게 미리 정해준 퇴직금의 가이드라인은 2억 원이었다. '66년의 2억 원'은 그리 작은 돈이 아니다. 이 규모의 돈은 기업을 하나 새롭게 시작할 수도 있는 충분한 돈이었다.

그날 퇴직금 흥정은 3억 원으로 끝을 맺었다. 아버지는 2억 원 이상은 주지 말라고 지시했지만 박종규 씨까지 합석했는데도 성상영 씨는 고집을 피워 내 판단으로는 3억 원이 적절할 것 같았다. 성상영 사장은 퇴직금을 종잣돈 삼아 대성모방이라는 모직회사를 설립했다. 그러나 성공하지 못했다.

백 기자는 그 후 이병철 회장을 삼성본관 505호실 현관문 앞에서 뵌 일이 있다. "백 기자, 우리 집 일을 도와주어 고맙소." 이병철 회장은 카랑카랑한 목소리로 말했다. "신문기자로서 해야 할 일을 한 것인데요." 그후 이병철 회장은 백 기자에게 여러 차례 인터뷰 기회를 제공해 주었다.

22

이맹희 부회장의 삼성 7년 역사

(독자들이여, 이 페이지는 이맹희 부회장의 명상록을 참고로 해서 써진 것이다.)

당시 내 나이 36살. 무서울 것도 두려울 것도 없었다. 돈을 벌기 위해서 일을 하는 것이 아니라 최고의 조직을 두 손에 쥐고 기업을 만드는 것만이 나에게 주어진 의무였고 나 스스로 정한 목표였다. 그리고 내 젊은 피가 나를 무섭게 뛰도록 만들었다. 참으로 원도 한도 없이 열심히 살았던 기간이다. 마치 폭풍이 휘몰아치는 것 같이 무섭게 달려가던 그 시절, 젊은 혈기에 실수한 적도 있었지만 나는 지금 생각해도 잊을 수 없는 몇 가지 일을 해냈다.

'67년부터 73년' 7년 사이의 삼성 역사를 뒤져보면 어느 책이나 이 기간에 관한 기술은 명확지 않은 것을 발견할 수 있을 것이다. 이 기간이 바로 내가 활동한 기간이었다. 아버지의 자서전(호암자전)을 비롯하여 몇몇 책에는 내가 기업 운영을 잘못해서 불과 6개월 만에 물러서고 아버지가 어쩔 수 없이 다시 복귀했다는 기록도 있다. 그러나 내가 일한 기간은 6개월이 아니라 7년이었다.

그리고 '맹희는 경영자로서 문제점이 있어서'라거나 '둘째 창희는 본인이 중소기업을 운영하겠다고 해서'라고 표현된 부분들도 사실이 아니다. 아버지가 자서전을 낼 때 나와 창희에 대해서 그렇게 표현할 수밖에 없었던 사정은 충분히 이해할 수 있다. 건희를 후계자로 결정하면서 아버지는 아마도 나와 창희의 존재가 거북했을 것이다. 충분히 이해할 수 있는 일이다. 그런 부분은 이제 전혀 섭섭하게 느껴지지 않는다. 기업의 경영권을 넘기면서 그런 조치를 취하는 것은 오히려 당연한 일이라고 생각한다.

이 책의 뒷부분에서 밝히겠지만 아버지가 자서전을 만들 무렵, 창희는 아버지의 뜻에 따라서 이미 긴 세월의 유배(流配)를 겪은 후 어느 정도는 아버지의 용서를 받은 상태였다. 창희는 아버지 곁에 있었고 부자 간의 화해도 어느 정도는 이뤄진 상태였다. 그러나 나의 입장은 부자지간의 화해도 용서도 없이 모든 상황이 끝나버린 셈이었다. 그리고 무엇보다도 창희의 경우는 늘 아버지의 그늘에서 일을 했지만 내 경우엔 아버지를 대신해서 기업의 총수로서 일한 세월이 있었다. 아버지는 그런 부분이 늘 부담스러웠을 것이다.

마지막까지 내 고집을 꺾지 못했던 아버지는 돌아가실 때까지 동생 건희의 입지를 위해서 내 존재를 없는 것으로 만들고 싶어 했다고 믿고 있다. 그것은 내가 아버지의 입장이라도 마찬가지였을 것이라고 생각하고 있다. 기업의 총수에게는 기업 이외의 어려움을 지워주면 안 된다고 믿고 있다. 그는 최적의 조건에서 일을 시작해야 한다. 나는 지금도 동생 건희에 대해서는 형제간이라는 개인적인 관계를 떠나서 삼성을 잘 경영하기를 진심으로 바라고 있다. 삼성은 아버지가 계실 때부터 이미 어느 개인이나 어느 가족의 사기업(私企業)이 아니었다. 아버지도 그런 사실을 알고 있었고 나도 깨닫고 있었다. 건희는 사적인 관계를 보면 나의 동생이지만 공적으로는 삼성의 총수이다. 총수가 편안한 상태에서 기업을 운영해야 한다는 것은 총수 개인을 위해서가 아니라 기업을 위해서이다. 기업은 살아서 영원히 번창해야 하고 총수는 기업이라는 배를 이끌어 가는 선장인 것이다.

나는 지금도 아버지가 나의 존재를 자서전에서 비하시킨 것에 대해서 섭섭한 감정을 가지고 있지는 않다. 다만 그동안은 그 부분에 대해서 밝히지 않다가 이제는 내 이야기가 삼성에 무리를 주지 않으리라고 믿어서 밝히는 것뿐이다.

어쨌든 그런 이유로 '67년 후 7년간의 삼성 역사'는 희미하게 기록될 수밖에 없었던 것이다. 아울러 나도 그저 6개월 일을 하다가 물러난 사람으로 표현되는 운명이었다. 그러나 당시 신문 등을 보면 모든 것은 명백히 드러난다. 그 무렵엔 아버지로부터 기업을 이어받는다는 것은 한 치도 의심해본 적이 없었다. 삼성을 내가 아버지로부터 물려받아서 그야말로 최고의 기업으로 만들고 싶다는 30대 후반의 젊은 의욕이 용솟음치고 있었다. 아버지보다 더 열심히 하고 싶었고 아버지 때보다 더 큰 기업으로 성장시킬 수 있는 능력도 보여주고 싶었다.

물론 그 과정에서 나 역시 무리수를 두었을 게다. 그러나 그 모든 것이 열심히 했던 과정에서 일어난 일들이었다. 사소한 일이라고 할는지 모르겠지만 당시 신운철 상무와 나 사이에 있었던 일은 지금도 기억에 뚜렷이 남는다. 신운철 상무는 원래 사무실 내의 업무를 담당하던 사람이었다. 그런데 미국의 코닝글라스(Corning Glass, 1851년 창립)와 합작을 한 후 '삼성코닝'을 만들려다 보니 모든 것이 급하게 되었다. 그래서 모든 일에 탁월한 능력을 보여 주었던 신운철 상무를 현장으로 불렀다. 그 무렵엔 공기 단축을 위해서 수원의 공장부지에

텐트를 치고 전 임직원이 그곳에서 지낼 수밖에 없었다.

하루는 신 상무가 어렵게 말을 꺼냈다. '아내가 출산을 해서 가봐야겠다'는 것이었다. 이 말을 듣자 내 입에서는 엉뚱한 말이 대뜸 나왔다.

"보소, 신 상무. 여자가 아 낳는데 남자가 왜 가노. 신 상무가 안 간다고 알라(애의 경상도 방언)가 둘이 돼요, 셋이 돼요? 나중에 가보소. 일주일 있다가도 돼요. 하던 일이나 매듭짓고 가소."

그러고 나서 곰곰이 생각하다가 저녁 무렵에야 "신 상무, 내 차 타고 빨리 가 보소."라고 했지만 지금 생각해 보아도 나보다 나이가 많은 그에게 너무 못할 짓을 했다 싶다. 그러나 나 혼자 잘 살려고 한 것은 아니고 열심히 일하려는 과욕에서 비롯된 것임을 그도 이해하리라 믿고 있다.

언젠가 최관식 회장(추후 제일제당, 삼성중공업 대표)을 우연히 만나서 이야기를 하면서 참으로 그에게 미안하게 대했던 일이 하나 떠올려졌다. 일본 아지노모토(味の素, Ajinomoto)와 합작이 진행 중이었을 때인데 제일제당 측에서 필요한 기술을 그들이 도무지 주지를 않는 것이었다. 회사 설립은 이미 되어있고 야심을 가지고 시작한 일이었는데 후발주자로서 상대(미원, 味元)와 대적할 고급 기술을 구할 수 없었으니 속이 탈 수밖에 없었다.

그래서 당시 제일제당의 상무였던 그는 근 한 달 가까이를 한·일 양국을 오갔다. 일주일에 서너 번도 다니고 나중에 내가 보고도 받지 않으려 하니 나한테 이야기도 없이 저녁에 왔다가 이튿날 새벽에 출국하는 일도 있었다. 나한테 힘들다는 이야기를 해봐야 내 입에서는 "시끄럽소, 다시 가 보소. 그리고 될 때까지는 한국으로 돌아오지도 마소."라는 대답밖에 못 들었을 테니 그도 퍽 힘들었으리라.

이런 옛이야기를 나누면서 그는 '그래도 그때는 뭔가를 하고 있다는 자부심이 있어서 몸은 힘들었지만 힘들다는 느낌이 들지 않았다'라고 해서 서로 웃고 헤어졌다.

요즈음의 노조 같으면 꿈도 꾸지 못할 일이지만 그때 결혼 휴가를 줄인 것도 고백해야겠다. 내 기억엔 원래 결혼 휴가는 닷샌가 이레인가(1주일) 정도 되었는데 내가 그 조항을 보고 이틀로 줄이라고 지시를 했다. 하루라도 줄여서 열심히 일하는 분위기를 만들고 싶었던 것이 솔직한 심정이었다. 그 지시가 어떻게 되었는지 확인해 보진 않았지만 아마 그 당시 직원들은 나한테 숱하게 욕을 했을 것이다. 만약 내 지시로 결혼 휴가를 이틀 밖에 가지 못한 직원들이 있다면 그들에게 지금이라도 늦은 사과를 하고 싶다. 그러나 60년대 후반과 70년대 초반이라는 상황은 그렇게 매몰차게 일을 하지 않으면 기업이나 개인이나 국가나 도저히 살아남을 수가 없는 상황이었다.

자다가 눈을 떠보니 다른 나라들은 이미 저만큼 도망가 있었고 삼성은 뒤처져 있었다. 그동안 경쟁 상대도 되지 않던 국내 기업들이 한비 헌납을 기회로 삼성(三星)을 바짝 따라오고 있었다. 아무런 여유가 없었다. 제일 앞서가는 사업이었지만 한비(韓肥)라는 큰 덩어리를 만드느라 총력을 집중했고 그 기업을 완성해서 다른 사람에게 넘겨주고 나니 남은 것은 빚밖에 없었다. 게다가 직원들이 한국비료에서 자꾸 돌아와서 인원은 포화상태인데 새로운 기업을 하겠다고 신청을 하면 정치권에서는 거부했다. 옴치고 뛰고 할 계제가 아니고 그저 죽어라고 일을 하는 수밖에 없었다.

나는 지금도 삼성이 아닌 다른 기업이 한비 헌납 같은 일을 당했으면 바로 부도의 길로 들어섰으리라고 확신하고 있다. 그나마 살아남아서 큰 기업을 만들 수 있었던 것은 경영자나 임직원들이나 다들 죽기 살기로 열심히 일한 덕분이라고 믿고 있다. 앞서 밝혔다시피 제일제당의 공로자인 김재명 사장은 한 달을 집에 들어가지 않고 공장 건설 현장에서 지낸 적도 있다. (김재명 사장은 제일제당 건설 당시 공장장이기도 했다.) 임직원을 가리지 않고 누구나 다 군복을 입고 지냈다. 겉옷은 물론이고 속옷도 국방색 군용 러닝, 팬티를 입고 매일 합숙하다시피 일을 했다. 이제 아마 이분들은 일흔 너덧의 연세일 텐데 어떻게 지내는지 궁금하고 한번 뵙고 싶기도 하다. 이런 분들은 삼성의 기업적 차원에서 공신이 아니라 우리 사회가 요만큼이라도 살게 된 토대를 마련한 분들이다. 퍽 고맙게 생각한다.

23

새로운 꿈, 전자산업(電子産業, Electronic Industry)
삼성전자

(독자들이여! 지금은 삼성전자 = 반도체이지만, 1968년 당시 삼성전자는 TV 등 가전(家電) 산업체로 출발했다. 창업기 이야기다.)

한국비료가 국가로 돌아간 마당에 내가 가졌던 생산업의 꿈을 실현하기 위해 시작한 것이 바로 전자산업이었다. 전자산업으로 한국비료에서 돌아온 인원도 어느 정도 흡수할 수가 있었다. 아버지로부터 기업을 인수 받고 나서 내가 새로운 기업과 공장을 하겠다고 처음 아버지에게 제안한 것은 바로 전자산업과 자동차 산업이었다. 나는 당시 전자 산업과 자동차 산업이 미래에 큰 인기를 끌 것이라고 생각하고 있었는데 아버지는 전자를 먼저 시작하자는 의견을 내놓았다. 내가 강력하게 자동차와 전자를 동시에 시작하자고 주장했지만 아버지는 끝까지 전자를 먼저 하자고 주장했다. 삼성그룹이 소비재 경공업 중심 구조에서 중공업 구조로 바뀌는 순간이었다. 지금 생각하면 그 당시 자동차 산업을 시작하지 않았던 것은 크나큰 회한으로 남는다. 그때 자동차 산업을 시작했으면 지금 삼성은 훨씬 큰 기업이 되어 있을 것이다.

아버지가 자동차보다 전자를 택한 이유는 퍽 재밌다. 이른바 부가가치의 크기로 결정한 일인데 그 당시 아버지의 주장으로는 전자는 생산품 1g당 부가가치가 17원인 반면 자동차는 1g당 3원 몇십 전에 불과하다는 것이었다.

나는 아버지가 전자를 먼저 시작하자고 고집한 것은 당신과 교유했던 일본 경제인들의 인맥과도 관련이 있다고 믿고 있다. 물론 기업을 하다 보니 일본의 자동차 메이커들과도 안면은 있었겠지만 아버지와 흉금을 털어놓고 지내는 분들은 다들 전자산업 기업의 경영자들이었다. 예를 들어서 도요타나 닛산, 미쓰비시 같은 자동차 메이커의 사장들과도 친분이 있었겠지만 흉금을 터놓고 지냈던 사업가들은 다들 NEC(일본전기), 도에이, 미쓰이, 산요 등 전자 업계 경영자들이었다. 그중엔 산요나 NEC 등은 우리와 합작을 했고 미쓰이(三井)는 한국비료 건설에 차관을 제공, 동참하기도 했다. 나도 아버지를 따라가서 그분들을 수차례 뵌 기억이 난다.

지금도 나는 삼성이 당시 자동차 산업에 뛰어들지 않았던 것에 대해서 크게 후회하고 있다. 자동차야말로 전자를 비롯해서 공학(工學)의 기초적인 과정부터 최고급의 과정까지 다 포함하는 것이다.

아버지의 결정대로 일단 전자산업을 시작하기로 했지만 실제 진행 과정은 꽤 막막했다. 당시는 반도체(IC)가 아니라 진공관을 사용하는 텔레비전(TV)을 만들 때였는데 진공관은커녕 TV의 어느 부품 하나 우리 손으로 만들 수 없었다. 공장 건설 초기에는 부품을 들여와서 TV를 조립, 생산한 후에도 그걸 포장할 스티로폼(Styrofoam)이 국내에 없어서 마분지를 말아서 상자에 넣기도 했을 정도였다.

전 산업계가 전자산업에 대해서는 문외한이었으니 도대체 어디서 사람을 구해야 할는지도 알 수가 없을 정도로 모든 것이 막막했다. 우선 그 당시 삼성의 계열사에 있는 전자 관련 직종에 근무하는 사람들은 전부 삼성전자로 불러 모았다. 하지만 그 역시 근본적인 것은 아니었다. 내 기억엔 삼성 계열사였던 동양방송(TBC)에서 온 사람들이 제일 많았던 것 같다. 그중에는 방송국에서 카메라를 만지다가 느닷없이 TV를 만든다니 삼성전자로 온 사람들도 있었다. 하기야 삼성에서 그 후 국내에서 처음으로 비디오(Video)를 만들 때는 시계 수리공들을 전부 불러 모아서 비디오 생산을 시도한 적도 있었다.

TV 생산공장에 TV 방송국 기술자들이 온 것은 지금으로서는 엉터리같은 일이지만 당시로서는 제일 정확한 인원 수급이었는지 모른다. 시계 수리공들을 모았던 것은 그들이 정밀한 기계를 만지기 때문에 비디오라는 정밀 기계도 만질 수 있을 것 같다는 터무니없는 판단 때문이었다. 결국 시계 수리공으로는 비디오 생산이 불가능하다는 것을 깨달아서 시계 수리공들은 곧 자신의 본업으로 돌아갔다. 이런 예는 당시 동종업계 금성사(현 LG)에서도 있었다. 금성사는 초기 TV를 만드는 데 라디오 수리공들을 모아 공장에 투입했으나 성공하지 못했다.

삼성코닝 합작 이끌어내

어쨌든 사람을 모으고 기업은 설립했는데 당장 우리가 할 일이 별로 없다는 묘한 상황에 부딪쳤다. 그동안 대외적으로는 미국으로 뛰어가고 일본으로 기술 전수를 위해서 뛰어다녔지만 우리는 몰라도 너무 몰랐다.

우리는 일개 대형 전자 회사와 합작 서류를 만들면 모든 것이 다 해결되는 줄 알았다. 요즘도 기업의 구조를 모르는 사람들 중에는 삼성전자나 대우, 금성전자 같은 단일 전자회사에서 가전제품의 모든 것을 다 만든다고 생각하는 사람들이 있을는지는 모르지만 그건 전혀 그렇지 않다.

쉽게 말하자면 삼성전자는 IC와 브라운관, 그리고 모든 부품을 얹은 판넬 같은 주요 부품만 만들어 낸다. TV 하나에 부품을 만드는 1천여 개 협력업체가 매달려 있다고 생각하면 아마 정확할 것이다. 대기업체 전자회사들은 최종적으로 그 부품을 모아서 조립한 다음, 자기들의 상표로 시장에 출고한다.

이것은 어느 전자제품 메이커나 다 마찬가지다. 예를 들어서 국내에서 생산되는 전자제품은 누구나 삼성에서 만든 IC를 쓰고 있다. 현재 IC의 경우엔 국내에서는 삼성과 다른 한 두 회사에서 만들고 있는데 만약 삼성이 IC를 비싸게 팔면 당연히 그들은 다른 기업이나 외국에서 IC를 가져다 쓸 것이다.

처음부터 삼성전자가 난항에 부딪힌 것은 기업을 한다는 우리도 그런 사정을 몰랐다는 것이다. 실제 진행을 하다 보면 대기업에서 자신들의 신용으로 여러 중소기업을 묶어서 합작에 응하는 경우도 있지만 그것 역시 시간이 걸리고 그리 간단치는 않은 일이다. 결국 일본의 산요(三洋)와 NEC, 그리고 미국의 코닝글라스와 합작을 하게 되었다. NEC에서는 진공관 기술을 우리에게 전수해 주기로 했고 제일 중요한 부품인 브라운관은 미국의 코닝글라스가 합작 생산을 하기로 했다.

그러나 합작이 그리 쉽게 이루어지진 않았다. 처음 합작을 위해서 미국의 코닝글라스를 찾아갔을 때만 해도 그들은 콧방귀도 뀌지 않았다. 그건 코닝글라스뿐만 아니라 제니스나 세탁기 등으로 유명한 월풀(Whirpool) 등도 마찬가지였다. 세계적으로 유명한 벨연구소(Bell Labs)에서는 교포 과학자인 김완희 박사에게 특별히 청을 넣었지만, 합작은 도저히 불가능한 일이었다. 우리에게는 그들과 합작을 할 만한 기술이나 여건이 되지 않았다. 그들은 그 당시 벌써 연구원만 2만 명을 두고 운영하던 기업이었고 삼성은 전자산업을 한답시고 방송국에서 사람을 데려다 TV를 만들려고 생각했던 회사였다.

나는 합작을 하기 위해서 그야말로 미친 듯이 뛰어다녔다. 유럽의 유명 회사인 보쉬(Bosch)나 그룬딕, 필립스, 이탈리아이니스 등도 부정적이었다. 그들은 한국에서 전자제품을 만든다는 것은 말할 것도 없고 전자제품의 어느 한 부품일지라도 만들기 어렵다고 생각했다. 게다가 그들은 삼성의 기업으로서의 능력보다는 당시 한국의 사회 분위기에 대해서도 공장 설립엔 부적합하다는 판단을 하고 있었다.

그들이 그런 생각을 한 데는 이유가 있었다. 합작이 된 후 우리가 수원에 전자 공장을 짓고 있을 때의 일이다. 세계적으로 유명한 스위치(Switch) 메이커인 오우크사가 '66년부터 부평에서 한국의 어느 기업과 합작으로 공장을 짓고 있었다. 그런데 그들이 합작 계약을 깨고 돌연 철수한다는 소문이 들려왔다. 나는 그 회사가 얼마나 크고 세계적으로 유명한 회사인지 알고 있었기 때문에 아버지에게 그 회사와 우리가 합작을 하면 좋겠으니 일단 만나보는 것이 어떻겠느냐고 건의를 했다.

오우크사는 지금도 그러하지만 전 세계 유명 기계제품 메이커에 스위치를 납품하는 회사였다. 항공기나 우주선부터 집안에 쓰는 스위치까지 어느 기계에나 고급품에는 오우크 회사의 스위치를 쓴다. 당시는 TV 수상기의 이른바 채널 선택 기계인 '로타리'도 그들은 만들고 있었으니 어차피 텔레비전을 만들기로 한 우리로서도 꼭 필요한 회사였다. 이 유명 회사가 철수를 하려는 이유는 엉뚱한 데 있었다.

"한국 정부는 이상한 곳"이라는 것이 그들의 하소연이었다. '우리 회사에 전화를 놔주거나 혹은 전기선을 깔아주고 뒷돈을 달라고 한다. 심지어 정부에서 우리보고 공장에 기숙사를 지어야 한다고 명령하는데 그건 우리가 알아서 하든지 결정할 일이다. 왜 정부에서 기업에게 공장 기숙사를 지으라고 하는가? 그건 한국의 법에도 없는 일이다. 우리는 법대로 정확하게 진행한다. 한국에서는 어떤 일을 하자면 그것이 정당하더라도 뒷돈을 요구한다."

물론 그들로서는 정당한 주장이었다. 그러나 당시 한국의 상황이 그러했다. 심지어 인부들도 일을 하는데 막걸리를 사주어야 한다고 해서 막걸릿값 4천 원을 지출한 다음 그 영수증을 본사로 보냈더니 본사에서는 끝까지 이해하지 못해서 몇 차례 텔렉스가 왔다 갔다 하는 바람에 텔렉스 비가 몇만 원 들었다는 웃지 못할 이야기도 들었다.

정부의 담당 부처 공무원은 같은 사안을 두고 반대의 이야기도 했다. "그 사람들, 웃기는 사람들이에요. 전화선이나 전기선을 깔아줘도 인사를 하는 법이 없어요."

물론 '인사'란 우리가 다 알고 있는 뒷돈을 말하는 것이었다. 당시 미국에서는 전화선은 공짜로 연결해 주던 시절이었다. 그 전화선을 통해서 전화 회사의 수입이 들어오므로 그 정도는 공짜로 해주는 것이 그들 사회에서는 당연한 일이었다. 한국에서는 전화선을 설치하는데 요금을 내야 한다는 것은 이해할 수 있겠지만 그 이외에 또 다른 뒷돈을 내야 한다는 것은 그들로서는 도저히 이해할 수 없는 일이었다.

나는 우리 정부의 오우크사 담당관이 미국에서 공부하고 온 사람이라는 데서 퍽 놀랐던 기억이 난다. 미국에서 공부하는 동안 그쪽의 사정을 봤을 텐데 어떻게 그런 억지를 피웠는지 이해가 가지 않는다.

어쨌든 오우크사 사람들에게 '한국 정부와의 문제는 우리가 책임진다'고 약속하고 미국 본사에 갔다. 그러나 신운철 상무와 같이 간 그 상담은 실패하고 말았다. 오우크사는 '삼성은 좋은데 한국이 아직 외국 기업을 받아들일 준비가 되어 있지 않다'며 완곡하게 거절했다. 미국 회사를 찾아가면 흔히 우리가 겪는 일이었다. 작은 라디오를 손에 들고 '어이, 삼성 부사장. 요런 거 만들어다 주면 우리가 개당 15달러씩' 주겠다는 식이었다. 그들로서는 당연한 이야기겠지만 나로서는 '놀린다'라고 느낄 수밖에 없는 일이었다. 우리 측에서 합작을 한 다음 공장을 같이 지으면 그런걸 만들 수 있다고 하면 늘 '우리는 그런 한가한 시간이 없다'는 대답이 나왔다.

브라운관을 우리가 만들려고 미국 합작선을 찾아다닌다는 소문이 나니 일본 기업들은 온통 반대를 하고 야단들이었다. 물론 우리 회사가 일본의 도움 없이 혼자 힘으로 모든 것을 다할 수 있으면 그들이 반대를 하든 찬성을 하든 상관이 없겠지만 그렇게 마음대로 할 수도 없는 형편이어서 일본인들을 달래가며 일을 하는 게 퍽 힘들었다.

신운철 상무, 그리고 손경식 과장(현 CJ그룹 회장) 등이 바로 '라디오도 못 만드는 한국과는 합작을 할 수 없다'는 외국인들의 인식을 뚫고 한국에서 최초로 전자제품을 만드는 데 혼신의 노력을 다 기울여 결국 성공시킨 사람들이다.

처음 합작을 반대하던 미국 코닝글라스 사장을 설득하기 위해서는 약간의 앞선 말을 할 수밖에 없었다. 당시는 흑백 텔레비전을 사용했는데 나는 한국의 흑백 텔레비전 시장이 무한한 가능성이 있다고 설명했다.

"12인치 텔레비전의 금년 수요는 불과 3만 대에 불과하지만 내년에는 6만 대로 늘어난다는 통계가 있다. 그리고 한국에서는 그것이 기하급수적으로 늘어나서 12만 대, 24만 대, 48만 대로 늘어난다." 그들은 '놀리지 말라'는 식으로 합작을 거부했다.

그 후 워싱턴에서 1주일간 호텔에서 지내고 있는데 담당 변호사였던 미국인 긴즈버그가 다시 한번 가보라는 연락을 해왔다. 미국이라고 해서 로비가 없는 것은 아니다. 그들의 세계에서도 로비는 필수적으로 존재한다. 나는 그 당시 상당액의 비용과 정열을 코닝글라스와의 합작에 투자했다. 담당 변호사 긴즈버그의 연락은 그 로비가 주요했다는 것을 의미했다.

연락을 받고 시카고에 가서 50대 50의 조건으로 '세계에서 제일 좋은 공장을 짓자'며 악수를 청했다. 설계도면 작성에만 3개월이 걸리고 공장 건설에는 4년 반이 걸린다는 그들의 이야기를 듣고 내가 "가능하면 설계도를 빨리 만들자. 우리도 공장 건설은 2년 반 만에 끝내겠다." 했더니 미국 코닝 부사장이 웃으면서 했던 말이 기억난다.

"이보게, 젊은 삼성의 부사장. 젊은 용기는 훌륭하네만 집을 지을 때는 기둥도 세우고 지붕도 있고 그래야 하는 걸세." 그가 빙긋거리면서 하던 말이 지금도 생생하게 기억난다.

신운철 상무와 함께 비행기를 타고 오면서 별별 걱정이 다 들었다. 한국의 텔레비전 수상기 수요가 기하급수적으로 늘어날 것이란 내 예상에 대해서는 별걱정을 하지 않았다. 실제 그렇게 수요가 늘어나기도 했지만 나는 공장을 짓겠다고 생각한 순간부터 외국으로 브라운관을 수출하겠다는 생각을 하고 있었다. 요즈음도 국내에서만 광고 등을 통해 서로 경쟁하는 기업들을 더러 보게 되는데 참으로 낭비적인 일이라는 생각이 든다. 한국의 기업인은 해외로 수출을 해야 살아남을 수 있다는 생각은 국민학생도 알 수 있는 일이다. 수요도 뻔한 국내 시장을 두고 광고를 통해서 싸우는 것보다는 앞선 기술 개발로 외국 시장으로 나가야 한다는 것은 상식적인 이야기다.

비행기 속에서 내가 고민했던 것은 과연 큰소리친 대로 '공기 단축'이 가능한가 하는 점이었다. 이 문제에 대해서는 신운철 상무도 뾰족한 수가 없는지 어려운 합작에 성공했음에도 두 사람 모두 얼굴에 수심이 가득한 채 돌아왔다.

공기 단축이란 제품의 수요 시장에 정확히 적응한다는 면도 있지만 그것 못지않게 기업에 큰 이익을 가져다 준다. 공장을 새로 하나 지으면 대부분 외자나 국내 자본을 빌려 쓰기 마련이다. 이 경우 2년 거치 10년 상환 같은 조건이 붙는다. 만약 공장을 2년이 아니라 1년 만에 지으면 나머지 1년은 원금 상환 같은 자금 압력 없이 기업은 충분한 힘을 비축하게 된다. 하루라도 공사가 단축되면 공사비도 적게 들거니와 투자 비용의 회수도 빠르고 소요되는 경비도 당연히 줄어들게 된다.

귀국한 다음 아무리 계산을 해도 야간 철야 작업을 하지 않고 정상적으로 공장을 건설하면 도저히 공기 단축이 불가능할 것 같아서 야간 공사에 사용할 전구를 일본에 주문했다. 당시 국내에서는 생산되지 않고 있었다. 한국에서는 만들 수 없는 2Kw짜리 전구 130

개를 NEC(일본전기)에 발주했더니 3개월 이내에 납품하겠다는 연락이 왔다. NEC에게 그 기간도 1개월로 줄이라고 한 다음 공사에 착수했다. 텐트를 치고 현장에서 먹고 자고 불철주야 24시간을 밀어붙였다. 일본에서 전구가 도착한 다음에는 밤에도 그야말로 대낮같이 불을 밝히고 24시간 일을 했다. 앞서 말했듯이 신운철 상무 아내가 출산을 해도 못 가게 하고 신혼여행 기간도 단축시키고 심지어는 제사는 물론이거니와 집안에 환자가 있다고 해도 공사 현장을 떠나는 걸 허락하지 않았다. 후에 '빨리빨리 한국식 문화'는 여기에서 비롯되었을 것이다.

갖은 고난을 다 겪고 물구덩이에서 잠을 자며 '한국에서 최초로 TV 브라운관을 만들고 TV를 만든다'라는 자부심 하나로 고생을 이겨 나갔던 그때의 직원들에게 지금도 고맙게 생각한다.

24

아버지의 원대한 건설 개발 꿈

아버지(이병철 회장)는 단순히 삼성이라는 기업을 운영하는 사람으로서가 아니라 국가의 미래를 위해서 뭔가를 해야 하는데 상황이 허락하지 않으니 답답해하는 형편이었다. 아버지는 지금의 기준으로 생각해도 참으로 원대하다고 할 만한 꿈을 가지고 있었다. 그중 지금도 내가 또렷이 기억하고 있는 일들이 있다.

"맹희야, 이 바보 같은 사람들이 그런 걸 모르는데 언젠가 니가 좋은 대통령 만나면 서울역은 지하 5층으로 만들자고 해라. 그래서 제일 위는 쇼핑센터를 만들고 그 아래에 주차장을 만들고 제일 밑으로 전철이 지나가도 된다."

전철이 두 종류 이상 지하에서 교차하는 방식은 내가 뉴욕에서 본 것이었다. 아버지는 뉴욕에 가본 적이 없기 때문에 어떻게 그걸 알게 되었는지 내가 궁금해서 여쭤봤더니 '일본 기업가들과 이야기하다가 생각이 났다'라고 했다. 목포(木浦)에서 제주(濟州道)까지 해저터널(물밑 굴, Under Sea Tunnel)을 뚫어야 한다고 한 적도 있었는데 그 역시 "나는 힘들고 니는 좋은 대통령 만나믄 할 수 있을 끼다."라고 하며 "니 돈 적정하제? 그거 돈 그리 많이 드는 거 아니다. 쇼핑 아케이드 짓고 토지 채권 같은 걸 정부와 의논해서 발행하믄 된다. 그런데 그런 큰 사업을 할라믄 사심 없는 좋은 대통령을 만나야 한다."라고 했다.

쇼핑 아케이드를 통해서 이익금을 남기고 전철은 일반 국민들을 위해서 손해를 보더라도 최저의 가격으로 봉사해야 한다는 것이 아버지의 지론이었다. 아버지는 당신이 연세가 많으니 당연히 박정희 대통령보다 먼저 세상을 떠나실 걸로 생각했다. 이병철 회장은 1910년 생이고 박정희 대통령은 1917년 생이다. 그래서 그런 말을 할 때도 "내가 하기는 틀렸고 맹희 니가 해라."라고 했다.

그중 하나가 서·남 해안 매립 공사였는데 여수, 순천 일대의 해안을 메우면 우리나라 일개 도(道)의 유효면적 정도가 나올 곳이 많다는 것이 아버지의 의견이었다. 내가 아예 군산 근처부터 메우면 어떻겠느냐고 하면 "그건 너무 꿈같은 이야기고 아마 내 이야기만 하더라도 다른 사람들이 들으면 미쳤다고 할 끼다."라고 했다.

아버지는 이 사업에 대단한 집념을 가지고 있어서 "삼성의 전 재산을 팔더라도 해야 한다."라고 했던 적이 있다. 아버지는 단순한 경영자가 아니라 미래의 후손들을 위해 좁은 국토를 넓힐 원대한 꿈을 가지고 있었다. 기업은 늘 미래를 대비해야 하고 기업의 미래 대비 능력은 인적 자원, 즉 조직원들을 통해서 축적될 수 있다는 것이 아버지와 내가 공감했던 것이었다.

그 방법은 간단했다. 삼성에서 인재를 널리 구하고 또 그 인재를 삼성에서 잘 기르면 되는 것이다. 다만 삼성은 일찍부터 공채 제도를 시행해서 우수한 인재가 많이 몰려왔음에도 불구하고 그들도 입사한 후면 더 이상의 발전을 하기는 힘든 상황에 직면하곤 했다. 그래서 내가 처음 생각한 것이 우선 현장에서 근무하는 직원들을 일정 기간 연수시키는 것이었다. 지금은 어느 기업이나 직원들을 매년 일정 기간 연수시키는 걸로 알고 있지만 당시로서는 직원들을 연수시킨다는 것은 생소한 제도였다. 이 제도를 처음 시작한 것은 내가 삼성을 운영하던 첫해인 '67년'이었는데 그 당시로서는 새로운 시도였다. 대부분의 기업들이 직원들을 뽑아서 다만 일을 시키고 봉급을 주면 된다는 생각을 하고 있던 시대였다.

삼성에서 처음 연수를 시작했을 땐 교육 내용이나 방법이 그리 효과적이지는 않았던 것 같다. 국내에서 처음 하는 것이었던 만큼 교재부터 만들어야 하고 처음 해보는 일이라서 교육 진행도 어색하기 짝이 없었다. 장소는 우이동 그린파크(Green Park)였는데 그곳에 금요일부터 일요일까지 3일간 직원들을 80~100명씩 두 개조로 나눠서 투입하고 교육시켰다. 그린파크는 수유리 바로 옆 북한산자락에 위치해 있는데 당시 야외 수영장으로 유명했다. 주말을 빼앗아서 하는 교육이었지만 다들 열심히 교육을 받았다. 교육 뒷바라지는 당시의 양인모(梁仁模) 비서(추후 삼성엔지니어링 사장)가 맡아서 했다.

인력 관리를 하는 것과 동시에 사내 도서관을 설립하는 등 직원들의 능력을 길러야 한다는 생각을 하게 된 것은 당시 상황에서 외국 지사를 설립할 시점이었다는 것과 맞물려 있었다.

일본에 이어 홍콩과 사이공, 뉴욕 등에 지사를 설립하려고 하니 직원들이 외국에서 생활할 자질이 문제가 되었다. 쉽게 말해서 외국인을 만났을 때 예절, 생활 매너 등 기본 예절이 전부 수준 이하였던 상황이었다. 이래서는 큰일 나겠다는 생각이 들어 우선 그것부터 교육시켜야겠다고 생각했다. 이 제도는 그 후 여러 가지로 변화를 겪으며 삼성 직원들을 교육시키는 제도로 정착되었다.

다만 한 가지 교육 기간이 너무 짧아 1년에 한 달 정도로 교육 기간을 늘리자고 했더니 아버지가 1년에 한 달씩 교육을 시키려면 인원을 10% 더 뽑아야 하는 문제가 생기니 그 문제는 맹희 니가 잘 알아서 판단하라고 했던 적이 있다. 그 후 오래지 않아 이 제도는 신입사원 교육과 더불어 삼성의 인재 양성의 중추적 역할을 했다.

나는 지금도 기업이 장래를 위해서 대비할 일 중 제일 중요한 것이 바로 인재 양성이라고 생각한다. 어느 기업이나 자신들이 정한 기업의 특색과 이념이 있다. 그 기업이 잘 경영되는가 아닌가 하는 것은 기업의 구성원들이 동일한 기업 이념을 잘 이해하고 따르고 있는가에 달려 있다고 생각한다. 새로운 기업을 만들거나 기존의 기업을 합병할 때도 제일 중요한 것은 바로 새로 입사한 사원들이 얼마나 새 기업의 이념을 빨리 습득하는가에 달려 있다고 믿고 있다.

임직원들의 교육에 대해서는 아버지도 열의가 대단해서 각 사장들에게 "한 달에 한 권씩 연애소설이라도 좋으니 읽은 다음 리포트를 내라."라고 지시한 적이 있었다. 리포트를 내라고 하면 비서를 시키는 경우가 있을 것 같아서 "비서 시키지 말고 꼭 사장들이 직접 읽고 리포트를 작성하라."는 말도 덧붙였다. 리포트는 200자 원고지 10장씩이었는데 모두들 열심히 읽고 써냈다.

"동양 최대 병원을 지어라"

아버지가 세상을 떠나면서 유언으로 남겼던 말씀 중에 "동양 최대의 병원을 지어라."라는 것이 있다. 한때 당신께서 암(Cancer) 협회 일을 한 적이 있고 암에 대해서 '중앙일보'를 통해서 캠페인을 벌인 적도 있었는데 결국 본인이 암으로 수술을 받았으니 묘하다 싶다. 유언으로 큰 병원을 지으라고 한 것은 아마도 당신께서 병으로 시달린 적이 있어서였겠지만 그보다는 기업의 이윤을 사회에 환원한다는 목적이 더 컸다고 믿고 있다.

1968년 완공된 고려병원(현 강북 삼성병원)을 짓게 한 것은 인희(仁熙, 이병철 회장 큰 따님, 추후 한솔그룹 창업) 누나에 대한 배려도 있었다. 고려병원은 자유당의 실력자 이기붕(李起鵬) 씨 집 부지 등을 매입해 지은 것이다. 부지 매입부터 건축 공사까지 내가 진행했는데 당시는 모든 공사를 철야로 하는 것이 몸에 배었던지 그 건물 공사도 철야로 진행했다.

나중에 공사를 진행하면서 청와대 쪽으로는 창문을 내지 못하게 했던 일이 있었다. 그쪽에서는 청와대가 잘 보이지도 않았는데 보안상의 문제 때문이라는 이유를 붙여서 창문을 내지 말라고 했다. 설마 박 대통령이 직접 그런 지시를 했을 리는 만무하고 아랫사람들이 했을 것으로 생각한다. 우리뿐만 아니라 광화문 인근 어느 건물이나 청와대 쪽으로는 창문을 못 내게 했다.

정부의 지시로 했던 일로는 현재 '신라호텔'이 된 당시 임페리얼 호텔이 있다. 이 호텔에는 미국 외자 2천4백만 달러가 투입되었는데 아버지는 자서전에서 그 호텔을 삼성에서 자의적으로 지은 것처럼 표현했지만 실제로는 정부에서 지시해서 지은 것이다. 원래 서비스 사업에는 아버지나 나 별로 내키지 않았는데 관광산업을 위해 정부에서 큰 기업들은 다 호텔을 하나씩 지으라고 해서 우리는 당시 영빈관이 있던 장충동 일대를 매입해서 호텔을 세우기로 했다. 그 호텔은 가능하면 삼성에서 하지 않으려고 고의적으로 공사를 늦추다가 1978년 임페리얼에서 '신라'로 이름을 바꾼 후 완공되었다. 완공 무렵에는 나는 삼성의 경영에서는 떠나 있었다.

상당 기간 그 호텔을 짓는 사업에서 벗어나려 노력했지만 결국 지을 수밖에 없는 상황이 되자 아버지는 "이왕 짓는 것이라면 제일 좋게 만들자."라고 해서 경영 방식 등은 일본의 오쿠라호텔(Okura Hotel)을 본받아 모든 것을 설계하고 운영하게 하였다.

그 자리를 정하면서 우여곡절도 있었다. 지금도 영빈관 자리를 예스러운 건물로 보존하고 있지만 당시 서울시로부터 부지를 매입하면서도 나는 그 문제를 집중적으로 따졌다. 즉 서류상의 평수보다는 실제 사용할 수 있는 유효면적이 너무 작다는 것이 나의 주장이었다.

요즈음 나는 경주에 가끔 가는데 경주 개발 역시 박 대통령의 지시로 이뤄졌다. 경주 불국사 일주문 입구의 건립비에는 '박 대통령의 높은 뜻'과 더불어 경주 개발에 참가한 기업과 대표자의 이름들이 적혀 있다. 기업들은 경주 개발을 위해서 기부금을 내거나 혹은 공사를 무료로 하는 등 여러 가지로 참가를 했다.

건립비에는 조중훈(한진상사 회장), 김한수(한일합섬 회장), 구인회(금성사 회장), 장상태(동국제강 회장), 정주영(현대건설 회장), 이재용(대림산업 회장), 조봉구(동광판소자), 김창원(신진자동차 회장), 이양구(동양시멘트 회장), 최종환(삼환기업 회장), 권철현(연합철강 회장), 조홍제(동양나일론 회장), 최태섭(한국유리 회장), 서정귀(흥국상사 회장) 씨 등의 이름이 적혀 있다.

나는 한일합섬 김한수 회장 다음에 세 번째로 '제일모직공업주식회사 회장 이맹희'라고 적혀 있는데 당시 내 직책은 '부사장'이었고 그분들이 다들 나보다는 훨씬 높은 연배들이어서 퍽 송구스러웠다. 그러나 제일모직 직원들이 다들 회장분들이신데 혼자서 '부사장 이맹희'라고 적기가 어색해서 그렇게 했다고 하는 데다가 내가 이 사실을 알았을 때는 이미 비석 조각을 완성한 상태여서 그대로 둘 수밖에 없었다.

당시 삼성은 기부금 1천만 원을 냈고 그 외에 내가 경주 개발에 적극적으로 참여하는 뜻에서 경주 개발의 공사를 총괄적으로 진행했다. 정부 측에서는 당시 청와대 신범식 비서가 이 일의 아이디어를 냈다.

경주 개발 공사 중에는 세 가지가 기억에 남는다. 그 하나가 석굴암 보수 공사다. 석굴암에 습기가 찬다는 이야기를 듣고 어느 부분을 허물었더니 참으로 신기하게도 석굴암 후면의 구릉에서 수천 가마 분량의 숯이 나왔다. 숯이 습기와 냄새를 제거한다는 것을 1천3백 년 전에 미리 안 조상들의 놀라운 지혜의 산물이었다. 그 이전에 가급적이면 허물지 않고 그대로 보수를 하려고 프랑스, 영국, 일본의 건축 전문가들을 시켜 수차례 그 주변을 샅샅이 조사를 했으나 습기를 제거하는 방법을 찾지 못한 상태였다. 그들도 이탈리아, 프랑스 등의 유적지 공사를 해 본 사람들이었으나 설마 숯으로 습기를 제거하고 있으리라고는 생각지 못했던 것이다.

그러나 우리나라 사정은 더 답답했다. 정부에 요청해서 복원 공사를 하게 교수들을 보내 달라고 했더니 역사학과 교수팀이 내려왔다. 사적지 보수 공사라서 역사학과 교수를 보냈는지 모르지만 공사 현장에는 공대(工大), 건축, 토목과 교수들이 필요하다는 것을 몰랐던 것이다. 결국 석굴암 습기, 악취 제거는 현대 문명인 에어컨을 이용해서 해결하기로 했다. 한때는 예전 방식대로 숯을 구워서 그대로 복원할까 생각해 본 적도 있었고 실제 강원도의 나무를 구해서 숯을 만들어 보기도 했지만 결국 에어컨 시스템을 설치하기로 했다.

  현재 보문단지는 그때 만든 다음 조금씩 건물을 더 지어서 지금처럼 된 것이다. 원래 정부의 제안은 보문단지 호숫가에 도로를 만들고 건물을 전부 산 쪽으로 붙여서 짓는 것이었다. 그러나 그렇게 할 경우 호텔 등에서 호숫가로 가려면 찻길을 건너야 할 뿐만 아니라 호수와 멀리 떨어진 땅은 쓸모가 없어진다. 내가 고집을 피워서 결국 지금대로 호숫가에 건물을 짓고 길을 건물 밖으로 내도록 했다.

  호수를 다 파고 나서는 또 다른 문제가 생겼다. 그 호수가 단순한 위락용 호수가 아니라 농업용수를 제공하는 호수이다 보니 정작 봄, 여름에는 농사짓는 데 쓰느라 물이 다 빠져나가 버리는 것이다. 그래서 할 수 없이 바로 위에 다시 하나의 댐을 만들어서 물을 저수하기로 했다.

  천마총(天馬塚) 등을 발굴해서 박물관을 만들자고 한 것은 일본의 유명 온천인 나가시마온천의 경영자인 나가시마 사장의 충고를 받아들여 내가 고집을 피워서 시행한 것이다.

  처음 고분을 발굴하고자 했을 때 정부에서는 펄쩍 뛰었다. 원형 그대로 보존해야 한다는 것이었다. 그러나 일본에서 이미 고적지를 개발해 본 나가시마 사장의 이야기는 달랐다. 적어도 고분 두어 개는 발굴해서 박물관을 만들고 일반인들에게 공개해야 '경주'라는 유적 도시가 살아난다는 것이 나가시마 사장의 논지였다. 유적지인 고도 경주에 와봐야 아무 볼거리도 없이 그저 커다란 고분들만 있으면 너무 싱겁다는 것이었다. 결국 내가 고집을 피워서 천마총을 발굴했고 그 속에서 금관과 벽화가 나왔다. 지금도 나는 그때 발굴한 금관의 모형을 내 사는 집의 거실에 보관해 두고 있다.

  그렇게 해서 오늘날의 경주는 70년대 초반 그 뼈대를 갖추었다.

사람들은 뭐라고 평가할는지 모르지만 나는 지금도 당시 정부에서 정권 홍보용 치적을 쌓기 위해 급하게 진행하지 않고 민간기업들에 맡겨서 규모 있게 경주를 개발했더라면 좀 더 훌륭한 '유적 도시'가 되지 않았을까 싶은 아쉬움을 가지고 있다.

25

삼성 퇴진 무렵 벌어진 불행한 일들

오늘날까지 나는 한 번도 내 입으로 내가 왜 아버지와 갈등을 겪게 되었고 결국 삼성에서 퇴진하게 되었는가에 대해서 정확하게 이야기를 한 적이 없다. 물론 나는 7년 동안이나 삼성을 이끌어온 사람으로서 지금까지 단 한 번도 타의적으로 삼성에서 물러났다고 생각한 적도 없다. 삼성은 기업인으로서 나에게 마음의 고향인 셈이다. 현재는 단 하나의 직함도 가지고 있지 않지만, 예나 지금이나 내 마음은 늘 삼성에 있다. 그것은 삼성이라는 기업이 선친이 이루어낸 기업이거나 혹은 지금도 내 동생이 총수로 있고 내 아들이 어느 한 자리를 차지하고 있어서가 아니다. 아마 작은 규모의 기업체를 운영해 본 사람이라면 자신이 만든 기업에 대한 애착을 이해하리라 믿는다.

삼성은 내가 30대 후반부터 40대 초반까지 정열을 모두 불태운 곳이다. 나는 삼성에 내가 가진 능력과 지식, 그리고 젊은 오기와 욕심을 모두 쏟아부었다. 그 7년간의 기간은 이제 삼성의 역사에서 희미하게 지워져 있다. 아버지의 자서전에는 내가 직함을 가졌던 사실까지 다 지워져 있다. 아버지는 맹희한테 맡겼더니 6개월 만에 기업이 혼란에 빠졌다고 밝혔지만, 그 기간은 7년이었고 내가 물러난 것은 기업이 혼란에 빠져서가 아니라 몇 마디로 간단하게 설명할 수 없는 복잡한 사정이 있어서였다. 아버지의 경영 일선으로의 복귀 의사와 창희의 모반(謀反), 그리고 갖가지 오해와 부자지간의 마찰로 이어지는 그 기간들의 내용에 대해서 말하는 것은 그동안 금기시되어 왔다. 저간의 사정을 아는 사람들은 입을 다물어야 할 형편이었고 그 내용을 모르는 사람들은 제각기 추측을 했다. 그동안 나에 대해서는 모든 것이 잊혀져가고 있었다. 시간이 오래된 탓도 있었겠지만 그 당시를 아는 사람들은 이젠 삼성의 경우 대부분 사장급이거나 최소한 전무나 이사 이상은 되어 버렸다. 조직 내에서 임원들은 당연히 그런 이야기를 하지 않는다. 그리고 그들 역시 구체적인 내용에 대해서는 알고 있지 못한다. 그들이 아는 것은 내가 7년간 일했다는 사실 정도이지 왜 내가 물러났는지에 대해서는 알고 있지 못하다. 그러는 사이 세상의 소문은 마치 빈 창고에 쌓여가는 먼지처럼 나를 덮고 눌렀다. 나는 이제 그 먼지 더미에서 빠져나와야 할 때라고 생각한다. 소문이 얼마나 헛된 것인지 나는 내 경우를 통해서 절실히 느꼈다.

 이제 나는 이 소문 속에서 떠돌던 일들을 밝은 곳으로 드러내려고 한다. 나는 누가 뭐라고 해도 아버지를 존경한다. 그리고 지금도 경영자로서 아버지만 한 능력과 정열을 가진 사람은 없다고 확신한다. 나는 이 글 전체를 통해서 조금이라도 아버지를 폄하하거나 부정적으로 그리고 싶지 않다. 만약 그렇게 받아들여지는 면이 있다면 그것은 나의 참뜻이 아니다. 나는 나와 아버지 사이에 있었던 일들을 정확하게 밝히고 싶을 뿐이다. 어떤 소문의 경우엔 나뿐만 아니라 아버지에게도 상처가 되는 소문으로 번져 있는 경우도 있다.

이젠 나도 할아버지 소리를 자연스럽게 듣게 되었고 그동안 내 마음속의 아버지에 대한 원망도 많이 가라앉았다. 한때는 아버지를 미워한 적도 있지만 내가 간직했던 미움의 감정을 세월이 씻어 가기도 했고 원망보다 진한 육친의 정이 나이 따라 증폭된 탓도 있다. 아버지와의 관계에 있어서도 나는 사실 이 자서전을 쓰면서 다시 한번 내 잘못이 컸다는 것을 깨닫게 되었다.

정부 태도로 아버지와 틈 생겨

아버지와의 사이에 직접적으로 틈이 생기기 시작한 것은 당시 정권의 삼성에 대한 태도와 관계가 있다. 한비 사건을 기점으로 삼성에 대해서 지극히 불편한 마음을 가지고 있었던 박 정권은 '70년'을 넘기며 서서히 삼성에 대해서 조금씩 누그러지기 시작했다. 물론 좋은 관계는 아니지만 불편함을 극단적으로 드러내는 일은 없었다.

솔직히 내가 삼성을 이끌면서 진행했던 대정부 로비도 주효했겠지만 그 당시 삼성의 지위와 권력층의 내부 사정이 더 큰 작용을 했다고 믿는다. 앞서 밝혔듯 실권자 중의 한 사람인 윤필용 장군이 중학교 시절부터 나와 친분이 있어서 그나마 큰 바람은 피할 수 있었고 게다가 전두환 대통령이나 친구 정소영 장관(농림수산부) 등도 큰 도움이 되었다. 쌍용의 김성곤(金成坤) 회장도 아버지와 친분으로 내가 몇 차례 찾아갔을 때 홀대하지 않았던 기억을 갖고 있다. 김성곤 회장은 쌍용양회 사주이지만 정치인으로도 막강한 영향력을 가지고 있었다. 김 회장 역시 내가 삼성을 운영하던 시절 삼성을 도와주려고 애썼던 적이 있다.

그러나 이런 정부 측과의 관계 이외에 정부로서도 삼성의 존재에 대해서 힘겨워하고 있었다. 정부 측에서는 삼성이라는 일개 기업이 아무리 억누르려고 해도 마음대로 되지 않으니 당연히 지쳐 있었다. 게다가 경제 규모가 커지면서 삼성이라는 대기업을 무턱대고 무시할 수만은 없었다. 중앙정보부를 통해 삼성을 탄압하고 심지어는 세무 사찰을 한답시고 전 계열사의 회계 장부를 가져가는 일도 있었지만 삼성은 그리 허점을 보이지 않았다. '60년' 대 후반과 '70년' 대 초반엔 중앙정보부에 밉게 보였다는 소문만 돌면 그 기업은 문을 닫아야 했다. 은행 대출은 물론이거니와 사채 시장에서도 돈을 빌린다는 것은 불가능했다. 그럼에도불구하고 삼성은 전혀 흔들림이 없었다. 이런 점이 정부 측에서도 삼성에 대해서 힘들어 할만한 이유였을 것이다.

'72년' 유신이 시작되면서 공화당이 장기 집권의 체제 구축에 성공하면서 한결 부드러워지기 시작했다. 예나 지금이나 대국민 장악력이 강해지면 집권자는 한결 느긋해지기 마련이다.

나중에 느낀 것이지만 정부와 삼성 사이에 여러 가지 유화적인 요소가 생기고 관계가 부드러워지자 아버지는 서서히 삼성의 경영자로 컴백(Come Back)할 결심을 하고 있었던 듯하다.

그러나 나는 여전히 국내외로 쏘다니고 있었고 아버지의 그런 변화를 눈치도 채지 못하고 있었다. 내 첫 번째 잘못이 바로 이것이었다. 아버지가 복귀하고 싶어 하는데 나는 모든 것이 완전히 나에게 짐 지워진 줄로만 알았고 조금도 그 점에 대해서는 의심한 적이 없었다. 아버지로서는 당신이 돌아오고자 하는데 내가 자리를 차지하고 앉아서 비키지 않는 것으로 생각할 수도 있었다. 이게 실책이었다. 내가 아무리 불철주야 전력을 다해 뛰었다 하더라도 그것을 헤아리지 못한 것은 내 실책이었다.

그 와중에 공교롭게도 하나의 심각한 사건이 터졌다. 그 당시에는 돌발적인 사건으로 생각했지만 나중에 느끼기에는 이 역시 나와 아버지 사이에 틈을 만든 중요한 일이 되었다고 믿고 있다. 바로 동생 창희의 아버지에 대한 '모반 사건'이었다.

차남 창희의 모반 사건

(독자들이여, 여기서 잠시 이창희 씨의 모반 사건을 들여다보는 것이 우리 이야기를 이해하는 데 도움이 될 것이다.)

이창희 씨의 모반 사건은 사실 우리 재계 역사상 보기 드문 일이었다. 이 사건은 재벌 그룹의 내부 승계 싸움이 얼마나 치열한 지를 보여 주는 대표적인 사례이다. 그 당시 창희 씨는 한비 사건으로 6개월 정도 형을 살고 난 다음 사회 활동을 새로 시작하고 있었다. 창희 씨는 희생양이었다. 사실은 이병철 회장이 책임져야 할 일을 아버지 대신 짊어지고 옥살이를 한 것이다.

형기를 마치고 나온 이창희 씨는 그동안 그룹의 사정이 이상하게 변해있는 것을 알았다. 아버지는 다시 그룹에 복귀해 있고 형은 대외적으로 일하고 있는 것이다. 본인만 외톨이였다.

이창희 씨는 아버지가 물러나고 자신이 그룹을 통솔해야 한다고 생각했다. 그렇게 되려면 아버지를 밀어내는 수밖에 없었다. 창희 씨는 '삼성의 이병철 회장이 이런 잘못이 있으니 기업에서 영원히 은퇴하도록 해야 한다'라는 내용의 문서를 만들어 청와대에 제출했다. 이창희 씨가 제출한 서류에는 모두 6가지의 탄원 사항이 있었다.

첫째, 이 회장이 스위스 은행에 1백만 달러의 외화를 밀반출해 비밀 구좌를 가지고 있다는 것이었다. 당시 사회 분위기는 재벌 기업의 외화 밀 반출 행위를 반국가적 범죄로 단죄하는 것이었다. 사실 당국에서도 그런 차원에서 엄벌했다. 둘째는 제일모직, 제일제당 탈세, 그리고 셋째는 도굴(盜掘) 골동품 매입 등이었다.

이 문서를 제일 먼저 손에 넣은 사람은 전두환 중령이었고 박종규 경호실장이 박 대통령에게 보고했다. 박 대통령은 다른 것은 문제 삼지 않고 외화 해외 도피 문제는 알아보고 조치하라는 비교적 완만한 지시를 하는 데 그쳤다. 창희 씨의 쿠데타 계획은 수포로 돌아갔다. 창희 씨는 이 일로 아버지에 의해 미국으로 추방되었다.

아버지는 나에게 "너는 이 문제를 어떻게 생각하느냐?"라고 묻기에 "도저히 용납할 수 없는 일입니다. 어떻게 감히 그런 짓을 할 수가 있습니까."라고 대답했다.

그 일이 바깥으로 알려지고 어수선한 분위기가 가실 무렵 나는 창희를 만나러 창희 집엘 갔다. 당시 나와 창희는 필동에서 아래 윗집에서 살았다. 창희에게 대뜸 "너 어떻게 그런 일을 할 수 있느냐."라고 다그쳤더니 "내가 뭘 잘못했다고 미국으로 갑니까? 나는 삼성을 살리려고 그렇게 했습니다. 형님 아시다시피 아버님이 삼성에 개입해 계시는 동안엔 삼성은 절대 살아남을 수가 없습니다. 지금 힘든 것도 다 아버님이 삼성에 개입해 계신다고 외부에서 생각해서 생긴 일 아닙니까? 아버님은 삼성에서 완전히 물러나야 합니다. 우리가 새롭게 삼성을 이끌어 가야 삼성이 살아남지, 그렇지 않으면 삼성은 앞으로 3년 안에 쓰러집니다." 창희 씨는 아버지로부터 미국으로 나가라는 강한 독촉을 받고 있었다.

내가 "아버님이 삼성의 일에 개입하신 것 때문에 삼성이 쓰러진다면 그건 할 수 없지. 나는 그래도 좋다. 나는 삼성보다는 아버님이 더 중요하다. 그리고 너는 미국으로 출국해야 한다."라고 하자 창희는 형님도 그렇게 생각하느냐고 반문했다. 그래서 내가 "창희야, 널 몰라서 부끄럽다. 너는 아버지 성격 모르나? 네가 아무리 발버둥 쳐도 넌 결국 미국으로 가야 한다."라고 대답했다. 그제서야 창희도 아무런 말이 없었다. 나중에야 나는 창희 모반 그룹에 속했던 한 사람이 "앞으로 삼성이 사업이 번창하려면 3형제가 다 힘을 모아도 부족하다."라고 끝까지 창희를 말렸다는 이야기를 들었다. 당시 그들은 아버지는 물론이거니와 나도 삼성에서 몰아낼 생각을 했던 것 같다. 창희가 총수가 되기 위해서는 나 역시 방해물이 될 수 있기 때문이다.

아버지는 상당 기간 내가 창희의 모반 사건에 어떤 형태로든 개입되었다고 믿었던 것 같다. 나중에 안국화재의 사장으로 일했던 장인(손영기 현 CJ그룹 손경식 회장 부친)이 "사위 맹희 부사장은 그 일에 가담하지 않았습니다."라고 이야기를 했다는 말도 들었다.

나는 그 일을 겪으면서 청와대 그룹과 일체 관계를 끊었다. 원래 창희는 사회나 청와대나 친분 관계에 있는 사람이 별로 없었고 주로 내 친구와 창희가 같이 어울렸는데 그들 때문에 나까지 오해를 받은 것 같아서 관계를 멀리한 것이다. 게다가 나는 그들에 대해서 더 큰 배신감을 느끼고 있었다. 적어도 그런 일이 있으면 나한테 먼저 귀띔이라도 해주었더라면 문제가 그리 크게 확대되지 않았을 텐데 그들은 이 사건을 막으려 한 것이 아니라 집안의 분란을 자신들이 삼성을 조종할 무기로 활용한 것이었다.

26

갈수록 벌어지는 부자(父子)의 고랑

(독자들이여, 삼성 성장사(史)에서 장자인 이맹희 씨가 후계 구도에서 탈락한 것은 미스테리 중의 미스테리다. 우리들은 이 장(章)에서 어렴풋하나마 탈락의 이유를 감지할 수 있기를 바란다.)

아버지와 나는 서서히 멀어지기 시작했다. 그 결과는 나에게 엄청난 영향을 미쳤지만 아버지와 내가 멀어진 극적인 이유는 없었다. 누군가가 아버지와 나 사이에 개입한 것도 아니고 또 어떤 계략에 의해서도 아니었다.

혹자는 삼성의 비서실장으로 장기 근무했던 소병해 실장이 개입한 것은 아니냐고 생각하는 것 같은데 소병해 실장의 성격을 조금이라도 아는 사람이라면 그런 추측은 정확하지 않다는 것을 잘 알 것이다. 소병해 실장은 1942년 생으로 1967년 25세 때 공채 8기로 삼성에 입사했다. 그리고 1974년 서른둘의 나이에 회장 비서실에서 일을 시작했다. 그리고 1978년 38살의 젊은 나이에 그룹 2인자 자리인 비서실장이 되었다. 그는 '제2의 이병철'이라는 닉네임이 있을 정도로 이병철 회장의 신임을 받았다.

삼성비서실은 단순한 의전 조직이 아니다. 비서실에는 팀만 무려

15개가 존재하고 직원 숫자도 250명 규모다. 아버지 앞에선 소 실장은 아버지의 의사 결정에 영향을 미칠만한 단 한마디도 할 수 없는 처지였다. 소 실장은 비서실장으로 아버지의 명령을 좇는 '충실한 비서'였을 뿐이다. 아버지 앞에서는 그 누구도 자신의 의도를 마음대로 이야기할 수 없었다. 더구나 부자 간의 문제에 이런저런 이야기를 할 수 있는 사람은 없었다.

더러는 사돈인 홍진기 회장이 사위 건희를 삼성의 총수로 만들려고 노력했다는 이야기도 있었다. 어떤 소문은 신현확 전 총리가 건희가 아버지로부터 삼성의 경영권을 이어받는 데 협력했다는 내용도 있었다. 두 분 다 전혀 그런 분들이 아니다. 이런 이야기는 홍진기 회장이나 신현확 전 총리의 성품이나 아버지의 평소 성격을 모르고 하는 말들이다. 그런 이야기는 세 분에 대한 모독이나 다름없다.

이제 고인이 되셨지만 나도 홍 회장을 퍽 존경한다. 그분은 그런 일을 하실 성격이 아닐 뿐 아니라 아버지와 홍 회장은 서로 평생 존경했던 사이었다. 그런 두 분 사이에 차기 총수 자리를 두고 어떤 이야기를 한다는 것이 불가능하다는 것은 삼성의 중역진 정도면 충분히 미루어 짐작할 수 있는 일이다.

신현확 총리는 우리 집안과 가깝다. 아버지는 오래전부터 그분의 능력을 높이 사고 있었고 삼성의 기업 진로에 대한 조언을 늘 고맙게 생각했다. 나 역시 선배 격인 그분에 대해서는 여러 차례 감명을 받은 적이 있어서 지금도 후배로서 믿고 따른다.

신 총리는 경북중학교 전신인 대구보통초등을 졸업했고 나는 경북중고를 다녔다. 그분에 대한 믿음은 그분이 아버지가 돌아가시기 전 유언을 구두로 남길 때 그 자리에 참석한 사람 중 유일하게 집안 식구가 아니었다는 걸로 증명되겠다. 아버지가 돌아가신 후에도 나는 수차례 그분을 찾아뵌 적이 있다. 내가 그분과 사이가 나쁘다는 이야기는 그분을 욕되게 하고 나를 죄스럽게 만드는 것이다.

홍 회장이나 신 총리 두 분 다 성품이나 입장으로 봐서 그런 이야기를 할 상황이 아니었던 것은 분명하다. 그리고 무엇보다 아버지는 그런 문제를 누구에게 의논하거나 조언을 듣는 성격이 아니었다. 아버지는 특히 그런 문제의 경우에는 혼자서 결정하고 집행하는 스타일이다. 아버지와 내가 멀어진 것은 아버지와 나 사이에 여러 가지 사건들이 겹치면서 눈에 보이지 않을 정도의 틈이 벌어지게 되었고 그 틈이 점점 더 커지면서 자연스럽게 진행된 일이다. 경영 일선에서 멀어진 후 첫 번째 마찰은 내가 일본에 간 후 일어났다.

공항 영접을 하지 않은 장남

지금 와서 생각하면 그렇게 할 것까지 없었다고 생각되지만, 그때 나이 갓 40을 넘긴 터여서 좀 단려(短慮, 속이 짧은)의 구석이 있었다.

어느 집안이나 집안 어른이 외국으로 나가면 전송을 가거나 혹은 마중을 나가겠지만 우리 집안은 그 규범이 대단히 엄했다. 아버지가 외국에 오면 그곳에 머무는 아들이나 집안 식구들의 공항 출영은 당연한 '율법'이었다. 그야말로 피치 못할 사유가 없다면 결코 빠져서는 안 될 자리였다.

내가 삼성의 경영 일선을 떠나 동경 생활을 하고 있는데 아버지가 일본에 왔다. 그런데 당연히 마중을 나가야 할 내가 공항에 마중을 나가지 않았다. 아버지는 내가 나타나지 않은 것을 두고 직접 지적은 하지 않았지만, 그것은 아버지 권위에 대한 명백한 반기로 보였다. 그야말로 아버지의 권위, 경영자 위치에서는 상상도 하지 못할 명백한 반항이었던 셈이다. 아버지는 끝내 '왜 공항에 오지 않았느냐'고 묻지 않았다. 그러나 심기가 상당히 불편하셨을 것이다.

일은 또 일어났다. 삼성에 몸담았던 사람들은 알고 있겠지만 아버지의 지시에 대꾸를 하는 사람은 이제까지 아무도 없었다. 그런데 동경 지점 사원들을 모아서 회식을 하는 자리에서 내가 대꾸도 아니고 지시에 제동을 건 것이다. 아버지는 아들인 내가 그동안 동경 지점에 출근하는 줄 알고 이야기를 이어갔는데 나는 비록 출근을 하지 않고 있었더라도 그냥 듣고 있어야 했다. 그런데 내가 아버지 말씀에 토를 달았다. "지가 동경에 쉬러 왔는데 뭐하러 지점에 나갑니까? 저, 지점에 나갈 필요 없심더."라고 했다. 이 일 역시 있을 수 없는 명백한 반항이었다. 참으로 속 좁은 짓이었고 부자의 골만 깊게 하는 일이었다.

아버지는 그 일에 대한 별다른 지적은 없었다. 그러나 나는 아버지와 같은 카리스마가 있는 경영자에게 얼마나 심각한 반항인가를 잘 알고 있다. 나로서는 아버지의 경영 일선 복귀 과정에서 내가 소외된 데에 대한 반항이었지만 그것은 있을 수도, 있어서도 안 되는 일이었다. 이것이 '당분간 일선에서 물러서 있는 처지'에서 '영원히 삼성에서 떠나게 되는' 시작이었다. 공개적인 자리였지만 아버지는 그 자리에서 아무런 말씀도 하지 않았다. 아니 그 후까지도 그 문제에 대해서는 아무런 언급도 하지 않았다.

사람들은 아버지가 경영에 있어서 냉철한 사람이라는 정도만 알고 있지만 아버지는 일상생활에서도 상당히 엄한 분이었다. 더러 고함을 친 것처럼 묘사한 가족도 있지만 내가 알기로는 아버지는 평생 큰소리를 낸 적이 없었던 분이다. 물론 집안에서도 큰소리를 내는 법이 없었다. '몹쓸 사람'이라는 것이 제일 큰 욕이었고 그나마 박 대통령에 대해서 심한 불평을 하는 것을 본 적이 있었을 뿐 다른 사람을 두고 욕을 하시는 것도 드물었다. 그런데도 아무도 그 앞에서 마음대로 이야기를 하지 못했다. 아마 내가 아버지 앞에서 제대로 이야기를 한 케이스였고 김재명 씨 같은 삼성의 원로들이 그래도 한두 마디 말을 꺼냈을 뿐 그 앞에 서기만 해도 제대로 말을 잇는 사람이 드물었다. 대꾸를 한다는 것은 하늘이 무너지지 않는 한 있을 수 없는 일이었다.

언젠가는 아버지를 모시고 사무실에 앉아 있는데 삼성 계열사의 상무 한 사람이 무슨 보고가 있어서 아버지 방에 들어왔다. 그런데 이 사람은 자리에 앉기도 전에 다리를 달달 떨었다. 그 정도가 너무 심해서 나도 쳐다보고 있는데 아버지가 보다 못해 충고를 했다.

"김 상무, 다리 떨지 말레이. 다리 떨면 복 나간 데이."

그런데 대답은 "예." 하면서도 계속 다리를 떨었다. 나중에 알고 봤더니 다리 떠는 습관을 가진 것이 아니라 긴장을 해서 그렇게 다리를 떤 것이었다. 아버지는 평소 좀체 꾸중을 하거나 큰소리를 친 적이 없지만 그렇게 무섭게 느껴졌다.

우리 고향에서는 예전엔 밀감(귤)을 보고 '감자'라고들 했는데 한 번은 감자가 귀한 겨울철에 아버지가 '감자를 먹고 싶다'라고 했다. 물론 아버지는 그 계절에 흔한 밀감을 드시고 싶다는 이야기였다. 비서실에서는 야단이었다. 요즘처럼 비닐하우스가 흔하던 시절도 아니었으니 구할 수 있는 감자라는 것이 '씨감자'로 남겨둔 것 정도였다. 하지만 씨감자가 있다 한들 서울 한복판에서 어떻게 씨감자라도 쉽게 구할 수 있을 것인가?

오전 나절에 '감자(밀감)를 먹고 싶다'라고 했는데 퇴근 무렵에야 비서가 진짜 감자 4개를 삶아서 쟁반에 받쳐 들고 왔다. 아버지는 느닷없는 찐 감자를 보고 '이게 뭐냐'고 궁금해했다. 그때는 회장 제도가 없어서 아버지도 '사장' 직함을 가지고 있었는데 비서는 당연히 '사장님께서 오전에 감자를 드시고 싶다고 하셔서 준비를 했다'라고 할 밖에. 그때서야 아버지는 "아이구 내가 또 실수를 했구나."라고 했다. '시중에 감자가 없다'라고 보고하면 될 일인데 아무도 그 앞에서는 그런 보고를 하지 못했다.

나로서는 아버지와 나와의 마찰이 그토록 오랫동안, 그리고 그토록 심각하게 진행될 줄은 몰랐다. 나만 아버지와 갈등이 있더라도 언젠가는 맏아들인 내가 아버지를 이어 일을 하게 된다는 믿음을 가지고 있었고 그 이전에 아버지가 얼마 동안 일선에서 일을 하리라고 믿었다.

근신과 방황의 세월

근신이란 잘못한 일을 뉘우치는 뜻으로 말이나 행동을 조심하는 것을 말한다. 한번 벌어진 틈은 그리 쉽게 메워지지 않았다. 처음에는 미세하게 나타났던 틈은 시간이 갈수록 심각하게 벌어져갔다. 나는 그것이 결국 영원한 이별로 이어지리라는 것은 짐작도 하지 못했다.

'75년 봄' 일본에서 돌아와서 다시 회사에 나가기 시작했다. 여전히 새벽 일찍 아버지와 동행해서 회사에 출근했다. 새롭게 일을 하려고 했지만 공기는 더 나빠져 있었다. 출근을 해도 내가 맡을 일거리가 거의 없다시피 한 상황이었다. 6개월 동안 그 분위기에 적응하려고 노력을 했지만 힘들었다. 내가 모르는 사이 모든 것이 결정되고 나는 어느새 이방인(異邦人) 같은 존재가 되어가고 있었다.

　아버지의 의도를 알 것 같았다. 누구와 의견 충돌이라도 생기면 성격이 불같이 변하는 나를 휘어잡고자 함이었다. 마찰이 있으면 심지어는 내가 세상에서 제일 무서워했던 아버지에게까지 반항할 수 있는 나의 기를 꺾어놓고자 함이었다. 물론 동경에서의 정면 반항에 대한 아버지 나름대로의 징계의 의미도 있었다. 이때 몇 달 더 조용히 근신하고 있으면 상황은 달라졌을 것이다. 그러나 나는 기다리며 근신하는 대신 다시 아버지의 의도에 정면으로 반항하는 길을 택했다.

　이번엔 총을 메고 예전에 다니던 사냥터를 찾아다니기 시작했다. 직장 생활을 하는 사람들은 "좀 쉬었으면 좋겠다."라고 입버릇처럼 이야기하지만 사실 쉬어보면 기약 없고 정처 없이 쉬는 것만큼 사람을 고통에 몰아넣는 것도 없다. 겨울엔 사냥을 다니고 여름엔 말(馬)을 타는 생활을 계속했다. 물론 그때라도 아버지에게 나의 자존심을 줄이고 매달렸으면 어떤 형태로든 상황은 달라졌을 것이다. 그러나 차마 그러고 싶지 않았던 것이 이 당시의 솔직한 심정이었다.

　먼저 고향인 의령으로 갔다. 그곳에서 사냥을 하면서 나는 오랫동안 기다리려고 했다. 언젠가는 아버지의 힘이 부족해서 기업에서 물러나야 할 것이고 그때는 내가 다시 경영 일선으로 복귀한다고 믿고 있었다. 고향의 옛집은 '66년부터 두 해 동안 당시 경복궁을 수리했던 목수를 불러 새로 수리를 했다. 아버지는 내가 감독해서 지은 새집을 둘러보곤 "집 참 잘 지었다."라고 흡족해하던 기억이 새롭다. 나는 그 집에서 세월을 보냈다. 요즘도 가끔 고향 집엘 가지만 그곳에서 내가 태어났고 아버지가 젊은 시절 몸을 일으켜서 사업을 시작했던 옛집에선 마음이 가라앉는 안온함을 느낀다. 요즘 그 집을 손보려고 하면 아무것도 모르는 사람들이 "선대 회장이 그대로 보존하라고 하셨다."라며 여기저기 고칠 곳이 있는 데도 마냥 두자고 하는 통에 그들을 설득하느라고 애를 먹는다.

나의 생활은 여전했다. 낮에는 사냥을 다니고 밤에는 아는 이들과 어울려서 이야기나 나누는 생활이었다. 그런 생활은 경북 의성으로 장소를 옮겨서 계속되었다. 의성에서는 본격적으로 사냥을 다녔다. 빈 농가를 하나 구해서 숙소로 만든 다음 멧돼지 사냥도 다니고 가끔 서울로 올라가 보는 생활을 계속했다. 그 무렵에는 자신감이 있었다. 언젠가는 아버지가 먼저 나에게 "맹희야, 와서 일을 좀 도와라."라는 말을 하리라고 믿고 있었다.

그러나 그런 생활이 3, 4년 계속되었다. 몇 해 겨울을 넘기니 그마저 시들해졌다. 게다가 아내는 독실한 불교 신자여서 내가 짐승을 총으로 쏘는 걸 늘 안타까워했다. 이런저런 이유로 다시 서울로 돌아왔다. 서울로 돌아왔다 하더라도 아버지와는 자주 마주치는 것이 좋지 않을 듯해서 되도록이면 회사에 나가지 않고 거의 골프장에서 세월을 보냈다. 일주일에 한두 번 정도 아버지를 찾아뵙고 문안 인사를 드리면 그저 좋다, 싫다는 말이 없이 인사만 받았다. 아무 말이 없었다는 것은 대단히 화가 나 있다는 뜻이었다.

아버지는 혼자서 일을 진행하고 있었다. 창희는 미국으로 가버렸고 맏아들인 나는 바깥으로 떠돌고 있었다. 그 무렵 나는 김재명 씨를 통해서 아버지의 속마음을 떠보았다. 내가 외국에 나가서 살려고 하는데 아버지는 어떻게 생각하시는지 여쭤봐 달라고 했다. 내가 일본으로 갈 때처럼 '좋은 생각이다'라고 하면 나로서는 다시 '유배의 길'을 떠날 수밖에 없었다. 아버지가 나의 외국행을 반대한다면 나를 필요로 한다는 긍정적인 신호로 받아들여도 좋을 터였다.

김재명 씨는 아버지를 만나고 돌아와서 나에게 '사장님이 그 이야기를 들으시더니 얼굴을 찡그리고 영 못마땅해하시더라'라고 전했다. 구체적인 언질은 없었지만 다시 자리를 정해서 일을 시킬 터이니 멀리 가지 말라는 뜻이었다. 내심 '아직 일을 할 기회가 있구나' 싶은 생각이 들었다. 그러나 그렇다고 해서 서울에 머물기는 여러 가지가 불편했다.

이번엔 다시 부산으로 내려갔다. 올 사람도 갈 사람도 없는 해운대 생활이 오랫동안 계속되었다. 해운대 생활은 참으로 힘들었다. 그러나 더 힘든 상황은 서울에서 나도 모르는 사이 벌어지고 있었다. 아버지가 나에게 '외국으로 가지 말라'고 한 것은 곁에서 일을 도우라는 것이었다. 내가 부산으로 내려온 것은 아버지의 그런 의도에 대한 또 다른 반항으로 여겨졌다.

아버지와 나는 점점 더 멀어졌다. 그런데도 나는 불행히도 "언젠가는 내가…."라는 안이한 생각을 하며 안이하게 때를 기다리고 있었다.

27

드디어 내려진 총수 승계 선언

그동안 변수가 생겼다. 우선 동생 창희가 오랜 미국 생활을 끝내고 돌아왔다. 떠난 지 6년의 세월이 흐른 1977년의 일이다. 물론 아버지가 집안에서 내친 경우이기 때문에 창희의 귀국은 그리 순조롭지는 않았다. 다만 창희는 나보다 아버지를 대하는 태도가 사근사근한 데가 있었고 무엇보다 아버지의 권위에 굽힐 수 있었기 때문에 어떤 형태로든 화해가 가능했다. 귀국했을 때 제일 먼저 아버지를 찾아뵙고 자신의 귀국이 아버지의 영구 출국 명령에 대한 반항이 아니라는 점과 아울러 예전의 잘못에 대해서도 사과드렸다.

"제가 한국에 온 것은 삼성(三星)에 관계되어서가 아닙니다. 집안 문제도 저는 아무런 관계가 없습니다. 그리고 예전에 제가 했던 그런 행동이 잘못되었다는 것을 알게 되었습니다."

아버지를 처음 찾아뵙고 그렇게 사과 말씀을 드린 창희는 매주 월요일 아침이면 빠트리지 않고 아버지 사무실을 찾았다. 창희는 근 3년 동안 그렇게 인사를 다녔다. 그동안 창희는 '새한미디어'의 운영상에 어려움이 있더라도 단 한 번도 아버지에게 자신의 경제적 어려움이나 기업의 힘든 점을 호소하지 않았다. (이창희 씨는 당시로서는 최첨단 산업인 자기테이프 공장을 세웠다.)

물론 아버지도 한 번도 창희에게 새한미디어의 경영에 대해서 세세히 묻지 않았다. 그저 "요즘 잘 되느냐."고 물으면 "잘 됩니다."라고 대답했다. 그러나 아버지가 새한미디어와 창희의 경제적 어려움을 모를 리가 없었다. 삼성의 입장에서 새한미디어의 재정 상태를 알아보려면 전화 몇 통화로 가능한 일이었다. 아버지는 매사를 이런 방식으로 대했다. 평생 웬만해서는 자상하게 묻거나 챙겨주지 않았다. 그저 알고 지나가면 그뿐이었다. 하기야 우리는 그런 면을 알고 있었기에 창희 역시 3년 동안이나 자신의 어려움에 대해서는 아무런 말도 않았을 것이다.

한 3년이 지난 어느 날 아버지는 창희에게 지나가는 투로 물었다고 한다. "창희 니, 각 사장들에게 잘못했다고 빌 수 있겠나?" 느닷없는 말이었다. 그러나 이 말은 그동안의 모든 문제를 정리하는 뜻이 숨어 있었다. 쉽게 말해서 창희의 '모반'에 대해서 용서를 할 수도 있다는 말이었다. 물론 일단 창희의 기를 완전히 죽인 다음 당신의 아래에 두겠다는 뜻이었다.

창희가 "그러겠습니다."라고 대답하자 아버지는 "그럼 니 각 사장들 찾아가서 빌어라."라고 지시했다. 무엇에 대해서인지 혹은 왜 빌어야 하는지에 대해서는 아무런 구체적인 내용이 없는 것이다.

유독 홍진기 회장만은 저간의 사정을 다 알고 있었다. 그래서 창희가 찾아가서 무작정 "그동안 잘못되었습니다. 용서해 주십시오."라고 하자 그 뜻을 알고 격려를 해주었다고 한다. 그러나 나머지 각 회사 사장들은 느닷없이 창희가 찾아가서 '잘못했다, 용서해 달라'고 하자 무슨 말인지 전혀 몰랐다고 한다. 나는 창희한테 이 이야기를 들었는데 창희가 이 이야기를 전하면서 당시 홍 회장을 제외한 전 사장들이 '멍하게 전차에 받힌 것 같더라'고 해서 같이 웃었던 일을 기억하고 있다.

아버지는 일단 한차례 창희를 공개적으로 무안을 준 다음 창희의 새한미디어에 여러 가지 혜택을 주었다. 비서실 직원을 새한미디어에 보내기도 했고 임원 곽정출(郭正出, 추후 국회의원)을 사장으로 보내기도 했다. 창희를 삼성의 일에도 어느 정도 개입을 시켰고 비서실에서는 각 은행을 찾아가서 '새한미디어는 삼성 계열사나 다름없으니 은행에서 융자를 해주었으면 좋겠다'고 융자 부탁을 하기도 했다. 그리고 새한미디어의 어음에 삼성이 이서를 해서 자금 융통을 돕기도 했다. 이 무렵 아버지는 창희에게 당신이 가지고 있던 제일합섬 주식 전량을 넘겨주기도 했다. 제일합섬은 1972년 제일모직이 일본 도레이 및 미쓰이와 합작하여 경산공장을 떼어 내 설립한 회사이다.

나는 아버지가 창희를 대하는 것을 보면서 그것은 나에게 보여주려고 했던 일일 수도 있다고 생각했다. '창희는 나한테 직접적으로 반기를 들었는데도 용서를 빌고 기를 꺾고 들어오면 내가 이렇게 용서한다. 맹희 너도 고집 피우지 말고 내 밑에 무릎 꿇고 들어와라'

나는 아버지가 창희 문제를 그렇게 처리한 것은 나에게 이런 메시지를 보내고 싶어서였다고 믿고 있다. 그러나 나는 여전히 해운대에서 낮엔 골프, 밤엔 독서를 하는 생활을 계속했다. 서울에도 자주 가지 않았고 일체 외부와의 연락을 끊고 살았다. 기계도 오랫동안 쓰지 않으면 녹이 슬고 망가진다. '마음'이라는 요소를 가진 사람은 기계보다도 빨리 녹이 슬게 마련이다.

해운대 생활이 길어지면서 나는 차츰 경영에 대해서 잊어가고 있었다. '나는 이렇게 한평생을 묻혀서 살아가야 할 사람으로 운명지어졌는가 보다' 싶은 생각도 들었다. 경영에 대해서 막연한 두려움 같은 것도 생기기 시작했다. 그러나 내 문제는 거기에서 끝이 난 것은 아니었다. 더 큰 어려움이 닥치고 있었다.

창희가 돌아왔을 무렵에는 벌써 아버지의 연세가 일흔 무렵이었다. 자연히 후계 구도에 관한 이야기가 떠돌기 시작했고 그 와중에 건희가 그룹에 참여하면서 차츰 건희가 경영권을 승계받을 것이라는 소문도 돌기 시작했다. 건희가 일 년 정도 제수씨와 같이 미국으로 나간 것은 그 이전에 겪었던 교통사고의 후유증 때문이었다. 그리 심한 병은 아니었지만 건희는 치료 겸 요양 겸해서 외국엘 나갔으면 했고 결국 미국 생활을 하게 되었다. 그러자 건희가 외유 중인 기간에 한때 창희가 후계자가 된다는 소문이 돌았다. 사람들은 나는 무슨 이유에서인지는 모르지만 아버지의 눈에서 벗어나 있다고 생각했고 그러면 결국 창희가 총수가 되리라고 믿었던 것 같다. 그 무렵 창희도 그런 믿음을 가졌던지 언젠가 해운대에 왔을 때는 자신이 곧 삼성을 물려받아서 총수가 된다고 이야기한 적이 있다.

"형님, 건희가 몸이 안 좋아서 저렇게 미국에 갔고 곧 제가 삼성을 이끌어갑니다. 지금 삼성이 중공업과 항공 때문에 고생을 하고 있는데 언젠가 저 일 때문에 삼성이 힘들어집니다. 그러면 제가 새한미디어를 팔아 넣어서라도 삼성을 다시 살릴 것입니다."

내가 "창희 너 왜 이러노? 아버지 성격 모르나. 아무리 그래봐야 안 된다."라고 해도 창희는 곧이듣지를 않았다.

아버지의 유언

아버지의 유언에 대해서 이야기를 해야겠다. 삼성의 대권 승계를 이야기하면 누구나 삼성을 건희 체제로 만들면서 아버지가 유서를 통해서 승계를 했다고 믿고 있는 것 같다. 사실 아버지는 어머니나 누나 혹은 창희를 통해서 여러 차례 나에게 "서울로 올라와서 내 밑에서 무릎 꿇고 사과한 다음 다시 내 밑에서 일을 하라."는 전갈을 보내며 유서 문제를 거론한 적이 있었다. '유언장 내용을 바꾼다'라는 말은 그 이전의 내용은 나에게 유리하게 작성되어 있었는데 내가 아버지에게 계속 굽히지 않고 버티면 유언장의 내용을 나에게 불리하게 바꾼다는 이야기였다. 한때 나에게 전해졌던 '삼성을 없애겠다, 삼성을 국가에 헌납하겠다'는 말 역시 마찬가지 뜻을 품고 있었다. '네가 그렇게 말을 듣지 않으면 삼성을 없앨 수도 있으니 빨리 나한테 와서 내 말을 들어라'는 뜻이었다.

그러나 아버지는 바깥에서 말하는 식의 유서를 만든 적은 없었다. 아버지의 유언은 모두 구두(口頭, 말로 하는 것, Speak orally)였고 우리 식구 이외에 그걸 증명할 사람은 신현확 총리 그분이 유일한 분이다. 그분은 그야말로 반세기 가까이 아버지와 삼성, 그리고 우리 집안과 인연을 맺은 분인데 앞서 밝혔듯 나는 경영인으로 혹은 관리로, 나아가서는 인생의 선배로 그분을 존경한다. 다른 분보다는 신 전 총리가 현재 삼성에서 떠나 계시는 것을 나는 참으로 안타깝게 생각한다. 여러 가지 면에서 도움을 많이 받았고 나에게 좋은 가르침을 주신 선비 같으신 분인데 내가 그분께 해드린 것은 아무것도 없다. 살아가면서 언젠가는 은혜를 갚고 싶다.

아버지가 삼성의 차기 승계자로 건희를 마음에 두고 있다고 처음 발표한 것은 1976년 9월 중순쯤이었다. 이때 아버지는 위암 수술을 위해서 일본으로 출국하기 직전이었다. 아버지가 위암에 걸렸을 때 일본행을 가장 강력하게 권한 이는 사촌 형인 이동희 박사다. 나도 평소에 동희 형님이 운영하는 제일병원(대한민국 최초의 여성 병원, 서울 중구 서애로 소재)에서 진찰을 받은 적이 있지만 아버지는 건강에 대해서는 고려병원과 더불어 제일병원의 동희 형님의 의견을 많이 받아들였다.

암에 걸렸다는 진찰 결과를 보고 처음에는 '수술하지 않고 국내에서 치료를 받겠다'고 했을 때 동희 형님이 강력하게 일본행과 수술을 권했다. 결국 동희 형님의 말을 듣고 아버지는 일본으로 가서 암 수술을 받고 건강을 되찾았다. 암 수술 후에도 아버지는 상상 이상의 절제된 생활로 11년간 더 수를 누렸다. 이런 점을 보더라도 아버지는 참으로 대단한 분이라는 생각이 든다.

아버지가 삼성의 후계 구도에 대해서 처음으로 밝힌 것은 암 수술차 일본으로 출국하기 전날 밤의 가족회의에서였다. 아버지의 병이 암이라고 확인된 후 일본의 가지타니(梶谷) 박사의 집도를 받으러 가기 전날 밤 전 가족이 한자리에 모였다. 건희는 해외 출장 중이었다. 장소는 용인에 있는 아버지의 거처에서였다. 그 자리에서 아버지는 후계 구도에 대해서 처음으로 말씀했다.

"앞으로 삼성은 건희가 이끌어가도록 하겠다." 어머니와 누이들, 그리고 아내까지 있었던 자리였다. 그 말을 듣는 순간의 충격을 나는 잊지 못한다. 그 무렵에도 아버지와의 사이에 상당한 틈새가 있었지만 그래도 나는 언젠가는 나에게 삼성의 대권이 주어질 것이라고 믿고 있었다. 아내와 어머니도 멍한 표정이었다. 이때는 내가 서울에 있지 않고 부산 해운대 생활을 하고 있을 때였다. 하기야 그 이전부터 가족회의라고 해도 모이면 나는 늘 별말이 없었던 시절이었다. 분위기도 그러하니 나로서도 가족들이 모이거나 혹은 자주 가족들의 얼굴을 봐야 하는 서울 생활이 힘들었다.

운명 전에 인희 누나, 누이동생 명희, 동생 건희, 그리고 내 아들 재현이 등 다섯 명을 모아 두고 그 자리에서 구두로 유언을 하고 건희에게 정식으로 삼성의 경영권을 물려 주었다. 이 자리에서는 건희에게 삼성을 물려준다는 내용 이외에 삼성의 주식을 형제들 간에 나누는 방식에 대한 아버지의 지시도 있었다. 가족들끼리의 이야기니만큼 더 이상의 상세한 내용은 덮어두는 것이 좋겠다. 결국 나는 후계 구도뿐만 아니라 유산 분배에서도 철저히 배제되었다.

28

어머니, 고마운 어머니

"됐다마. 자꾸 전화 자주 하지 마레이. 내 몸 걱정하지 말고 니 몸이나 잘 챙겨라. 그래 나는 괜찮다."

옛말에 여든 된 노인네가 예순 된 아들 걱정한다고 요즘 우리 집안이 꼭 그대로다. 올해로('93년) 87세 된 어머니는 아직도 맏아들이 늘 걱정이다. 물론 전화를 하면 "뭘라꼬 전화하노? 자주 전화하지 말라."라고 하지만 그 목소리에는 별 것 아닌 아들의 전화에 한껏 기분이 좋아진 느낌이 묻어 있다. 더러 서울에 가서 전화가 늦어지기라도 하면 "니는 뭐한다꼬 전화도 한 통 없노? 서울 왔으모 에미한테 먼저 들르던지 전화라도 먼저 해야지."라고 예순 넘긴 아들을 꾸짖기도 한다. (여기서 어머님은 박두을(朴杜乙) 여사님으로 이병철 회장님의 부인이시다. 1907년생인 박 여사님은 박준규 전 국회의장의 당고모이자 백남억 의원의 처 당고모이기도 하다.)

찾아뵐 때는 아직은 늘 정정한 모습이어서 한편으로는 마음이 놓이지만 이제 아흔을 눈앞에 두고 보니 "앞으로 사신다 해도 얼마나 더 사실까." 싶어 안타까움이 앞서기도 한다. 다른 사람들은 '재벌집안의 안방마님'이어서 퍽 호사를 했겠다는 생각을 할는지 모르지만 사실 어느 집 살림살이나 마찬가지지만 걱정 없는 집이 어디 있겠는가. 어머니의 살아온 발자취 역시 마찬가지였다. 오히려 남에게 털어놓기 힘든 숱한 집안의 대소사로 늘 마음을 졸여야 했고 거기에 더하여 누구나 다 아는 기업가가 남편이었으니 보이지 않는 곳에서 뒷바라지해야 했던 어머니의 고충은 세월이 남겨놓은 주름살에 새겨져 있다.

어머니는 장충동 집에서 내 아내인 맏며느리와 손자 내외 등과 더불어 노년을 보내고 있다. 어머니는 만년의 사는 보람을 손자나 증손자를 돌보는 것으로 살고 지내는 것 같다.

어머니는 지난겨울 가볍게 몸을 다치셨다. "왕 손자들(증손들)을 스키장에 내보내 놓고는 기다리시더니 아이들이 돌아오는 소리를 듣곤 급히 방안에서 나가시다가 그만 방문턱에 걸려서 넘어지셨지요. 다행히 큰 상처는 아닌데 그래도 걱정이 되어서 병원에 입원하시게 했습니다." 어머니가 다쳤다는 이야기를 듣고 걱정이 되어서 서울 장충동의 집으로 전화를 했더니 내 아내가 전하는 말이었다. 바로 서울로 올라가서 입원한 병원으로 문안을 갔을 때도 아직은 여든을 넘긴 노인네 같지 않게 정정한 목소리로 "말라꼬 대구서 여기까지 왔노? 난 괜찮다, 니는 그래 요즘 어떻노."라고 오히려 내 걱정을 하기도 했다.

사람들은 내 어머니의 살아가는 모습이 과연 어떠한지 궁금해할지 모르지만 어머니의 생활 역시 다른 여든을 넘긴 노인네들의 그것과 마찬가지다. 집안 정원의 잔디밭에서 잡초를 뽑는 것이 운동이고 더러 건강이 좋을 때면 가볍게 인근의 산으로 산책을 다녀오기도 한다. 언젠가는 집안의 잔디밭에서 잡초를 뽑고 계시는데 집안에서 일을 거드는 사람들이 어머니가 직접 잡초를 뽑는 걸 보곤

황급히 일을 거든 적이 있다. 그때 어머니는 웃으면서 "내 하는 일 거리마저 다 뺏어가려고 한다."라고 해서 모두가 웃은 적이 있다. 어머니가 다른 노인네들과 달리 호사를 하는 것은 가끔 신라호텔의 헬스센터에 가는 것이 모두일 것이다. 그곳에서 사우나도 하고 때로 수영도 하는 것 이외에는 다른 노인들의 삶과 다른 것이 없다.

몇 해 전까진 어머니의 최고 즐거움은 손자들을 돌보는 것이다. 그때만 해도 아직 손자들이 어렸고 외국으로 나간 경우도 그리 많지 않아서 한자리에 모이면 수십 명이 되곤 했다. 모여든 손자들은 다들 어머니의 장충동 집 2층에서 같이 잠을 잤는데 어떻게 보면 꼭 작은 기숙사 같은 분위기였다. 일요일엔 그 아이들에게 음식 해먹이고 그리고 다시 월요일 아침이면 뿔뿔이 흩어져서 각자의 학교로 가는 것을 보고 나면 어머니의 일주일은 다 지나가곤 했다.

며느리나 딸, 혹은 손자며느리들이 고스톱을 치는 것을 보는 것도, 그러면서 '오늘은 누가 이겼다'라고 판정을 내리는 것도 어머니의 큰 기쁨 중의 하나라고 며느리가 일러준 적이 있다. 언젠가 장난스레 며늘아이에게 "판돈이 얼마냐."라고 물어본 적이 있는데 '1점당 100원'이라는 대답이 나와서 다 같이 웃었던 적이 있다. 부모가 오래 살아계시는 것이 사람의 일생에서 복 받은 일이라면 나는 한쪽 복은 넉넉히 받고 있는 셈이다. 늘 부모 복 누리게 하는 어머니가 고맙기 그지없다.

고맙고 고마운 아내

어머니 못지않게 고마운 이는 내 아내이다. 이맹희 회장 부인은 손복남(孫福男) 여사(이재현 CJ 회장 모친, CJ 탄생의 숨은 주역). 우리 세대가 다 그렇다고 알고 있지만 사실 나 역시 결혼 30년이 넘도록 단 한 번도 아내에게 다정스레 '사랑한다'라는 말을 한다든지, 혹은 그런 내색이라도 해본 적은 없다. 하지만 늘 아내에게 고마운 마음을 가지고 있는 것은 사실이다.

아내 역시 그동안 남들이 겪지 못할 숱한 마음의 고통을 당했다. 남편이 차마 입에 담지 못할 희한한 병을 가지고 있다는 소문을 들어도 한 번도 남편이나 다른 이에게 그것을 물어보지도 못한 채 혼자 속으로 삭여야 했고 그 외에도 차마 드러낼 수 없는 숱한 고통을 내색 없이 삭여야 했다. 탈무드에 "아내를 괴롭히지 말라. 하느님께서는 그녀의 눈물 한 방울 한 방울을 다 세고 계신다."라고 했는데 이 말이 사실이라면 나는 하느님에게는 퍽 무거운 벌을 받을 것 같다.

아내에게 또 다른 고마운 면은 아이들을 훌륭하게 길렀다는 것이다. 맏딸 미경이와 맏아들 재현이, 그리고 막내 재환이를 훌륭하게 기른 것은 모두 아내 덕분이다. 재현이가 공부를 잘해서 좋은 결과를 얻거나 혹은 큰딸 미경이가 외국어에 능통한 것을 보면서 나는 늘 마음속으로 아내 덕분이라고 생각한다. 참으로 부끄러운 고백이지만 일이 바쁠 때는 일 때문에, 그리고 아버지와 사이가 벌어지면서 내가 여기저기 떠돌 때는 또 그런대로 내 삶은 정신이 없어서 나는 내 아이들에게 참으로 아무것도 해준 것이 없는 애비였다. 이제 와서 이야기지만 그 모든 공백을 아내가 혼자 메웠다.

거기에 더해서 맏아들 재현이가 결혼 후 요즘 젊은 사람들답지 않게 "제가 할머니 모시고 살겠습니다."라고 자청했을 때 나는 아내의 아이들 교육이 퍽 훌륭했다는 것을 알게 되었다. 재현이는 우리 부부가 진심으로 "나가서 신혼살림을 갖도록 하라."라고 여러 차례 이야기해도 '어머니와 할머니 모시고 살겠다'라고 마음을 꺾지 않앉다. 지금도 내가 외국에 갔다 오거나 혹은 대구에 있다가 오래간만에 서울에 가서 아들 내외를 만날 때도 맏아들 내외는 그 장소가 어디든 큰절로 나를 맞는다. 내 입으로는 그렇게 하라고 시킨 적이 없고 보면 아마도 그 모든 것이 아내의 행실 교육 덕분인 듯하다.

그 덕분인지 2남 1녀를 두었지만 아이들 때문에 그리 크게 속을 상한 적은 없다. 별 탈 없이 상급학교로 진학했고 별다른 사고 없이 무사히 성년의 길로 들어섰다. 아이들을 가르치면서 느낀 것은 아이들은 스스로 자신의 길을 선택해서 가는 것이지 부모의 기대나 강요가 아무리 크다 해도 부모 욕심대로 되는 것은 아니라는 것이다. 물론 부모 마음이야 누구나 자기 아이들이 1등으로 공부하기를 원하지만 내 경우에는 그것보다는 내 아이들이 쓸모 있는 사람이 되었으면 하는 바람이 더 컸다. 공부를 잘해서 1, 2등을 하는 것보다 실용적인 시각을 가지고 열심히 살아가면서 자신이 속한 사회에 보탬이 되고 정직하고 정확한 안목을 가진 사람이 되었으면 하는 바람은 늘 있었다. 다행히도 아이들은 이런 부모의 바람에 잘 따라 주었다.

큰딸 미경이와 맏아들 재현이는 미국에서 얻었다. 우리 부부가 모두 낯선 이국땅에서 공부를 하던 시절, 미경이와 재현이를 얻었고 미경이 경우엔 제법 자란 다음에야 조국 구경을 할 수 있었다. 미국에서 태어나서 자랄 동안 미국인들이 '미경이' 발음이 서툴러서 언제부터인가 '미키마우스'에서 딴 애칭인 '미키'로 부르더니 집안에서도 오랫동안 이름 대신 애칭인 '미키'로 불렸다.

중학교 무렵인가 대통령 배(杯) 영어 웅변대회에서 1등을 해서 식구들을 놀라게 하더니 결혼 후에도 외국어 회화는 잘하는 것 같다. 외국에서 대학(하버드대)을 다녔는데 언젠가는 '담당 교수가 한국어는 모국어이고 영어는 태어난 곳의 언어이니까 외국어로 다른 것을 신청하라고 한다'고 투덜대더니 '그 덕분에 불어를 배워서 웬만한 불어 회화는 가능하다'고 하는 이야기를 들었다. 나는 미경이를 보면서 언어에 대한 감각은 타고나는 것이라는 생각을 하고 있다. 다른 아이들과 비교를 해도 특히 미경이의 경우는 외국어에 대한 감각이 퍽 뛰어나다는 걸 느끼고 있다. 미경이는 불어와 영어 이외에도 중국어를 대학 시절에 배우는 것 같더니 곧잘 회화를 한다는 이야기를 들었다. 외국어에 대해서는 결혼 후에는 또 일어 회화 공부를 하는 것을 본 적이 있다. 요즘은 나와 일어로도 충분히 회화가 가능한 걸 보면 역시 언어는 선천적 감각이 있어야 하는 것 같다. 중국어 회화가 가능한 미경이는 몇 해 전부터 중국 상해의 어느 대학에서 교환교수로 일한 적도 있다. 나는 일본과 미국에 몇 년씩 산 덕분에 그저 의사소통은 되고 다만 우리 세대가 상당수 그러하듯이 일본어로 된 책을 보면 의미 전달이 더 쉽게 되는 정도인데 미경이가 모국어를 제외하고 네댓 가지 말을 하는 것을 보면 참 용하다 싶을 때가 있다. 미경이가 중국어를, 그것도 만다린과 칸토니즈를 동시에 한다는 사실은 나도 모르고 있었는데 언젠가 동생 건희가 중국에 갔을 때 미경이가 삼촌이 참석한 행사의 통역을 만다린어로 유창하게 했다는 이야기를 듣고 딸의 중국어 실력이 제법임을 알게 되었다. 키가 자그마하고 하는 행동이 꼭 돌아가신 아버지를 닮은 것 같아 나도 가끔은 놀란 적이 있다.

내가 보수적인 사람이어서 그런지 모르지만 아무래도 자식들을 대할 때 마음이 늘 푸근한 것은 딸보다는 아들, 그중에서도 맏아들 재현이다.

'92년' 연말 재현이가 이사(理事)가 되었다고 연락이 와서 "축하한다. 그런데 너는 창희 삼촌이나 애비보다는 이사 진급이 늦다."라고 농담을 한 적이 있다. 이젠 내가 직접 경영에 참가하지는 않지만 제일제당은 삼성의 모체인 기업이고 게다가 나와 동생 창희가 일본에서 뒷일을 보면서 돌아가신 아버지와 더불어 심혈을 기울였던 곳이어서 재현이가 그곳에 있을 때는 괜히 마음 한편이 그곳으로 쏠려 있었다.

재현이가 '92년' 연말의 인사이동에서 삼성전자로 가게 되었다는 이야기를 듣고 난 후에 삼성코닝을 설립하려고 미국 코닝사와의 합작 문제로 미국에 드나들던 60년대 후반의 내 모습을 한참동안이나 회상했었다. 기업의 소유주가 누구라는 사실은 중요치 않다. 오히려 나는 텔레비전의 기본 부품인 브라운관을 국내에서 최초로 생산할 수 있는 삼성코닝을 내가 지었다는 것에 대해서는 무한한 보람을 느끼고 있다. 전자산업을 하자고 1년 간이나 아버지를 설득해서 결국 흙구덩이 허허벌판에 공장을 세웠던 당시의 모습이 가슴 시리게 다가왔을 뿐이다.

재현이가 이사 승진을 한 것을 두고 뒷말이 있었다는 이야기를 들은 적이 있다. 물론 재현이가 삼성 창업자의 장손이 아니었다면 그렇게 빨리 이사로 승진하기는 힘들었을 것이다. 그러나 제 자식 예뻐하는 고슴도치가 아니더라도 재현이는 스스로 상당한 노력을 해왔던 걸로 나는 알고 있다.

"저는 누구 덕을 본다는 이야기를 듣기 싫어서라도 삼성엔 입사하지 않을 겁니다." 이 말은 고려대를 졸업할 무렵 재현이가 나에게 털어놓은 말이다. 사실 '세상에 널리 알려진 집안의 사람'으로 살아간다는 것은 때로 한 사람의 일생에 큰 짐이 될 수도 있다.

29

나의 이력, 우리집 내력

　나는 1931년 6월 20일생이다. 내가 태어난 곳은 경남 의령군 정곡면 중교리이고 내 본관은 경주(慶州)이다. 지금으로부터 약 3백년 전에 13대 선조께서 처음 현재의 고향 땅에 정착했다. 내가 태어났을 때 아버지는 스물하나, 어머니는 스물넷이었다. 아버지는 2남 2녀의 막내여서 나는 고모 두 분과 큰아버지가 있었다. 큰아버지는 한때 빙과류 등을 생산하던 삼강유지 경영 일을 맡아서 했던 병(秉)자, 각(珏)자(이병각 씨) 어른이시고 고모부는 내가 삼성에서 일을 하던 시절 같이 일을 하기도 했던 이은택(李恩擇, 제일모직 사장) 씨다.

　아버지와 어머니는 각각 16살, 19살 때 혼인했다. 내가 태어났을 때 아버지는 21살이었다. 당시 할아버지, 할머니도 정정하게 살아계셨다. 할머니는 내가 열 살 나던 해인 1941년에 70세 연세로 돌아가셨고 할아버지는 그로부터 열여섯 해가 지난 1957년에 87세의 연세로 돌아가셨다. 나는 그 당시 미국 유학 중이어서 할아버지의 임종을 보지 못했다. 아버지도 암 수술 후에도 장수하셨을뿐더러 집안 전체가 비교적 장수했던 셈이어서 동생 창희가 그렇게 일찍 세상을 떠날 줄은 나도 미처 몰랐다(이창희 씨는 백혈병으로 1991년 58세의 나이로 사망).

우리 집안 선조들의 묫자리가 좋다거나 혹은 동네 앉은 자리가 명당이라는 소리들은 사회생활을 하고 나이가 들어서 여기저기 책 등을 통해서 알게 되었다. 어린 시절에야 그런 이야기는 전혀 들은 적이 없다. 그저 어느 동네에서나 들을 수 있는 '우리 동네는 명당자리를 차지하고 있다'는 정도였다.

내가 어린 시절 들었던 집안 이야기 중 지금도 기억에 남는 것은 '안씨(安氏) 할머니의 여장부다운 행동'에 관한 이야기였다. 안 씨 할머니는 나에게 5대조 할머니라고 들었는데 이 할머니는 전처 할머니가 돌아가신 후 후처로 우리 집안에 들어오셨다. 안 씨 할머니가 우리 집안에 들어왔을 때는 이미 전처 소생들이 있었는데 안 씨 할머니는 특히 전처소생의 맏아들을 그렇게 구박했다고 한다. 누가 봐도 '너무 심하다'라고 느낄 정도로 자기 소생의 아들과 전처 소생의 맏아들을 차별했다고 한다. 흔히 하는 표현대로 콩쥐의 계모 같았던 모양이다. 그러나 집안에서는 그 할머니가 하는 일은 아무도 못 말리고 그저 호되게 당하는 맏아들을 가엾게 생각하고 지켜볼 수밖에 없었다는 것이다.

그런데 이 할머니는 돌아가실 무렵 어느 누구도 예견할 수 없었던 큰 결단을 내렸다. 그 당시 우리 집안에는 약 8백 석 정도의 재산이 있었는데 안 씨 할머니는 자신의 소생 아들에게는 1백 석의 땅만 물려주고 7백 석은 평소 그렇게 구박하던 전처 소생에게 물려준 것이다. 집안의 제사를 모실 사람은 역시 맏아들이다 싶어서 그렇게 했는지 혹은 아무리 보아도 맏아들이 집안의 재산을 잘 불리겠다 싶어서 그렇게 했는지는 모르지만 이 안 씨 할머니에 관한 이야기는 우리도 어렸을 때 여러 번 들었다.

어린 시절 어른으로부터 들었던 말로는 우리 집안의 재산 규모가 '풍년이면 2천 석이요, 기울면 1천 5백 석'이었다는 걸 보면 우리 집안은 선조 때부터 향리의 부농이었다. 그러나 우리 집안이 의령 일대에서는 부자라고 했지만 굳이 비교해 보자면 당시 경북 달성군에 있었던 외가 쪽이 더 부농이었던 것 같다.

어머니의 친정이자 우리 외가는 경북 달성군 묘동이다. 어머니의 본은 순천, 그러나 어머니는 평생 동안 당신 스스로 한 번도 '순천 박씨'라고 이야기하신 적이 없다. 그렇게 내세우지는 않았지만 어머니는 순천 박씨 중에서도 당신 집안은 조선조의 충신 박팽년의 후손이라는 자부심이 대단했다. 그래서 늘 묘동의 옛 이름을 따서 '묘골 박씨'라고 부른다. 우리가 어린 시절, 어머니로부터 들었던 이야기는 "시집이라고 왔더니 집도 좁고 그렇게 가난해 보일 수가 없었다."라는 것이었다. 이 이야기를 들으면서 우리 집보다는 외갓집이 더 부자라고 생각했다.

친가 쪽도 이미 3천 석지기에 가까울 정도의 부를 지닌 집안이었고 증조할아버지께서 향리에 문산정(文山亭)이라는 서원을 세울 정도의 성리학자셨지만 외가 쪽의 지체가 높아서 '한쪽으로 기우는 혼사'였다는 말이 있었다. 실제 어머니는 시집을 올 적에도 몸종을 비롯하여 몇 명의 하인을 데리고 왔다.

혼인 다섯 해 째에 첫아들로 내가 태어났을 때는 아버지는 일본 와세다 대학 정경과(早稻田大學 政經課)에 다니고 계셨다. 당시 이미 아버지는 19세 때 얻은 딸(인희)이 하나 있어서 나는 자식으로서는 두 번째이자 맏아들이다.

나는 어린 시절엔 몸이 약했다. 자라면서 중학교 시절에는 친구들과 왈패질도 곧잘 하고 성년이 되었을 때는 사냥과 승마 등으로 몸을 단련해서 지금은 비교적 건강한 편이지만 어린 시절에는 몸이 퍽 약해서 국민학교 입학도 다른 아이들보다 한 해 늦어 9살 때 서울 수송 국민학교에 입학했다.

내가 태어났을 무렵에 일본 와세다대학 정경과를 다니던 아버지는 이듬해인 1932년 학업을 중단하고 고향으로 돌아오셨다. 각기병으로 학업을 잇기 힘든 상황도 있었지만 내가 자라서 성년이 된 후에 여러 차례 들은 이야기로는 일본에서의 유학 생활이 무의미하게 느껴졌었기 때문이다. 아버지는 유학 시절을 이야기할 때는 늘 "일본 와세다 대학 유학을 해본 결과 2학년쯤 되니 제일 중요하게 생각하는 수학은 다른 아이들이 나를 도저히 따라오지 못하더라. 그래서 그만두었다."라고 했다. 말하자면 당시 아버지에겐 퍽 중요했던 수학 과목을 더 배울 게 없어서 그만두었던 셈이다. 실제 평생 사업을 하면서 아버지는 3단위(백 단위)의 곱셈 정도는 암산으로 하셨고 임원들이 한 번 숫자를 보고하면 절대 잊는 법이 없었다. 그래서 누구라도 숫자에 대해서 보고를 할 때는 긴장할 수밖에 없었다. 형제들 중에서 창희가 아버지의 수리 능력을 제일 많이 물려받았다고 생각한다.

1933년에 태어난 창희는 나와 더불어 제일제당이나 제일모직, 전자산업 등을 운영할 때도 주로 회계 쪽을 담당하였다. 내가 늘 새로운 일을 개척하거나 사람들 만나는 것, 대외적인 일, 합작 등 해외 파트 일에 치중했던 반면 창희는 집안 살림에 속하는 운영, 회계에 관여하길 즐겼다.

아버지를 옆에서 보좌했던 분들은 잘 알고 있지만 아버지는 기업가로서 두 가지 훌륭한 면을 지니고 있었다. 그중 하나는 새로운 세계에 대한 끝없는 호기심(好奇心, Curiosity)이고 또 다른 하나는 운영의 치밀(緻密)함이었다. 실제 아버지는 여러 가지 새로운 사업을 시작했지만, 삼성에서 새 분야를 개척한 후 경영에 실패한 일은 없었다. 굳이 따지자면 몇몇 은행과 한국비료 등을 다른 이의 손으로 넘긴 일이 있는데 그건 경영의 실패에서 비롯된 일이 아니라 모두가 정부와의 알력이나 경제 외적인 힘에 의해서 하는 수 없이 삼성이 손을 뗀 것들이었다.

아버지는 기업가로서는 완벽할 정도의 도전력과 치밀함을 동시에 가지고 있었다. 나는 늘 전자의 성품은 내가 이어받았고 후자의 성품은 창희가 이어받았다고 생각했다. 그 과정이 널리 알려져 있지는 않지만 아버지가 와세다 대학 유학차 일본에 간 것도 아버지의 이런 세계에 대한 호기심에서 비롯된 일이라고 믿고 있다.

6살 때부터 증조부가 세운 향리의 문산정 서당에서 한학(漢學)을 수학했던 아버지는 이 서당식 교육이 성에 차질 않았던 모양이다. 그래서 다시 편입한 곳이 당시 진주에 있던 지수보통학교(이 곳에서 구인회 LG그룹 창업회장을 만났다)였다. 그러나 진주의 이 학교 역시 서당식 교육은 아니었지만 자그마한 시골 국민학교이긴 마찬가지여서 넓은 곳, 넓은 세계에 대한 호기심이 가득했던 아버지를 붙잡지는 못했다. 결국 지수보통학교 역시 성이 차지 않아 아버지는 부모님들을 졸라서 어린 나이에 서울 수송국민학교로 전학을 했다. 결국 수송학교를 졸업한 후 계속 서울에서 유학 생활을 하면서 중동중학교 속성과와 본과를 다녔다.

일본 유학 생활을 시도했을 무렵에는 어머니와 결혼까지 했을 때인데 당시의 일본 유학은 그때 분위기로는 무리였던 것 같다. 몇몇 아버지의 전기에서는 당시 아버지가 아무런 문제 없이 자연스레 일본으로 유학을 간 것으로 적혀 있지만 사실은 이 유학에는 우여곡절이 있었다.

원래 2남 2녀의 막내로 태어난 아버지는 어린 시절 집안 어른들로부터 퍽 귀여움을 받고 자랐다. 그래서 어른들도 막내아들의 웬만한 고집은 모두 들어주었던 편인데 서울 유학에서 돌아온 막내가 상투를 자르고 집에 나타난 것은 용서를 받지 못했다. 아무리 귀엽다고 해도 상투를 목숨만큼이나 소중하게 여겼던 유학자 집안 어른들로서는 아버지의 행동을 용서할 수 없었을 것이다. 게다가 서울에서 얼마 되지도 않아서 다시 일본 유학을 가겠다니 집안에서는 어림도 없는 일이었다. 한때는 창고에 가두어두겠다는 이야기까지 나올 정도였으니 이래저래 견디기 힘든 상황이었을 것이다. 그래서 결심한 것이 바로 집안 어른들 몰래 일본으로 가는 일이었다.

조홍제(趙洪濟, 효성그룹 창업회장) 씨에게 돈 빌려 일본 유학

아버님이 아무리 당차다고 해도 부모님 몰래 일본으로 가는 일에는 어려움이 많았다. 우선 일본으로 건너갈 여비부터 문제였다. 사람은 살아가면서 묘한 인연을 맺게 되는 경우가 많다. 이때 아버지가 일본행을 위해서 말씀을 나누었던 조홍제 씨와의 관계도 바로 그런 인연으로 이어진다.

조홍제 씨는 삼성에서 아버지와 더불어 일을 하다가 나중에 효성(曉星)그룹을 일으킨 분이다. 그분은 또 효성그룹의 현재 경영자인 조석래(趙錫來) 회장의 춘부장이시다. 아버지와는 1947년 서울에서 다시 교유를 하셨는데 당시 우리 가족은 서울 혜화동에서 살았고 조홍제 씨는 명륜동에 살았다.

1948년 아버지가 종로 2가에 삼성물산공사(三星物産公社)라는 이름으로 무역회사를 시작했을 때 조홍제 씨는 부사장으로 일을 같이했다. 집안 어른들끼리도 공부를 같이했고 사업도 같이했는데 한때 내가 그분의 아들인 조석래 회장과 더불어 공부도 같이한 적도 있으니 참으로 인연의 깊이는 헤아릴 수가 없는 것 같다.

	아버지가 유학을 계획할 무렵 조홍제 씨는 우리 고향의 옆 동네에 살았는데 아버지는 조홍제 씨에게 일본 유학에 필요한 경비를 빌릴 생각을 했다. 순사들 월급이 5원쯤이던 시절 5백 원이라는 거금을 빌리자고 했으니 조홍제 씨로서는 당연히 무슨 일로 그리 많은 돈이 필요한지 물었을 것이다. 그래서 아버지가 '일본 유학 갈 자금'이라고 하자 이번에는 조홍제 씨가 한가지 제의를 해왔다. 즉 "그렇다면 나도 사실은 유학을 가고 싶었는데 이 기회에 같이 가는 것이 어떻겠는가?"라고 제안을 했다. 그래서 여비도 두 사람 몫으로 거금 1천 원을 준비하고 결국 그길로 아버지는 일본으로 유학을 떠날 수 있었다. 아버지는 와세다, 조홍제 씨는 호세이(法政大)대학을 다녔다.

	그러나 앞서 밝혔듯이 아버지의 유학 생활은 결국 두 해 남짓 만에 끝이 나고 말았다. 자식들에게도 늘 실용적인 면을 강조했던 아버지로서는 당연한 일인데 어렵게 떠났던 유학을 2년 만에 서둘러 끝낸 것은 유학 생활 2년 만에 소기의 목적을 달성했다는 생각과 더불어 뭔가 빨리 현실적인 일을 해보고 싶다는 '욕망' 때문이 아니었을까 싶다. "공부해서 무슨 벼슬을 하려고 했던 것도 아니고 동경의 신학문이 어떤 것이며 또 동양의 중심지라는 동경의 조류가 과연 어떤 것인가 알고 싶다는 생각에 갔었다. 한 1~2년 보니까 그 사람들 생각도 다 이해가 되고 게다가 일본 동경이 세계 중심지의 하나라는데 그곳에서 세계가 보이더라. 그런 상황에서 유학 생활을 더 하면 뭣하나 싶은 회의가 들더라." 나중에 아버지는 나와 창희, 건희가 유학 생활을 할 때 얻었던 학위나 졸업장에 별다른 의미를 부여치 않았던 것 역시 이런 실용적인 인식이 바탕에 있었던 것 같다.

아버지가 유학 생활을 하고 있을 동안 어머니는 고향에서 부모님을 모시고 있었는데 당시의 어머니의 기억에는 아버지는 이때도 벌써 퍽 깔끔하고 호사스런 성격이었던 것 같다. 우리가 철이 든 후에도 늘 뵙던 모습이지만 아버지는 명주로 된 한복을 즐겨 입었다. 그런데 예전에 명주옷을 손질해 본 사람들은 다 아는 일이지만 그 옷의 손질이 예사롭지가 않다.

"아침에 새 옷을 입고 나가더라도 오후에 잠깐 집에 들어왔다 나갈 때는 반드시 또 다른 새 옷으로 갈아입고 나갔다. 옷도 깔끔하게 입고 다녀서 거의 먼지도 없을 정도였지만 늘 새 옷을 입어야 외출을 하곤 했다." 당시 모든 옷을 손으로 빨아야 했고 게다가 명주옷은 복잡한 손질을 필요로 하는 것이어서 어머니는 그 명주옷을 대느라 퍽 힘들었다는 이야기를 지금도 하곤 한다.

나는 아버지가 와세다대학에 다닐 무렵에 태어났는데 내가 태어난 해 10월, 고향 집에 잠깐 들렀던 아버지는 당시로는 '혁명'이라고 불러도 좋을 만한 일을 한가지 치렀다. 당시엔 좀 산다는 집엔 모두 가노(家奴)를 두고 있었는데 우리 집에도 당시 30여 명의 가노가 있었다. 아버지는 할아버지에게 말씀드려서 이 가노들을 전부 자유롭게 떠나보냈던 것이다. 가노 해방이었다. 가노들에게 각각 5원씩의 전별금을 주고 내보냈는데 그중에는 그대로 우리 집에 머물러 있겠다고 하는 사람도 있어서 그 사람들은 그냥 있게 했다. 내가 제법 자라서까지 나보고 '도련님'이라고 불렀던 가노들도 있었고 나 역시 그들에게 어중간한 낮춤말을 썼던 기억이 난다.

경북중(慶北中) 동기생들

내 주변의 친구 중에는 정치권에 몸담았던, 혹은 아직도 정치권에 있는 친구들이 많다. 이른바 'TK 출신'들이 많다.

우선 어린 시절부터 더불어 자란 친구로는 전두환 전 대통령이 있다. 벌써 반세기가 흘러간 일이 되었지만, 당시 삼성상회(三星商會) 앞에는 개천이 흐르고 있었고 그 개천 너머에 전두환 대통령 가족이 살고 있었다. 그 자신도 여러 번 밝혔지만 어린 시절 그의 집안이 퍽 가난했던 것은 다 아는 일이다. 그때 그 동네 사람들은 전두환 씨 가족들이 살던 빈민촌 일대를 '개천 너머'라고 불렀는데 말하자면 전두환 씨는 '개천 너머 아이'였던 셈이다. 어린 시절 그는 언제나 동생 경환이와 잘 어울려 다녔다. 형제 간의 우애가 대단했다. 전두환 씨 형제들과는 나중에 여러 차례 여러 곳에서 만남을 갖게 되는데 물론 당시로서야 앞날을 전혀 알 수가 없었다. 당시에 나와 그뿐만 아니라 집안끼리도 교류가 있었다. 다른 교류보다는 우리가 공장을 가지고 있었기 때문에 인근의 사람들은 허드렛일이라도 하려고 아버지가 운영하던 공장에 품을 팔려고 왔는데 그 집안의 사람들도 역시 공장에 일을 하러 왔던 기억이 난다.

국민학교를 졸업하고 들어간 곳이 그렇게 말이 많았던 경북중학교였다. 당시의 경북중학교는 6년제였고 고등학교는 따로 없었다. 당시 경북중학교는 집안의 재력을 어느 정도 참작하여 입학을 허락했기에 동기생들은 대부분 집안이 부유한 편이었다. 이 학교에 함께 다녔던 친구들 중 지금도 교류하고 있는 사람들이 많다. 요즘도 자주 만나고 친하게 지내는 정호용(鄭鎬溶) 의원이나 김윤환(金潤煥) 의원, 노태우(盧泰愚) 전 대통령, 김복동(金福童) 의원, 유수호(劉守鎬) 의원, 김상조 전 경북지사 등이 이 학교의 동기생들이다.

노태우 전 대통령은 4학년 때 전학을 왔다. 그때는 결원이 생기면 편입생을 모집하는데 노태우 씨는 편입생 모집이 있을 때 경북중학교에 들어왔다. 그는 원래는 대구공고를 다녔다.

대부분 공부를 잘했다. 그중에서도 정호용 의원이 제일 성적이 좋았다. 정호용 의원은 어린 나이에도 듬직한 맛이 있었고 공부도 늘 상위권을 유지했다. 공부는 김윤환 의원과 김복동 의원 등이 상위권이었고 나중에 전학 온 노태우 전 대통령도 공부를 잘했다. 동아일보(東亞日報) 사장직을 맡고 있는 권오기(權五琦) 씨(추후 부총리 겸 통일원 장관)도 기억에 남는 친구다. 학교생활을 통틀어 큰소리 한 번 내지 않고 남의 일에 개입하는 일도 없이 늘 공부만 샌님처럼 했던 그가 오늘날 우리 사회의 큰 '목탁'인 동아일보의 사장이 되었다는 것은 자랑스럽다.

한때 내가 중앙일보 부사장을 하던 시절에 당시 조선일보 김윤환 기자와 동아일보의 권오기 기자를 좋은 조건으로 데려오고자 제의를 했던 적이 있었는데 두 사람 모두 "자네 뜻은 고맙지만 이대로 자리를 지키고 있겠네."라고 정중히 고사했다. 나도 그들을 친구로 좀 더 잘 대접하고 싶었지만 두 친구 모두 자신들의 자리를 그대로 지켰고 오히려 이 사회에 더 큰 일을 해냈다.

학창 시절 나하고 각별히 인연이 깊었던 친구는 정호용 의원이었다. 그와는 1학년 때부터 3학년까지 3년 동안 옆 짝으로 지냈다. 우리가 중학교를 다니던 시절은 해방 직후부터 6.25 전쟁 직전까지였으니 꽤 혼란스럽던 시기였다. 나라 전체가 좌우익으로 대립해 날을 지새웠고 경북중학교 역시 교내의 좌우익 대립으로 학생들도 무슨 연맹이나 청년 조직 등에 연관되어 있었다. 나는 학련(전국학생총연맹 경상북도연맹)에 가입했다. 학련은 우익 학생 운동의 전국 조직이다.

중학교 3학년 무렵의 어느 날이었다. 우리 패거리들이 점심시간에 바깥으로 나왔다가 오후 수업 시간이 되어 학교 담을 타 넘고 급하게 교실로 들어가는데 김윤환 군(후일 노태우 대통령 비서실장)이 소변이 급한 상황이었다. 화장실은 멀고 여기저기 두리번거리다 건물 2층의 학습 교재를 쌓아둔 교보재 창고를 발견했다. 김 군은 안전한 곳이라 믿고 소변을 보았는데 하필이면 마루가 깨져 있었다. 깨어진 마룻바닥의 틈으로 새어 나간 김윤환의 오줌이 떨어진 곳은 묘하게도 늦은 점심식사를 하던 호랑이 훈육 주임 선생의 도시락이 놓여 있었다. 훈육 주임 선생님은 웬 물(?)이 도시락으로 떨어지나 두리번거렸으나 화창한 날씨라 빗물은 아니었다. 그래서 2층으로 올라가보니 누군가가 교보재 창고에 소변을 보고 도망을 갔지 않는가! 호랑이 훈육 주임이 범인을 놓칠 리가 없었다. 이 일로 김윤환은 무거운 벌을 받았지만 돌이켜보면 학창 시절의 한 즐거운 추억일 따름이다.

30

커피(Coffee, Maxwell) 공장의 꿈

　한국은 세계 3위의 커피 소비 대국이다. 아버지로부터 삼성의 일을 물려받았던 초기 나는 한때 국내에서 커피를 자체 생산하기로 시도한 적이 있다. '67, 8년 경이다. 원래 전자, 자동차 같은 기술집약적인 제조업에 대해서 강한 호감을 가지고 있긴 했지만 이때 벌써 커피는 상당한 외화를 소비하는 것이어서 외화 절약 측면에서도 할 만한 가치가 있는 산업이었다. 사람들은 "커피 같은 걸 생산해야 하는가?"라고 생각할지 모르지만 만약 직접 생산국이 아니라면 '커피 같은 물건도 수입해야 한다'는 사실을 어떻게 받아들여야 할 것인가? 하물며 외화 보유고와 기술 수준이 밑바닥이었던 60년대 후반 나라 사정을 보아서는 커피 자체 생산은 꽤나 유익한 일이었다.
　커피 공장에 대해서 그런 생각을 하고 있는 차에 어느 날 당시의 실권자 이후락 씨(대통령 비서실장)가 나에게 묘한 제안을 했다. "뭐든지 돈을 벌 만한 걸 하나 이야기해 봐요. 내가 어떻게 하든 허가를 얻어 줄 테니....."
　당시 정부의 인허가권은 절대적인 것이어서 정부로부터 어떤 사업의 인허가를 받는 것 자체가 하나의 이권으로 여겨지는 때였다.

삼성에서는 시작하는 일마다 일일이 제재를 받던 시절이었다. 물론 제대로 허가가 나는 일도 없었다. 심지어 70년대 초반 텔레비전을 만들 때도 우리가 12인치를 만들다가 14인치를 만들겠다고 신청을 하면 정부는 '삼성은 전기도 부족한데 꼭 이런 물건을 만들려 한다' 라고 하다가 다른 업체가 신청하면 곧 허가가 나는 식이었다. 그래서 삼성은 늘 6개월이나 1년씩 출발이 늦곤 했다. 냉장고도 큰 것을 만들려면 그런 식으로 당했고 어느 것이나 제재가 따랐다. 법적으로 하자가 없는 물건을 만드는 데 그런 식이었으니 답답한 노릇이었으나 해결 방법이 없었다. 이런 상황에서 당시 정부 내 제 2인자가 허가를 얻어준다니....그래서 나는 삼성이 허가를 얻으려면 불가능하게 보인 '커피 공장'을 제안했다.

커피 공장을 짓는 데 당장 필요한 것은 얼마만 한 규모의 공장을 지어야 경제적인지를 가늠할 수 있는 보고서를 만드는 일이었다. 우리나라는 6.25 전쟁을 겪으며 부산 피난 시절 '다방 문화'라는 문화가 시작되었고 당시 국내 커피 소비량은 상당했다. 그러나 커피 소비량 전량이 밀수품이었기에 아무도 국내의 커피 소비량이 얼마인지는 정확하게 알 수가 없었다. 당시 상공부의 수입 허가 품목에는 커피가 존재하지 않았다. 시장 규모를 알아보려면 직접 시장 조사를 할 수밖에 없었다.

우선 삼성의 사원들 중 과장급을 책임자로 하여 제일제당과 제일모직, 삼성물산의 직원들을 선발하여 팀을 짰다. 아르바이트를 이용해도 되었겠지만 도무지 다방 주인들이 믿으려 하질 않았다. 하루에 몇 잔을 파는 가를 물어보면 세무서에서 나온 줄 알고 판매량을 속이기 일쑤였다. 그래서 하는 수 없이 그 단순한 조사 업무를 위해 3년 이상의 경력을 가진 대졸 사원들을 30명이나 투입해야 했다.

직원들은 간단한 교육을 받은 후 휴전선 부근부터 남쪽으로 쭉 내려가며 다방마다 커피 판매량을 조사했다. 그렇게 해서 소비량을 조사한 다음 가장 경제적인 규모의 공장에 대한 자료를 전부 만들었다. 당시 내가 본 조사보고서에 의하면 국내의 커피 소비량은 한 해 4백 톤이었다.

나는 이 조사보고서를 읽어본 후 외국의 커피 회사와 제휴를 위해서 미국으로 건너갔다. 그러나 미국에서는 극동 시장에 대한 권리는 일본에서 가지고 있다는 말을 들었다. 우여곡절 끝에 결국 맥스웰하우스(Maxwell House) 커피 극동 시장권을 가지고 있는 일본 맥스웰하우스의 야마모토라는 사람과 한국에서 커피를 생산하기로 합의를 봤다.

맥스웰하우스는 1884년 테네시주 내쉬빌에서 커피 중개상인 조엘 치크(Joel Cheek)와 로저 스미스(Roger Smith)가 만나 최적의 배합비를 연구하면서 시작되었다. 1892년에는 내쉬빌의 유명 호텔인 '맥스웰하우스호텔'에 납품하면서 유명세를 떨쳤고 이에 치크는 중개사 일을 접고 원료 도매업자 존 닐(John Neil)을 만나 본격적으로 소비자용 커피 사업에 뛰어들었다. 맥스웰하우스는 1917년부터 그 유명한 '마지막 한 방울까지 좋은(Good to the Last Drop)' 캐치프레이즈를 사용해 소비자 호응을 이끌어냈다.

일본 맥스웰하우스 측에서도 '한국의 제일제당과 같이 일하는 것은 퍽 영광'이라고 했다. 그런데 문제는 한국에서 일어났다. 일본 야마모토 사장과 미국 본사 직원 두 사람이 서울에 왔을 때 내가 이후락 씨 집으로 갔더니 분위기가 전과 달리 상당히 어색했다. 커피 공장 허가를 받아주겠다는 제의할 때와는 달리 아주 싸늘한 분위기였다. 당시 이후락 씨가 개입되어 있었던 신진자동차에 문제가 생겼는가 아니면 내가 그에게 실수한 것이 있는가 싶어 별생각을 다 해 보았지만 해답을 얻을 수 없었다.

그 의문은 나중에 일본의 야마모토 사장을 통해 알 수 있었다. "인간적으로 이 부사장에게 죄송하지만 이후락이란 사람이 그렇게 이야기를 하니까 저희들로서는 어쩔 수 없습니다. 이후락 씨가 '제일제당과 합작을 하려면 절대 허가가 나지 않는다'고 하면서 '서(徐) 아무개란 사람과 합작을 하면 바로 허가를 해 주겠다'고 합니다. 우리로서는 인간적으로는 참으로 미안하지만 어쩔 수가 없습니다."

여기서 '서 아무개' 씨는 서정귀(徐廷貴) 씨를 말하며 박정희 대통령과 대구사범 동기였으며 국회의원, 호남정유 사장을 지낸 인물이다. 추후 이후락 씨와 서정귀 씨는 사돈간이 되었다. 그때 나는 결국 그 사업에서는 손을 뗄 수밖에 없었다. 우리가 상당한 인력과 돈을 들여서 진행했던 보고서도 이후락 씨 측에서 가져가서 그 후 그들은 그걸로 합작을 하고 공장을 세웠다. 물론 그 보고서에 대해서 고맙다거나 미안하다거나 하는 이야기를 할 그들도 아니었고 시대 여건도 그 정도는 얼마든지 자신들의 마음대로 처리할 수 있는 분위기였다. 나중에 이후락 씨를 만나서 화를 내며 따졌지만 아무리 그래 봐야 쓸데없는 화풀이에 불과했다.

삼성(三星)에서 조사를 한 자료로 합작까지 해서 만들어 준 회사를 마치 횡재처럼 소유하게 된 '서 씨'는 자신의 능력으로 그 회사의 운영이 어렵자 제일제당에 다시 그 공장을 인수할 의향이 없느냐고 제의를 해왔다. 그러나 삼성으로서는 그렇지 않아도 정부의 눈치를 보고 있는 판에 소비재 생산 회사를 인수할 수는 없었다. 결국 우여곡절 끝에 김재명(金在明) 제일제당 사장이 개인적으로 인수했다. 김재명 씨는 34년이나 몸담아 온 이병철 회장의 창업 공신으로 최후의 일인이었으나 이를 계기로 삼성을 떠난 것이다. 당시 재계에서는 김재명 씨의 삼성 퇴직에 대해서 의아해했다. 김재명 씨는 '후진에게 길을 터주기 위해서'라는 간단한 사직 이유를 밝혔다.

김재명 씨는 이병철 회장이 조선 양조를 시작하기 이전인 국수 공장을 경영할 때부터 이 회장을 도왔다. 김재명 사장은 18세 때부터 이 회장 밑에서 사업가로 성장해 왔다고 전해지고 있어 52세로 삼성을 떠난 김 씨의 전 생애는 삼성 재벌 성장사 바로 그것이라고 할 수 있다. 김 사장은 교육 배경이 국졸 뿐이라고는 하나 그의 사업가로서의 두뇌와 수완, 일에 대한 질긴 집념은 인재 집단이라고 하는 삼성 재벌 내에서도 뛰어난 것이었다는 평가다.

이병철 회장의 김재명 사장에 대한 신뢰는 대단했다. 이병철 회장은 자신의 개인 인감은 물론 전 계열사 인감을 그에게 맡겨놓을 정도였다. (독자들이여, 우리는 김재명 사장이 한비(韓肥) 헌납 사건 후 삼성의 전 사업체 주식 30%를 자신의 명의로 바꾸어 놓았다가 이병철 회장에게 잘못을 고백하고 용서받았다는 사실을 기억하고 있다.)

김 사장은 삼성 재벌 내에서 대외적인 업무 처리보다는 대내적인 업무, 말하자면 경영 수지 개선, 공장 대지 물색, 그룹 내 개별적인 난문제 해결 등에 남다른 솜씨를 발휘했다. 김 사장의 '땅 보는 눈'은 일급 수준으로 삼성전자, 삼성NEC전자, 제일제당 김포공장 등 삼성그룹의 큰 공장 건설 부지는 모두 김 사장의 작품이다.

김재명 사장은 그 회사를 인수, '동서식품(東西食品)'이라는 상호로 출발했다. 동서식품은 맥심, 맥스웰하우스 등 인스턴트커피 시장에서 절대 강자의 위치에 있다. 회사 창립일은 1968년 5월 23일이다.

김재명 사장은 인수 과정에서 혼쭐이 났다. 서정귀 씨 측에서 이야기했던 부분보다 훨씬 많은 어음이 돌아왔기 때문이다.

그 어음 문제로 나는 아버지에게서 단단히 혼이 났다. 김재명 씨는 동서식품 인수 제의가 왔을 때 삼성에서 인수하기가 곤란하다는 걸 알고 퇴직금으로 그 회사를 자신이 인수했다. 김재명 씨가 오랫동안 삼성에서 일했기 때문에 여러 부분에서 삼성 임직원들이 그가 인수하는 일을 도와주었는데 당연히 나도 그 회사의 인수 과정에 개입되었다. 저간의 사정을 다 알고 있던 아버지는 어음 문제로 말썽이 생기자 우리를 심하게 꾸짖었다. '돈이 아까워서가 아니라 기업을 한다는 사람들의 자세가 되어 있지 않다. 기업 하는 사람들이 어음 문제도 그렇게 엉성하게 처리하느냐'는 것이 아버지의 꾸지람이었다. 기업을 넘기는 사람의 말만 믿고 확인을 하지 않고 있다가 뒤늦게 어음 문제로 고생을 하게 되었으니 우리로서는 입이 열 개라도 할 말이 없었다.

다만 한 가지 지금도 위로가 되는 것은 김재명 씨와 친척인 홍희 형님이 그 회사를 인수한 후 연 수천억 원의 매출을 기록하는 대 회사가 되었다는 것이다. 동서식품의 2023년 매출액은 1조 7,515억 원으로 커피 가공업 분야에서는 단연 1위이다.

31

프란체스카(이승만 대통령 부인) 여사와 제일모직 옷감

(독자들이여, 이맹희 CJ그룹 명예회장은 흥미 있고 날카로운 '하고 싶은 이야기'라는 경제 단상을 남겼다. 단상(斷想)이란 생각 나는 대로의 단편적인 생각이다.)

정치적 공과는 별도로 평소에 퍽 검소했다는 평을 받았던 프란체스카(Franziska, 1900년 6월 15일 ~ 1992년 3월 19일) 여사는 제일모직에서 보낸 천으로 옷을 지어서 평생 아껴 입었다. 그 보도를 듣고 나는 그분에 대해서 다시 한번 존경스런 마음을 가지게 되었다.

나는 지금도 제일모직 옷감이 세계시장에 내놓을 만한 명품이라고 생각지는 않는다. 다만 대량 생산된 옷감 중에서는 세계시장에 내놓아도 손색이 없는 상급품에 속하는 정도로만 알고 있다. 하물며 40년 전에 만든 제일모직의 옷감이 어찌 감히 명품이라고 할 수 있으랴? 그러나 프란체스카 여사가 그 옷을 평생동안 입음으로써 적어도 프란체스카 여사에게는 제일모직의 옷감과 그 옷감으로 만든 양장 한 벌은 명품이 되었다.

요즘 신문이나 잡지의 광고 문안 등을 보면 '명품의 세계'나 '명품으로의 초대' 같은 명품(名品, Luxury Goods)이라는 문구가 자주 눈에 띈다. 명품이란 말 그대로 널리 알려진, 이름난 물건이라는 뜻이다.

외국인들이 한국 사회를 보고 놀라서 전하는 말은 여러 가지가 있지만, 그중에서도 자주 들을 수 있는 말은 '한국인들이 명품을 너무 좋아하고 그러면서도 누구나 명품을 가치 없게 취급한다'는 것이다. 특히 의류의 경우엔 자신들은 그야말로 '큰마음 먹고 사 입는' 이름난 브랜드의 옷들을 한국인들은 아무렇지도 않게 백화점에서 사 입는다고 놀라워한다. 이런 말을 하는 이면에는 그들의 한국인에 대한 은근한 비웃음이 숨어 있다.

사실 그러하다. 한국과 한국인 전체가 지금 졸부의 모습을 그대로 보여 주고 있다. 태어나면서부터 누구든 돈을 가지고 있고 또 누구는 명품을 가져야 한다고 못을 박아둔 것은 아니다. 다만 명품은 돈이 없더라도 한두 개쯤은 가질 수 있지만 돈이 있다고 해서 누구나 다 가질 수 있는 것은 아니다. 어떤 면에서 보면 사람마다 제각각의 명품이 따로 있는 것도 사실이다. 명품이란 만든 이의 정성과 그 물건의 성능, 그리고 여기에 더하여 사용하는 사람의 정성까지 배어 있어야 비로소 명품으로서의 완벽한 가치를 지니게 된다고 나는 믿고 있다. 흔히들 '돼지에게 진주를 준다'라는 말이 있는데 이 말은 졸부들의 행동을 표현하는 것이다. 아무리 돈을 많이 들여서 진주로 치장을 해도 졸부는 졸부일 뿐이다.

우리나라 사람들은 대부분 다이아몬드(Diamond)에 대해서 잘 모르기 때문에 아무것이나 '비싼 것은 좋은 것'인 줄 알고 있다. 내가 보기엔 우리나라 대부분의 여자들은 다이아몬드를 살 돈을 마련하려고 노력하기 보다는 우선 다이아몬드에 대한 기본 지식과 그

효용 가치에 대한 공부부터 하는 것이 좋을 듯하다.

다이아몬드는 대체적으로 큰 것이 비싸긴 하지만 크고 비싸다고 해서 다 좋은 것은 아니다. 한가지 예를 들자면 같은 크기에서도 기본적으로 8등급 이상으로 나뉘는데 한국에 들어오는 다이아몬드는 대부분이 4등급이나 5등급 이하의 것들이다. 우리나라에 들어오는 다이아몬드가 하급품인 이유는 그동안 우리나라 사람들이 정확한 지식도 없이 그저 졸부의 행동으로 큰돈을 주면 좋은 줄 알고 무작정 다이아몬드를 사들인 결과이다. 덕분에 한국에서는 진짜 좋은 다이아몬드가 천대를 받는 양상까지 나타나고 있다. 그래서 미국 뉴욕 보석 시장에서는 한국인들에게는 아예 처음부터 저급품의 다이아몬드를 내놓는다고 한다. 그래도 우리나라 사람들은 그게 좋은 줄 알고 뭉칫돈을 주고 산다. 이렇게 우리 경제가 어려운데 다이아몬드를 꼭 사야 하느냐 하는 이야기는 따로 이야기하기로 하자. 여기서는 우리나라 졸부들의 행동에 대해서 이야기하고 싶을 뿐이다.

하기야 나라 전체가 졸부 노릇을 하고 있다. 언제부터 우리나라가 먹고 사는 걱정을 하지 않게 되었다고 구소련에 30억 달러를 덜렁 빌려주었다가 이제와서 받을 수 있느니 없느니 하고 있다. 결국은 돈 빌려준 사람보다는 돈 빌려 쓴 빚쟁이가 더 큰소리치는 상황까지 벌어지고 말았다. 이제 와서 이자를 받느니 못 받느니, 혹은 현물로 받느니 하다가 다시 소비재 중심으로 나머지 외채를 갚느니 마느니 하고 있으니 영락 없이 '땅 팔아서 어느 날 주체 못할 돈을 움켜쥔 졸부의 노릇' 그대로다. 5천 년 역사 동안 별로 잘살아 본 적 없다가 불과 30년 만에 보릿고개를 넘고 먹고사는 문제는 잊을 만하니 영락없는 졸부의 모양을 우리는 보여주고 있는 것이다. 돈이 아무리 많다 하더라도 개인이나 국가 간에 명품을 진실로 소유하기 위한 필수적인 조건은 돈이 아니라 그에 걸맞는 품격(品格, Dignity)이다.

버버리 코트는 우리나라에서는 일반적으로 코트를 부를 때 '바바리 코트'라고 부를 정도로 일반화된 옷이다. 국내에서도 버버리 코트를 입은 사람들을 흔하게 볼 수 있다. 그러나 한국에서 진짜 버버리 코트를 꼭 입어야 하는가에 대해서는 나는 회의적이다. 그 버버리 코트를 만들려고 오랜 시간과 노력을 기울인 영국인들의 기술에 대한 열정을 배워야 하지만 우리나라 날씨에 버버리 코트가 꼭 필요하다고 생각하지 않는다. 버버리 코트는 비가 시도 때도 없이 내리는 영국 기후에 맞추어서 만든 명품이라서 겨울비가 자주 오지 않는 한국에서는 옷치레 삼아 입는다면 몰라도 필수품이라고는 할 수 없다.

미국에서 생활할 당시 나는 진품 버버리 코트를 입지는 않았다. 내가 입었던 것은 말레이시아 산 런던포그(London Fog)였다. 내가 싼 제품을 원해서라기보다 내가 살았던 지역이 버버리 코트를 입어야 할 정도로 비가 잦은 지역이 아니었기 때문이다. 만약 내가 살았던 지역이 비가 자주 오는 지역이었다면 당연히 나는 비싸더라도 버버리 코트를 사 입었을 것이다. 나는 이런 경우엔 버버리 코트를 입는 것이 사치나 낭비가 아니라고 생각한다.

'비가 와도 빗물이 스며들지 않는 옷'. 영국인들은 1백여 년 간 이 빗물이 새지 않는 옷을 만들려고 갖은 노력을 다했다. 근대 사회 초기부터 내부적으로 혹은 주변 국가들과 숱한 전쟁을 치렀던 영국인들이 최초로 관심을 가졌던 옷은 군복이었다. 즉 그들은 처음엔 '비가 와도 빗물이 새지 않는 군복'을 만들려고 노력했었다. 수많은 전쟁을 치르면서 그들은 비가 새지 않는 군복이 군대의 전투력 증강과 격전지에서의 전투력 유지에 절대적으로 필요하다는 것을 깨닫게 되었다. 결국 그들은 1, 2차 세계대전을 치르면서 그 당시로서는 환상적으로 보였던 '비가 와도 빗물이 새지 않는 군복'을 만들었고 이 기술이 민간으로 전수되면서 결국은 오늘날의 버버리 코트가 탄생되었다. 벼락이 쳐도 괜찮고 시간당 1백 mm의 비가 와도 옷 솔기에서 비가 새지 않는 버버리의 장점은 이렇게 오랜 세월의 기술 축적을 통해서 이루어진 것이다.

오리지날 버버리 코트를 만드는 개버딘 DK 천은 정선된 이집트 면사(綿絲)를 쓰는 데 대개 80번수(番手)를 쓴다. 번수(Yarn Count)란 일정 중량의 실이 얼마만 한 길이인가를 재는 단위이다. 면사의 경우 1파운드의 실이 8백 40야드(7백 60m)의 길이일 때 1번수라고 한다. 그러므로 80번수의 실이라면 1파운드 무게의 실이 6만 1,440m나 된다. 개버린 DK 천의 경우 1인치(2.54cm) 평방의 천에 날줄 1백 80개, 씨줄 1백 6개를 짜 넣는다. 이러한 놀랄만한 직조 기술에 의해 DK 천의 버버리 코트는 얇고 가볍다. 게다가 뛰어난 방수성과 통기성(通氣性)까지 갖고 있다.

일본 섬유 직조 기술은 세계적으로 상위급이라고 한다. 그러나 일본인들이 이 버버리 코트를 만드는 데는 결국 실패해서 아직도 자기들 손으로는 모조품밖에 못 만들고 있다. 영국으로부터 기술을 배운 후 버버리 코트를 자체 생산하고 있지만 그들이 만든 제품은 옷 솔기에서 비가 새는 등 원래 버버리 코트와는 동떨어진 그저 버버리 코트 비슷한 것이다. 겉으로 보기에는 별다른 기술이 필요치 않은 것 같지만 역시 명품을 만들기란 그리 쉽지 않은가 보다.

앙숙 독일과 프랑스. 명품에서 지키는 예의

우리나라 사람들 특히 문필가가 갖고 싶어 하는 몽블랑(Mont Blanc) 만년필도 전쟁의 산물이다. 날씨가 아무리 추워도 잉크가 얼지 않는 필기구는 전쟁터에 나선 장교들의 필수품이다. 비에 젖어도 잉크가 고르게 나오고 소련같이 추운 나라에서도 잉크가 얼지 않고 부드럽게 나오는 만년필을 만들고자 독일인들은 갖은 노력을 다했다. 그 결과 나온 것이 바로 몽블랑 만년필이다.

이름을 보면 마치 프랑스에서 만든 물건 같지만 엄연히 독일제 만년필이다. 이 만년필의 이름에 얽힌 이야기도 퍽 감동적이다. 잘 알려져 있듯이 프랑스와 독일은 서로 앙숙이다. 아마 유럽에서는 한국과 일본 이상 가는 앙숙일 것이다. 그러나 독일인들은 프랑스와의 관계가 극도로 나빠질 때도 이 이름을 바꾸지 않았다. 그들은 서로 앙숙으로 지내면서도 처음 정한 프랑스식 이름을 그대로 지키는 예의는 가지고 있다. 역시 명품을 만들만한 교양도 동시에 가지고 있는 셈이다.

일본과 우리도 앙숙 관계다. 물론 프랑스, 독일처럼 맞겨루는 앙숙의 관계가 아니라 가해자와 피해자의 관계다. 그렇다면 일본에서도 우리의 고유명사를 딴 명품 하나쯤은 만들 법도 한데 아직 일본인들은 잘못된 과거도 제대로 사죄하고 있지 않으니 속 좁은 그들에게 그런 여유를 기대한다는 것은 무망한 일인 것 같다. 명품을 가질 수 있는 조건이 명품에 대한 존경심과 명품의 전통에 대한 예의, 그리고 여유 있는 마음가짐이라면 명품을 소유하고 있는 나라나 국민들은 그런 면에서도 완벽하다는 느낌을 준다.

에펠탑(Eiffel Tower)은 개선문과 더불어 프랑스의 상징일 뿐만 아니라 유럽의 명품이고 나아가서는 인류 전체의 재산인 명품이다. 독일인들은 프랑스의 에펠탑이 유럽의 명품이니만큼 새로 탑을 만들면서도 절대 에펠탑보다는 높게 만들지 않는 '예의'를 보여 주었다. 에펠탑이 건립된 후에 만들어졌고 새 탑을 만들 때는 충분히 에펠탑보다 높은 건축물을 만들 수 있는 기술을 가지고 있으면서도 독일인들이 의도적으로 에펠탑보다 3m 낮게 만든 독일의 '베를린 타워'가 그 증거다.

그러한 유럽인들의 여유와 예의를 제대로 이해하지 못하고 일본인들이 졸부의 근성대로 만든 것이 에펠탑보다 3m 높은 도쿄 타워(Tokyo Tower)이다. 에펠탑보다 더 높은 탑을 만들 수 있으면서도 일부러 그보다 낮은 베를린 타워를 만든 독일인들의 겸양의 정신과 '세계 최고'를 자랑하는 일본인들의 졸부적 우월감 중 어느 것을 더 높게 평가할는지는 의문의 여지가 없을 것이다. 나는 오늘날 일본이 국력이 아무리 커지고 기술 수준이 높아졌다 해도 아직 유럽인들의 명품을 만드는 여유 있는 마음씨는 못 따라간다고 믿고 있다.

세계적으로 유명한 처칠 구두나 발리 신발도 마찬가지로 전쟁터에서 필수적인 물건이어서 개발된 것들이다. 비가 와도 새지 않는 군화가 처칠 구두로 변했다. 1, 2차 세계대전 당시 소련이 침공할 때 영국인들이 신었던 신발이 변해서 세계적인 명품 처칠 구두가 되었다. 물론 그 이면에는 기술 개발의 숱한 노력이 뒤따랐다.

발리 신발은 스위스의 아픈 역사가 담긴 신발이다. 그들이 가난했던 시절 스위스인들은 말하자면 용병으로 외국에 나가서 목숨을 팔았다. 당시만 해도 전쟁터에 나서는 병사들은 여벌의 신발을 하나 더 배낭에 매달고 있어야 했다. 당연히 이 신발은 가볍고 질겨야 했다. 전쟁터에서 여벌의 신발로 쓰인 발리(Bally) 신발은 양(羊)의

위(胃)로 만든 명품이다. 가벼우면서도 방수 효과가 뛰어난 발리 신발의 근원은 바로 이 가슴 아픈 스위스 용병들의 군화에서 비롯되었다. 이 전통을 이어받아 1851년 스위스 쉰베르트의 작은 공방에서 발리 신발을 만들기 시작하여 1970년대 이후 가방이나 지갑, 벨트, 의류 등까지 생산하는 토털 패션 브랜드로 거듭났다.

중국과 이탈리아의 실크에 관한 기술과 영국의 모직 기술 등은 아직 다른 나라에서는 엄두도 못 내는 기술이다. 널리 알려지지는 않았지만, 스페인 사람들의 가죽 무두질 기술과 가공 기술 역시 마찬가지이다. 투우(鬪牛)가 성행해서 죽은 소를 처리할 방법을 찾던 스페인 사람들은 그 가죽을 쓰기 위해 가죽 가공 기술을 개발했다. 오늘날 우리가 입는 이른바 '세무' 가죽의 명품들은 전부 스페인의 무두질 기술을 이용한 것이다.

이렇게 나라마다 자신들이 아니면 할 수 없는 명품을 만드는 기술을 가지고 있다. 우리는 아직 더 노력해야 한다. 내가 난감해하는 것은 우리의 자세로는 그런 명품은 커녕 명품의 근처에도 못 가는 물건만 만들다가 21세기를 맞을 것이란 생각이 든다. 그런 명품은 그 명품을 이해하고 명품을 만드는 사람들을 존경하는 사회 분위기에서만 나올 수 있다. 돈으로 모든 것을 해결하려 하거나 혹은 사회의 어느 특정 계층에서만 노력한다고 명품이 탄생할 수 있는 것은 결코 아니다. 우리 사회는 그것을 만드는 사람에 대한 이해가 부족한 것 같다.

비싸다고 해서 다 명품은 아니다. 명품 중에는 가격이 무척 싼 물건도 있다. 지포(Zippo)라는 라이터가 있다. 한때는 우리나라의 시골 노인네들까지 다 하나씩 가지고 썼던 물건이다. 가스 라이터가 나오면서 사라져가고 있지만 지포라이터는 세계적인 명품이다. 바람이 아무리 세차게 불어도 불이 꺼지지 않는 이 라이터 역시 전쟁의 산물이다.

문제는 우리는 그 라이터에 쓰이는 라이터용 휘발유 하나 제대로 만들지 못하고 있다는 것이다. 지포 라이터용 국산 휘발유가 나오긴 한다. 그러나 조금이라도 관심 있는 사람이라면 국산 휘발유를 넣었을 때 과연 어떻게 되는지 유심히 살펴보기 바란다. 그을음이 나고 불꽃은 제멋대로 오르락내리락하는 데다 무엇보다도 그 냄새 때문에 견딜 수가 없다.

원래 이 라이터에는 론손이라는 미국에서 만든 라이터용 기름을 써야 한다. 지포에 쓸 라이터 기름을 만드는 것도 바로 기름의 정제 기술과 관련이 있다. 문제는 그 정도의 기술을 우리가 가지고 있지 않은 것이 아니라 그것을 건성으로 만드는 회사들의 자세와 소비자들의 '대충 넘기는' 태도 때문에 그런 물건이 나오고 있다는 것이다.

작은 기술들이 모여 큰 기술이 되고 때로는 작은 기술 하나가 바로 최첨단 기술이 되는 일도 있다. 기술이라는 것은 어느 날 하늘에서 느닷없이 떨어지는 것이 아니다. 맛있는 과자를 만들 수 있으면 그 효모를 이용해서 여러 종류의 의약품을 만들 수 있듯이 모든 민생용 기술은 인접 상품으로 이어져 있다. '그까짓 과자 부스러기' 혹은 '그까짓 라이터 기름'이라고 천대하는 동안 서구 선진국과 일본은 앞서가 버린 것이다.

32

죽어가는 땅을 살리는 길.
유기비료(有機肥料, Organic Fertilizer)

내가 유기 비료를 만들려고 하는 것은 구자경 LG 회장, 그리고 돌아가신 아버지의 모습을 곁에서 보면서 작심한 것이다. 간단하게 이야기하자면 오늘날 우리의 땅은 이제 더 이상 피폐해질 수 없을 정도로 피폐해져 있다.

'66년 완공된 한국비료'가 그 증거겠지만 한때는 나 또한 화학비료를 생산하는 대형 비료 공장의 건립에 온 힘을 기울인 적이 있다. 그러나 그것은 그때의 사정이었다. 그땐 퇴비를 만들고 유기질 비료를 만들어서 곡물 생산을 하려고 했다간 굶어 죽는 사람이 속출할 판이었으니 화학비료의 증산이 우선 시급했다. '우리 농촌에서도 일본 농촌 비료 사용량의 70% 정도라도 비료를 쓸 수 있게 하자'는 것이 비료 공장을 만들면서 내가 가졌던 결심이었다.

그러나 어쩔 수 없는 상황이었지만 그 화학비료를 쓰는 동안 우리의 땅은 완전히 죽어가고 있었다. 우리가 조상으로부터 물려받은 것이라고는 '땅' 밖에 없다고 해도 지나친 말은 아니다. 세계에서 가장 오래된 금속활자나 측우기(測雨器, 세종 때인 1440년 전후하여 사용한 공식적인 우량 측정 기구)가 있다고는 하지만 그 역시 중간에 그 기술이 맥이 끊어져 버렸고 어느 날 문득 뒤돌아보니 넓지도 않은 땅 밖에는 가진 것이 없는 형편이 되어 버렸다. 그런데 이 땅마저 극심한 산성화로 더 이상 생물이 살아갈 수 없는 땅이 되어가고 있다. 이 땅을 이대로 방치한 채 오늘의 우리만 겨우 먹고 살다가 후손에게 이 상태로 물려줄 것인가? 그럴 경우 우리의 후손들은 우리를 얼마나 원망할 것인가?

토지의 산성화는 그저 텔레비전의 뉴스에 잠깐 스치고 지나가듯이 잊어버려도 좋은 문제가 아니다. 땅이 산성화되어 간다는 것은 곧 땅이 죽어간다는 것이다. 문제는 이런 현상이 생긴 것을 두고 한탄만 할 것이 아니라 어떻게 이 난제를 해결할까 하는 점이다. 해답은 간단하다. 땅의 산성화를 멈추게 하고 점차 중성화를 시키는 한편 병충해에도 강하도록 지력(地力)을 높여주는 것이다. 물론 퇴비를 몇 년 동안 논밭에 뿌려주고 농사를 짓지 않고 지력을 높이는 것이 제일 좋은 방법이긴 할 것이다. 그러나 그것은 그에 소요되는 노동력과 시급한 식량 문제 때문에 불가능하다.

우리가 택할 수 있는 방법은 단 한 가지다. 바로 발효 유기질 비료를 만들어서 사용하는 것이다. 유기질 비료는 퇴비나 다름없는 오히려 경우에 따라서는 퇴비보다 더 좋은 비료이다. 다행히도 유기질 비료는 공장 생산도 가능하고 우리가 쓰고 남은 혹은 먹고 나서 버리는 찌꺼기로 만들 수도 있다.

그런데 더 난감한 문제는 아직 정부의 어느 관리도 이런 유기질 비료의 장점과 필요성을 정확히 깨닫지 못하고 있다는 데 있다. 이번에 유기질 비료 공장을 만들려고 '제조공정'을 설명해 주니 겨우 나온 대답이 "그렇게 만들면 좋겠습니다."라는 것이었다. 그런 공정이 있는 줄도 모르고 있었다는 이야기이고 또 그런 비료에 대해서 절박한 심정으로 연구를 하지 않고 있었다는 것이었다. 일본에서 몇 해 전 그런 시도를 해서 어느 농대 연구팀이 성공했다는 이야기를 들은 적이 있다는 것이 소관 관리로부터 내가 들은 이야기의 전부다.

정부에서 하는 방법을 보면 너무나 단편적이고 고답적이다. 요즘 시골길을 다니다 보면 산에서 흙을 파와서 논바닥에 뿌리는 것을 볼 때가 많다. 그것을 객토(客土)라고 한다. 산성화가 덜 된 산의 흙을 객토함으로써 논의 생산력을 높이고 산성화를 막으려고 그렇게 하고 있다. 그러나 그런 식으로 해결하기엔 이미 우리의 토질 산성화와 그 때문에 생긴 토질의 지력 약화가 너무 심각하다. 객토는 미봉책에 불과하다. 산의 흙을 가져다 부은 뒤 산에서 일어나는 문제는 어떻게 해결할 것인가? 앞으로는 유기질 성분을 가져다 부어서 좋은 땅으로 만들어야 한다.

엉망인 분재(盆栽, Bonsai)용 비료

분재란 이끼, 나무나 풀을 화분에 심어 작게 가꾸는 것을 말한다.
전쟁터의 한계 상황이 군수품의 명품을 만들어 냈듯이 나 역시 독특한 유기질 비료를 만들고 싶었다. 나는 분재를 좋아한다. 동국제강 장상태 회장처럼 나 역시 분재를 하다 보니 이른바 분재용 비료 역시 엉망이라는 사실을 깨닫게 되었다.
처음엔 나도 그저 분재에 필요한 비료를 만들어야겠다는 정도로 가볍게 생각했다. 나는 더러는 실험용으로 일본 비료를 사용하는 경우가 있는데 분재를 하는 이 중에는 아예 일본 비료를 그대로 가져다 쓰는 사람도 퍽 많다는 사실도 알게 되었다. 그러나 그들만 탓할 수도 없다. 완벽하지는 않지만 일제 비료가 훨씬 좋은 이상 나무를 사랑하는 그들이 그 가격이 비싸더라도 일제를 쓰는 것도 이해가 되기 때문이다. 애국심에 호소해서 무조건 국산을 사용하라고 하는 것은 지난 시대의 이야기다. 이제는 뭔가 장점을 지닌 물건을 개발해야 할 때이다.

분재를 구하는 길에 전라도의 어느 지방에 간 적이 있다. 그곳에서 평생동안 분재를 해왔고 또 '분재용 비료'를 독창적으로 기차게 만들어 쓴다는 평을 듣고 있는 어느 분재인을 만난 적이 있다. 그이가 가지고 있는 분재를 구경하고 한참 이야기를 나누다 헤어지는 마당에 그 사람이 나에게 슬며시 분재용 비료를 한 뭉치 주었다. 자신이 아끼는 비료이기에 참으로 고마웠다.

한데 그 비료는 간단하게 이야기하자면 인분과 가축분을 모아서 1년 정도 통 속에서 썩힌 것이었다. 물론 인분이나 가축들의 분이 비료 성분으로 필요한 것은 사실이다. 그러나 그것만으로는 비료가 될 수 없고 또 그런 비료는 식물의 성장 면에서는 절대적으로 효과가 부족하다. 그이가 준 비료는 내가 보기엔 분재에 그저 20%의 효과밖에는 없는 것이다.

어느 농과대학교의 교수가 무척이나 답답한 이야기를 하는 것을 직접 본 것도 내가 유기질 비료를 만들어야겠다고 결심을 굳힌 이유가 되었다. 분재를 하는 사람들 중에는 그저 '썩히는' 것을 발효라고 생각하고 온갖 것을 다 통 속에 넣고 푹 썩힌 다음 사용하는 이들이 많은 것은 그들이 비료나 발효에 대한 전문가가 아니니 그대로 이해할 수 있지만 대학교수가 '발효라는 게 열을 주어서 푹 썩히는 것 아닙니까?'라고 하는 이야기를 듣고는 실망이 컸다.

열을 많이 주면 발효균이 다 죽게 된다는 것은 기본적인 상식이다. 그냥 썩히는 것은 발효 비료에 비하면 약 10~20%의 효과밖에 없는 것으로 알려져 있다. 사과를 발효균을 이용하여 적절한 온도로 발효시키면 사과술과 사과식초가 되지만 사과에 무작정 열을 주고 썩히기만 하면 사람에게 해로운 부패 물질로 변한다는 것은 상식이다.

발효라는 것은 우리가 흔히 이야기하는 '띄운다'는 것이다. 그 띄우는 과정을 거치면 모든 식품은 흡수가 쉽고 영양이 살아있는 유기질로 변한다. 발효식품인 요구르트나 막걸리, 식초, 김치 등이 사람에게 유익하다면 발효 비료인 유기질 비료는 땅과 식물에 퍽 유익한 것이다. 사람에게 발효음식인 김치 대신 배추 썩은 것을 먹으라고 줄 수 없듯이 식물에게도 유기질 비료 대신 찌꺼기 썩은 것을 줄 수는 없다. 콩을 띄운 것은 메주와 된장, 간장이 되지만 콩을 썩힌 것은 인체에 결정적인 해악을 준다. 물론 그나마 이도 저도 아니고 화학비료를 쓰면 더 심각한 폐해가 나타난다. 땅이 죽어간다는 절박감은 나에게 유기질 비료를 만들어야겠다는 강박관념과도 같은 결심을 하게 했다.

나는 최종적으로는 공업경영학을 공부했지만 농과대학(동경농업대학) 출신이기도 한 사실은 나에게 유기질 비료를 만들 수 있는 기술적 여건을 마련해 주었다. 물론 나 혼자 하는 것이 아니고 지금까지도 그랬고 앞으로도 여기저기서 여러 사람에게 도움을 많이 받아야 할 터이다. 예전에 유기질 비료를 만들었던 제일제당의 종합 연구소의 연구팀에게서는 효모에 관한 자료를 얻었고 일본 농과대학의 동기생이자 지금은 그 대학의 학장을 맡고 있는 다나카(田中) 교수는 효모의 성능 실험을 실비로 진행해 주었다. 이에 더하여 미국에 유학하던 시절 알았던 프라이드 박사(Dr. P. Pride)의 도움도 큰 힘이 되었다. 이 이외에도 알게 모르게 여기저기서 비료 부대 디자인과 컴퓨터 작업까지도 도와주는 이들도 있다. (이맹희 회장은 실제로 '제일비료'라는 비료회사를 설립했다.) 욕심 같아선 그 모든 과정을 내가 다 했으면 싶지만 그러기엔 내 힘에 너무 벅차고 우리 사정이 절박하다.

내가 비료에 철분을 보충하기 위해 소 피를 넣는다고 하니 그런 복잡한 과정 대신에 화공철분을 넣는 것이 어떻겠느냐는 이야기를 하는 사람들도 만났다. 유기질과 무기질의 차이도 모르고 효모가 살아서 활동하는 영양 덩어리인 유기질 비료와 모든 영양소를 푹 썩혀서 파괴시키는 것을 같게 보는 사람들도 의외로 많이 만났다. 심지어 한국에서는 제법 유명하다는 어느 원예가는 텔레비전에 나와서 '비닐봉지 속에 음식물 찌꺼기를 넣어서 땅속에 한두 해 정도 묻어두었다 꺼내면 아주 좋은 비료가 된다'라는 말을 하는 것을 들은 적도 있다. 일본에서 6개월 정도 공부하고 돌아와서 발효 비료를 만든다면서 발효 비료 제조 기계를 만들어 파는 사람도 보았다. 참으로 요지경 속이다.

나도 하나쯤은 유기 비료의 명품을 만들고 싶다. 그까짓 비료가 무슨 명품이 되겠느냐고 반문하는 이도 있겠지만 언젠가 내가 만든 비료가 더 발전하여 널리 쓰인 결과 시골의 논둑길에서 메뚜기와 물방개가 노는 모습을 보게 된다면 내 비료도 명품의 대열에 오를 수 있을 것이다. 다만 안타까운 것은 내 힘이 부족하여 우선은 소량이 필요한 분재용 비료부터 만들고 과수원에 사용할 비료와 토마토, 오이, 고추, 수박, 참외 등에 사용할 비료를 만든 다음 그 후에야 논밭 농사에 이용할 대량의 유기질 비료를 만들 수 있다는 것이다.

탈 많은 골프장 비료도 만들겠다.

말 많고 탈 많은 골프장의 비료도 언젠가는 만들 생각이다. 현재도 골프장에는 농약의 독성을 없앨 유수지가 있지만 농약의 유출 문제로 늘 인근의 주민들과 말썽이 그치질 않고 있다. 물론 골퍼들도 농약의 독성 위험에 노출되어 있다. 논밭도 마찬가지이다. 늘 계속해서 화학비료만을 쓰는 바람에 요즘엔 농약을 10여 번이나 쳐야만 병충해가 해결되는 몹쓸 땅으로 변해있다.

이제 땅을 살려야 한다. 유기질 비료를 쓰면 땅이 자신의 힘을 되찾아 농약의 사용량을 줄여도 된다는 것을 누구나 알고 있다. 선친께서 간척지 사업을 구상하시면서 "내가 시작해야 맹희 니가 계속할 건데…."라고 하신 말씀을 기억하고 있다. 내가 첫발을 내디디면 누군가가 내 뒤를 이어받으리라. 내가 걸었던 방법이 옳다면 누군가가 나의 뒤를 이어서 더 값싸고 더 성능이 뛰어나고, 그리고 만들기 쉽고 사용하기 편리한 유기질 비료로 발전시킬 것이다.

나는 현재로서는 우리 주변의 폐기물들을 모아서 유기질 비료를 만든다는 대명제만을 세워두고 있다. 땅에 버리면 땅을 더럽힐 물건들을 변화시켜 땅에 유익한 것으로 바꾸는 것은 그야말로 일석이조이다. 작은 규모나마 비료 공장을 준비하면서 실험을 한답시고 버리는 소피(牛血)와 목재소의 재, 음식 찌꺼기, 육류 찌꺼기 등 각종 폐기물 등을 모으다 보니 주변의 친한 친구들은 나를 만나면 '쓰레기장을 세울 일이 생겼느냐'라고 놀린다.

그러나 나는 확신한다. 이 땅을 더럽힐 것을 모아서 효모 제조의 기술을 이용하여 이 땅을 되살릴 유기질 비료를 만들면 다른 어느 기업 못지않게 용인의 자연 풍치를 아꼈던 선친도 지하에서나마 나를 칭찬하시리라고.

33

삼성(三星)은 월남전 특수를 외면했다

　전쟁은 비극이지만 특정 국가나 기업에게 발돋움할 수 있는 기회를 제공한다.
　한국은 월남전을 통해서 경제 개발에 성공했다는 평가를 받는다. 한국이 월남전 특수를 누린 건 사실이다. 일본은 한국전쟁과 월남전을 통해 경제 대국 도약의 발판을 마련했다. 물론 한국과 일본은 상황이 달랐던 만큼 이익을 보는 폭도 달랐다. 일본은 월남전 당시 상당한 경제적, 기술적 축적이 있었기에 우리보다는 그 성장의 폭이 훨씬 넓었다. 그들은 전쟁에 필요한 각종 기계류의 생산과 혹은 전쟁 물자의 수리 등에 관한 기술이 있었으므로 월남전에서 주로 인건비와 수송 등을 통해서 작은 이익을 얻었던 우리와는 달리 그야말로 막대한 이익을 얻었다. 일본에 비하면 우리가 월남전에서 얻은 이익은 1백분의 1도 안 될 정도이다. 그러나 어쨌든 일본이나 한국이나 월남전을 통해서 국가 경제의 성장이라는 측면에서 이익을 본 것은 사실이다.
　월남전에 한국군의 참전이 결정되면서 아버지와 나는 과연 월남전에 삼성이 어떻게 대응할 것인가를 깊이 논의했다. 여러 차례 이야기를 나눈 결과 '일단 과장급 직원을 월남으로 보내서 현지 사정을 정확히 살펴보자'라는 결론을 얻었다. 그곳에 파견된 과장은 현재 삼성 계열사에 사장으로 있다. 그때 이(李) 과장의 부인이 아파서 가족 단위로 부임을 못 하고 이 과장 혼자만 단신으로 출국했다. 사이공에 갔던 이 과장이 얼마나 있었는지, 혹은 어떤 보고를 해왔는지 정확히 기억이 나지 않는다. 결과는 '삼성은 월남에 진출하지 말자'라는 쪽으로 결론이 났다.

나는 그때 상황을 다시 되짚어보면서 당시 삼성이 월남에 진출했어야 한다는 생각을 아직도 버리지 못하고 있다. 극단적으로 표현하자면 '범죄 행위가 아니면 이윤을 추구하는 기업으로서 뭐든지 해야 한다'라는 것이 나의 생각이었다. 만약 삼성이 월남에 진출했더라면 기업으로서는 단순히 규모를 키우는 정도가 아니라 한 단계 더 높이 도약할 수 있는 결정적 계기를 마련할 수 있었을 것이다.

그러나 아버지의 생각은 달랐다. 아버지는 월남전에 참전하는 것을 '남의 아픔인 전쟁을 이용하는 행위'로 생각했고 삼성이 만약 월남에 진출하게 되는 경우 그것은 기업으로서 '비겁한 행위를 하는 것'으로 판단했던 듯하다.

나는 그때나 지금이나 절대로 그렇게는 생각하지 않는다. 나는 그 당시 미국 정부로부터 물자 수송에 관한 뛰어난 능력을 인정받아 월남에 진출하여 굴지의 대기업을 이룬 어느 국내 기업(조중훈 회장의 한진상사)에 대해 퍽 좋은 판단을 했다고 생각한다. 그들은 수송에 관한 한 나름대로의 노하우를 가지고 월남에 진출했고 그 기업의 월남 진출은 그 기업뿐만 아니라 우리나라 전체의 경제 도약에도 아주 긍정적인 영향을 주었다.

그러나 어쨌든 아버지와 나의 견해 차이는 끝내 좁혀지지 않았고 삼성은 월남전에 참여하지 않게 되었다. 나는 겨우 과장급 직원 한 사람을 조사차 현지로 보낼 때 벌써 월남전 특수(特需, War Special)에 삼성이 개입하지 않겠다는 의사를 표시하는 걸로 짐작은 했었다. 그리고 내 예상은 맞았다.

당시 나는 아버지를 설득하려고 여러 가지 데이터를 제시했었다. 1개 사단이 아무런 전투 연습이나 전투 행위 없이 가만히 있어도 매년 87명이 사고사(事故死)하게 되고 월남전에서 1개 사단이 겪는 사고사는 매년 570명인데 이 사고사 숫자는 야전에서 적이 없이 전투 연습을 하더라도 생길 수 있는 숫자라는 당시의 사단 작전 인원 사고사 현황까지 설명 드렸지만, 아버지는 월남전에 대해서는 불참하겠다는 생각을 고수하고 있었다. 나로서는 '우리는 작전에 참가하는 것은 아니고 더더욱 전쟁 물자를 공급하는 것도 아니다. 물자 운송망 건설에만 참여하자'는 것과 '굳이 전쟁 물자라고 해봐야 피복류 정도가 전부'라며 강력히 월남에 진출하자고 주장했지만, 아버지는 불참하겠다는 의지를 굽히지 않았다.

기업이 이윤 추구를 위해, 혹은 어떤 생산품을 만들기 위해 벌이는 행위가 잘못인지 아닌지는 어떤 도덕률로 잴 수 있는 것일까? 예컨대 우리가 먹는 각종 육류는 당연히 살아있는 동물의 목숨을 대가로 얻어지는 것이다. 동물을 죽이는 것은 명백한 살상이지만 육류를 얻기 위해서 도살하는 행위는 생산 행위다. 콜라를 만드는 것은 분명 생산 활동인데 콜라는 어린이들의 치아를 상하게 한다고 미국에서는 야단이다. 그렇다 하더라도 과연 콜라 생산업이 나쁘다고 이야기할 수 있는가? 그것이 소비재이기 때문에 지탄받는다면 콜라 생산기기를 만드는 공업은 콜라를 만들어 내는, 말하자면 원인 제공인데 그건 과연 옳은 것인가? 담배를 만드는 것은 좋은 것인가, 나쁜 것인가? 건강을 해친다는 측면에서는 나쁘다고 한다면 담배 재배 농가도 같은 평가를 받아야 하는 것이 아니겠는가? 부유층을 대상으로 몇백만짜리 옷을 만들어 팔아서 이윤을 챙기면 그것은 과연 정당한 생산 활동인가, 아니면 사치성 조장으로 욕을 먹어야 하는 행위일까?

여담으로 한 가지 이야기를 해야 하겠다. 페르시안 카펫(Carpet)이 있다. 고대 아르메니아나 페르시아에서 제작된 카펫을 말한다. 물론 다 그런 고급품은 아니지만 그 중엔 세 평짜리 카펫 한 장에 약 1백만 달러 이상 호가하는 것도 있다. 우리 돈으로 13억 원이 넘는 이 카펫은 오래 쓰면 쓸수록 윤이 나는 최고급품이다. 그런데 그 가격을 문제 삼지 않더라도 이 카펫은 생산 공정에서 기본적으로 문제점이 있다고 할 수 있다.

이 고급 카펫을 짜기 위해서는 새끼 밴 양이 필요하다. 우선 임신 2개월 되는 어미 양의 배를 가르고 새끼를 끄집어낸다. 양은 보통 2~3마리 새끼를 배는데 그 중 뱃속의 수놈은 버리고 암놈의 털만 채집한다. 그 최고급 카펫은 암놈 새끼의 털만을 모아서 실을 만들어야 하니 결국 카펫 하나를 짜기 위해서 막대한 수의 어미 양을 희생시켜야 함은 물론이고 어미 양의 뱃속에 들었던 애꿎은 새끼 양을 수도 없이 희생시켜야 하는 것이다.

카펫을 짜는 과정도 대단히 어렵고 복잡하다. 그 무늬가 전통적으로 내려오는 것이기 때문에 그것에 맞춰서 짜기가 까다로운 데다 실을 뽑아내고 그 실을 가공하는 데도 보통 10여 명이 조를 이루어 일을 하는데 이들이 1주일 내내 일을 한다고 해도 10cm 이상을 짜나가기가 힘들다고 한다. 그렇게 해서 해를 넘기며 일을 해서 카펫이 완성되고 나면 그 카펫을 다시 손질하는 복잡한 과정을 거쳐야 한다. 물에 적셔서 길에서 말리는데 믿어지지가 않겠지만 일부러 그 카펫 위로 마차나 낙타 혹은 자동차까지 지나가게 한다. 그 역시 고급 카펫을 만드는 비법이다. 이렇게 물에 적셔서 자동차 등이 지나가게 하고 그런 과정에서 마르면 다시 물에 적셔서 또 길 위에 갖다 널고 하는 것을 몇 차례 반복한다.

이런 과정을 거쳐서 완성되다 보니 카펫 한 장에 13억 원을 호가하게 되는데 이런 일련의 과정이 생산 과정이라고 해서 기업이 이 일에 참여하는 것이 정당한 것일까? 당연히 고용 창출은 될 것이고 전통을 이어간다는 점에서도 긍정적이다. 더구나 국내 소비가 아니라 막대한 외화를 벌어들인다고 가정할 때 누군가가 이 일을 하게 되면 사람들은 이 일을 맡은 사람이 건전한 기업 활동을 하고 있다고 인정할 것인가?

기업 활동을 하다 보면 군수 산업에 참여하게 되는 경우가 많다. 그러나 요즈음의 군수 산업이라는 것이 대부분 민생용 제품의 생산과 맞물려 있다. 군용 전투기를 만드는 기술이 민간용 비행기를 만드는 것으로 전용되고 민생용 제품을 만드는 데 쓰였던 기술이 바로 페르시아만 사태 때의 전쟁 물자에 쓰인 예도 실제 보지 않았던가? 그러면 어떤 것이 살상용 무기를 만드는 기술이고 어떤 것이 민생용 무기인지 구분이 가지 않는 상황에서 기업이 택할 수 있는 길은 어느 쪽일까? 사치품과 생활필수품의 구별도 모호해지고, 전쟁용인지 민생용인지의 구분도 모호해지니 확실한 판단이 어려워진다.

요즘도 나는 월남전 당시 삼성이 그 전쟁의 현장에 가지 않았던 것이 과연 옳은 선택이었는지, 혹은 앞으로 그런 일이 다시 있다면 그 경우엔 우리나라 기업들이 어떤 논리로 어떤 선택을 하게 될 것인가를 곰곰이 생각해 보는 것이다.

34

성숙되지 않은 호텔(Hotel) 문화

호텔의 역사는 길다. 인류의 역사가 시작되면서 사람들은 먼 길을 여행하게 되고 숙박 시설이 필요했다. 호텔은 전통적으로 도시의 숙박 시설을 말한다. 19세기 산업혁명 이후 비즈니스 이유 등으로 여행객이 폭증함에 따라 호텔이 번성했고 1950년대 미국에서 고속도로 붐이 일어나면서 호텔 사업은 호황을 맞이했다.

나는 일본 책에서 본 것으로 기억한다. 그 책의 저자는 자신이 한국에서 겪은 '이상한 체험'이라며 이런 이야기를 썼다.

'어느 날 나는 호텔의 식당에 갔다. 그런데 창가의 바깥 경치가 좋은 자리에 앉아서 식사 주문을 하고 식사가 나오기를 기다리고 있는데 웨이터(Waiter)가 오더니 느닷없이 자리를 비켜주었으면 좋겠다고 한다. 당황한 내가 왜 그러느냐고 물었더니 그 웨이터는 '저희 회사 사장님이 귀중한 손님을 모시고 오기 때문에 이 자리에 모시고자 한다'라고 했다'

기가 막히는 이 이야기는 후속편이 붙어 있다. 몇 마디 말이 오간 후 필자가 '웨이터인 당신은 나를 위해서 일하는 사람이 아니냐'고 하자 그 웨이터가 '나한테 봉급을 주는 사람은 사장이니까 나한테는 손님보다 사장이 더 중요하다'고 했다. 슬픈 이야기다. 진실로 억장이 무너지는 이야기다. 우리의 호텔 문화가 이런 수준이다. 그 책을 읽은 직후에 나도 '설마'했다. 우리의 나쁜 점을 꼬집기를 즐겨하는 일본인들의 비아냥쯤으로 생각했다. 나 역시 여러 나라를 여행하다 보면 여러 지역의 호텔에 묵게 되는데 내가 평소에 자주 드나들던 'T 호텔'에서 거의 같은 일을 당하게 되었다.

T 호텔은 평소 최상급의 서비스를 제공한다는 평판을 듣고 있는 이른바 최고급 호텔이다. 이런 호텔마저도 호텔 경영의 기본인 '손님은 왕(Customer is always right.)'이라는 원칙을 제대로 지키지 않는 것 같아서 여기에 소개를 한다. 내가 투숙하고 있던 어느 날 평소 친분이 있는 사람들과 서너 명이서 일식당의 철판구이(테판야끼) 코너로 갔다. 가기 전 룸에서 전화를 해서 '따로 된 방이 없느냐'고 물었더니 '별실은 이미 예약이 다 되었다'고 했다. 그래서 합석을 하기로 하고 한 코너에 앉았더니 이미 웬 남녀가 앉아 있었다. 모른 척하고 이야기를 들어보니 일본말로 뭐라고 하는데 일본 관광객과 한국 여인 같았다. 여기서부터 기분이 약간 상하기 시작했다. 게다가 얼마 후 누가 인사를 하고 지나가길래 쳐다봤더니 호텔의 사장이었다. 그 사장은 일행과 더불어 별실로 쏙 들어갔다. 나하고 같이 있는 일행에게 미안해서 아무런 내색도 않고 식사를 마쳤지만 내심 상당히 불쾌했다. 그까짓 일로 불쾌하게 생각할 게 뭐 있느냐고 할는지 모르지만 그날 그 자리를 통해서 나는 많은 것을 생각했다.

우선 사장이라는 사람을 중심으로 생각해 보자. 첫째, 호텔 운영의 기본 규정상 사장은 매장이나 객장에 나타나서는 안 된다. 사장은 물론이거니와 전무나 상무 등 호텔 행정 책임자는 객장에 나와서는 안 되고 나올 필요도 없다.

그럼 누가 매장이나 객장을 관리하느냐는 궁금증이 나는데 호텔의 서비스나 현장에서의 관리는 사장이 아니라 총괄 매니저(General Manager)가 하는 것이다. 국내의 어느 호텔이라도 이용해 본 사람은 알겠지만 첫날 룸에 들어가면 발견하게 되는 손님을 맞는 인사 문구에도 사장이 아니라 총괄 매니저의 이름이 적혀 있다. 속칭 '웰컴 카드(Welcome Card)'라고 불리는 이 종이쪽지에는 늘 '우리 호텔을 이용해 주셔서 감사합니다. 계시는 동안 불편이 있으시면 언제라도 불러주십시오'라고 적혀 있고 그 아래엔 총괄 매니저의 이름과 사인이 새겨져 있다.

예컨대 호텔에 새로운 음식 코너를 개설하고는 손님들을 무료로 초대해서 접대할 일이 있다면 그건 총괄 매니저가 할 일이다. 만약 그날 일식당의 별실로 들어간 사람이 제너럴 매니저였다면 나는 이해할 수도 있었을 것이다. 호텔은 이원적 구조로 되어 있다. 어느 호텔이나 손님 접대에 관한 모든 일은 총지배인이 하게 되어 있고 사장은 호텔의 전 임직원과 연관된 업무를 관장한다. 따라서 원천적으로 보자면 사장은 손님들이 드나드는 객장에 나타날 필요가 거의 없다.

흔한 말로 손님은 왕이라고 하는데 그게 잘 지켜져야 할 곳이 바로 호텔이다. 어디를 가더라도 여행객이 자기 집만큼 편안한 곳을 찾기는 힘들겠지만 호텔이라는 곳은 자기 집만큼이나 편안해야 한다. 그러기 위해서는 손님 위주로 모든 질서가 잡혀 있어야 한다. 설혹 사장이나 매니저 혹은 그 호텔의 오너가 먼저 예약을 했더라도 누구라도 손님이 예약을 하고자 하면 자신은 자리를 비키는 것이 '호텔맨'의 예의이고 호텔 경영의 기본이다. 사장이 진실로 호텔을 아낀다면 자신은 늘 가장 좋지 않은 자리에 앉을 준비를 해야 한다.

'내가 높은 직위에 있으니 더 좋은 음식을 먹고 더 좋은 자리에 앉아야 한다'는 생각은 후진적인 사고 방식이다.

돈이 많다고 해서 호텔을 이용할 수 있는 것은 아니다. 그러면 어떤 조건을 갖추어야 하느냐고 묻겠지만 대답은 간단하다. 어느 장소에서나 예의(禮儀, Etiquette)를 갖추어야 한다. 호텔에서 웨이터나 주방장 같은 호텔맨들에게서 접대를 제대로 받는 사람은 예의를 갖춘 사람들이다. 호텔 문화가 제일 먼저 시작된 유럽에서는 한때 귀족들이 자신을 소개할 때 귀족이라는 말보다 '어느 호텔'을 소유하고 있다는 소개를 먼저 했다는 것을 기억해야 한다. 그만큼 호텔이라는 곳은 예의 바른 사람들이 모이는 곳이다. 손님은 예의를 갖추고 정당한 돈을 지불하고 자신이 원하는 서비스를 완벽하게 받아야 한다.

일찍이 호텔 문화가 발달한 미국 같은 나라에서는 호텔에서 정당한 서비스가 제공되지 않으면 손님은 자신의 '피해'에 대해 보상을 요구하고 호텔에서도 보상을 해주는 것이 관례이다. 그 호텔에서 보수 공사를 하는 바람에, 혹은 길의 차 소리가 심하게 들려서 잠을 못 잤다면 당연히 그 부분에 대해서 보상을 해야 한다. 더러 호텔맨들의 불친절로 기분이 나빠진다면 그것 역시 보상의 대상이 된다.

물론 손님들도 예의를 갖추어야 한다. 음식을 먹을 때 격식에 맞춰서 먹어야 하는 등 기본적인 예의가 있어야 한다. 만약 종업원들을 예전의 하인 부리듯이 하면 아무리 많은 돈을 내더라도 멸시를 받기 마련이다. 요즘도 여자 종업원들을 '야'라고 부르는 사람이 있는데 그 역시 몰상식한 사람으로 지탄받아야 한다. 호텔의 스태프들은 최소 2년, 상당수는 4년 동안 대학에서 손님 접대 방법을 배운 사람들이다.

신라호텔 대주주인 인희 누나도 음식값 꼭 지불

내가 자주 가는 신라호텔의 이야기를 해야겠다. 호텔신라(Hotel Shilla)는 삼성그룹의 계열사로 국내 최고의 럭셔리 호텔이다. 쉽게 이해가 되지 않는 이야기일지 모르지만, 인희 누이(이맹희 회장의 누나이자 이병철 회장의 맏따님)는 자신이 신라호텔의 대주주로 운영에 관여하던 시절에도 나와 같이 식사를 하고 나면 꼭 음식값을 지불했다.

나는 신라호텔을 지을 때 차관 도입을 내가 직접하고 부지 매입도 직접 했다. 일식당의 경우는 우동이나 초밥의 경우 아버지와 더불어 일본에 가서 견본을 보고 나서 동경의 생선초밥집으로 일식당 주방장을 교육, 연수시키자고 제안한 것도 바로 나였다.

인희 누나는 잘 알려져 있듯이 신라호텔의 대주주였다. 그런데도 인희 누나는 어김없이 식사비를 지불했다. 누이 자신이 오너였지만 누이도 호텔이라는 기업의 운영에 대해서 누구보다 잘 알기 때문에 그렇게 했다. 호텔의 대주주나 사장은 정확하게 계산을 하는 것이 당연하다. 호텔에서 손님 접대 일로 공짜로 음식을 먹을 수 있는 사람은 매니저 정도이다. 어느 기업이나 사원 교육을 위해서 막대한 돈을 투자한다. 호텔의 경우는 다른 어떤 종류의 기업보다 스태프들의 교육에 투자하는 비율이 높다. 그러면 그 교육이 무너지는 데서 생기는 손실은 과연 얼마나 될까? 정확하게 계수로 측정하기는 쉽지 않지만 호텔의 파산에 연결될 수도 있다.

일반인들은 잘 모르고 지나간 일이지만 몇 해 전 국내 호텔로는 처음으로 신라호텔이 세계 호텔 중 31위로 선정된 일이 있다. 호텔업계 사람들은 잘 알고 있지만 이건 대단한 성과이다. 그 이전에는 우리나라 호텔이 세계 1백 대 호텔에 선정된 적도 없었다. 세계 호텔 업계에서도 신라호텔이 31위로 선정된 것에 대한 놀라움을 감추지 못했다. 규모가 크다고 해서 호텔 랭킹이 높아지는 것은 아니다. 신라호텔보다 규모가 큰 호텔은 세계적으로 몇백 개가 더 있다. 호텔 경영의 요체는 서비스이고 이것도 곧 합리적인 호텔 경영 방안이라는 것을 말하고 싶다.

오늘날 세계적으로 유명해진 일본의 오쿠라(大倉)호텔 이야기는 호텔 경영에 대해서 시사하는 바가 많다. 오쿠라호텔은 도쿄 미나토구 도라노몬에 있는 일본 3대 전통호텔로 17층으로 이루어진 헤리티지 윙과 41층으로 이루어진 프레스티지 타워 두 동으로 되어 있다. 럭셔리 호텔의 진수를 보여주는 것으로 유명하다.

오쿠라호텔이 그리 유명하지 않던 시절, 미국 워싱턴포스트지의 유명한 정치 담당 기자가 일본으로 출장을 와서 오쿠라호텔에 묵은 적이 있었다. 투숙하고 난 다음 그는 '불편 신고 카드'에 몇 마디 코멘트를 남겼다. 별생각 없이 "나도 정확하게 꼬집지는 못하겠지만 어딘지 모르게 허술하다."는 애매모호한 말을 남겼다는 것이다. 그리고 그는 미국으로 돌아갔고 곧 그 일을 잊어버렸다. 6개월이 지난 뒤 그 기자는 오쿠라호텔 뉴욕 지점으로부터 예상치 못한 전화를 한 통 받았다. 그들은 정중하게

'일본 동경 오쿠라호텔에서 잔 적이 있느냐'고 물었고 기자가 '잔 적이 있다'고 대답하자 '당신은 뭔가가 허술하다고 했는데 그게 뭔지 이야기해달라'고 정중하게 물었다. 워싱턴포스트지의 기자는 당황할 수밖에 없었다. '오래 전의 일이라서 다 잊었고 당시에도 뭔가 정확하게 밝힐만한 것은 아니었다'라고 대략 이런 내용의 말을 했지만 오쿠라호텔의 지점에서는 집요하게 '우리에겐 바로 그런 정확

하게 꼬집지는 못하지만 어딘지 모르게 허술한 부분이 더욱 중요하다. 그건 오쿠라호텔로서는 꼭 알아서 고쳐야 할 내용이다'라며 그 기자로부터 상세한 이야기를 듣기를 원했다. 이런 내용은 바로 당사자인 워싱턴포스트지의 기자가 자신이 쓴 칼럼에서 이 사건을 밝힘으로써 널리 알려지게 되었다.

나는 지금도 그 칼럼의 대략적인 내용을 기억하고 있는데 특히 이런 대목이 기억에 남는다. "그리 유명한 호텔은 아니었지만 나는 오쿠라호텔이 앞으로는 유명해질 것이라는 것을 장담할 수 있다. 일본인들이 오늘날 이룩한 경제 성장과 선진 기술, 막강한 부와 튼튼한 국력의 뿌리는 여기에서 비롯된 것이라고 나는 확신할 수 있다. 그들은 뭐든지 시작하면 끝까지 성실하고 완벽하게 처리한다. 시종일관 완벽하게 일을 마무리하는 태도가 오늘의 일본을 만드는 것이다."

바로 이 칼럼 하나로 적어도 미국에서는 오쿠라호텔이 유명해졌다. 그 밑바닥에는 그동안 '손님은 왕이다'라는 평범한 진리를 최고의 덕목으로 여기고 노력해 온 일본 오쿠라호텔의 정성이 밑거름이 되었음은 물론이다.

잘못을 지적하면 부끄러워하지 않고 더러는 변명을 하고 더러는 우리만 그런 게 아니고 다들 그렇게 한다고 하거나 '다른 손님들은 다 잘 지내는데 유독 당신만 그리 까다롭게 그러느냐'는 면박을 주기까지 하는 호텔들도 있다고 들었다. 이래서는 발전이 없다.

유럽의 유명 호텔, 최고급 호텔들은 작은 규모, 낡은 건물임에도 불구하고 최고의 호텔로 인정받는다. 이유는 간단하다. 그 호텔은 오랜 역사 동안 '손님은 왕'이라는 평범한 모토를 꾸준히 지켜오고 있기 때문이다. 그리고 그들이 그런 원칙을 지키는 동안 그 호텔에는 그에 걸맞는 손님들이 찾아오기 때문이다.

호텔 경영은 스태프들과 게스트들이 함께 하는 것이다. 호텔이라는 기업은 그리 만만한 게 아니다. 그야말로 상당한 기술적 노하우와 정성, 그리고 끝없는 종업원들의 교육을 통해서 운영해야 하는 최첨단 기업이 바로 호텔이라는 기업이다.

신라호텔이 31위에 오른 것이 화제가 되었지만 나는 앞으로 국내의 몇몇 호텔들이 세계 10대 호텔로 선정되는 모습을 보고 싶다. 우리는 관광을 통해 얻어지는 외화가 흔히 알짜라고 이야기한다. 사실 그러하다. 이야기하자면 아무 손실도 없이 서비스만 팔면 되는 것이 바로 관광 수입이다. 그 관광 수입의 부가가치를 가장 높인 분야가 바로 호텔이다. 호텔은 최고의 경영으로 움직이는 최첨단의 기업이라는 점을 잊어서는 안 된다.

35

삼성그룹 안양 컨트리클럽
(현 안양 베네스트골프클럽)

안양 CC는 삼성그룹이 운영하는 명문 골프장으로 1968년에 개장한 회원제 골프장이다. 경기도 군포시 군포로에 소재한다.

나는 우리나라 스포츠 중 골프만큼 이리저리 차이고 입방아에 오르내린 것도 없을 것으로 생각한다. 김영삼 대통령이 문민정부를 세우면서 골프장은 된서리를 맞고 있다. 현재 전국에 약 2백 개(당시 기준, 2024년 기준 534개) 정도의 골프장이 있는 것으로 알고 있는데 골프장치고 조용히 건설되었거나 조용히 운영된 곳은 하나도 없지 않나 생각된다. 아무리 이름 없는 골프장이라도 설립 단계부터 특혜다 아니다라는 식의 말들이 많았고 운영 과정에서도 갖가지 잡음이 새어 나오곤 했다. 나는 문제가 제기될 때마다 결국은 아무런 결론도 얻지 못하고 소문만 무성하다가 결국 그런 바람이 한번 지나가면 그대로 끝나고 마는 골프장 정책에 대해서 나름대로의 견해를 밝히고 싶다. 내가 이런 이야기를 하는 것은 이제 우리도 건전한 골프 문화를 가질 정도의 국민 의식 수준에 도달되었다고 보기 때문이다.

나는 이제까지 운동이란 운동은 거의 다 해보았다. 스키, 수영, 농구, 축구, 승마, 사격 등등이다. 한때는 사격에 심취해서 사격 연맹의 일을 본 적도 있다. 그동안 이런저런 운동을 하면서 내가 느낀 것은 그중 가장 신사적인 운동이 바로 골프(Golf)라는 것이다. 골프는 시합을 할 때도 채점은 자신이 한다. 나의 골프 실력은 핸디 14 정도였는데 요즘 4, 5년 동안은 거의 골프장에 나가지 못하고 있다.

골프는 우리나라에서는 부유층, 권력층에 관련된 여러 가지 민감한 가십거리를 만들어냈다. 박정희 대통령은 돌아가신 선친과의 관계가 멀어지고 또 정부와 삼성이 불편한 관계가 되면서 안양골프장에 오는 것도 퍽 불편해했던 것 같다.

1967년 문을 연 '안양골프장'은 돈을 벌기 위해 시작한 일은 아니었다. 어쩌면 그것은 아버지의 '경제인으로서의 자긍심'이 작용한 산물이었다. 나는 안양골프장의 부지 매입 때부터 개장까지 전 과정에 참여했기 때문에 선친이 어떤 생각으로 그 골프장을 기획했는지 잘 알고 있다. 일본에 스리헌드레드(Three Hundred, 300)라는 골프장이 있다. 이 골프장은 아버지의 친구인 일본인 기업가가 운영하고 있었는데 아버지는 그 기업가가 골프장을 통해서 '절도 있는 명예'를 만들어내는 모습을 보곤 퍽 감명을 받았던 듯하다.

이 골프장의 이름이 이렇게 지어진 것은 이곳의 회원이 언제나 300명이기 때문이다. 즉 어느 누가 부탁을 하건 엄격한 심사를 통해서 회원을 받아들이고 그 회원이 사망하기 전까지는 회원에서 탈락하는 일도 없었다. 그러나 회원으로서 품위를 잃는 행위를 하면 바로 탈락이 되었다. 그래서 이 골프장의 회원이 된다는 것은 회원 중 한 사람이 사망하거나 명예를 더럽혀서 쫓겨나는 것 이외엔 불가능했다. 물론 이 클럽의 회원들은 대부분 일본의 유명 정치가나 재계 인사, 혹은 문화, 예술계 인사들이었다. 가입비가 다른 곳보다 비싸거나 터무니없는 돈을 요구하는 곳은 아니었지만 그곳 회원이라는 것 자체가 큰 명예였기 때문에 가입하려고 은근히 여러 곳에서 압력도 있었을 법한데 아무리 외부에서 청탁과 압력을 가해도 그들의 심사 기준에 들지 못하면 가입을 허락하지 않았다. 얼마나 심사 기준이 까다로웠던지 역대 일본 수상 중에서도 기시 노부스케(岸 信介)와 다나카 가쿠에이(田中 角榮) 수상 정도가 회원이었고 외국인은 단 한 명도 받아들이지 않았다. 이병철 회장이 유일한 외국인 회원이었는데 골프장의 오너이자 도큐호텔로 유명한 호텔업, 개인 철도인 사철(私鐵)의 경영자인 고토노부르씨가 아버지와 친분이 있는 분이었기에 가능했던 것이다.

안양골프장이 1년 회원을 600명으로 한정하고 품위 유지 문제가 있는 사람들을 정중히 탈락시키고 혹은 절대 영구 회원권을 팔지 않는 등 독특한 경영을 하고 있는 것은 바로 일본의 '스리헌드레드'를 본받아서 골프장을 만들었기 때문이다. 아버지가 골프장을 하기로 한 '경제인으로서의 자긍심'이라는 것은 "너희들 일본인들이 그런 골프장의 명품을 만들 수 있다면 난들 왜 할 수 없겠는가?"라는 것이었다. 물론 안양골프장도 여느 골프장처럼 회원권을 팔게 되면 상당한 돈을 얻을 수 있을 것이다. 그러나 그렇게 되는 경우 운영상의 여러 가지 어려움이 생겨서 지금처럼 1년 회원제를 유지하고 있는 것이다. 물론 안양골프장이 돈을 받고 평생 회원권을 판다는 것은 아버지로서는 상상도 못 할 일이었다. 그래서 안양골프장은 적자를 보면서도 계속 품위를 유지하려고 하는 것이다.

대통령 전용 VIP룸 개설 요구 거절

　박정희 대통령이 안양골프장에 출입하던 시절, 은근히 불만을 가지고 있었다. 그것은 아마도 정치가나 경제인이라는 신분의 격차를 떠나서 아버지에 대해서 인간적으로 경쟁심 비슷한 것을 가지고 있었기 때문에 생긴 일이 아닐까 생각하고 있다.

　박 대통령이 안양 CC를 자주 들르면서도 마음속으로는 안양골프장을 경원시했다는 것은 이른바 안양골프장의 VIP룸을 둘러싸고 일어났던 '작은 사건'을 통해서도 알 수 있다. 이 사건은 겉으로 드러나지는 않았고 당시 박 대통령 측근이나 삼성의 중역진, 혹은 안양 CC 관리 스태프들 사이에서는 다 알면서도 쉬쉬하고 넘겼던 일이다.

　언젠가 박 대통령 경호실에서 안양 골프장에 'VIP룸'을 하나 만들어 달라는 요청을 해왔다. 내 짐작으로는 그게 박 대통령이 모르는 사이에 일어난 과잉 충성에서 비롯된 일이기보다는 대통령 자신이 측근들에게 넌지시 지시했다고 믿고 있다. 그러나 그런 이야기를 전해 들은 아버지는 반대했다. 이미 VIP룸이 있을뿐더러 그 룸을 사용하는 사람이라고는 아버지(이병철 회장)를 제외하고는 거의 없었던 상황에서 새로 VIP룸을 만들 필요는 없다는 것이 아버지의 의견이었다. '늘 VIP룸은 비어 있다시피 하고 있는데 새로 VIP룸을 만들 필요는 없다'면서 '대통령이 오면 언제든지 비워 주겠다'는 것이 아버지의 대답이었다. 말하자면 특별히 '대통령을 위한 VIP룸은 만들지 않겠다'는 의견이었다.

　그렇게 해서 VIP룸 문제는 끝이 났는데 그 후 박 대통령은 육군사관학교에 골프장(현 태능골프장)을 지으라고 명령했다. 박 대통령으로서는 안양골프장에 따로 VIP룸을 못 만들겠다고 하자 그렇다고 해서 그 문제를 겉으로 드러내기에는 자존심이 상하니 결국 자신을 위한 VIP룸을 만들 수 있는 골프장을 하나 건립하기로 결심했던 것 같다.

실제 태능골프장에는 VIP 전용 룸이 존재한다. 육사 골프장을 짓기로 결정을 하고서도 박 대통령은 섭섭한 마음을 버릴 수 없었던지 육사 골프장의 그린(Green, 잔디) 공사를 하면서 잔디 씨앗도 안양골프장이 아닌 다른 곳에서 가져다 썼다. 그 당시 대부분의 골프장들은 새로 개장을 할 경우 잔디에 대해서는 고품질로 인정받고 있던 안양골프장의 잔디 씨앗을 가져다가 사용했는데 태능 육사 골프장은 일부러 안양골프장의 것을 피하고 결국 다른 곳의 잔디를 썼다.

그러나 그때만 해도 골프는 그야말로 극소수의 사람들에게만 한정된 운동이었다. 회원권을 구하기도 그리 어렵지 않았으니 골프장을 예약하기도 쉬웠다. '부킹(예약, Reservation) 전쟁'이라는 개념도 없었으니 그야말로 골퍼들에게는 태평성대였던 셈이다. 이번에 '문민정부'가 서면서 김영삼 대통령이 자신의 임기 중엔 골프를 않겠다고 발언한 것에 대해서는 찬성을 한다. 대통령으로서의 직책을 성실히 그리고 열심히 수행하겠다는 것으로 생각되고 조깅(Jogging)을 통해서 운동을 해도 충분하니 사치스러운 편인 골프를 하지 않겠다는 뜻으로 받아들여진다.

그러나 현재와 같은 전면 금지에는 약간의 문제가 있다고 생각한다. 나는 그동안 골프장 업자들이나 골프를 쳐 온 사람들이 정당했다고 이야기하는 것은 아니다. 다만 내가 말하고 싶은 것은 골프장 운영자와 그동안 골프를 가까이했던 사람들의 잘못으로 골프에 대한, 혹은 골프장에 대한 일반인들의 잘못된 인식이 안타깝다는 것이다. 앞으로 골프에 대한 인식이 어떻게 변할는지는 모르지만 현재 상황으로서는 '골프는 금기의 대상'처럼 되어 있다. 대통령의 엄명이라서 누가 감히 반대할 수도 없고 결국은 골프장을 드나드는 차량도 조사하고 넘버를 적고 혹은 부킹객 리스트를 다 조사해서 명단을 입수한다는 뜬 소문까지 돌고 있다. '근무시간에 골프장 드나드는 기업들이 성공할 리가 없다'는 이야기에 공감한다. 그러나 골프를 규제하려고 하면 주말에 건전하게 골프를 즐기는 사람들까지 다 위축된다는 것도 알았으면 한다.

골프는 신사(紳士, Gentleman)들의 운동이다

신사(Gentleman)는 교양과 예의를 갖춘 남자를 말한다. 신사는 원래 중국말로 '큰 띠를 두른 선비, 이른바 신분이 높은 사람'을 의미했다. 인간이 하는 운동 중에는 여러 가지가 있지만 그 중 골프처럼 자신이 채점표를 만드는 운동은 없다. 물론 속일 수도 있고 실제로 속이고 뻔뻔스럽게 골프 경기를 계속하는 사람도 있다. 그러나 그런 사람은 진정한 골퍼라고는 할 수 없을 것이다. 그래서 골프는 신사 운동이라고 하는 것이다.

물론 골프장에서는 갖추어야 할 옷차림의 예의도 있다. 지금도 정해진 드레스코드는 있지만 골프장에서 양복을 입지 않아도 된다는 규칙이 시행된 것도 그리 오래되지 않았다. 골프는 처음에는 정장 차림을 하고 즐기는 신사의 운동이었다. 힘(권력)이 있다고, 돈이 있다고 해서 누구나 즐기는 운동은 아니었다는 뜻이다.

그러나 우리나라에서는 초기부터 이런 규칙이 제대로 지켜지지 않았다. 제대로 지켜지기는커녕 오히려 그런 규칙을 무시하는 사람들이 골프장을 드나들게 되고 정작 골프장을 드나들 자격이 있는 사람은 골프장으로부터 멀어지는 일이 벌어졌다.

미국의 경우 평생을 야전에서 보낸 군인들이 흰 머리카락을 휘날리면서 골프장에서 노후의 인생을 즐기는 모습을 흔히 볼 수 있다. 그들은 골프장의 벙커와 풀숲, 그리고 푸르게 펼쳐지는 필드에서 예전의 전쟁터나 야전에서 보았던 숲과 나무 그리고 장애물과 고지를 발견, 어떤 감흥을 받았을지 모른다. 그런 아름다운 모습을 보는 것은 퍽 기분이 좋은 일이다. 젊은 장교들도 필드에 자주 나오는데 그들 역시 어느 분야에 있든 자신의 일과를 열심히 보내고 휴식 시간에 필드에서 나와서 필드에서는 골프만 생각한다.

한국에서는 초기부터 그러하지 않았다. 한국에서는 야전에서 인생을 보낸 군인들이 아니라 대통령 측근에서 권력을 누리는 사람들이 필드에 나왔다. 그들은 골프를 즐기려는 것이 아니라 그곳을 자신들의 힘을 과시하고 세력을 규합하는 장소로 이용했다. 그들이 골프장 매너를 제대로 지킬 리 만무하다. 매너를 지키기는커녕 자신들의 세를 과시하는 데에만 열중했다. 이런 와중에서 졸부들까지 골프장에 끼어들게 됐다. 그런 사람들이 골프에 대해서 정확한 지식과 양식을 가졌다 보기는 힘들다.

오늘날 골프장에 대한 국민의 거부 반응은 골프장 개설업자들의 어거지로 밀어 붙이는 행위 때문에 비롯되었다. 오랫동안 가꿔온 국토, 혹은 자연적으로 조성된 산림을 베어내는 권한은 누구에게도 없다. 산의 나무와 바위는 우리 모두의 재산으로 후손들에게 물려주어야 하고 나아가서는 더욱 가꾸어야 할 자산이다. 그런데도 일부 골프장 사업자는 자연 훼손을 거리낌 없이 해왔다. 그래서 골프장은 산림 훼손의 주범으로 등장하고 혹은 농약 공해 이야기만 나오면 골프장이 지탄의 대상으로 등장한다. 골프장을 개설하는데 산림이 훼손되지 않는다거나 골프장에서 농약을 전혀 사용하지 않는다고 하면 그것은 거짓말이다. 골프장 건설 과정에서 산림 훼손 부분이 발생할 수 있고 골프장의 그린을 관리하자면 농약 사용이 어쩔 수 없이 필요하게 된다. 다만 문제는 어느 정도까지 산림을 훼손하고 어느 정도의 농약을 사용하는가 하는 점이다.

우리나라 골프장 클럽하우스는 호화스럽다. 세계적이다. 이렇게 클럽하우스가 화려한 것은 기형적이다. 우리나라 특유의 모임 문화로 인해 클럽하우스가 화려해진 면도 있기는 하다. 그러나 클럽하우스가 초호화판인 것은 회원권(Membership)을 비싸게 팔기 위한 것이다. 골프장 사업주로서는 이런 식으로라도 회원권을 통해서 이익을 남기려 하는 것이다.

한 가지 분명한 것은 골프는 결코 미워할 운동이 아니라는 것이다. 골프는 충분히 건전하고 대중적인 스포츠로 자리 잡을 수 있는 운동이다. 가족들끼리 손을 잡고 올 수 있는 골프장의 모습을 보고 싶다. 온 가족이 더불어 여기저기 흩어져서 골프도 즐기고 수영도 하고 혹은 가족들이 가지고 온 음식을 함께 나눠 먹는 그런 모습 말이다.

36

뇌물을 주고 나면 공사는 반드시 부실화된다

부정부패 척결을 내세운 군사 정부는 나중에는 자신들이 먼저 부정부패를 일삼는 데 앞장섰다. 혁명 초기에는 잠깐 동안이나마 부정부패를 일소하는 데 힘을 기울이기도 했다.

프라자호텔 옆길은 바로 그 무렵 정부에서 한 푼의 정치자금을 받지 않고 또 총칼의 위력 때문이긴 하지만 어느 공무원도 단 한 푼의 뇌물도 받지 않고 공사를 발주, 시공, 감독해서 닦은 길이다. 이미 30년 전에 이런 길을 닦았는데 왜 요즘은 걸핏하면 상식적으로 생각할 수 없는 희한한 일들이 일어나는가? 이유는 간단하다. 바로 그 후로는 군사 정부도 급속도로 부패하기 시작했고 박 정권 20년 동안 안 썩은 구석이 없었다. 그 뒤로도 두 사람의 대통령이 지나가면서도 부정부패는 척결되지 않았고 자신들도 그 일에 휘말렸고 이제와서야 뒤늦게 그 썩은 구석을 드러내려고 하고 있다.

신문에 심심찮게 실리는 소식이 있다. 다른 나라에서 우리가 닦아준 도로는 10~20년이 지나도 아무 탈이 없는데 우리나라 도로만 이런 일을 겪는가? 집 부근에 새로 도로가 생겼다. 4차선 도로로 잘 닦은 길이라고 해서 혹시 이번엔 제대로 된 도로를 보겠거니 해서 한번 나가봤다. 좌회전하면 도로 경사가 왼쪽이 낮아야 하는데 오른쪽이 낮고 도로 표면은 닦은 지 보름도 안 되었는데 벌써 균열이 생기기 시작한다. 아마 여름을 지나면 여기저기 붕괴가 되고 또 보수를 한다고 법석을 떨 것이 뻔하다.

신문에 실린 어느 특정 아파트가 아니더라도 내가 가 본 어느 아파트는 지은 첫해부터 시작해서 5~6년 동안 계속해서 천장과 벽에서 물이 샌다. 보수 공사를 한다고 몇 번 뜯어고쳤는데도 제대로 되지 않는다. 내 생각에는 그 아파트가 무너질 때까지 그런 일을 되풀이해서 겪어야 할 것 같다. 이 역시 날림 공사의 결과이고 아파트 건설 과정에서 생긴 뇌물의 부작용일 것이다. 외국에서 우리가 지은 아파트는 아무 탈이 없는데 왜 한국에서 짓기만 하면 파이프가 터지고 천장과 벽에서 물이 새고 수도관이 말썽을 부리고 아래위층과 옆집에서 하는 소리가 다 들리는 아파트가 되는 것일까?

어느 특정 회사만의 문제도 아니고 어느 지방의 특정한 문제도 아니다. 어느 특정 정권하에서 건물과 도로에 한정된 것도 아니다. 그리고 위로 갈수록 더 썩었다고 이야기할 것만도 아니다. 감독을 나온 말단 공무원 역시 뇌물을 챙기는 것을 내가 본 적이 있고 나 역시 그런 돈을 준 적이 있다. 알고 있다. 물론 모든 공무원들이 다 그렇다는 것은 아니다. 내가 한 말에 대해서 책임을 지지 않거나 혹은 욕을 먹지 않기 위해서 이런 사족을 다는 것은 아니다. 내가 돈을 갖다주어도 받지 않았던 정부 관리나 청와대 비서관, 지방 공무원들도 많았다. 돈을 받지 않았다는 사실을 알고 그 후 그야말로 약소한 선물을 해도 매정할 정도로 뿌리치는 경우도 많이 보았다. 아마 직위와는 관계없이 그런 깨끗한 공무원들이 있어서 나라 전체가 무너지지 않고 버티고 있는 것이리라.

정치적 공과는 묻어두더라도 최규하(崔圭夏) 전 대통령도 맑은 분이셨고 김정렴(金正濂) 비서관(추후 박정희 대통령 비서실장), 남덕우(南悳祐), 이한빈(李漢彬), 신현확(申鉉碻) 총리 등도 더할 나위 없이 깨끗한 분들이다. 돌아가신 홍종철(洪種哲) 장관도 퍽 깨끗한 분으로 기억된다. 공사를 진행하다가 혹은 수출 등으로 서류를 접수시킨 후에 돈을 건네면 받지 않는 하위직 공무원들도 많이 있었다. 이제 그들의 이름이나 얼굴은 잊었으나 이런 분들 때문에 우리 사회가 요만큼이나 버티는 것이다.

다만 한가지 우리 사회가 불행한 것은 이런 깨끗한 분들이 오랫동안 자리를 지키지 못한 경우가 많았다는 것이다. 이런 분들일수록 전문가로서 대접받기보다는 엉뚱하게도 정치적인 사건에 휘말려 공직 생활을 일찍 그만두는 경우를 많이 보았다. 물론 그들을 몰아낸 사람 중에는 정치자금과 권력을 이용하여 자신의 힘을 길러서 파당적인 파워게임과 더 큰 뇌물을 위한 자리보전에 그 힘을 이용하는 경우도 많았다. 내가 굳이 말하지 않더라도 우리는 이런 일들을 너무나 많이 보아왔지 않았던가?

37

큰 것과 작은 것은 잘 어울릴 수 있다

맥아더(Douglas MacArthur) 사령부가 일본을 점령한 다음 사회 경제적인 측면에서 제일 먼저 한 일은 미쓰비시(三菱), 미쓰이(三井) 등을 위시한 '일본 재벌의 해체'였다. 그들은 일본 재벌들이 일본 군부와 더불어 전쟁 주범 중 하나의 축이라고 보았다. 이런 재벌들을 그냥 놔두면 전쟁 능력 재생산이라는 면을 제외하더라도 경제적인 측면에서 언젠가는 미국에 큰 위협이 되리라고 믿었다. 결국 맥아더는 미국이 일본을 점령해 있는 동안 '재벌의 해체'라는 엄청난 일을 해치웠다.

그러나 일본의 재벌 역사는 그렇게 끝이 나지는 않는다. 물론 당시는 해체되었지만 그들은 불사조(不死鳥, Phoenix)처럼 되살아났다. 일본의 재벌 기업들은 겉모양으로는 전쟁 전의 대재벌과 어느 정도 차이가 있지만 내용을 살펴보면 실제적으로는 전쟁 전의 그것과 거의 동일하다. 흩어진 일본의 재벌 소속 회사들은 '계열사'라는 이름으로 다시 뭉쳤고 이런 일본의 재벌 회사들은 오래지 않아 맥아더가 염려한 대로 미국 경제의 가장 큰 골칫거리가 되었다. 미국이 서구 자본주의 원칙에 입각하여 사기업들을 성장시키고 있을 때 일본은 방대한 자본과 정보 수집력, 혹은 기술수집 능력을 가진 기업의 집합체인 재벌들을 성장시켰다. 결국 이런 미·일의 두 기업들이 맞붙었을 때 미국의 기업들은 맥을 못 추고 주저앉을 수밖에 없었다.

한때 미국의 CIA의 정보보다 일본 대기업의 정보수집 능력이 더 풍부하고 정확하다는 이야기가 떠돈 적이 있었다. 이런 소문 역시 부분적으로는 사실이다. 지구의 오지(奧地) 중에는 미국이나 일본의 외교관은 없더라도 일본 상사의 주재원이 있는 곳은 많다. 한가지 예에 불과하지만 이런 상황 역시 계열회사가 아닌 단일 기업, 혹은 중소기업에서는 상상할 수 없는 일이다. 바로 이 점이 대재벌 기업의 장점이라고 할 수 있다.

국가 경제의 뼈대가 재벌과 중소기업, 그리고 대기업 중 어디에 있느냐 하는 점은 그다지 중요치 않다. 이런 것은 모두 그 나라의 과거 역사나 문화적 분위기와 연관되어서 그 나라에 맞는 독특한 체제로 갖추어지는 것이지 획일적으로 어느 체제가 경쟁에서 유리하다고 말하기는 힘들 것이다.

흔히 우리나라는 대기업들이 공룡처럼 비대해졌다고 비판하지만 참으로 불행히도 우리나라의 대기업이나 재벌회사라는 것은 국제 무대에서 살펴보면 망망대해에 떠 있는 작은 조각배에 불과하다. 국내에서는 공룡 같다고 비판을 받는 우리나라의 대기업이나 재벌기업들이 연 이익금으로 따져 세계 1백 대 기업에 들어가려면 아직 까마득하다. 게다가 순이익금으로 따지자면 그야말로 일본의 웬만한 1개 기업들과 비교해서 아직 까마득한 수준이다. 물론 일본의 계열사들이나 재벌사들과는 비교할 수도 없는 수준이다.

우리나라 대기업이나 재벌기업들에 대한 반감이라는 것이 꼭 크다고 해서 생긴 것은 아니라는 점도 잘 알고 있다. '우리나라 재벌기업들 하는 짓을 보면 비위가 상해서 나도 외제 물건 사 써야겠다' 주변에서 더러 듣는 이야기다. 일견 논리적인 이야기 같지만 잘 살펴보면 위험천만하고 무책임한 이야기다. 물건은 엉망으로 만들어내면서 부동산 투기나 한다든지 기술 개발은 뒷전이라는 것이 비판의 주제인 것 같다. 실제 그러한 면도 있겠지만 잘 따져보면 사실이 과장되었거나 혹은 오해를 하는 면도 있다.

그러나 무엇보다도 더 중요한 것은 재벌기업이란 존재가 바로 우리 국민의 소유라는 것이다. 바로 우리 형제, 자매, 부모, 자식들이 취업하고 있는 기업이다. 게다가 국가 전체의 부를 따질 때는 그 선두에 앞서가고 있는 조직이다. 그리고 그 기업들은 절대 한 개인의 소유가 아니다. 단지 기업들은 크든 작든 잘못을 하면 규정대로 처벌을 받게 해야 한다. 재벌기업들에 대해서 욕을 하는 사람의 심정을 모르는 것은 아니다. '국가에서 보호해 주고 국민적으로 밀어주면 열심히 노력해서 국제 경쟁에서 이길 생각은 않고 국내에서 작은 중소기업들을 못살게 굴거나 부동산 투기나 한다', '재벌 기업 가족들이 너무 사치를 한다'는 반감이 그 말 뒤에는 숨어 있다. 충분히 공감이 가는 이야기다.

그런데 이런 예를 한번 들어보자. 만약 당신의 팔에 종기가 생겼으면 당신은 어떻게 하겠는가? 당연히 치료를 받아야 할 것이다. 종기가 생겼다고 해서 팔을 잘라낼 수는 없을 것이다. 그 정도가 심하면 결국 팔을 잘라낼 수밖에 없겠지만 그 마지막까지 치료를 하려고 노력하는 것이 상식일 것이다. 재벌기업의 잘못도 치료하려고 노력해야 할 것이다.

우리나라의 재벌기업은 국민의 적(敵)이 아니다. 우리나라 전 국민의 이웃이고 나아가서는 외국 기업의 침투를 막고 우리의 경제를 지키는 성벽이다.

자동차 산업(현대자동차)은 좋은 예

간단하게 하나의 예를 들겠다. 만약 오늘날 우리나라에 자동차 산업을 하는 '현대자동차'라는 큰 기업이 없었다면 부득불 외제 차를 타야 했고 그 과정에서 생기는 외화의 낭비와 고용 기회 상실은 막대했을 것이다. 극단적으로 이야기해서 현대의 사장들이나 기업 임원들, 혹은 현대의 오너이자 경영자인 정주영(鄭周永) 명예회장이 자동차 산업을 통해서 개인의 부를 늘리고 또 호사스러운 생활을 즐긴다고 생각하는가? 결코 그렇지 않다는 것을 누구나 잘 알고 있을 것이다.

나는 현대그룹의 자동차 산업이야말로 우리 경제를 살린 하나의 이정표였다고 생각한다. 내가 목격한 일이기도 하지만 현대는 승용차 엑셀(Excel)을 통해서 공업 후진국으로서는 상상도 못 할 하나의 기적을 만들었다. 자동차 왕국 미국에서 한 해 동안 단일 차종으로는 제일 많이 팔린 차량이 바로 현대의 '엑셀'이었다는 사실은 놀라운 일이었다. 나는 대기업의 갈 길이 바로 이러하다고 믿는다. 가진 것이라곤 아무것도 없는 나라. 불과 30여 년의 짧은 기간 동안의 기술 축적으로 근근이 버티어 가는 기술 후진국의 나라에서 그저 살아남을 길은 재벌 기업이라는, 혹은 대기업이라는 '대표 선수'를 길러서 외국과 경쟁을 시키고 그 선수가 얻는 이득을 통해서 우리 국민 전체가 살아가는 길밖에 없다고 생각한다.

물론 앞에서도 이야기한 바 있는 대기업이나 재벌기업의 비리는 사회, 경제계 비리 제거 차원에서 과감히 수술을 해야 할 것이다. 그러나 그 모든 것이 냉정하게 철저한 심사를 받아서 해야 함은 물론이다. 여론재판 식으로 특정 기업을 몰아가는 것이나 혹은 대기업이 친분을 통해서 로비를 함으로써 살아남으려는 것은 모두 위험하다. 국내에서는 적당히 통할지 모르지만 국제 경쟁에서는 백전백패할 수밖에 없다.

나는 그동안 나 자신이 중소기업을 하나 만들려고 노력하면서 중소기업에 대해서 많은 생각을 하게 되었다. 이제 몇몇 내가 겪은 중소기업들의 사례를 통해서 내가 생각하는 중소기업의 문제점에 대해서 이야기하고자 한다.

H라는 중소기업이 있다. 부산에 있는 이 기업은 공장에서 전자제품 등을 만들 때 필수적으로 사용하는 '조립라인'을 만드는 회사이다. 이 회사와 처음 인연을 맺은 것은 내가 삼성전자에서 일하던 '69년'이었다. 내가 이 회사의 사장을 만났을 때 이 회사는 상당한 기술 능력을 가지고 있었으나 자신들을 믿고 납품을 받아줄 대기업을 만나지 못해서 고전하고 있었다. 당시 이 회사에 어느 정도의 자금을 도와주고 납품을 받았는데 물론 그 후로도 꾸준한 거래가 있었다. 불과 30여 년 만에 이 회사는 생산, 조립라인 부문에서는 외국으로 수출할 정도로 커졌다. 이 과정에서 이 회사의 매출도 인플레이션을 감안하더라도 약 2백 배 이상 늘었다. 물론 그동안 일본인들과도 기술 합작도 했다. 고유 업종인 '조립라인' 생산으로 널리 유명해진 이 회사는 일본과 미국의 유명 전자회사에까지 수출하고 있고, 처음 이 회사에 자금을 빌려주고 하도급을 줌으로써 이 회사의 발전에 도움을 주었던 삼성(三星) 역시 아직도 이 회사에서 만든 조립라인을 사용하고 있다. 이 회사가 만든 물건이 늘 기술 혁신적임은 물론이다. 다른 곳보다는 더 경제적인 비용으로 납품할 물건을

만들고 있고 생산라인의 길이를 짧게 하거나 혹은 사람이 덜 필요한 라인을 만들고 근래엔 무인 생산라인을 납품해서 자신들이 납품하는 회사 생산품의 생산 단가를 낮추는 데 결정적인 기여를 하고 있다. 이 과정에서 이 회사의 물건을 쓰는 회사도 득을 보고 있지만 이 회사 역시 상당한 규모로 성장했다. 이 회사 케이스는 중소기업의 표준적 모델이 어떤 것인지, 좋은 대기업과 중소기업의 관계가 어떠해야 하는 지를 잘 보여준다고 하겠다.

현재 우리나라 중소기업의 과반수 이상이 대기업이나 재벌기업과 연관을 맺고 있다. 더러는 이 회사처럼 공작기계, 혹은 라인 등을 생산하여 납품하는 경우이고 상당수는 대기업에서 시판하는 제품에 필요한 부품들을 납품하는 회사이다. 그중에는 대기업에서 OEM(주문자 상표 부착 생산 방식, Original Equipment Management)으로 발주하는 물건들을 만들어서 납품하는 회사들도 있을 것이다. 문제는 어떤 식으로든 거의 대부분의 중소기업들이 대기업이나 재벌기업과 연관을 맺고 있다는 것이다.

부산의 D 회사가 있다. 선박 생산에 필요한 부품을 만드는 이 회사는 정부로부터 '건전 중소기업'이라는 평가를 받고 새로운 기술과 공장설비를 갖출 자금을 지원받았다. 당시만 하더라도 이 회사가 성장하는 것은 시간문제일 것 같았다. 문제는 시설은 다 갖췄는데 판로 개척이 그리 쉽지 않았고 설비는 마쳤지만 운영자금이 없어서 어려움을 겪게 되었다. 설비 자금을 빌려주었던 정부 부서에서는 '설비 자금은 우리 부서 소관이지만 운영자금은 다른 부서에서 결정하는 일이기 때문에 우리는 관여치 않는다'는 태도를 보였다. 답답한 노릇이지만 그렇다고 해서 규정을 바꾸자고 할 수도 없는 일이었다. 여기에 더하여 시설자금이라는 것도 공장의 기계를 설치하고 가동도 제대로 되기 전에 지원 자금을 갚아야 하는 것이었다. 결국 회사 사정은 어려운 데도 빚부터 갚아 나가야 할 처지가 되었다. 따라서 회사는 존폐 기로에 선 상황으로 내몰렸다.

나는 이런저런 사정을 알게 되어 내가 개인적으로 잘 알고 있는 대기업에 D 회사를 소개해 주었다. 얼마 후 그 대기업에 우선 5천만 원짜리 기계 부품을 납품하기로 했다며 '그런 활로를 소개해 주어 고맙다'는 D 회사 사장의 전화가 걸려 왔다. 대기업의 대표도 '능력 있는 회사를 소개해 주어 고맙다'는 감사 전화가 왔다. 그동안 우여곡절은 있었지만 이 역시 잘 된 경우이다.

이 경우를 보면서 나는 정부에서도 앞으로는 중소기업을 육성하려면 시설자금뿐만 아니라 운영자금까지 전부 도와주어야 한다고 건의하고 싶다. 정부에서 시설자금만 도와주고 운영자금을 도와주지 않는다면 상당수의 건전한 중소기업이 부도를 맞을 수밖에 없다. 그러나 대기업과 중소기업이 다 좋은 관계를 유지하고 있는 것은 아니다.

B라는 회사가 있다. 그런데 이 회사의 사장은 대기업 이야기만 나오면 속된 말로 이를 간다. B 회사의 사장이 생각하는 대기업이란 '악마' 같은 존재이다. B 회사의 사장은 자신의 회사는 대기업의 횡포로 죽게 생겼다고 믿고 있다. 그의 말을 들어보면 충분히 수긍이 간다.

원래 이 B 회사는 자신들의 상표로도 전자제품 등을 시장에 출고하지만 한편으로는 대기업에 OEM 방식으로 전자제품을 납품하는 회사였다. 물론 덩치가 크거나 혹은 기술적으로 어려운 물건은 아니고 소비자 가격 약 5만 원 안팎의 물건을 대기업에서 발주하면 그 회사의 상표를 붙여서 납품하는 식이었다. 그러던 중 어느 날 이 B

회사의 사장은 대기업의 OEM 부서의 담당자로부터 하나의 제의를 받았다. 일본산 전자제품을 샘플로 하나 주면서 '이대로 만들어오면 납품을 받겠다'고 해서 단가 계산을 맞춘 다음 합의가 되었다. 그 후 약 3억 원의 개발비를 들여 시제품을 만들어서 담당자를 만나러 갔더니 '일본의 회사로부터 표절이라는 클레임(Claim, 배상 청구)이 있어 그 물건을 납품받지 않기로 했다'는 것이었다. 그래서 그간 투입되었던 개발비 3억 원은 그냥 허공에 날아가고 말았다. 실제 이런 일이 대기업과 중소기업 사이에 적잖게 일어난다는 것이다. 이런 일을 당하는 중소기업 입장에서는 '대기업은 자신들의 이익만 챙기면 된다고 생각하는 집단'이라고 느끼는 것도 당연할 것이다.

이맹희(李孟熙) 명예회장 별세

(독자들이여, 안타깝지만 이맹희 회장의 별세 소식을 전할 수밖에 없다.)

이맹희 명예회장은 2015년 8월 14일 중국 베이징에서 별세했다. 향년 84세, 이 명예회장에게는 '비운(悲運)의 황태자'라는 말이 따라다녔다. 이병철 삼성그룹 창업주의 장자(長子, 맏아들)로 삼성을 맡아 총수 역할도 했지만 후계자 자리는 동생인 이건희 삼성전자 회장이 낙점받았기 때문이다. 우리는 이 책 앞 장에서 이맹희 명예회장이 장자이면서도 후계자 자리에 오르지 못한 배경을 어느 정도 파악할 수 있었다. 이 명예회장은 자신의 표현대로 성격이 '불칼' 같았다. 급하고 불덩이처럼 뜨겁다는 것이다. 반면 이병철 회장은 조용하면서 얼음처럼 냉철했다. 서로 정반대의 성격을 지녔다. 이 명예회장은 '앞뒤 재지 않고 고집을 피우고 자존심이 상상할 수 없도록 세다'는 평가다. 이병철 회장도 생전에 본인의 의지를 꺾은 일이 없었다. 이 두 분의 상반된 성격은 영원히 접점이 찾아지지 않았다. 그게 비극이고 비운이었다. 이 명예회장은 1990년대 초반에 '제일비료'를 세워 재기를 꿈꾸다가 좌초했다.

이 명예회장의 장례식은 서울 연건동 서울대병원에서 CJ 그룹장으로 진행됐다. 부음이 전해지자 정식 조문에 앞서 이재용-이부진 삼성가(家)가 맨 먼저 조문했다. 이어 이 명예회장의 누나인 이인희 한솔그룹 고문, 막냇동생인 이명희 신세계 회장과 그 아들 정용진 신세계 부회장, 이건희 삼성전자 회장의 부인 홍라희 여사가 조문했다. 장례는 CJ 그룹장으로 치러졌다.

제 3 부

38

식품 사업 새 역사를 쓰다

(독자들이여, 우리 이야기는 이재현 회장이 이끄는 2,000년대의 CJ그룹 성장사로 다시 돌아오게 된 것을 알려드린다.)

1997년 1월 28일 쉐라톤워커힐 호텔에서 제일제당 그룹 경영 전략 회의가 열렸다. 제일제당 그룹 독립의 법적 절차 완결, 신사업 추진 상황 등 산적한 경영 난제들이 논의되었다.

"제일제당이 1996년에 매출 2조 366억 원을 기록했습니다. 식품 업계 최초로 2조 원 돌파라는 기록을 세운 것입니다."

제일제당의 성과는 많은 이들에게 기쁨을 안겨주었다. 2조 원의 매출은 단일 기업 가운데 30위였고 어지간한 중견그룹의 전체 매출과도 같은 규모였다. 식품 업계로만 국한한다면 제일제당의 매출은 가히 신화적이라는 표현이 더 적절할 것이다. 매출 2조 원을 돌파한 식품 기업은 제일제당이 유일했다. 무엇보다 한계에 도달했다고 인식되던 식품 업계에선 더 큰 의의가 있었다. 실제로 그 당시 우리나라 경제 발전에 힘입어 외국계 프랜차이즈 외식 업체가 일제히 한국 시장 문을 두드렸다. 대기업들의 외식 사업 진출도 속속 이루어졌다. 햄버거와 피자 중심이었던 품목도 스테이크, 씨푸드, 면 종류로 다변화하기 시작했다. 패밀리 레스토랑 진출 사례도 크게 늘어났다. 이미 국내에 진출한 TGI프라이데이가 성업 중인 가운데 미국 최대 스테이크 전문점인 판다로사, 시즐러, 데니스 등이 국내 대기업들과 기술 제휴를 체결했다. 더 이상 미룰 수 없는 상황이었다.

제일제당은 1994년 2월 외식사업부를 신설하면서 외식 사업에 첫발을 내디뎠다. 외식사업부는 일본의 대표적 외식 전문 업체인 스카이락과 기술 계약을 체결, 점포와 공장 운영에 관한 노하우 습득에 들어갔다. 제일제당이 스카이락을 선택한 데는 나름대로 이유가 있었다. 1962년 출범한 스카이락은 전 세계에 9,000여 개의 점포를 개설할 정도로 외식 산업에 대한 경험이 풍부했다. 가격 또한 합리적이어서 외식 산업 초창기인 우리나라 상황과도 적합했다. 고가의 점포 임대료 때문에 효율적인 주방 기구 배치가 필수적이라는 사실 등 제반 환경이 유사했던 것이다.

우선 제일제당은 다음과 같은 전략을 수립하고 외식 사업의 경쟁력 확보에 나섰다.

- 저가 정책으로 부담 없는 레스토랑 구현
- 차별화된 맛을 제공하는 레스토랑
- 청결하고 편안한 레스토랑
- 고품격 서비스를 제공하는 레스토랑

제일제당은 1호점 오픈이 중요하다는 판단 아래 강남구 논현동에 부지를 마련했다. 젊은 세대의 왕래가 빈번한 지역이었다. 제일제당은 스카이락 1호점 공사에 전력을 기울이는 한편 직원들의 일본 연수 교육, 마케팅 매뉴얼 개발, 서비스 교육, 메뉴 개발 등에 만반의 준비를 갖춰 나갔다. 제일제당의 외식 사업 근거지가 될 스카이락 1호점 준비가 차근차근 진행되고 있었다.

스카이락 1호점 개점

마침내 1994년 9월 9일, 150석 규모의 스카이락 논현점이 문을 열었다. 스카이락 1호점 개장에 맞춰 제일제당은 향후 스카이락 사업의 전망을 다음과 같이 밝혔다.

'제일제당은 1994년 11월 말 강서구에 2호점을, 12월 말에는 강동 지역에 3호점을 잇달아 개점하고 지방 대도시로 진출해 매장을 운영하고자 합니다'

오픈 즉시 스카이락은 많은 인기를 모았다. 각종 스파게티와 피자 등 메뉴의 종류만 80여 종에 달했다. 부담 없는 가격이 인기몰이의 중요한 비결 가운데 하나였다. 스카이락의 성공을 위해 가장 노력을 기울인 부분은 '서비스 정신 고취'였다. 우선 매장 인력의 잦은 이직을 줄이기 위한 혁신적인 조치가 취해졌다. 비정규직 사원 대상의 상여금과 퇴직금 지급, 여성 점장제 등은 업계에서 새바람을 일으켰다.

메뉴 개발과 풍미를 늘리기 위한 연구도 지속되었다. 제일제당은 스카이락을 통해 인재 발굴과 육성을 위한 노력도 게을리하지 않았다. 논현점 옆에 조리 교육이 가능한 스카이락 아카데미를 개설한 것이다. 교육생들에게는 무료로 조리 기술을 전수했고 희망자들은 요리사의 꿈을 안고 스카이락에서 일자리를 얻었다. 목표 의식이 뚜렷한 젊은 인력들이 무수히 배출되었다. 각종 언론에서는 스카이락 성공 신화를 창조한 인물들이 자주 소개되었다.

스카이락이 인기를 모으면서 점포는 곳곳으로 퍼져나갔다. 2000년까지 10개의 매장이 개설되었다. 저가 브랜드라는 한계가 있었지만, 스카이락은 제일제당의 외식 사업에 중요한 교훈과 노하우를 안겨 주었다.

단체 급식 사업의 놀라운 성장

"통계에 따르면 하루 280만 명이 회사 구내식당과 학교 등에서 단체 급식을 하고 있고 그 규모는 1조 4,000억 원에 달합니다. 이 가운데 약 10% 정도가 20여 개의 전문 급식 업체에 의해 위탁 운영되고 있습니다. 이 시장에 대한 대기업들의 관심이 커지면서 LG유통, 신세계, 대우, 한솔제지 등이 본격 참여한 상태이며 선경(현 SK), 두산, 한국화약, 동원산업 등도 시장 진출을 준비하고 있습니다. 향후 시장은 더 확대될 것으로 보입니다. 제일제당은 지난 40여 년간 식품 소재 산업을 해온 경험이 있어 시장 진입에 매우 유리할 것으로 판단됩니다."

1996년 신사업 팀은 식품 분야의 또 다른 신사업으로 '단체급식 사업'을 제안했다. 단체급식 시장은 지속적으로 커지고 있었고 제일제당의 오랜 노하우를 활용하기에 매우 유리한 사업이었다.

제일제당은 이듬해인 1994년 5월 3일, 푸드 서비스 사업부를 신설하고 본격적인 사업 참여를 선언했다. 푸드 서비스 사업부는 단체급식 사업에서 성공하기 위한 조건을 다음과 같이 분석했다.

- 해당 기관의 복리후생과 서비스 정신 감안 → 맛, 영양을 넘어 만족감 부여
- 단체 급식의 특성 고려 → 안정성 및 위생, 정해진 시간 준수
- 단체 급식의 효율적 운영 포인트 → 차별화된 시스템 구축

제일제당은 1994년 일본 시닥스 사와 기술제휴 계약을 체결했다. 시닥스는 일본 내 푸드 서비스 1위 회사로 선진 시스템 부문에

서 정평이 난 회사다. 특히 일본의 경우는 '쌀'을 주식으로 한다는 점과 종류별 반찬을 필요로 한다는 점에서 우리나라에 적용하기 쉽다는 판단이었다.

제일제당은 시닥스의 운영 노하우를 습득하고 5만 명에게 음식을 공급할 수 있는 시스템을 구축했다. 이후 제일제당은 1995년 2월에 남산 본사 사옥과 12개 단위 사업장 사원 식당을 시범 운영하기 시작했다. 직원들의 만족도는 매우 높았다. 사업을 시작하기도 전에 단체 급식 시스템을 완비한 것이다.

1995년 8월 24일 푸드서비스 사업부에 낭보가 전해졌다. 경산대학교 한의대 구내 식당을 위탁 운영하기로 한 것이다. 푸드 서비스 사업부가 따낸 첫 번째 계약이었다.

이후 단체 급식 사업은 큰 성장세를 보였다. 특히 경제 불황이 닥치면서 각 기업과 병원 등이 비용 절감을 위해 단체 급식 시스템을 도입했다. 시장 진출 1년 만에 인하대학교, 인하대 부속 병원, 한국소비자보호원, 동서증권 등 전국 50여 개 기업 및 학교, 병원, 관공서, 군부대 등과 위탁 급식 운영 및 식자재 공급 계약을 맺었다. 시장 진입 첫해 올린 매출은 200억 원으로 예상을 뛰어넘는 실적이었다. IMF 직전 대기업들의 연쇄 부도와 우리 경제에 대한 위기감이 가시화되면서 단체 급식 사업은 큰 호황을 이어갔다.

제일제당은 경쟁력 확보를 위해 다양한 서비스를 제공했다. 대표적인 것이 바로 '열린 경영 제도'였다. '제일제당이 단체급식 업체 가운데 처음으로 경영 실적을 공개하는 '열린 경영 제도'를 실시해 눈길을 끌고 있다. 이 제도는 매달 급식 인원 및 단가, 식자재비, 인건비, 매출액 등 단체급식 위탁 경영에 따른 경영 실적을 해당 사업장 노조와 총무부에 공개하고 음식 메뉴와 위생, 서비스 등에 대한 불만과 애로 사항을 반영하자는 것. 제일제당은 이와 함께 적정 이익 외의 수익금은 장학금, 식당 시설 개선, 특별음식 제공 등을 위한 기금으로 적립하고 있다는 것이다.

1999년에 들어서면서 제일제당 단체 급식 시스템은 양적, 질적 변화를 이어갔다. 제공 가능한 식사량은 5만 명에서 10만 명으로 두 배 이상 늘어났다. 타 업체와는 달리 카페테리아 방식의 일식과 양식 등으로 메뉴를 다양화했다. 혁신적인 제도와 서비스는 실적으로 이어졌다. 규모가 가장 크면서도 까다롭기로 이름난 대한항공(KAL)과 서울 시청 구내식당을 운영하게 된 것이다.

마침내 1997년 7월 25일, 제일제당 단체급식부에서는 기쁨의 환호성이 일었다. 부천 시청 구내식당 운영권 계약을 체결했다는 소식이었다. 단체급식 100호점 계약이라는 뜻깊은 성과를 이뤄낸 것이다. 2년 만의 100호점 계약은 유례가 없는 성장이었다.

그날 수유리 아카데미 하우스에 푸드 서비스 사업부의 간부들이 모였다. 행사장 가운데에 놓인 5단 크기의 케이크에는 '축 100호 오픈'이라는 글자가 새겨져 있었다. 사업부 관련 임원은 그 자리에서 단체 급식사업부의 성공 비결을 다음과 같이 밝혔다.

'단체 급식 사업이 성공을 거두게 된 요인은 다양한 메뉴, 철저한 위생 관리, 차별화된 서비스'라고 밝혔다. 앞으로도 이 세 가지 원칙을 지켜 200호점과 300호점을 개설할 수 있도록 노력하겠다고 다짐했다.

실제로 21세기를 목전에 둔 1999년 8월 31일 제일제당은 업계 최초로 단체급식 사업장 300호를 돌파하는 실적을 보였다. 300호점은 청강문화산업대학과 2,000석 규모의 계약이었다.

'밥(to Cook Rice)' 시장의 무한한 가능성

우리는 밥의 민족이다. 우리는 다른 요리는 '하다'라고 하지만 밥은 '짓다'로 한다. 그만큼 밥은 존칭 받는 존재다.

1997년 1월, 제일제당 식품연구소는 수십 명의 주부와 여대생들을 초청했다. 새로 개발하고 있던 식품의 가능성을 타진하기 위해서였다. 참가자들 앞에는 두 종류의 밥이 놓여 있었다. 갓 지은 밥 냄새가 실내에 가득했다. 참가자들은 김이 무럭무럭 피어오르는 밥을 맛있게 먹기 시작했다. 시식이 끝난 후 사회자가 말문을 열었다. 제일제당은 시식에 앞서 두 종류의 밥 중 맛이 좋았다고 생각하는 것을 골라 달라고 주문했던 것이다.

"지금 여러분들이 맛있다고 선택한 밥은 제일제당이 개발한 즉석 제품입니다. 그리고 다른 하나는 가정에서 주로 사용하는 전기밥솥으로 지은 밥입니다."

참가자들 사이에서 탄성이 일어났다. 그 자리에서 조사 결과가 발표되었다. 제일제당의 '햇반' 신화가 탄생되는 순간이었다.

· 제일제당의 즉석밥 : 맛(4.2) 찰기(4.4) 윤기(4.9)
· 전기 솥밥 : 맛(3.4) 찰기(3.2) 윤기(2.9)

제일제당이 '즉석밥' 개발에 나선 것은 1989년의 일이다. 1990년대를 앞둔 그 무렵, 우리 국민들의 라이프스타일(Lifestyle, 살아가는 방식)은 이전과는 다른 양상을 띠고 있었다. 여성들의 사회 진출도 크게 늘어났다. 맞벌이 부부가 증가하면서 간편한 식품의 선호도가 높아지고 있었다.

제일제당은 '밥'의 시장성에 주목했다. 주식인 밥에 대한 수요가 커질 수밖에 없었다는 판단이었다. 당시는 즉석밥의 개념조차도 없었다. 우리 민족은 수천 년 동안 주식인 밥을 솥에다 지어 먹는 것이 당연한 일로 여겨오고 있는 터였다. 밥을 슈퍼마켓에서 사 먹는다는 것은 황당한 상상의 세계일 뿐이었다. 그러나 제일제당은 '즉석밥'의 시대가 올 것으로 확신하고 연구개발에 들어갔다.

제일제당이 처음 주목한 것은 '알파미'였다. 알파미(米)란 쪄서 수분이 8% 이하가 되도록 더운 바람으로 말린 쌀이었다. 밥을 짓는 시간을 단축할 수 있다. 그러나 이 프로젝트는 당초 전망과는 달리 곧 중단되고 말았다. 수차례에 걸쳐 시제품을 만들었으나 밥맛이 좋지 못했다. 뜨거운 물을 부으면 밥이 되었기에 군용(軍用)으로는 적합했지만 '맛'을 기대하기에는 한계가 있었다.

1992년 제일제당의 예상대로 '밥'이 편의식품 시장에 등장했다. 천일식품 등 경쟁사들이 먼저 냉동(冷凍) 방식의 즉석밥을 출시한 것이다. 냉동 밥도 맛이 별로라서 시장 반응은 미미했다. 그러나 조만간 간편한 밥의 가능성은 커질 것으로 예상되었다.

제일제당은 동결 건조미(米)를 활용한 즉석밥 개발에 재차 도전했지만 이 방식도 곧 한계에 부닥쳤다. 쌀알이 쉽게 부스러지는 문제 때문이었다. 마치 스펀지를 씹는 듯한 느낌이 들어서 상품으로 출시하는 데는 한계가 있었다. 식품연구소의 고민은 계속 깊어갔다.

즉석밥의 대명사가 된 '햇반'

1994년 어느 날 제일제당 식품연구소에서 개발한 즉석밥은 회사 직원들을 깜짝 놀라게 했다. 직원들이 포장을 뜯은 이후에도 김이 모락모락 피어올랐다. 시식을 위해 밥알을 입에 넣자 고소한 풍미가 입안에 가득 들어왔다. 제일제당이 개발한 '무균포장법'은 일본에서 먼저 상품화한 방법이었다. 거기에서 아이디어를 얻은 제일제당은 오랜 연구 끝에 가장 적합한 밥의 제조법과 보관 방법을 개발하는 데 성공했다. 국내 최초의 일이었다.

문제는 투자비였다. '클린룸' 등 생산 설비를 갖추는 데만 100억 원이 필요했다. 이미 시장에서는 타기업들이 개발한 즉석밥이 자리를 잡고 있었고 반응은 신통치 않았다. 사내에서도 반대 의견이 만만치 않았다. '집에서 직접 해 먹는 게 밥이라는 인식을 가지고 있는 소비자들이 과연 즉석밥을 사 먹을까? 실패 가능성이 높은 프로젝트에 100억 원의 투자비는 과다하지 않은가?' 하는 것이 반대론자들의 반대 이유였다.

그 사이 경쟁사들이 '레토르트' 밥을 출시했다. 레토르트 밥은 이상한 냄새가 나는 경우가 많았다. 볶음밥 일색이어서 먹고 싶은 생각이 들지 않았다.

'제일제당이 만든 시제품 밥은 정말 맛있다. 집밥 생각이 난다' 제일제당은 대대적인 소비자 조사를 시행했다. 가장 좋은 품질의 이천 쌀로 밥을 짓고 무균포장법으로 시제품을 만들었다. 테스트 결과는 한결같았다. 제일제당은 결국 1996년 3월 무균 포장 방법 설비 구축을 위해 100억 원의 투자를 결정했다. 제품명은 '햇반'으로 결정했다. 햇반이란 '방금 지은 맛있는 밥'이라는 의미다.

1996년 12월 12일, 햇반이 세상에 첫선을 보였다. '제일제당에서 밥이 나왔어요'라는 카피(Copy)의 TV 광고가 방영되었다.

햇반은 식문화에 있어서만큼은 효율성 대신 정성을 중시했던 우리 국민의 의식에 큰 변화를 일으켰다. '밥은 직접 해먹는 것', '밥상은 엄마가 차려주는 것'이라는 뿌리 깊은 고정관념은 햇반의 등장과 함께 서서히 변화되기 시작했다.

출시 직후 햇반은 돌풍을 일으켰다. 제품을 선보인지 15일 만에 2억 5천만 원 어치의 제품이 팔려나갔다. 본격적인 여름 휴가철이 시작된 5월에는 월평균 8억 원 수준의 매출 실적을 기록했다. 최초의 목표를 두 배 이상 뛰어넘는 수준이었다.

1997년 470만 개의 매출 실적을 올린 햇반은 이듬해에는 720만 개의 판매 기록을 수립했다. 1999년에는 무려 8개의 일간지로부터 '히트상품'에 선정되기도 했다. 신화적인 기록이었다. 한 언론은 햇반의 성공 이유를 다음과 같이 분석했다.

"햇반은 비록 상품 밥 시장에서 경쟁업체들에 선점 기회를 내주었지만 '무균포장법'이라는 차별화된 카테고리를 창출해 새로운 시장을 개척했다. CJ제일제당이 올해 실시한 조사에 따르면 소비자의 95% 이상이 즉석밥으로 가장 먼저 햇반을 떠올린다. 햇반의 혁신 유행을 정확히 간파하고 지속적인 투자를 한 CJ제일제당 경영진의 뚝심도 빼놓을 수 없는 성공 포인트이다. 1인 가구 증가 등 라이프스타일 변화에 비춰봤을 때 혁신을 지속할 경우 매출이 폭발적으로 치솟는 변곡점이 분명히 올 것이라고 확신했기 때문이다."

햇반은 최초, 최고를 지향했던 제일제당 온리원(Only One) 정신의 산물 가운데 하나였다.

39

토종 패밀리 레스토랑 빕스(VIPS) 탄생

1990년대 중반 무렵 소비 밀집 지역에는 '한 건물 건너면 패밀리 레스토랑'이라고 해도 과언이 아닐 정도로 치열한 접전이 벌어졌다. 우리나라의 외식산업 전망을 밝게 내다본 외국계 패밀리 레스토랑들이 우후죽순처럼 밀려들었다. 어느 기업체가 시장을 선도하고 있는지, 어느 업체의 서비스가 탁월한지 분간할 수 없는 상황이었다.

제일제당은 14개의 '스카이락'을 운영하면서 많은 노하우를 쌓았다. 그러나 경쟁에서 이길 수 있는 '온리원(Only One)' 전략이 필요했다. 외식사업부는 누구도 흉내낼 수 없고 제일제당만이 제대로 할 수 있는 방안을 연구하기 시작했다. 우리의 브랜드로 '우리 입맛에 맞는 메뉴'가 바로 그 해답이었다. 경영진의 시각도 동일했다. 로열티를 지불하면서 외국에서 개발한 메뉴로 승부한다면 아무리 잘해도 2등에 멈출 수밖에 없었다. 한국형 패밀리 레스토랑 필요성은 갈수록 커졌다.

1997년 경영진은 토종 브랜드의 패밀리 레스토랑 진출을 확정지었다. 대단히 혁신적인 발상이었다. "스테이크와 해산물 요리를 중심으로 하는 패밀리 레스토랑을 만들 계획입니다. 스카이락을 통해 운영 노하우를 익힌 만큼 이번에는 우리 독자적인 브랜드로 시장에 진출해야 합니다. 온리원 정신에 걸맞게 우리나라 최초의 패밀리 레스토랑이 될 수 있도록 발전을 기해주시기 바랍니다." 경영진이 보낸 메시지였다.

새로 런칭할 브랜드의 이름은 '빕스(VIPS: Very Important Person's Society)로 결정되었다. 최고급 이미지를 부여하는 한편 모든 고객을 VIP로 대접하겠다는 서비스 정신이 담긴 이름이었다.

메뉴당 가격은 2만 원 이상으로 책정했다. 8,000원에서 9,000원 사이였던 스카이락 음식보다 고품질을 유도하도록 했다. 우리 입맛에 맞는 스테이크를 만들기 위해 부위별 조리법과 숙성 과정, 소스 등 스테이크 맛을 좌우하는 모든 요소에 촉각을 곤두세웠다. 고기 자체보다 양념에 더 신경을 쓰는 한국인의 입맛에 맞춰 다양한 소스가 개발되었다. 그런 가운데 1호점 입점을 위한 노력도 함께 진행되었다.

제일제당은 패밀리 레스토랑의 성공 포인트가 입지 조건에 있다고 판단하고 직원들을 동원해 우수한 입지 조건을 갖춘 곳을 샅샅이 뒤졌다. 교통이 편리한 상권 중심지가 바로 제일제당이 찾는 곳이었다. 그렇게 해서 결정된 곳은 강서구 등촌동 원당 사거리였다. 인근에는 지하철 5호선 발산역이 있었고 건너편에는 1만 2,000가구가 거주하는 중대형 아파트촌이 있었다. 외식 레스토랑을 열기에는 최상의 조건을 갖추고 있었다.

정통 스테이크 맛을 살리기 위해 직화구이식 주방 시스템을 갖추고 건물 외관을 유리벽으로 꾸며 바깥 풍경이 내다보이도록 했다. 1년이라는 긴 시간 동안 인테리어 공사를 할 정도로 고객맞이에 정성을 들였다. VIP 고객을 상대한다는 마음가짐, 그것이 빕스 1호점에 고스란히 담겼다.

한국식 패밀리 레스토랑 성공

1997년 3월 25일 V자 모양의 대형 유리가 눈길을 끄는 건물 앞에 제일제당 최고 경영진이 도착했다. 직사각형과 역삼각형이 어우러진 듯한 건물은 인근에서도 손꼽힐 정도로 아름다웠다. 건물 앞에는 빕스 등촌점의 로고가 선명하게 빛나고 있었다.

오전 10시 임원들이 개점 테이프를 컷팅하면서 국산 패밀리 레스토랑의 신기원을 장식하는 빕스가 공식적으로 출범했다. 행사에 참석한 인사들은 이국적이면서 아름다운 인테리어를 돌아보면서 덕담을 보냈다. 3단 케이크 컷팅식이 진행된 후 이재현(李在賢) 부사장(현 회장)은 다음과 같이 빕스의 성공을 기원했다.

"빕스는 제일제당의 40년 노하우가 담긴 고급 패밀리 레스토랑입니다. 이 패밀리 레스토랑에 의미가 있는 것은 외국에 로열티(Royalty, 상표권 사용료)를 지불하지 않는 국내 토종 브랜드라는 데 있습니다. 그간 우리 입맛에 맞는 메뉴 개발을 위해 정성을 다했습니다. 특히 최상급 스테이크를 비롯, 다양한 해산물 요리를 맛볼 수 있고 60여 종류의 샐러드 바가 갖춰졌다는 것이 특징입니다. 베이커리 바, 스프 바 등이 도입된 빕스는 우리 국민들에게 새로운 외식 문화를 안겨줄 것입니다."

오픈 즉시 빕스는 고객들에게 좋은 반응을 얻기 시작했다. 개점 4개월 만에 10만 명이 넘는 고객이 빕스를 찾았다. 주말에는 6회나 되는 고객 회전율을 기록했고 평일에도 3.2회나 될 정도로 인기를 끌었다. 특히 우리나라에서 첫선을 보인 '샐러드 바'는 고객들 사이에 화젯거리가 되었다. 집에서 만든 것과 같은 풍미가 느껴지는 스프, 막 따온 것 같은 신선한 채소와 과일, 각양각색의 믹스 샐러드, 고소한 베이커리 등 다양한 메뉴가 고객들의 만족도를 높였다.

최초의 프랜차이즈(Franchise)

프랜차이즈란 특정한 상품이나 서비스를 제공하는 주재자가 일정한 자격을 갖춘 사람에게 자기 상품에 대하여 일정 지역에서 영업권을 주는 시스템이다.

독립 경영은 제일제당 성장사(史)에서 가장 극적인 전환점 가운데 하나다. 이전까지는 신규사업 진출에 제약을 받았으나 독립 경영 이후부터는 상황이 달라졌다. '온리원 정신'에 부합한다면 언제든 신사업을 추진할 수 있는 역동성을 가지고 있기 때문이었다.

새로운 비즈니스 모델을 고민하고 있던 제일제당은 본격적인 해외시장 조사에 착수했다. 그 가운데 대만(Taiwan)의 통일기업 사례가 발표되면서 제일제당은 프랜차이즈 사업에도 깊은 관심을 기울이기 시작했다. 그 시기에 우리나라 프랜차이즈 산업은 급속도로 확대되기 시작했다. 특히 치킨, 피자, 햄버거 등 식품 분야의 프랜차이즈가 점차 격화되는 양상을 보였다. 제일제당이 관심을 가진 분야는 베이커리(Bakery) 시장이었다.

베이커리는 빵, 쿠키, 케이크 등을 판매하는 곳으로 흔히 제과점으로 불린다. 1995년에는 크라운베이커리, 파리크라상, 고려당, 신라명과 등 11개 브랜드가 682개 점포를 개설하는 등 시장 경쟁이 치열했다. 이들 업체가 전체 베이커리 시장의 65.2%를 차지할 정도로 시장의 벽은 높고 딴딴했다. 그러나 제일제당의 우수한 원료, 기술력, 냉동 유통 기술, 유통망 등을 활용한다면 충분히 경쟁력을 가질 수 있다고 판단했다.

1996년 1월 신사업 추진팀 내에 'B 프로젝트' 팀이 신설되었다. 이들은 기존의 베이커리 전문점과 차별화될 수 있는 요소를 집중 발굴했다.

- 빵의 신선도를 위해 냉동 생지 시스템 구축
- 최고급 원료 사용
- 서비스 체제 확립을 위해 회사 사원에게만 점포 개설 계약 허용

특히 빵의 신선도를 위해 '매일매일 매장에서 3차례 걸쳐 빵을 직접 구워 판매한다'는 전략을 수립했다. 다른 프랜차이즈 브랜드는 매장에서 빵을 굽지 않고 완제품을 데워주는 데 그치고 있었다. 제일제당은 빵의 신선도를 올리기 위해 '냉동 생지 방식'을 적용하기로 했다.

냉동 생지 방식이란 빵 반죽을 제빵 공정 중에 동결시킴으로써 효모와 효소의 활동을 억제시켜 보존이 가능하도록 만드는 제품이다. 휴면 반죽(Dormant Dough)이라고도 한다. 냉동 생지 방식을 사용하면 장점이 많다. 판매량에 따라 생산을 조절할 수 있기에 제품의 신선도를 높일 수 있다. 시간과 비용을 절약할 수 있었으므로 경쟁력 측면에서 유리하다.

1996년 새로운 프랜차이즈의 브랜드명이 확정되었다. 뚜레쥬르(Tous Les Jours), 프랑스어로 '매일 매일'이라는 뜻이었다. 처음에 이 이름이 제안되었을 때는 부정적인 의견이 지배적이었다. 발음하기가 어렵고 '매일 매일'이라는 의미를 아는 사람도 많지 않기 때문

이라는 주장들이 많았다. 그러나 제일제당은 해외 진출을 염두에 두고 있었다. '뚜레쥬르'라는 이름은 후일 해외 진출을 할 때도 유리하다는 판단이었다.

1997년 제일제당은 일본의 유명 베이커리 제조기업인 '프랑소아'와 냉동 생지 기술 도입 계약을 체결했다. 제일제당의 임직원들은 냉동 생지 기술을 배우기 위해 일본 연수를 떠났다. 제일제당이 조사한 바에 따르면 베이커리 사업의 원조 격인 프랑스 등 서구에서도 뚜레쥬르와 같은 프랜차이즈 사업이 시행된 사례가 없었다. 그때부터 이미 제일제당은 뚜레쥬르의 해외 진출을 계획하고 있었던 것이다.

1997년 5월 냉동 생지 공장 기공식이 거행되었다. 장소는 충청북도 음성군 대소 공장 내 나대지로 건물 면적은 847평(2,800m²) 규모였다. 동시에 제1호 뚜레쥬르 가맹점 모집을 위해 퇴직 임직원들을 대상으로 사업 설명회를 가졌다.

그해 11월 11일, 냉동 생지 공장이 완공되었다. 5개월 만에 준공하는 놀라운 저력을 발휘한 것이다. 그날 열린 준공식에서 손경식 회장은 다음과 같은 냉동 생지 공장 준공의 의의를 밝혔다.

> "마침내 제일제당의 첫 번째 프랜차이즈 사업의 원동력이 될 냉동 생지 공장이 완공되었습니다. 불과 5개월이라는 짧은 기간 동안 임직원 여러분께서 노력했기에 이와 같은 일이 가능했다고 생각합니다. 이제 제일제당은 베이커리 프랜차이즈 사업에 본격 진출함으로써 식품 제조업을 근간으로 외식, 단체 급식 등과 연계하여 식품 서비스 관련 부문에서도 확실한 위치를 차지하게 되었습니다."

새로 완성된 냉동 생지 공장에는 성형기와 냉동기 등 첨단 제빵 시설이 가득 들어찼다. 특히 생지의 평균 온도를 유지하기 위한 '무창공법'은 극히 보기 드문 기술이어서 사람들의 시선을 모으기도 했다. 무창공법이란 제품을 생산하는 기계에서 발생하는 소리가 외부에 들리지 않도록 하기 위해 창(窓)을 설치 않은 사업장을 말한다.

드디어 탄생한 뚜레쥬르

마침내 1997년 9월 10일, 경기도 구리시 교문동에 뚜레쥬르 가맹 1호점이 문을 열었다. 뚜레쥬르는 탄생과 동시에 베이커리 업계에 큰 반향을 일으켰다. 매일매일 새롭게 구운 30여 종의 빵을 제공했기 때문이다. 자체적으로 개발한 전산시스템, POS 시스템은 물론이고 베이커리 업체 최초의 고객 마일리지 제도 등도 화제를 모았다. 선진 서비스 시스템과 우수한 맛과 품질 덕분에 뚜레쥬르 점포당 일일 매출액은 80만 원대로 올라섰다.

뚜레쥬르가 인기를 모으자 제일제당은 가맹점을 퇴직 사원 중심에서 일반인에게도 확대하기로 했다. IMF로 수많은 샐러리맨들이 거리로 내몰리는 상황이었다. 쉽고 편안하게 자기 사업을 할 수 있는 프랜차이즈 업종은 그들에게 새 출발의 기회를 제공해 주었다.

뚜레쥬르 가맹점 수는 크게 늘어났다. 기존의 제과점들은 인력난에 시달렸지만 뚜레쥬르는 그렇지가 않았다. 선진 시스템이 적용되어 단 한 사람만 있어도 빵을 구울 수 있었기 때문이다.

제일제당은 제빵 인력 양성을 위한 노력도 아끼지 않았다. 영등포 공장에서는 무료 제빵 기술 교육이 날마다 이루어졌다. 이들은 가맹점을 오픈하거나 뚜레쥬르의 제빵사로 한 식구가 되었다.

2001년에는 서울과 부산에 제빵 훈련원과 기술 아카데미를 건립해 전문 교육을 실시했다. 뚜레쥬르 가맹점은 크게 늘어나 1999년에는 전국에 214개에 달할 정도로 성장했다. 고객들의 반응도 매우 좋았지만 가맹주들도 뚜레쥬르와의 계약에 만족해했다. 후발주자임에도 가맹주들의 만족도가 매우 높은 것으로 나타났다.

한국능률협회 종합연구소는 외식 부분에서 우수 프랜차이즈 업체를 선정, 발표했다. 외식부문에서 본사와의 계약에 대한 만족도는 제일제당과 원맨원, 매장 운영 및 판매 직원에 대한 만족도는 제일제당과 파리크라상이 우수한 것으로 나타났다.

뚜레쥬르는 빵에 대한 고객들의 인식을 크게 바꾸어 놓았다. 밀가루부터 기존 업체들과는 확연히 달랐다. 식빵, 페이스트리 등 종류마다 식감과 맛이 잘 구현되도록 회분 함량을 맞춘 '온리원 밀가루'를 사용한다. 체내 당 흡수율을 줄이는 프리미엄 설탕 자일로스와 호밀, 사과 등을 자연 발효해서 얻은 천연 발효종 등의 재료를 써서 사람들의 인식마저 바꾸었다. '빵은 건강에 좋지 않다'라는 해묵은 편견 대신 '빵으로 건강을 지킨다'라는 새로운 패러다임을 제시했던 것이다.

식품 산업사(史) 단 하나(Only One)의 기록

1990년은 제일제당 신기록의 시대였다. 독립 경영 이후 '온리원 정신'에 입각한 신사업이 활기를 띠면서 매출 2조 원을 넘어섰다. 그러나 신사업만으로 매출 급상승이 이루어진 것은 아니었다. 다양한 신제품 출시, 식품 산업의 선진화 등도 매출을 확대하는 데 중요한 역할을 했다. 시장이 정체기에 이르렀던 설탕, 밀가루, 식용유는 고기능성, 고부가가치 제품 생산을 끊임없이 추진하면서 시장을 선도했다. 그 시기에 제일제당은 누구도 따라올 수 없는 신기록을 하나하나 세워나갔다.

- 이천 냉장 공장 국내 최초의 HACCP 지정 - 1997년
- 국내 최초 설탕 생산 1000만 톤 돌파 - 1999년
- 식용유 시장 1위 탈환 - 2000년

제일제당이 제당 사업에서 압도적인 시장점유율을 기록한 비결은 지속적인 신기술 개발이었다. 제일제당은 기존의 설탕 생산 방법에 머물지 않고 기능성 감미료 개발을 적극 추진했다. 1990년에 무 충치 감미료인 팔라티노스당을 세계에서 두 번째로 개발한 데 이어 1996년에는 세계에서 세 번째로 차세대 감미료인 에리스리톨을 생산하는 성과를 올렸다.

이러한 기술력은 '백설 요리엿'과 '백설 요리당', 액상 감미료인 '커피 프랜드' 생산으로 이어졌다. 특히 백설 요리당은 출시 이후 단기간 안에 시장점유율 1위를 기록하면서 제일제당의 효자 상품으로 자리를 잡았다.

제일제당의 제분 사업도 프리믹스 제품을 중심으로 활성화되었다. 오븐과 가스레인지가 필수품이 된 1990년대 중반부터 제일제당은 프리믹스 시장에 진출했다. 경쟁사들은 튀김과 부침, 도넛, 핫케이크 등 4대 품목에 주력했지만 제일제당은 '온리원' 정신에 입각한 제품 연구에 더 많은 정성을 기울였다. 1999년에 출시된 '내가 만드는 컵케익'이 대표적인 제품이었다. 어린이들도 혼자서 요리할 수 있도록 구성된 이 제품은 각종 피트 상품에 선정될 정도로 인기를 끌었다.

한편 식용유 시장에서의 선전은 모두를 놀라게 했다. 이전까지

제일제당은 설탕과 밀가루 부문에서는 선두를 고수했으나 유독 식용유 시장에서는 고전을 면치 못했다. 그러나 시장 1위를 달리던 경쟁사들이 자금난으로 어려움을 겪으면서 제일제당은 반전의 기회를 맞이했다. 제일제당은 식용유 시장이 고급화 추세를 보이자 올리브유, 해바라기유, 홍화유 등 다양한 제품을 출시하면서 시장을 주도하기 시작했다. 그리고 식용유 시장에 참여한 이후 20년 만에 시장점유율 1위를 기록하는 쾌거를 이룩했다.

가공식품 분야에서도 괄목할 만한 성과가 이루어졌다. 햇반의 놀라운 성공에 뒤이어 1997년에는 레토르트 시장에 진출해 햄버그스테이크, 미트볼 등 신제품을 출시했다. 특히 전자레인지가 대거 보급된 1998년에는 '렌지레토'를 생산, 간편한 식생활 문화를 이끌기 시작했다. 1998년에는 가정주부들이 손쉽게 요리할 수 있도록 요리 양념 '다담'을 출시했다. 이 제품은 초보 주부나 맞벌이 주부들 사이에 큰 인기를 모은 사업으로 자리매김했다.

조미료 시장의 선전도 주목할 만한 사건 가운데 하나였다. 국내 굴지의 대기업인 LG가 자사 제품에는 'MSG(글루타민산나트륨)'가 없다는 광고를 게재하면서 조미료 시장이 격화되었다. 제일제당은 '진국 다시마'와 '진국 육수'로 대응하면서 시장 1위를 지속적으로 유지해 나갔다. 특히 IMF 이후에는 우수한 품질과 탁월한 마케팅에 힘입어 70%였던 시장점유율을 85%까지 끌어올렸다.

제일제당은 사양 사업군으로 분류되던 식품 부문에서 압도적 지위를 이어 나갔다. '온리원(Only One) 정신'을 기반으로 식품 산업의 선진화를 이끌어 냈던 것이다.

40

영상(映像)미디어 사업 진출

영상미디어 산업은 21세기 문화 산업의 대부분을 차지할 정도로 광범위하고 넓다. 시장 규모도 전지구적이다. 1995년 4월 29일 우리나라 문화계와 산업계를 놀라게 하는 충격적인 뉴스가 전해졌다. 그것도 세계적인 권위를 가진 〈뉴욕타임즈, NYT〉가 제일제당(CJ)이 스티븐 스필버그 감독과 합작회사를 설립한다고 보도한 것이다. CJ그룹의 사업 구조로 보아 기존의 주력 사업과 전혀 다른 성질의 사업 부문인 것이다.

CJ와 합작회사를 설립하기로 한 스티븐 스필버그 감독은 세계적으로 가장 인지도가 높은 감독이다. 그의 손에서 죠스, 인디아나 존스 시리즈, E·T, 쥐라기 공원 시리즈가 만들어져 세계인의 찬사를 받았다. 국내 언론사들은 뉴욕타임즈의 기사가 나오자 뉴스를 확인하느라 남산 제일제당 사옥으로 확인 전화를 걸기에 바빴다. 그 소식은 우리 문화계에 충격을 안겨주기에 충분했다.

· 제일제당 - 스필버그 영상 사업 확장 - 10억 달러 투자 드림웍스 설립 (동아일보)

· 멀티미디어사 드림웍스, 제일제당 3억 달러 투자, 스필버그 공동 설립 (매일경제)
· 제일제당 할리우드 진출, 드림웍스 공동 투자 합의 (한겨레 신문)

　CJ그룹이 드림웍스에 투자하는 과정은 드라마틱하다. 드림웍스는 1994년 10월 12일 월트디즈니 출신의 애니메이션 제작자인 제프리 카젠버그와 스티브 스필버그 감독, 음반 사업가 데이비드 게펀 세 사람이 지분 30%를 가지면서 투자자, 투자기업을 물색하게 되었다. 마이크로소프트의 공동 창업자인 폴 앨런이 5억 달러를 출자하기로 했고 나머지 3억 달러를 전 세계 기업에 투자 기회를 주기로 했다.
　우리나라도 지분 매입에 뛰어들게 되었는데 현대그룹은 주식 매입에 관한 의견 교환만 있었을 뿐 드림웍스의 투자 참여는 하지 않기로 했다. 삼성그룹은 9억 달러를 전액 투자해 아시아 지역의 배급권 확보와 드림웍스 경영에 참여하는 것을 전제로 했으나 한 그룹이 너무 많은 돈을 가지고 운영한다는 것은 바람직하지 않다는 이유로 3억 달러로 낮춰서 협상을 이어갔지만 엔터테인먼트 사업 대신 오직 반도체에만 관심이 있다고 해 협상이 결렬되었다.
　한국에서는 더 이상 참여 의사가 없다고 느껴질 때쯤 삼성그룹의 계열사였으나 1993년 분리 독립을 선언한 식료품 제조업체인 제일제당이 1995년 4월 28일 3억 달러를 드림웍스에 투자하면서 최대 주주로 등극함과 동시에 드림웍스 단독 제작 영화에 관한 한국 배급권 계약을 체결했다.
　이 투자 결정에는 미국 할리우드 현지에서 활약한 이미경(李美敬) 현 CJ그룹 부회장의 역할이 컸다.

이미경 부회장은 엔터테인먼트 사업 분야에서 국제적인 명성과 영향력을 가지고 있다. 2024년 9월 24일에는 세계시민상을 수상했다. 이 상은 미국 싱크탱크 '애틀랜틱 카운슬'이 국제적으로 큰 영향력을 행사한 인사에게 주는 상으로 역대 수상자 중에서 아시아 여성 기업인이자 문화인은 이 부회장이 처음이다. 주최 측 프레드릭 켐프 회장은 이 부회장을 수상자로 선정한 이유에 대해 '한국 문화의 세계화에 오랫동안 기여한 이 부회장의 헌신과 아카데미상을 받은 '기생충' 영화 제작을 포함해 한국 문화의 세계화에 미친 영향력을 높이 평가했다'라고 했다. 이 부회장은 수상 소감에서 "문화는 산소와 같아서 평소에 그 존재를 당연하게 생각하지만, 그것 없이는 결코 살아갈 수 없다."라고 말했다.

뉴욕타임즈 기사가 난 3일 후인 5월 1일 제일제당은 기자회견을 열고 영상산업 진출을 공식 선언했다.

"제일제당은 독립 경영 선언 직후인 1994년부터 영상 산업을 차세대 핵심 사업으로 정해둔 바가 있습니다. 제일제당은 차세대 핵심 사업인 영상 소프트웨어 산업 진출을 통해 식품 생활용품 회사라는 기존 이미지에서 벗어나 종합 영상 그룹으로 발전해 나갈 것입니다."

며칠 후 또 하나의 소식이 전해졌다. 1990년대 최고 인기 드라마인 〈모래시계〉의 김종학 감독과 송지나 작가가 제일제당과 함께 영상 소프트 회사를 만든다는 내용이었다. 그뿐만 아니었다. 3개월 후인 8월에는 홍콩의 거대 영화사인 골든하베스트와 협력해 아시아 영상 소프트 산업에 진출한다고 발표했다. 5개월 사이에 제일제당은 국내 문화 산업계를 이끌어가는 블루칩(Bluechip)으로 떠올랐다. 같은 해 4월 18일 스티븐 스필버그와 세계 영상산업을 이끌어

가고 있던 제프리 카젠버그가 방한했다. 이튿날 그들은 MBC 특집 프로그램에 출연해 제일제당과의 합작 사업에 대한 기대감을 내보였다.

'드림웍스 설립 계획 발표 뒤 투자 신청이 줄을 이었다. 그러나 제일제당의 젊은 경영자들만큼 우리 일에 대한 이해가 큰 곳은 많지 않았다. 특히 그들의 사업 아이디어와 열정은 대단했다'

문화가 없으면 나라도 없다

제일제당이 문화 사업 진출 배경은 무엇일까? 제일제당이 문화 산업을 모색한 때는 독립 경영이 시작되던 1993년의 일이었다. 독립 경영 선언 이후 제일제당 경영진은 깊은 고민에 휩싸였다. '어떤 사업으로 향후 제일제당의 미래를 견인할 것인가?'

그간 제일제당의 주력 사업은 식품, 소재, 사료 등의 전통 제조

산업이었다. 이들 사업으로는 향후 성장을 도모하는 데 분명한 한계가 있었다. 제일제당은 21세기를 선도할 사업군을 두고 면밀한 검토에 들어갔다. 정보통신, 멀티미디어, 금융, 문화 등 거의 모든 업종이 검토 대상이었다.

그중에서도 최고 경영진이 관심을 보인 것은 문화 사업이었다. 제조업의 경우에는 신흥 공업국의 가격 경쟁력 때문에 지속적인 성장이 어려운 것으로 보았다. 당시 최고 경영진이었던 이재현 상무(현 회장)와 이미경 이사(현 부회장)는 할아버지 이병철 창업회장의 가르침 덕분에 문화예술의 중요성을 누구보다 깊이 인지하고 있었다. 이재현 회장은 평소 직원들에게 이병철 선대 회장이 자주 언급했던 '문화 없이는 나라도 없다'는 말을 자주 언급하며 '역사적으로 살아남으려면 결국 문화 상품에서 답을 찾아야 할 것'이라고 역설했다. 일종의 문화 보국론이었던 셈이다.

이재현 회장은 그룹의 창업 이념인 사업보국을 문화콘텐츠 산업

으로 이뤄야 한다며 경영진 회의는 물론 사석에서도 거듭 강조했다. 이재현 회장은 일찍부터 문화 산업의 파급 효과에 주목했다. 이미경 부회장도 미국 유학 시절 한편의 영화나 뮤지컬, 연극 등이 미치는 파급력에 깊은 감명을 받았다. 웰메이드 영화 한 편이 자동차 수만 대를 수출하는 것보다 더 많은 매출과 수익을 올리고 명품 뮤지컬과 연극은 한 나라의 품위와 이미지를 드높이는 것으로 이 부회장은 인식했다. 이미경 부회장은 강연회 등을 통해 문화 산업에 대해 다음과 같이 언급했다.

"미국 유학 시절은 놀랍고 충격적인 경험이 많아 오래도록 기억하고 있습니다. 그러나 선진국의 문화적 기반을 부러워할수록 우리나라의 문화 수준은 깊은 상처가 되었습니다. 그 생각은 어떻게 한국을 알려야 할 것인지에 대한 고민으로 이어졌습니다. 그것은 바로 문화 사업이었습니다. 한국 문화의 글로벌화를 통해 국가 브랜드를 세계에 인식시켜야 하겠다는 결심의 단초가 되었습니다."

그간 제일제당이 국민들의 입을 즐겁게 해왔다면 이제는 눈과 귀, 그리고 마음을 행복하게 해 줄 비즈니스로 투자를 확대해야 한다는 생각이었다.

문화 사업으로 진출을 결정지을 무렵 새로운 소식이 들려왔다. 세계적인 명성을 가지고 있는 스티븐 스필버그가 드림웍스를 설립하고 해외 투자자를 물색하고 있다는 내용이었다.

드림웍스(Dream Works)와의 만남

1994년 세계 영화계는 한 엔터테인먼트 기업의 설립 소식에 주목했다. 영화감독이자 제작자인 스티븐 스필버그, 월트디즈니 영화사 대표인 제프리 카젠버그, 음반 업계의 마술사라 불리는 데이비드 게펜이 함께 만든 새 회사인 드림웍스 SKG의 출범 선언이 바로 그것이었다. 그간 세계 최대의 흥행 대작들을 만들어 온 '마이다스'

의 손들이 힘을 합쳤다는 데 많은 관심이 쏟아졌다.

드림웍스는 총투자금 10억 달러 가운데 30%의 지분을 투자받겠다고 선언했다. 세계의 기업들이 투자 검토에 나섰다. 우리나라의 대기업들도 큰 관심을 보였다. 미래를 이끌어 갈 선도 분야 가운데 하나가 바로 영화 산업(Film Industry)이었다. 세계 최고의 흥행 인재들이 뭉친 만큼 드림웍스 투자는 안전하다는 인식이 강했다.

우리나라 기업 가운데 삼성그룹의 행보가 가장 빨랐다. 당시 삼성그룹은 '삼성 영화 사업단'을 조직하고 영화 부문으로의 진출을 공식 선언한 상태였다. 이미 1992년에는 케얼코사의 지분을 매입했고 다른 영화사와의 합작에도 깊은 관심을 보이고 있었다. 삼성은 드림웍스의 투자설명회에 참석해 자본 투자 의지가 담긴 제안서를 공식 접수시켰다. 드림웍스도 반도체 생산을 통해 세계에서 크게 주목받고 있던 삼성과 협상을 시작했다고 발표했다. 미국의 유력 언론인 〈USA 투데이〉는 1995년 2월 23일 '한국의 삼성그룹이 드림웍스 주식 지분을 대거 매입할 가능성이 유력한 투자자'라고 보도했다.

제일제당이 눈여겨 보고 있는 가운데 새 소식이 전해졌다. 삼성과 드림웍스의 협상 결렬 소식이었다. 제일제당은 즉시 미국으로 날아갔다. 이재현 상무와 이미경(李美敬) 이사가 주축이 된 협상 실무팀은 파격적이면서도 진취적인 모습이었다. 넥타이를 매고 정형화된 방식으로 협상을 추진했던 삼성팀과는 달리 아주 자유스런 태도였다.

제일제당이 협상 장소로 택한 곳은 스필버그의 개인 스튜디오였던 '앰블린(Amblin)'이었다. 제일제당의 실무진은 청바지에 티셔츠, 운동화 차림으로 피자를 주문해 식사를 하면서 20억 달러 규모의 사업 계획을 논의했다. 대단한 파격이었다. 자유분방하고 창의성을 존중하는 할리우드 협상 방식에 적응한 것이다. 드림웍스는 이런 태도에 크게 만족해하면서 제일제당과의 협력을 확정했다. 이 이야기는 후일 CJ의 온리원 정신과 창의 문화를 상징하는 사례로 인용되고 있다. (독자들이여, 이 장면은 CJ가 대한통운(현 CJ대한통운)을 인수할 때와 오버랩된다. 당시 CJ는 삼성그룹과 경합했으며 인수전에서 이겼다.)

1993년 6월 삼성그룹에서 계열 분리한 후 홀로서기에 대해 재계의 주목을 받고 있던 이재현 회장(당시 상무)은 단신으로 미국으로 건너가 당시 제일제당으로서는 불모지인 엔터테인먼트 사업의 초석을 닦았다. 이 회장은 "당시 청바지 차림으로 피자를 먹어가며 협상을 진행했습니다. 동양의 경영자는 권위적이라는 통설을 깨기 위해서였습니다. 종합 식품회사였던 제일제당이 영화산업에 투자한다는 것도 도박에 가까운 모험이었습니다."라고 회고했다.

이 계약으로 제일제당은 차세대 핵심 사업으로 정해 놓았던 영상사업(Video Business) 진출의 초석을 마련했다. 식품, 생활문화 중심회사라는 기존 이미지를 벗고 종합 생활문화 기업으로 나아가는 데 결정적인 토대를 마련했던 것이다.

한국 문화산업 변화를 가져온 사건

"제일제당은 영화 천재 스티븐 스필버그 감독이 주축이 된 영상 소프트웨어 메이커인 드림웍스 SKG의 공동 설립자가 되었습니다. 이제 제일제당은 영상 소프트 시장에 본격 진출하게 되었음을 밝힙니다."

1995년 4월 28일 오전 11시 신록이 곱게 물든 남산 사옥에서 제일제당은 기자회견을 갖고 영화 사업 진출을 공식 선언했다. 제일제당과 드림웍스 간의 계약 내용은 다음과 같았다.

- 2대 주주 등극 " 자본금 10억 달러 가운데 제일제당 30%인 3억 달러 투자
- 배당금 이외에 아시아 지역 판권 보유(일본 제외)
- 이재현 상무, 이미경 이사의 경영 참여(5인 이사회 및 경영위원회 참석)
- 기술 지원, 영화 배급, 마케팅, 관리, 재무 등 실무자들에 대한 운영 노하우와 영상 관련 기술 지원

가장 눈길을 끄는 것은 2대 주주로 경영에 참여하게 되었다는 사실이었다. 1대 주주인 마이크로소프트의 공동 설립자 폴 앨런에 뒤이은 주주로서의 권리를 확보한 것이었다. 기자회견 이후 한 언론은 제일제당의 영화 사업 진출은 우리나라 영화산업에 큰 변화를 일으킬 일대 사건이라고 대서특필했다.

「제일제당이 영상 멀티미디어 사업에 본격 진출, 비상한 관심을 모으고 있다. 제일제당의 정보 기술 사업 진출은 예견된 일이었으나 이번에 발표된 할리우드 직접 진출은 멀티미디어 산업계에 큰 충격을 주고 있다. 제일제당은 영화 천재, 애니메이션 총 지휘자, 음반계의 거장과 연합하면서 영상산업에서 유리한 고지에 서게 된 것이다. 이제 제일제당의 움직임 하나하나에 따라 국내 영상산업은 큰 변화를 겪을 것으로 전망된다.」

그날 제일제당은 영화산업의 진출과 함께 다음과 같이 원대한 포부를 밝혔다.

"제일제당은 이제 과감한 자본 투자를 통해 영상 소프트웨어 전문 인력을 발굴, 확보할 것입니다. 아울러 영상 소프트웨어 인프라

구축에도 적극 나설 계획입니다. 낙후된 우리나라 영상 산업의 발전에 기여하기 위해 선진국 수준의 영화와 영상물을 세계 시장에 선보일 것입니다."

제일제당의 꿈은 그뿐만이 아니었다. 드림웍스 아시아 지역 배급망을 통해 글로벌 영상 시장으로 진출한다는 비전이었다. 1995년 4월 독립 경영을 시작한 제일제당의 불꽃은 뜨겁고 화려했다.

한국 영화의 미래를 꿈꾸다

같은 시각 서울 세종로의 코리아나호텔에서는 또 하나의 중요한 기자 회견이 열리고 있었다. 당시의 최고의 히트 드라마 〈모래시계〉의 두 주역인 김종학 감독과 송지나 작가의 영상 소프트 회사 설립 기자회견이었다. 드라마 '모래시계'는 광복 50주년 기념 특별 기획 드라마로 종합 시청률 50.8%를 기록하는 인기를 모았다. 이 드라마 방영 시간이 되면 이를 보기 위해 귀가를 서두른다는 뜻으로 '귀가 드라마'라는 말이 유행했다.

"우리는 제일제당과 손잡고 종합 영상 소프트 회사인 '제이콤(JCom)'을 설립하기로 결정했습니다. 지금 영상산업은 놀라울 정도로 발전하고 있습니다. 영상산업의 세계적 수준을 따라잡기 위해 영화와 드라마, 애니메이션 등 장르별 전문 인력 육성을 최우선 사업 목표로 정했습니다. 이미 신인 작가 공개 선발을 실시해 현재 6명이 연수 중이며 매해 46명의 실무자를 선발해 할리우드에 1년 이상 연수를 보낼 계획입니다."

제일제당은 20억 원의 자금을 투자, 50%의 지분을 행사하는 것으로 계약을 체결했다. 이날의 기자회견은 우리나라 문화 산업계에 큰 기대감을 안겨 주었다. 당시 선진국의 영화산업은 막대한 자본과 앞선 시스템으로 무장하고 글로벌 시장을 석권하는 중이었다. 반면 '충무로(忠武路)'로 상징되는 우리나라 영화산업은 참담할 정도의 상황에 처해 있었다. 실제로 1969년에 229편에 달했던 우리나라 영화 제작 편수는 1995년 편수는 63편으로 줄어들었다. 제작환경도 열악해서 영화 한편의 평균 제작비가 5억 원에 불과했다. 외국의 일급 영화 제작비인 780억과는 비교가 되지 않고 할리우드 평균 제작비인 160억과도 30배 이상 차이가 났다. 제일제당은 경쟁력을 높일 수 있도록 합리적으로 자본을 투자해 우리나라 영화산업을 되살리도록 출사표를 던진 것이다.

우리나라 영화 산업계는 큰 기대감을 나타냈다. 특히 제이콤이 첫 영화에 150억 원을 투자한다는 발표가 있자 우리 영상산업의 경쟁력 제고에 큰 힘이 된다면서 환영의 뜻을 표했다.

CJ엔터테인먼트 출범

1995년 8월 1일 제일제당 내 멀티미디어 사업부가 신설되었다. 제일제당이 핵심적으로 추진하는 사업인 영화산업은 물론 방송, 음악, 게임 등 멀티미디어 사업 전 분야를 담당하기 위한 조직이었다.

이 조직은 설립 직후 기존 대기업 직원들과는 다른 행보를 보여 화제가 되었다. 멀티미디어 산업은 수십억 달러의 인수합병이 하루 아침에 결정되는 변화무쌍한 세계다. 영상 제작과 컴퓨터, 정보통신, 그리고 배급망이 수직적으로 통합해야 가능한 멀티미디어 사업의 특성이 그런 매수합병을 부른다. 제일제당 엔터테인먼트 사업부의 운용도 그런 특성에 맞춰져 있다. 회사의 공식 출퇴근 시간은 오전 7시와 오후 4시지만 이 팀은 다르다. 오전 9시 30분에서 오후 6시 30분까지 일한다. 회의는 원탁에서만 한다. 팀원들에게는 밑도 끝도 없는 사업 주제가 주어진다. 밑그림부터 실행 계획까지 다 짜보라는 식이었다.

멀티미디어 사업부는 이재현 상무(현 회장), 이미경 이사(현 부회장)가 직접 진두지휘했다. 이 사업부는 영화 제작에서부터 배급에 이르기까지 제일제당이 나아가야 할 방향을 제시하기 위해 연구에 몰두했다. 궁극적으로 제일제당은 제이콤을 활용한 영화, 영상물 제작, 영화 수입과 배급, 극장 사업, 음반 제작, 소매 유통, 캐릭터 사업, 케이블 사업, TV는 물론 테마파크에도 뛰어들어 세계적인 종합 엔터테인먼트 그룹으로 성장한다는 밑그림을 그려 나갔다. 그 계획은 하나하나 실현되기 시작했다. 1995년 8월 11일, 홍콩 제일의 영화사인 '골든하베스트'와 합작회사를 설립하기로 결정한 것이다.

골든하베스트는 홍콩 영화시장에서 6개 영화관을 경영하고 있고 홍콩 최대 재벌인 리카이싱(李嘉誠)이 투자하고 있다. 골든하베스트는 말레이시아, 태국, 필리핀 등에 85개의 스크린을 보유하고 있기도 하다. 특히 미국과 호주, 뉴질랜드에 직접 영화를 배급하는 등 선진 노하우를 보유하고 있다는 장점이 있었다.

제일제당은 골든하베스트의 연결고리를 통해 아시아 영화 시장으로 영역을 넓히기 시작했다. 두 회사의 합의 내용은 다음과 같았다.

- 50대 50의 지분으로 제일골든하베스트 설립
- 서울-방콕-쿠알라룸푸르-홍콩 등 아시아 10개 도시에 영화 배급망 구축
- 드림웍스 SKG 제작 영화의 아시아 지역 공동 배급

· 제이콤 제작 영상물, 음반, CD 등 멀티미디어 소프트웨어 판매, 보급

제일제당의 원대한 꿈이 하나하나 구체화되면서 멀티미디어 사업부의 사업 내용도 보다 확대되었다. 초기에는 주로 영상사업에 치중한다는 계획이었으나 제이콤 설립과 함께 영화 배급, 게임과 음반 등 다양한 분야로의 사업 확대가 되는 것은 필연적이었다. 1996년 9월 1일 CJ엔터테인먼트 사업부가 새롭게 조직되었다.

제일제당이라는 기업명에서 '제조업'과 '식품'의 이미지를 희석시키기 위해 제일제당의 축약인 'CJ'라는 이름이 사용되었다. 이들은 멀티미디어 시대를 넘어 영화 등의 영상산업과 오락, 음반, 방송, 극장, 테마파크 등 문화 사업을 이끌어가기 위한 전진을 시작했다.

영화 산업에 지속적인 투자

1996년 국내 영화시장은 1,800억 원의 규모에 불과했다. 연간 5% 안팎의 완만한 성장세가 지속되었다. 그러나 성장 가능성은 무궁무진하다는 것이 지배적인 시각이었다. 1990년대 중반에 개봉된 영화 〈쥬라기 공원〉, 〈라이언 킹〉의 수익은 자동차 100만 대 수출과 맞먹는다는 분석도 있었다. 1990년대 초반 국내 대기업들은 '황금알을 낳는 거위'라는 인식 하에 그간 외면해 왔던 영화 산업에 집중 투자를 시작했다. 1990년대 초 영화산업은 리스크조차 없는 '미다스의 손'이었다. 미다스(Midas)는 만지는 모든 것이 황금으로 변하는 것으로 알려져 있는 그리스 신화에 나오는 임금이다.

새로운 투자 분야를 찾던 대기업들이 영화산업에 진출했다. 충무로의 영세업자들로부터 '비디오 판권'을 사는 소극적 방식으로 참여했던 대기업들이 본격적으로 영화산업에 뛰어들었다.

삼성(三星)은 드림박스, 나이세스, 스타맥스 등을 삼성 영상 사업단으로 묶어 그룹 차원에서 돌진해 오면서 마침내 외화(外畵) 수입에 앞장섰다. 삼성뿐만 아니었다. 대우(大宇) 그룹도 영상 사업 확대에 나섰다. 대우전자 영상사업본부를 ㈜대우로 이관하고 연관 자회사의 인력들을 통합했다. 그룹 차원에서 영상 사업을 추진하기 위한 목적이었다. LG그룹의 LG미디어가 멀티미디어 타이틀과 음반, 이벤트, 게임 산업에 참여했고 현대그룹의 현대전자도 게임, 비디오, 영화 제작 진출을 선언했다. 낙후된 한국 영화시장에 막대한 자금이 유입되기 시작했다. 시장 규모보다 공급자가 많아지자 경쟁은 치열해졌다.

  1996년 8월 22일, CJ는 예술영화 수입사인 하명중(河明中) 영화 제작소와 협력하기로 결정했다. 하명중 씨는 KBS의 5기 공채 탤런트로 배우 생활을 하다 영화감독으로 데뷔했다. 당시 대기업들이 흥행을 고려해 할리우드 대작 중심으로만 영화를 배급한다는 비판적인 시각이 있어 CJ는 그들과 다른 방향을 선택한 것이다. CJ가 처음으로 영화 배급에 나선 작품은 그해 '칸 국제 영화제'에서 황금종려상 수상작인 〈비밀과 거짓말〉이었다. 이 영화는 우리나라 최초의 국제 영화제인 제1회 부산국제영화제 개막작으로 선정되어 예술영화 애호가들의 관심을 모았다.

41

멀티플렉스(Multiplex, 복합영화관) CGV의 탄생

　1995년 10월 우리나라를 처음 방문한 스티븐 스필버그 감독은 기자회견에서 우리나라 영화 인프라에 대해 다음과 같은 이야기를 했다. 스필버그 감독은 CJ와 드림웍스 투자 문제를 완결짓고 한국을 방문한 것이다.
　"나는 한국 극장의 음향 시설이나 영사 상태, 객석 등을 보고 싶었다. 개선이 필요한 것으로 보인다. 레스토랑, 게임 등이 함께 있는 멀티플렉스로의 변화도 필요한 것 같다."
　영화 천재의 눈은 매서웠다. 당시 우리나라의 극장 현실은 참담한 수준 그 자체였다. 조금 인기가 있다 싶은 영화에는 어김없이 암표상(暗票商, Illegal Ticket)이 등장했다. 단관 스크린이다 보니까 표를 구하지 못하면 헛걸음치기가 다반사였다. 좌석도 협소한 데다 좌석 사이의 공간도 좁아 앞이 가려지기 일쑤였다. 어둡고 침침한 매표 공간에서는 악취가 풍겼다. 열악한 극장 인프라는 관객의 감소로 이어졌다. 1990년에 800만 명에 달했던 관객 수는 1998년 500만 명으로 크게 줄어들었다.
　1996년 1월 CJ 멀티미디어 사업부는 외국의 극장 인프라 조사를 시행했다. 선진국들의 극장 인프라는 모두를 놀라게 할 정도로 우수했다. 한 극장에 다수 스크린이 들어선 멀티플렉스 극장은 이미 돌풍을 일으킨 지 오래였다. 영화산업이 발달한 국가들은 거의 대부분 멀티플렉스 극장이 구축되어 있었다.

일본도 마찬가지였다. 후쿠오카에 위치한 커넬시티AMC는 15개 스크린에 2,600석이 넘는 거대한 규모를 자랑하고 있었다. 더욱 특징적인 점은 호텔, 게임센터, 쇼핑센터, 오페라하우스 등 같은 빌딩 안에 각종 문화시설들이 모여 있다는 사실이었다. 쇼핑과 문화를 연계한 복합문화공간은 이미 전 세계적인 추세였다.

우리나라에서는 복합문화공간 건설이 쉽지 않았다. 일단 땅값이 비싸 넓은 용지를 확보하는 것이 쉽지 않았다. 단관 극장을 건설할 때보다 두 배 이상의 비용이 들었다. 멀티미디어 사업부는 극장 사업 시작을 앞두고 멀티플렉스 극장의 파급력에 관한 보고서를 작성했다.

- 1980년대 미국에서 본격화된 멀티플렉스 극장은 유럽과 일본으로 급속 확산
- 미국 : 20개 이상의 스크린을 갖춘 메가 플렉스 극장 성행
- 영국 : 멀티플렉스 극장 도입 7년 만에 관객 수 2배 증가
- 일본 : 1993년 워너마이칼의 진출로 본격적인 멀티플렉스 극장 시대 개막

우리나라 영화 산업 발전을 위해서는 멀티플렉스 복합 상영관이 반드시 필요했다. 사내에서는 반대의 목소리가 높았다. 비디오와 인터넷 등 뉴미디어가 대량 보급되면서 극장은 사양 산업으로 분류되고 있었다. 그러나 한국에서는 최초로 시작하는 일이었고 반드시 해야할 일이기도 했다. 이미경 이사(현 부회장)는 한 강연회에서 멀

티플렉스 극장의 탄생 배경을 다음과 같이 설명했다.

"미국 유학 시절 영화광이었던 제게는 당시 우리나라에서는 볼 수 없었던 멀티플렉스 자체가 충격이었습니다. 표가 매진되어 허탕 치기 일쑤인 한국의 단관 상영관과 비교할 때 여러 영화를 놓고 골라 볼 수 있는 멀티플렉스는 천국과도 같았습니다. 드림웍스 투자 결정 이후 가장 먼저 서두른 일이 바로 멀티플렉스 극장 건설이었습니다. 당시 제일제당은 국내 영화 산업 발전을 위해서는 멀티플렉스가 기본 인프라라고 굳게 믿었습니다. 회사 안팎의 반대가 극심했지만 멀티플렉스 극장 건설을 감행한 이유가 거기에 있습니다."

최고 경영진의 결정에 힘입어 1995년 6월 제일제당 멀티미디어 사업부 안에 극장팀이 신설되었다. 이들은 멀티플렉스 극장 설립을 위해 본격적인 계획 수립에 나섰다.

영화 산업의 플랫폼(Platform) CGV의 탄생

극장(劇場, Theater)의 역사는 매우 오래되었다. 최초의 극장을 가진 나라는 그리스로 서기전 5세기 무렵이다. 극장의 어원이 관람석(Theatron)을 뜻하는 말에서 나왔듯이 극장은 관객을 하나의 공간 속에 연결하는 의미가 있으며 하나의 문화시설이다.

멀티플렉스 영화관 설립에 가장 중요한 조건은 입지(立地)였다. 대중교통이 편리해야 하고 주차장이 완비되어야 한다. 사람을 모아야 하는 극장의 특성상 이런 입지 조건을 갖추는 것은 필수다. 극장팀의 조사에 따르면 당시 미국 센트리시티에 위치한 'AMC14'는 금융가와 고급호텔, 백화점, 레스토랑이 밀집되어 있는 곳에 자리 잡고 있었다. 프랑스의 멀티플렉스도 마찬가지였다. 가장 큰 영화관은 파리의 지하철 노선 중 무려 7개의 노선이 만나는 지리적 요충지였다.

제일제당 극장팀이 염두에 둔 지역은 서울 구로구의 영등포 공장의 부지였다. 넓은 공간을 확보할 수 있는 장점을 가지고 있었다. 그러나 교통이나 주변 여건을 고려하면 최적의 입지는 아니었다. 다음으로 극장팀이 주목한 곳은 바로 서울 구의동 강변역에 건설되고 있던 전자·전기 전문상가 '테크노마트(Techno Mart)'였다. 이 건물은 7만 7,999평(25만 7,850m²) 대지에 39층 규모로 건축 중에 있었고 지하철 2호선 강변역과 직접 연결되는 장점이 있었다. 특히 전자상가와 쇼핑센터가 결집되어 있어 영화의 주요 소비 계층인 10대, 20대의 왕래가 많을 것으로 기대되는 곳이었다.

제일제당은 이곳에 멀티플렉스 상영관을 건설하기로 결정했다. 그 당시 외국의 엔터테인먼트 기업들도 한국 시장을 주목했다. 대표적인 기업이 홍콩의 골든하베스트와 호주의 빌리지로드쇼였다. 제일제당과 이 두 회사는 한국의 멀티플렉스 극장 사업을 위한 합작 법인 설립을 공식 발표했다.

- 자본금은 60억 원으로 한다.
- 투자금액에 따라 제일제당 50%, 나머지 두 회사는 25%의 지분을 갖는다.
- 세 회사(Cheil Jedang, Golden Harvest, Village Roadshow)의 회사명을 합쳐 'CJ골든빌리지'로 정한다.

영화관의 정식 명칭은 'CGV강변11'로 확정했다. 강변역과 연결되어 있다는 뜻, 한강의 낭만적 이미지, 11개 스크린을 상징하는 이름이었다. 영화관 건설은 순조롭게 진행되었다. 제일제당은 기존의

극장과 차별화된 요소를 정리해 건설 공사에 반영하도록 했다.

- 언제든 예약 가능한 24시간 전산 ARS 시스템
- 최상의 음질을 위한 THX 음향 시설과 돌비(Dloby) 서라운드 DTX 시스템
- 차별화된 고객 서비스, 고객 스스로 좌석 선정, 각 스크린 상영 시간 다양화, 입구와 출입구 동선 분리
- 좌석 앞뒤 간격 1m 이상 유지, 구내 최초 좌석 컵 홀더 설치, 무소음 팝콘 패키지 개발

건설 과정은 쉽지 않았다. 국내 최초의 멀티플렉스였으므로 모든 과정이 '창조해야 하는 일'이나 다름없었다. 게다가 건설 도중 IMF 외환위기가 발생하면서 비용이 크게 상승했다. 영화사업을 추진하던 대기업들도 철수하는 경우가 빈번하게 발생했다. 제일제당은 일

각의 우려에도 불구하고 영화산업의 필수 인프라인 멀티플렉스 건설을 계속 진행시켰다.

1998년 3월 28일, 내부 공사를 마친 CGV 강변에서 작은 영화제가 개최되었다. 일주일 동안 47편의 영화를 무료 상영하는 '멀티 영화제'였다. 〈강원도의 힘〉 등 34편의 개봉 예정 화제작과 〈카카〉, 〈일요일의 이변〉 등 13편의 예술영화가 21개 스크린에 선보였다. 국내 극장 사(史)의 한 페이지를 기록하는 것이었다.

한국에도 멀티플렉스 시대가 열린다. 일반적으로 멀티플렉스 극장은 여섯 개 이상의 스크린에 외식 공간까지 갖춰 영화 구경과 소비 욕구를 한 건물에서 해결하게 만든 복합적인 오락, 소비 공간을 이야기한다. 서울극장, 명보극장, 시네코아 등이 스크린 수를 늘려 이른바 '멀티스크린'의 면모를 갖추었으나 본격적 의미의 멀티플렉스는 'CGV강변'이 처음이다. CGV강변은 한국 최초의 멀티플렉스이자 영화 산업에 파란을 일으킨 '온리원 정신'의 산물이었다.

멀티플렉스 시대 개막

1998년 4월, CGV강변이 공식 개관했다. 총면적은 1,512평(500m²), 좌석 수 1,922석, 11개 스크린 등 모든 것이 국내 최대 규모였다. CGV 강변은 개관 직후부터 큰 화제를 일으켰다. 웃지 못할 해프닝도 있었다. 새로운 문화에 적응해 가는 과정이었다. 티켓 한 장(One Ticket)으로 모든 상영관에 다 들어갈 수 있다고 착각하는 관객도 있었고 고급스러운 실내 카펫을 보고 신발을 벗고 입장하는 관객도 있었다. 멀티플렉스는 이전과는 달리 가족과 연인, 친구들의 즐거운 문화 공간이 되었다.

1998년 첫해의 실적은 업계 관계자들을 놀라게 만들었다. 미국의 연예 전문지 〈버라이어티〉는 CGV강변을 가리켜 '멀티플렉스의 놀라운 성공 사례'라고 언급했다. 개관 첫해의 관객 수는 무려 350만 명에 달했다. 객석 점유율은 평일 37~41%, 주말 77~80%에 달했다. 당시 서울 시내 개봉관의 객석 점유율은 평일 15%, 주말 45% 안팎이었다. 'CGV강변'은 시내 상영관 두 배 이상 앞선 점유율을 기록한 것이다.

언론의 한 매체는 '제일제당이 지난 4월 개관한 'CGV강변'이 극장가의 전반적인 불황 속에서도 기대 이상으로 관객을 불러모으고 있다. CGV강변은 지하철역에서 바로 연결되어 극장에 접근하기가 쉽고 극장 내부도 철저하게 관객 중심으로 만들어져 있다. 이 극장은 11개 관이 각기 15~20분 간격으로 운영되기 때문에 관객들은 언제든지 기다리지 않고 바로 영화를 볼 수 있다. '퀴퀴하고 지저분하고 불편한 극장'이 아니라는 것도 관객을 극장으로 유인하는 요인이다. 컵홀더를 갖춘 넓고 편안한 좌석, 첨단 서라운드 음향 시스템, 시야를 가리지 않는 객석 구조, 24시간 전산 예매 등 관객의 불편 사항을 없앴다'라고 소개하고 있다.

제일제당 이후 많은 대기업들이 멀티플렉스 극장 사업을 추진했다. 현대그룹이 서울 목동에 10개 스크린을 갖춘 현대 시티월드 개관에 나섰고 삼성그룹도 분당 서현 역사에서 극장 개관을 서둘렀다. 그러나 이 기업들은 2000년이 지나기도 전에 극장 사업에서 철수했다.

제일제당은 단기적인 사업 실적에 얽매이지 않고 극장 사업의 장기적인 비전을 수립하는 데 집중했다. 당시 'CJ골든빌리지'의 비전은 전국 체인망 구축이었다. 제일제당이 당시에 수립한 전국 체인

망 계획은 다음과 같다.

- 1999년 CGV인천 14, CGV분당 8
- 2000년 CGV대전 8, CGV청량리 8, CGV해운대 9, CGV명동 5, CGV구로 10(숫자는 스크린 수)

한편 1999년 12월에는 CGV 인천이 개관되었다. 이 멀티플렉스는 국내 최대 스크린을 보유한 스타디움 식 복합 공간으로 주목받았다. 층고를 12m로 유지해 어느 좌석에 앉더라도 스크린을 아래로 내려다보는 구조였다. 1999년에 원대한 비전을 세운 'CJ골든빌리지'는 전국 체인망을 구축해 영화산업의 계열화를 이루겠다는 포석을 하나하나 실현했다.

대기업의 영화 산업 투자 중단

극장 사업은 큰 성공을 거두었지만 영화 제작 부문은 제일제당에 많은 숙제를 안겨 주었다. 영세한 영화 제작 현실을 타개하기 위해서는 기존 영화보다 3배 가까운 제작비를 투자했으나 그 성과는 미미했다.

1997년 1월에 개봉한 〈인샬라〉는 우수한 작품성에도 불구하고 관객들의 호응을 이끌어내지 못했다. 인샬라(Inshallah)는 아랍어로 '신의 뜻대로', '신이 원하신다면'이라는 뜻이다. 150억 원의 제작비, 사하라 사막 올로케이션, 남북 분단 현실의 극복 의지, 톱스타 캐스팅 등 제반 여건을 감안하면 약 5만 명의 관객 동원은 예상을 밑도는 저조한 실적이었다.

뒤이어 제작된 영화들도 유사했다. 새로운 형식, 독특한 내용으로 작품성은 인정받았으나 흥행에는 여전히 어려움을 겪었다. 영화 사업에 투자한 대기업들의 상황도 별반 다르지 않았다. 삼성, 현대, SK 등도 손실을 기록했다. 대기업의 영화 투자 손실액이 2,000억 원에 달한다는 분석이 제기되기도 했다.

영화 사업에서 어려움을 겪는 가운데 우리나라 경제 성장사에서 최악의 암흑기라는 IMF 외환위기가 덮쳤다. 대다수 기업은 물론 끄떡없을 것 같았던 금융권도 무너졌다. 대기업들이 구조조정에 나서면서 문화 사업에서 자본을 철수하기 시작했다. 1998년 1월 SK가 영상사업을 포기했다. 1999년에는 대우가 영상 음반 사업부를 해체하고 멀티플렉스 극장 사업을 동양제과 그룹인 동양그룹에 매각했다. 1999년에는 삼성 영상 사업단도 공식 해체되었다.

한 언론은 '문화의 세기라는 21세기를 앞두고 앞다퉈 문화 사업에 깃발을 꽂았던 대기업들이 '엘도라도'를 버리고 떠났다'라고 평했다. 대기업 자본의 제1차 영화 산업 진출은 그것으로 마감됐다. 제일제당도 1997년 10월 〈억수탕〉을 마지막으로 투자를 잠정 중단했다.

제일제당의 아쉬움은 컸다. 영화산업의 플랫폼인 CGV의 놀라운 성공 이후 관객 수는 갈수록 늘어났다. 그러나 그 자리에는 한국 영화는 없었다. 막대한 자본을 앞세운 외국 직배사들의 영화가 스크린을 독차지했다. 대기업들의 투자가 줄어들면서 영화 제작 편수도 급감했다. 1997년에 제작된 한국 영화는 56편에 불과했다. 제일제당은 한국 영화 제작을 위해 고민을 이어갔다.

문화산업(Cultural Indusrty) 강국을 꿈꾸며

1999년 1월 3일, 제일제당은 신년사를 통해 문화 사업의 확대 의지를 천명했다.

"제일제당은 2004년까지 영화 제작, 극장, 케이블 TV(CATV), 음반 사업 등에 약 5,000억 원을 투자하며 종합 엔터테인먼트 그룹으로 비상할 것입니다."

2년 동안 주춤했던 영화 제작 투자를 강화한다는 내용이었다. 1998년 첫선을 보인 'CGV강변'은 매해 관객 수를 경신하면서 우리 국민의 문화에 대한 갈망이 매우 크다는 사실을 알게 되었다.

'문화 사업은 반드시 키워야 국력이 살아난다'는 최고 경영진의 의지도 큰 영향을 미쳤다. 당시 CJ엔터테인먼트 대표는 1999년 당시 영화 투자가 재개된 배경을 다음과 같이 설명했다.

"국제통화기금(IMF) 관리 체제 이후 대우와 현대가 영상 사업에서 손을 떼고 삼성(三星)도 1999년에 영화판을 떠나자 제일제당 내에서도 '돈 되는 설탕이나 계속 만들지…'라는 비판이 제기됐다. 하지만 '영상 사업'이야말로 미래형 산업이라는 경영진의 확고한 의지로 투자가 이루어졌다."

제일제당은 이전과는 다른 투자 방침을 정했다. '충무로' 영화사에 대한 직접 투자가 그것이다. 수십 년간 한국 영화를 이끌어온 충무로 영화사들의 경험을 활용하고 공생하는 방안을 수립한 것이다.

· 문화 사업의 마인드 확립
· 확실한 아웃소싱(Outsourcing, 경영 효율 극대화를 위해 외부 제 3자에게 위탁하는 방식)을 기반으로 제작자에게 철저한 독립권 부여

· 안정되고 우수한 영화 제작자 대거 확보
· 전국의 영화 유통망과 배급망 능력 제고

당시 제일제당이 투자 대상으로 삼은 영화는 스릴러물인 〈해피엔드〉와 〈섬〉, 거장 임권택 감독의 〈춘향뎐〉, 코믹물인 〈행복한 장의사〉 등이었다.

1999년 11월 〈해피엔드〉는 언론의 기대를 모으며 개봉되었다. 세기말의 우울한 분위기, 가족 간의 단절, 소통 부재 등을 다룬 내용은 관객들의 발길을 끌어모았다. 이 영화는 2000년까지 30만 명의 관객을 끌어모았다. 제일제당이 투자한 영화 가운데 최대의 실적이었다. 〈해피엔드〉가 한창 화제를 모으고 있던 1999년 11월 24일, CJ엔터테인먼트 본부장은 새로운 세기를 꿈꾸면서 문화 사업에 대한 의지를 밝혔다.

"우리는 할리우드 메이저 스튜디오와 같은 종합 제작, 배급 시스템을 갖추는 것입니다. 그러나 무엇보다 엔터테인먼트 사업의 핵심은 한국 영화에 대한 투자입니다. 연초에 밝힌 것처럼 5,000억 원을 투자해서 우리 문화 사업의 경쟁력을 높일 것입니다. 앞으로 관객을 위한 멀티플렉스 확대를 위해 전력을 다할 것입니다. CJ제일제당은 더 나아가 할리우드 대행 제작사를 포함한 세계 유수의 엔터테인먼트 기업과의 경쟁에서 이길 수 있도록 내부 역량을 강화하면서 한국 문화를 세계에 알리는 데 투자를 아끼지 않을 것입니다."

이병철 선대 회장이 꿈꾸었던 '문화 강국'의 뜻을 이어받겠다는 다짐이었다.

42

미래 성장을 위한 M&A,
지주회사 출범 (기업합병)

2005년 5월 11일 여의도 63빌딩에 CJ그룹 주요 경영진이 대거 모습을 드러냈다. 행사가 진행될 때면 회장 정면에는 CJ그룹 로고와 함께 행사명이 적혀 있었다.

CJ그룹 합동 IR 개최

CJ그룹 6개 상장사의 그간 실적을 공개하고 투자를 권유하기 위한 자리였다. CJ그룹의 최고 경영진은 그날 1차 조정을 마무리 짓고 새로운 도약을 시작한다고 선언했다. CJ그룹은 지난 2000년부터 시작해 비핵심 사업에 대한 구조조정이 마무리된 단계에 접어들었다고 설명했다. CJ 계열사들은 이번 IR(Investor Relation)을 통해 각 사업 부문에서 세계 수준의 핵심 경쟁력을 확보하겠다는 의지를 천명했다. 또 식품, 생명공학, 엔터테인먼트 및 미디어, 신유통산업 부문 간 시너지 극대화를 위해 적극적으로 대응하겠다고 밝혔다.

그날 CJ가 밝힌 구조조정의 성과는 매우 우수했다. 지난 2000

년 4조 2,733억 원이었던 그룹 매출액은 2005년 8조 552억 원으로 두 배 가까이 성장했다. 당시 대기업 그룹 가운데 유례가 없는 고성장이었다. 특히 비주력 사업을 매각, 4대 사업군에 집중한 방침이 큰 성공을 거둔 것으로 나타났다. M&A의 성공 또한 높은 성과를 기록하는 원동력이 되었다.

사업 시작 당시 3% 수준이었던 신유통은 22%로 급증했다. 1% 수준이었던 엔터테인먼트 비중도 10%대의 큰 상승세를 나타냈다. 한 언론은 'CJ그룹의 M&A가 매출 성장의 비결'이었다고 언급하면서 그 바탕에는 '온리원 정신'이 있다고 평가했다.

"CJ의 활발한 M&A 중심에는 바로 온리원 정신이 있었다. CJ가 그룹 설립 당시부터 변화를 위한 선택의 갈림길에서 핵심적으로 추구해 온 가치관은 바로 'Only One(단 하나)' 정신이다. 세계 유일의 제품과 서비스를 제공하고자 하는 이재현 회장의 철학이기도 했다. 주력 사업 분야인 식품과 엔터테인먼트에서 품질과 서비스가 최고가 되려면 우선 '규모의 경제'를 실현해야 하고 또 최고의 것을 얻어야 했기 때문이다."

4대 사업군 성장을 위한 과감한 M&A

CJ의 M&A의 역사는 4대 사업군이 확정된 2000년으로 거슬러 올라간다. 식품업이 중심을 차지했던 1995년 이전까지 M&A가 성장의 원동력이 된 경우는 많지 않았다. 2000년 이후부터 안정적인 수익 구조와 풍부한 자산을 바탕 삼아 본격적인 M&A가 이루어졌다. 2000년부터 2009년까지 CJ그룹이 성사시킨 M&A는 무려 17건에 달했다. 그사이 이렇게 많은 M&A를 성공적으로 수행한 대기업 그룹은 한 군데도 없었다.

CJ그룹은 M&A를 거쳐 괄목한 성장을 일궈냈다. 독립 직전인 1995년 1조 7,000억 수준이었던 매출은 2010년 17조 원을 넘어섰다. 성공적인 M&A가 CJ그룹을 키운 원동력 가운데 하나였던 것이다.

2000년 3월 우리나라 유통 시장에 일대 변화가 일어났다. 제일제당이 39쇼핑을 인수하면서 유통업에 본격 뛰어들었기 때문이다.

39쇼핑은 케이블 TV(CATV) 시대가 시작되면서 1995년 8월 1일 대한민국 최초로 '홈쇼핑' 채널을 했다. 39쇼핑은 당시 케이블 TV 채널 39번에서 방송했는데 이런 이유로 '39쇼핑'이라는 회사명을 사용했다. 박경홍 사장이 미국 유학 중에 홈쇼핑을 보고 그 개념을 국내에 들여와 처음 개국해 선풍적인 인기를 모았다. 한 언론은 CJ그룹이 '39쇼핑'을 M&A하자 업계의 지각변동이라고 했다. 39쇼핑 인수는 CJ그룹의 M&A 신호탄이었다.

M&A 이후 세간의 우려가 있었던 것도 사실이었지만 CJ39쇼핑은 국내 굴지의 사업체로 빠른 성장을 일궈냈다. 인수 당시 39쇼핑의 매출액은 4,200억 원에 불과했으나 10년 후의 매출액은 2조 7,000억 원 규모로 놀라운 신장을 보였다. 시장 지위도 훨씬 높아졌다. 인수 당시에는 LG 그룹의 'LG홈쇼핑' 보다 한참 뒤진 2위를 기록하고 있었으나 2010년에는 국내 1위, 세계 시장을 통틀어도 세계 3위의 홈쇼핑 기업이 되었다. 'M&A는 성사 보다 성장시키기가 어렵다'는 통설을 깬 것이다.

39쇼핑의 성공적인 인수는 이후 CJ의 M&A 전략의 좋은 선례가 되었다. 외부의 시선도 긍정적으로 바뀌었고 실패하지 않는 M&A 기업 이미지를 각인시켰다.

Only One을 향한 M&A와 매각(賣却, Sale)

39쇼핑 인수는 CJ의 핵심 사업인 엔터테인먼트와 미디어 부문 M&A의 발판이 되었다. 2000년에 39쇼핑의 자회사로 함께 인수된 양천방송은 이후 CJ헬로비전으로 성장하면서 질적인 변화를 가져왔다.

인수 당시 4만 명이던 가입자 수는 2006년 드림시티 인수 등 수차례 M&A를 거치면서 대폭 늘어났다. 2010년 당시 CJ의 MSO(Multi System Operator, 두 개 이상의 CATV 소유자) 사업은 총 17개 SO에 가입자 수는 300만 명에 달했다. 10년도 되지 않아 무려 8배에 가까운 성장세를 보였다. CJ헬로비전도 홈쇼핑과 마찬가지로 가입자 수 1위를 유지했다. 특히 다양한 서비스로 시장을 이끌어 온 CJ헬로비전은 국내 '최초'라는 수식어가 따라다닐 정도의 기술력을 보유하고 있다.

CJ헬로비전은 2005년 국내 최초로 디지털 케이블 방송 상용화에 성공한 이래 32%의 전환율을 달성했으며 인터넷 전화 사업도 케이블 업계 최다인 24만 명에 이르는 가입자를 확보했다. 여기에 업계 최초로 도입한 초고속 인터넷 '헬로넷'의 160M 관련 서비스를 한층 확대했다. 무선 데이터 전송 기술을 이용한 지역 및 날씨 정보, 권역 내 마트 쿠폰 제공 등 지역 밀착형 부가서비스도 강화했다. 실제로 CJ그룹이 인수하기 직전까지는 지역에 위치하는 중소케이블방송에 불과한 SO들이었으나 대대적인 투자 이후 디지털화를 이끄는 선도 기업이 된 것이다.

한편 게임 산업(Video Game Industry) 진출도 M&A를 통해 이루어졌다. 2003년 프레너스를 인수하면서 시장 진입에 성공하고

2009년에는 M&A 시장의 최대 화제였던 '온미디어'를 인수했다. CJ는 온미디어와의 시너지 효과를 통해 국내 최대의 MPP 사업자로 등장하는 목표를 가지고 있었다.

2000년 2월, 4대 사업군을 선포할 당시 그룹의 최고 경영진은 특히 식품 부문과 신유통 부문에서 M&A를 적극 추진할 계획이라고 밝혔다. CJ의 대규모 M&A 가운데 식품 부문이 특히 많은 숫자를 차지하고 있는 이유이기도 했다.

식품 부문에서 주요 M&A는 2000년 '해찬들' 지분 인수부터 시작되었다. 해찬들은 6.25 전쟁 당시 황해도에서 월남한 오광선과 오문선 형제에 의해 대전을 기반으로 1973년에 설립되었다. 해찬들은 대한민국의 옛 장류 제품 제조업체다. 해찬들 우리쌀, 태양초 고추장은 유명했다. 이후 2006년에는 수산물 가공업체인 삼호 T&G를, 뒤이어 액젓과 김치 등을 생산하는 '하선정 종합식품'을 인수했다.

식품 부문의 M&A는 큰 성공을 거두었다. 2005년 당시 시장점유율 1위 품목은 4개 였으나 2010년에는 24개로 늘어났다. 식품 부문의 M&A 덕분이었다.

신유통 부문의 M&A도 큰 성공을 거두었다. 2006년에는 다국적 물류 회사인 어코드(Accord) 사를 인수하는 데 성공했다. 글로벌 진출의 의지가 반영된 이 M&A 덕분에 신유통 부문은 큰 발전을 이룩했다. 2000년대 CJ그룹이 추진했던 대표적인 M&A 사례는 다음과 같다.

- 2000년 해찬들 지분 50%, 39쇼핑, 한국 케이블TV 마산 방송 인수
- 2001년 양천 유선방송 인수
- 2002년 한국케이블(CATV) 금양방송, 중부산 CATV, 삼양유지

사료(三養油脂飼料) 인수
· 2003년 한국케이블 해운대 기장 방송 인수
· 2004년 신동방 전분당 사업 부문, 한일약품, 플레너스 인수
· 2005년 미국 애니천, 해찬들 지분 전량 인수
· 2006년 삼호 F&G, 미국 옴니, 하정선 종합식품, 드림시티 방송, 엠넷미디어, 싱가포르 어코드, HTH 인수
· 2009년 온미디어 인수

　CJ그룹의 M&A 역사에서 주목할 것은 해외에서의 M&A이다. 2005년부터 M&A가 글로벌 시장 전체를 대상으로 삼았기 때문이다. 한 언론은 CJ그룹의 해외 진출 방식이 M&A 형태로 바뀌었다고 평가했다.

　2004년 이후 CJ의 글로벌 경영에서는 두 가지 큰 변화가 일어난다. 우선 투자 방식의 변화다. 1991년 이후 CJ는 줄곧 현지에 공장을 직접 건립하는 '그린필드' 방식을 고집했다. 그러나 지난해 12월 튀르키예(구 터키) 브르사의 사료 공장을 인수하면서 '그린필드'에서 M&A로 투자방식의 첫 번째 변화가 이루어졌다. 이 공장은 6개월간 리뉴얼 작업을 거쳐 지난달 본격 가동에 들어갔다.

　글로벌 전략팀은 급변하는 경영 환경에 맞춰 시간 자산을 벌기 위해서는 M&A가 효율적이라고 말했다. CJ는 미국, 중국 등의 현지 식품업체 인수도 검토하는 등 해외시장에서의 M&A를 확대할 태세여서 앞으로 귀추가 주목된다.

인수만큼 활발하게 진행된 매각(Sale)

　CJ그룹은 4대 사업군을 확정한 이후 전략적인 M&A를 시행했다.

그러나 M&A만을 추진했던 것은 아니었다. M&A 만큼이나 비주력 사업을 적극적으로 매각했다.

2000년 이후 CJ의 첫 사업 매각은 생수(生水, Mineral Water) '스파클'이었다. 뒤이어 이듬해 음료 사업과 드림라인을 매각했다. 2002년에는 화장품 사업 'CJ 엔프라니'와 선물 중개회사인 '제일선물' 등도 매각했다. 2004년에는 업계 3위인 생활용품 사업을 일본 라이언 사에 매각했다.

구조조정의 원칙은 명확했다. '종합 생활 문화 기업'이라는 범주에서 벗어난다면 과감한 매각을 추진했다. 또 다른 원칙은 미래 성장 가능성이었다. 어느 정도 수익을 낸다 하더라도 미래 성장 가능성이 확실하지 않거나 업계 1위를 할 전망이 보이지 않으면 미련 없이 정리했다. 그 결과 1인당 매출액은 3억 7천만 원에서 6억 5천만 원까지 높아졌고 순익도 증가했다.

이익이 커지면서 주주가치도 훨씬 높아졌다. 2003년에는 배당률을 25% 선까지 높인다고 최고 경영진 측은 밝혔다. 실제로 지난 1999년 이후 2000년대 초반까지 30% 이상의 배당 성향을 구현했다. 수익성이 높은 사업은 결국 주주의 이익으로 이어졌다.

이후에도 CJ그룹은 성장이 더디거나 성장 가능성이 부족하다고 판단되면 위기 상황이 아니어도 과감하게 정리했다. 이러한 사업 부문 정리는 2000년대 중반 이후까지 이어지면서 인수와 매각, 합병과 분리가 이루어졌다.

2000년대 초반까지 구조조정은 다음과 같다.

- 2000년 생수 사업 청산
- 2001년 드림라인 매각
- 2002년 엔프라니 매각

· 2003년 제일선물 매각
· 2004년 생활용품 사업 부문 매각

CJ그룹의 M&A와 사업구조 조정은 온리원(Only One) 정신과 4대 사업군 성장이라는 확고한 원칙 아래 진행되었다. CJ의 M&A가 성공적이라는 평가를 받는 이유는 문어발식이 아닌 주력 사업 확장의 계기로 삼았기 때문이다.

새로운 도전 지주회사(持株會社, Holding Company) 전환

CJ그룹의 발전 속도는 가히 기록적이었다. CJ그룹의 놀라운 성장이 이어지자 지주회사 체제로의 전환 필요성이 제기되었다. 지주회사란 다른 주식회사의 주식을 소유 지배하는 것을 목적으로 하는 주식회사다. 당시 CJ그룹의 4대 핵심 사업군은 다음과 같이 구성되어 있었다.

· 식품 및 식품 서비스 CJ 주식회사 : 모닝웰, CJ푸드시스템, CJ푸드빌, 삼양유지사료, MD
· 생명공학 : CJ주식회사, 해외법인(PT, CSI, PT, CJI)
· 미디어 및 엔터테인먼트 : CJ엔터테인먼트, CJ CGV, CJ미디어, CJ케이블넷, CJ뮤직, CJ조이큐브, CJ미디어라인
· 신유통 : CJ홈쇼핑, CJ GLS, CJ텔레닉스, CJ올리브영

CJ는 4대 사업군의 포트폴리오를 완성시킨다는 전략 아래 여러 사업 부문의 분사와 매각 등을 적극 추진했다.

그 무렵 추진되고 있던 해외 사업은 그 수도 많고 내용도 방대했다. 부문별로 제각각 해외 사업을 추진하다 보니 투자 중복, 공동 마케팅 부족 등의 문제점이 생겨났다. 우선 CJ주식회사는 사업부 별

로 진행하던 해외 사업을 일괄해 지휘하는 데는 한계가 있었다. 글로벌 사업을 효율적이고 적극적으로 추진하기 위해서는 보다 빠른 의사결정 과정이 필요했다.

2007년 6월 12일 CJ주식회사의 이사회가 개최되었다. 해외 사업의 성과를 확인하는 자리이자 지주회사의 출범을 논의하기 위한 뜻깊은 자리였다. 그날 오간 주요 논의사항은 다음과 같았다.

'그간 CJ주식회사는 그룹 전체의 투자를 책임지는 준 지주회사 역할을 하다 보니 자체 사업 투자와 성과 부분이 투명하게 반영되지 않는 등 기업가치를 제대로 평가받는 데 어려움을 겪어 왔다. 따라서 회사를 지주회사인 가칭 'CJ지주회사'와 사업회사인 가칭 'CJ푸드'로 분할하기로 의결한다'

지주회사 출범과 회사 분할 시기는 2007년 9월 1일로 결정되었다. 지주회사는 자회사에 대한 투자 만을 전담하고 자회사들은 독립 경영체제를 구축, 빠른 경영환경 변화에 적극적으로 대응한다는 계획이었다.

이사회의 승인 이후 CJ주식회사는 기업 분할을 위한 사전 작업에 돌입했다. 약 한 달 후인 7월 10일 또다시 이사회가 소집되었다. 그 자리에서 최고 경영진은 새로 출범한 지주회사와 사업회사 사명을 각각 'CJ주식회사', 'CJ제일제당 주식회사'로 최종 확정했다. CJ의 모태였던 제일제당 사명이 그대로 계승된 것이다.

그날 최고 경영진은 다음과 같이 그 의의를 밝혔다.

"기업 분할을 통해 지주회사가 되는 'CJ지주회사'는 우리 그룹의 4대 사업군에 대한 투자를 책임지고 각자 회사의 기업가치를 극대화할 수 있도록 할 것입니다. 또한 지배구조를 단일화함으로써 기업 경영의 투명성을 더욱 증대시킬 것입니다. 앞으로 자회사는 본업인 사업에 집중할 수 있으므로 명확한 책임경영과 성과주의 경영을 실현하고 사업회사인 'CJ제일제당주식회사' 역시 본업인 식품 및 생명공학 관련 사업에만 집중할 수 있게 됩니다. 앞으로 사업 경쟁력을 더욱 강화할 수 있을 것으로 기대됩니다."

급변하는 경영 환경 속에서 CJ그룹은 끊임없는 혁신을 통해 사업 구조를 유연하게 개편해 나갔다. 2000년대 초반 4대 사업군에서부터 지주회사 출범에 이르기까지 미래 도약을 위해 끊임없는 성장과 도전의 길을 택한 것이다.

43

식품 사업의 글로벌 진출

2001년 10월 13일 독일 쾰른의 한 식품박람회장 태극 문양이 새겨진 전시장으로 여러 나라의 바이어들이 들어섰다. 'KOREA'라고 적인 큰 부스 앞에 우리나라를 대표하는 식료품들이 가지런히 놓여 있었다.

여러 제품 가운데 특히 그들의 시선을 모은 것은 '햇반'이었다. 무균 진공포장 등의 제조 방법 덕분이었다. 세계 최대 식품박람회 'ANUGA 2001'이 진행된 5일 동안 햇반은 우리나라를 대표하는 식제품으로 자리 잡았다.

ANUGA Food TEC는 세계 3대 식품 가공 기술 전시회로 포장 기술의 리딩 기업인 Mativac과 Mondi를 포함하여 1,000여 개사가 참가하는 박람회로 전 세계 식품업계에 큰 영향을 미치고 있다.

박람회의 규모는 대단했다. 6,000여 개의 글로벌 식품 회사가 참가했고 관람객만 20만 명에 달했다. 우리나라에서 참가한 기업은 모두 15개였지만 독자적인 전시관을 구성하기엔 규모나 제품 모두가 빈약했다. '한국관'이란 이름 아래 공동 전시를 할 수밖에 없었다. 행사에 참가, 전시를 주도했던 CJ 임직원들은 사보(社報)에 다음과 같은 후기를 게재했다.

'글로벌 시장의 높은 벽을 실감했다. 지금부터라도 장기적인 글로벌 브랜드 육성이 필요하다. 글로벌의 시각에서 보면 식품 내 신규 카테고리 개척의 가능성이 큰 만큼 이와 같은 관점에서 시장 가능성에 대한 연구와 개발이 지속적으로 이루어져야 할 것 같다'

제일제당 식품 부문이 해외 시장을 겨냥했던 시기는 '햇반'을 처음 미국에 수출한 1997년부터였다. 그러나 햇반 이후의 해외 진출은 여전히 난공불락이었다. 비록 어려운 상황이 이어졌지만 반드시 해외로 나가야 한다는 의지는 갈수록 커져갔다.

2000년 3월 제일제당이 발표한 식품 사업군의 21세기 중, 장기 비전은 해외 진출로 집약되었다.

"식품 사업군은 수익성 극대화를 통해 세계적 초우량 회사로 나아가야 합니다. 세계 일류의 신상품 개발 능력을 키우고 미래의 가치 있는 식문화를 창출하며 고객과 시장을 선도해야 합니다."

2000년대 시작 식품 사업군의 목표는 '글로벌 시장' 진출로 모아졌다. 그것은 최고 경영진만의 뜻이 아니었다. 임직원들의 시선도 세계시장으로 향하고 있었다.

시장이 없으면 만들면 된다

2002년 4월 16일, 한 언론 매체에 제일제당 대표이사 명의의 기고문이 게재되었다. 제일제당이 고성장을 거두고 있는 비결(祕訣, Secret)을 담은 글이었다. 가장 핵심적인 메시지는 온리원(Only One) 정신이었다. '제일제당은 다변화된 제품군을 내놓고 있어 우유 등 일부 업체를 제외하고는 국내 전 식품회사와 경쟁 관계를 유지하고 있다. 고급스럽고 차별화된 신제품 개발이 지속적인 성장의 관건인 셈이다. 그래서 제일제당은 상품화 계획의 가장 큰 주안점을 '없던 시장을 만들라'는 온리원 개념에 둔다. 소비자의 욕구와 필요는 있으나 해당 제품이 존재하지 않는 시장에 최초로 상품을 만들어내 시장을 창출, 1위를 유지해 나가는 전략이다'

실제로 1995년 독립 경영 이후 제일제당 식품 사업군은 수많은 새로운 시장을 만들어 냈다. 제일제당 그룹 체제를 선포한 직후부터 2002년까지 식품 분야에서 출시한 신상품은 무려 146종에 달했다. 더욱더 놀라운 것은 52%에 해당하는 제품이 성공을 거두면서 여전히 출시되고 있다는 사실이다.

제일제당이 그와 같은 성과를 거둘 수 있었던 것은 철저한 시장 조사와 검증 작업을 거쳤기 때문이다. 제일제당의 신상품 개발 과정은 치밀했다. 가장 먼저 시장과 소비자에 대한 철저한 조사를 통해 '욕구(Desire) 분석'을 시행했다. 분석 결과 새 시장이 만들어질 수 없다는 판단이 서면 소비자 그룹 인터뷰를 통해 심도 깊은 조사를 병행했다. 주부 모니터나 사내 조사 결과도 제품 설계에 반영되었다. 이후 합리적인 가격을 정해 신제품을 출시하는 방식을 취했다.

제일제당의 발 빠른 트렌드 반영은 큰 성공을 거두었다. 주방 가전제품(家電製品)의 발전에 따른 라이프스타일의 변화에 맞춰 신상품을 출시한 것이다.

"신상품 개발 시 무시할 수 없는 포인트가 바로 가전제품의 발전 단계이다. 제일제당은 냉장고가 보편화될 때 냉동식품을 출시했고 전자레인지가 보편화될 때 햇반, 레또 등 즉석식품을 탄생시켰다."

제일제당은 '온리원 정신'에 입각, 새로운 시장을 창출하거나 제품을 만들기 위한 노력을 계속 이어 나갔다. 그것이 제일제당의 성장 원동력이었다.

쁘띠첼, 가쓰오우동 새 시장 창출

2000년대 초반부터 새로운 시장을 창출한 제품들이 대거 출시되었다.
- 과일 젤리형 디저트 쁘띠첼
- 냉장 우동면 가쓰오우동
- 가공밥 시장 확대, 햇반 복합밥(미역국, 카레밥, 짜장밥), 햇반죽, 잡곡밥, 저단백밥
- 생고기 햄, 순 돈육햄 주도 시장에서 생고기의 부위별 특화

이 시기의 대표적인 온리원 제품은 과일 젤리형 디저트 식품 '쁘띠첼'이었다. 그 무렵 우리나라의 디저트 식품은 요구르트나 아이스크림이 전부라 해도 과언은 아니다. 우리나라의 식품 문화의 특성 때문에 '디저트 식품'이 발달하기가 어려웠다. 그러나 국민들의 라이프스타일이 조금씩 변하기 시작했다. 외국 유학이나 해외여행을 통해 디저트 문화에 익숙해졌다.

제일제당은 과일 젤리 형태의 디저트 식품이 국민 기호식품 변화에 맞는 판단 아래 우리나라 사람들이 좋아하는 귤, 파인애플, 복숭아, 포도 등의 통과육을 가공식품으로 개발하는 데 성공했다. 제일제당은 새로운 제품이 젊은 층을 대상으로 하는 만큼 포장 디자인에도 많은 신경을 썼다. 신선한 과일이 들어있다는 것을 강조하기 위해 투명 용기에 제품을 담았다. 브랜드 이름도 프랑스어로 '작고 귀엽다'라는 의미를 담고 있는 '쁘띠(Petit)'에 젤리를 뜻하는 'Zel'

을 합쳐 '쁘띠첼'로 지었다.

한편 제일제당은 마케팅에도 새로운 방법을 도입했다. 백화점과 할인점, 편의점 등 업태별로 100개의 주요 점포를 선정한 후 무료 시식 행사를 열었다. 매장 안에는 POP와 상품 안내 카드가 부착되어 있었다. 또 직거래를 하고 있었던 500개 대형 점포를 대상으로 진열 콘테스트도 진행했다.

쁘띠첼은 놀라운 돌풍을 일으켰다. 4월 한 달의 매출액은 130억 원을 넘었고 주문량도 가파른 상승세를 보였다. 단시간에 우리나라의 대표적인 디저트 식품으로 자리 잡은 것이다.

'가쓰오우동'도 2001년 출시 직후부터 놀라운 판매량 성장을 보였다. 냉장면 가운데 우동 분야에서 확고한 1위로 우뚝 섰다. 당시에는 여름철의 기호 식품으로 자리 잡은 냉면과는 달리 겨울철에는 즐길 수 있는 마땅한 식품이 없었다. 제일제당은 멸칫국물과 고춧가루를 사용하던 한국식 우동과는 달리 가랑어로 맛을 낸 가쓰오우동을 시장에 내놓아 큰 반향을 일으켰다.

제일제당의 대표적인 제품인 '햇반'도 그 성장세를 이어갔다. 수많은 경쟁사가 유사 제품을 출시했지만, 누구도 햇반의 아성을 뚫지는 못했다. 햇반은 70% 이상의 시장점유율을 이어갔다.

프레시안햄은 생고기를 원료로 삼은 최초의 제품이었다. 당시 경쟁사의 모든 제품은 냉동육을 사용하고 있었지만 프레시안햄은 부위별 냉장육을 사용, 프리미엄 제품으로 각광받았다. 이후 프레시안은 냉동식품과 냉장식품의 대표 브랜드로 자리 잡았다. 한 언론 매체가 제일제당을 가리켜 '시장 개척의 프런티어(Frontier, 인간의 발이 닿지 않은 미개척지)'라는 명예로운 별칭을 달았다.

2002년 1월 24일 제일제당은 기자간담회를 갖고 "식품 및 식품 서비스 부문은 그룹의 모태 산업으로서 국내 최대의 규모와 경쟁력을 보유하고 있습니다. 이제 식품 브랜드별로 시장 내 1등 제품을 적극 육성해 시장 지위를 강화하고 그간 없었던 뉴 카테고리 상품을 출시해 국민 식생활 트렌드를 선도할 것입니다."라고 밝혔다.

각 부문에서 성과가 나타나기 시작했다. 대표적인 제품은 다음과 같다.

- 조미료 부문. 다시다순
- 육가공 부문. 프레시안햄, 햄스빌, 맥스봉
- 냉동식품 부문, 백설 군만두, 백설 너비아니, 백설 야채고기말이
- 양념장 소스 부문. 냉장고기 양념장

글로벌 패밀리 브랜드, CJ Gourmet(미식가)

미식가는 음식에 특별한 기호를 가진 사람을 말한다. Gourmet(미식가)는 프랑스어 Gromet에서 유래한 말이다. 고대 프랑스에서 Gromet는 귀족의 집에서 허드렛을 하는 소년이나 마구간 지기를 뜻했다. 시간이 흐르면서 Gromet는 와인 상인과 함께 살면서 어떤 와인이 어떤 요리에 적합한지를 알게 되었고 그래서 미식가라는 의미로 바뀌었다.

제일제당은 혁신적인 프리미엄 제품으로 국내 시장을 공략하는 한편 '글로벌 CJ'를 구현하기 위해 노력을 기울였다. 2001년 12월 11일 제일제당은 기자간담회를 갖고 해외 진출 의지를 밝혔다.

"지금까지 제일제당은 많은 식품을 해외에 수출해 왔습니다. 그러나 최근까지는 제약, MSG(조미료), 하이신, 핵산, 생활 원료 등 거래선 대상의 수출이 대부분이었습니다. 물론 햇반

과 김치 등 해외 소비자를 대상으로 한 제품도 있기는 하지만 대부분 해외 교민을 대상으로 하는 수출이었고 실적도 미미했습니다. 그러나 2000년부터 제일제당은 현지 소비자를 겨냥해 수출을 추진하고 있습니다. 전쟁을 방불케 하는 식문화 수출의 장에서 단지 '제일제당 제품 알리기'에 그치는 것이 아니라 국내 최대 식품 전문회사로서 우리 식문화를 알리기 위해 본격적인 해외 수출의 장으로 나가고자 합니다."

제일제당은 외국에 진출할 브랜드로 'CJ Gourmet'를 공개했다. 'CJ 맛'이라는 뜻을 담고 있는 새 브랜드를 만든 것은 그간 각각 다른 이름으로 수출되었던 식품에 통일된 정체성을 부여하기 위해서였다. 1990년대 후반부터 수출이 시작된 '햇반', '크런치 오리엔탈 김치', '백설 군만두', '백설 너비아니' 등은 제각각 다른 브랜드로 시장에 진출해 통일된 이미지를 구현하기 어려웠다.

제일제당의 식료품 수출은 2002년 1월부터 본격적으로 시작되었다. 그 선두 주자는 햇반과 김치였다. 제일제당은 'CJ Gourmet'라는 글로벌 패밀리 브랜드를 개발해 미국 등 세계시장에 내놓는 제품에 적용했다. 제일제당이 글로벌 패밀리 브랜드를 개발한 것은 현재 수출하고 있는 김치, 즉석밥, 불고기 소스 등 국산 식품의 세계화를 위한 전략인 것이다.

철저히 세계인의 입맛에 맞춰라

2002년 1월 26일 미국 시애틀의 가장 큰 소매점인 QFC에 제일제당의 상호가 선명하게 찍힌 제품들이 진열되기 시작했다. 자연스럽게 일본제 냉동밥 '팔리프'를 집어 들던 소비자들은 새로운 제품에 눈을 돌렸다. 제품에는 'CJ Gourmet Het-bahn'이라는 글씨가 선명하게 찍혀 있었다.

1997년 미국 LA에 첫 수출이 시작된 이래 제일제당은 '햇반'의 미국 시장 안착을 위해 많은 노력을 기울였다. 그때까지만 해도 주요 고객은 교민과 우리 유학생들이었다. '밥맛'을 그리워하던 미국 내 교포 사회에서 햇반의 인기는 날로 커졌다. 제일제당은 교민들이 보다 편리하게 햇반을 구할 수 있도록 다양한 시스템을 구축했다. 대표적인 것은 배송 서비스였다. 햇반을 외국으로 배송할 수 있는 시스템이 구축되었다.

우리 교민을 대상으로 한 햇반의 성공에 힘입어 CJ는 2003년부터 미국 현지인을 적극적으로 공략하기 시작했다. 가장 먼저 시작한 것은 미국인들의 입맛에 맞는 밥맛 찾기였다. CJ는 다양한 시제품을 개발한 후 미국 LA, 뉴욕, 시카고, 워싱턴 등지에서 테스트 판매를 시작했다.

진출 지역을 정하는 데도 많은 조사가 실시되었다. 서부와 동부 지역을 두고 고심한 끝에 CJ는 미국 서부 지역의 시애틀과 캘리포니아를 수출 지역으로 결정했다. 동부에 비해 여러 인종과 민족이 섞여 있어 문화적 다양성이 높았기 때문이다. 게다가 마케팅 자원과 유통 관리가 효율적이라는 측면도 주요 원인 가운데 하나였다.

CJ는 미국 LA, 뉴욕, 시카고, 워싱턴 등지에서 스티키라이스를 내놓고 소비자의 반응을 파악하는 한편 시장 조사 및 테스트 판매를 시작해 제품 개발에 반영했다. 교포용과 차별화를 꾀하고 현지 실정에 맞추기 위해 햇반을 세워서 진열할 수 있는 지함(종이) 포장을 덧씌워 테스트한 결과 호평을 받아 햇반에 불소고기를 첨가한 제품을 출시했다.

미국 시애틀에서 열린 시식 행사는 사업의 가능성을 확인하는 자리였다. 시애틀 지역의 95만 가구 가운데 5만 가구를 대상으로 햇반 완제품 프리 샘플링 행사가 열렸다. 거주 인구를 생각한다면 그 규모는 엄청난 것이었다.

햇반은 크런치 오리엔탈 김치, 냉동식품인 백설 군만두와 함께 미국 현지 시장에 판매되었다. 햇반을 비롯한 식품 매출액은 큰 폭으로 뛰어올랐다. 1997년 한국 유학생을 대상으로 수출할 당시의 매출액은 5만 달러에 불과했지만 그로부터 10년이 지난 2007년에는 연간 350만 달러를 넘어섰다. 크런치 김치와 백설 군만두의 매출도 연간 60만 달러를 기록했다.

햇반을 비롯한 식품 수출의 성공은 CJ에 자신감을 안겨 주었다. 후일 미국의 냉동식품 기업인 '옴니' 인수, 중국 시장 진출, 일본 시장 조미료 수출 등 해외 진출의 기반이 되었던 것이다.

중국(中國, China) 시장, 철저한 현지화로 성공

세계적인 식품 기업을 지향하는 CJ는 해외 법인을 통해 세계 각국에 진출했다. 그중에서도 미국과 중국에서의 선전이 두드러졌다. 중국은 CJ의 글로벌 정신이 제대로 구현된 곳이었다. CJ의 중국 진출은 1995년 12월, 합작법인인 청도(青島)식품을 설립하면서부터 시작되었다.

CJ는 이곳을 거점으로 '다시다' 등 주력제품을 직접 생산하면서 중국 시장에 제품을 출시했다. 초기의 주요 고객은 동북 3성(요령성, 길림성, 흑룡강성) 지역의 현지 교포들이었다.

전략에 변화가 일기 시작한 것은 2002년이었다. 칭다오(청도)에 다시다 공장을 추가로 건설하고 '따시따(大喜大)'라는 현지 브랜드를 내세운 것이다. 300명의 판촉 사원들이 투입되어 대형 슈퍼나 할인 매장 등 소비자와 만나는 지역에서 판촉 행사를 열었다. 시식 행사, 특별기획전 등 각종 이벤트를 통해 중국인들이 다시다를 직접 맛보고 체험할 수 있도록 했다. 시장점유율은 2002년 10%에서 이듬해 18%까지 올라갔다.

당시 제일제당이 중국 현지 시장을 공략하는 데는 쉽지 않은 장벽이 있었다. 그중에서도 까다로운 중국인의 입맛을 맞추는 일이 결코 쉽지 않았다. 중국인은 대개 닭고기 육수를 사용한 국물요리를 선호한다. 한편 제일제당의 주력제품인 다시다는 쇠고기 맛이라는 차이점이 있었다. 또 다른 하나의 장벽은 차별화 요소였다. 이미 중국 시장에 진출한 세계적인 식품 기업 유니레버, 네슬레 등의 다국적 기업과 차별화 요인이 필요하다는 것도 높은 장벽이었다.

CJ제일제당은 철저한 현지화가 필요하다고 판단했다. 중국인의 입맛을 연구하기 위한 식품 R&D 센터도 베이징에 설립했다. 해외에 마련한 최초의 연구개발 기관이었다. 원점에서 다시 출발한다는 자세로 관련 시장과 소비자 선호도를 더욱 세밀하게 조사했다.

마침내 2006년 11월 닭고기 맛 다시다인 '신계정'이 출시되었다. CJ제일제당은 영업 조직을 재정비하고 판촉 사원들에게 체계적인 교육을 실시했다. 중국인들이 좋아하는 붉은색 유니폼을 입은 영업 사원들이 아침 6시부터 '신계정'을 외치며 15개 주요 도매시장을 공략했다. 영하의 추위도 아랑곳하지 않는 그들의 모습은 중국인들의 뇌리에 깊게 각인되었다.

'신계정'은 출시와 함께 무서운 속도로 시장을 점유했다. 출시 직후 가장 중요한 시장으로 평가받던 베이징에서 13%의 시장점유율을 차지했다. 그 비중은 2009년 50%까지 올라갔다. CJ제일제당은 조미료 시장에서 단번에 2위 기업으로 도약했다. 막대한 자본을 배경으로 물량 공세와 가격 인하를 펼친 경쟁사들을 제치고 거둔 성과였다.

두부 사업도 비교적 짧은 시간에 성공적으로 중국 시장에 진출했다. 2007년 3월 CJ제일제당은 베이징권 최대의 식품 회사인 얼상그룹과 합작법인을 설립, 두부 시장에 진출했다. 얼상의 브랜드인 '바이위(白玉)' 두부에 CJ의 로고를 새겨 판매하는 방식이었다.

CJ제일제당의 중국 두부 사업은 사내에서도 우려하는 목소리가 많았다.

"국내에서도 두부 사업을 시작한 지 2년밖에 되지 않았는데 과연 중국에서 성공할 수 있을까?" 반대의 목소리가 적지 않았지만, 사업 개시 2년 만에 CJ제일제당은 시장점유율 70%를 석권하는 베이징 최대의 두부 회사로 명성을 높였다. 유력한 현지 기업을 합작 파트너로 선정한 전략이 효과적이었고 CJ제일제당의 인프라 및 기술력이 시너지 효과를 내며 단기간에 성공을 거둔 것이다.

제2의 CJ를 중국에 세우다

"중국에 제2의 CJ를 건설해 중국 최고의 생활문화 기업으로 도약할 것입니다."

2009년 9월 16일 중국 베이징 본사에서 CJ는 중국 사업의 성과를 발표했다. 한 언론 매체는 CJ의 중국 사업이 성공을 거두고 있다고 분석했다.

'CJ가 입맛이 까다롭다고 소문난 중국인들의 입맛을 사로잡을 수 있었던 것은 철저한 '현지화(現地化)'였다. 대표적인 사례가 조미료 시장이다. CJ는 닭고기 다시다를 개발했다. 닭고기 다시다는 3년도 안 되어 조미료 시장 2위에 올라섰다'

CJ제일제당은 중국 베이징, 상하이 등 19개 지역에 26개 법인과 22개 사무소를 갖추었다. 이들 법인과 사무소에서 근무하는 직원 수만 5,500명에 달했다.

CJ제일제당이 진출 15년 만에 이 같은 성과를 거둘 수 있었던 것은 철저한 시장 분석과 진취적인 영업력, 현지화 덕분이었다. 그 당시 중국은 지역적으로 폐쇄적인 영업망을 갖춘 구조였다. 이를 감안하여 핵심 매장을 선점한 후 고정 영업사원을 파견하여 시장을 적극적으로 공략했다.

인력의 현지화도 성공의 주요 요인 중 하나였다. 현지 직원들에게 영어와 한국어 교육을 지원했고 우수한 직원에게는 푸짐한 시상을 했다. 또 CJ는 직원들의 생일을 일일이 챙기는 등 CJ의 문화와 가치관을 심는 데 주력했다. 특히 마케팅, 영업직 매니저급 직책에 현지인을 채용하여 실천했다. 현지인들의 사기가 진작되고 일에 대한 동기 부여가 되면서 업무 효율이 크게 올라갔다.

다시다, 두부, 쌀, 단백질에 이르는 가공식품의 생산 기지와 마케팅 조직을 현지에 둔 것도 탁월한 선택이었다. 특히 역량 있는 합작회사와의 결합을 통한 시너지(Synergy)는 빠르게 시장에 정착하는 지름길이 되었다.

44

위대한(Great) CJ의 선언

온 나라가 크리스마스 축제 분위기에 젖어 들던 2009년 12월 24일, 각 언론은 우리나라 방송 산업 역사상 최대의 M&A(기업합병인수) 소식을 전했다.

- CJ오쇼핑, 온미디어 인수
- CJ글로벌 미디어그룹으로 재탄생
- CJ, 온미디어 인수. 유료 방송 시장 최강자 부상

온미디어(On Media)는 당시 10개 채널(Channel)을 보유한 PP계 강자였다. 시청률 기준으로는 CJ미디어에 이은 2위였고 네 개의 SO(System Operator)를 바탕으로 가입자 규모에선 업계 6위의 거대한 기업이었다.

각 언론은 일제히 거대 미디어 그룹의 탄생 사실을 보도했고 재계와 방송계는 놀라움을 표했다. 뒤이어 그룹의 매출액이 지난 2008년보다 13% 이상 성장한 14조 4,000억 원에 달한다는 소식이 전해지면서 CJ에 대한 관심이 급증했다. 특히 해외에서 거둔 매출이 3조 9,300억 원으로 총매출액의 27%에 달한다는 사실은 많은 이들을 놀라게 했다.

제2의 도약 선언, Great CJ의 시대

"10년 전 외환위기 이후 가장 어려운 경영 환경 속에서도 우리 그룹은 13% 이상 늘어난 14조 원을 넘어서는 매출을 달성했습니다. CJ제일제당은 대표적인 식품 브랜드들의 시장 지위 1위를 더욱 공고히 했으며 치열한 경쟁 속에서도 신규 브랜드를 성공적으로 출범시켰습니다. 또 만두 및 두부 제품의 시장점유율도 꾸준히 높아가고 있습니다.

제약 사업도 더욱 기반을 다지고 있습니다. 바이오(Bio) 부문에서는 그간의 지속적인 R&D 노력이 결실을 거둬 해외 시장에서 세계적인 경쟁사들과 기술 면에서도 당당히 1위 자리를 놓고 겨루고 있습니다. GLS는 국내 택배 사업에서 근본적인 비용 경쟁력을 확보한 데 이어 베트남과 중국에서 세계적인 글로벌 기업을 고객을 확보하며 본격적인 글로벌 화의 기반을 마련했습니다.

오 홈쇼핑은 사명 변경을 통해 홈쇼핑(Home Shopping) 사업에서 온라인(Online) 전문 쇼핑 회사로서의 위상을 재정립하였으며 중국에 이어 인도(Republic of India) '스타 CJ'를 설립, 시험 방송을 시작하는 등 글로벌 시장에 대한 도전을 적극적으로 전개해 가고 있습니다.

CJ엔터테인먼트는 관람객 1,000만 이상을 동원한 <해운대>를 비롯하여 국내 영화의 위상을 드높인 작품을 통해 국내 영화 업계에서 명실상부한 1위 자리를 더욱 공고히 하는 성과를 거두고 있습니다. CJ미디어와 Mnet는 자체 제작 능력을 강화하여 <롤러코스터>, <슈퍼스타> 등 케이블 방송 산업의 역사를 다시 쓰게 만든 대형 히트작을 선보였습니다.

지난해 말에는 대형 케이블 TV 기업의 M&A를 통해 그룹의 M&A 사업의 경쟁력이 대폭 강화되며 글로벌 미디어 기업으로 성장할 수 있는 매우 중요한 발판을 마련하기도 했습니다."

도약을 위한 선언이었다.

CJ그룹이 거둔 성과는 눈부셨다. 4대 사업군의 각 사업군은 대부분 국내 1위를 달성하였고 4대 사업군 선포 직후 시작했던 분야는 어느덧 국내 최고의 성과를 올리는 기업으로 도약했다.

2010년 5월 27일 오전 9시 50분, CJ그룹 임직원들은 하던 업무를 멈추고 대형 TV 앞으로 모여들었다. CJ 사업장이 있는 각 공장과 계열사 등도 마찬가지였다. CJ 인재원(人材院)에서 열린 중요한 행사가 화면 가득히 펼쳐지고 있었다.

· CJ Only One Conference 2010
· 제2 도약 선언. 2010. 5. 7.

행사가 본격적으로 시작되자 첫 화면에 1995년 독립 경영 이후 자랑스러운 역사와 성과를 담은 영상이 펼쳐졌다. 독립 경영 이후 15년 사이 CJ의 발전사(史)는 신화적이라는 표현이 과하지 않을 정도의 족적을 남겼다. 독립 경영 당시 1조 500억이었던 그룹 전체 매출액은 14조 4,300억으로 10배 가까이 상승했다. 식품 사업으로만 알려졌던 CJ그룹은 생활문화 기업, 글로벌 기업, 문화창조 기업으로 그 영역을 넓혔다.

행사장에 박수 소리가 울려 퍼졌다. 이윽고 이재현 회장이 단상에 올랐다. 이 회장은 선언문을 낭독하면서 제2 도약의 시대를 선포했다.

"오늘 우리의 현 위치와 전략을 재점검하고 마음가짐과 자세를 고쳐 잡아 그룹의 찬란한 미래를 단단히 준비하는 것은 더이상 미룰 수 없는 우리의 책무입니다. 특히 금년은 이병철 선대 회장 탄생 100주년으로서 우리 그룹에는 매우 뜻깊은 해이기도 합니다. 이 중차대한 시기에 그룹의 비약적 성장을 향한 우리의 각오를 새롭게 다지는 계기로 삼고자 오늘 저는 '2013년 Global CJ 2020년 Great CJ'의 완성을 목표로 그룹의 제2 도약을 엄숙히 선언하는 바입니다."

행사장 전면에 굵은 고딕체로 '제2 도약 선언'이라는 글자가 나타났다.

"2013년 Global CJ의 목표는 진정한 글로벌 기업으로서의 위상을 확보하고 전 세계에 CJ의 브랜드를 널리 알리는 것입니다. 이를 위해서는 제2 도약의 원년인 금년부터 끊임없는 구조 개선으로 수익력을 강화하고 주요 사업의 핵심 역량 1위 자리를 확보하여 미래 10년의 성장 및 글로벌화의 재원과 기반을 마련하겠습니다. 또한 선택과 집중의 원칙에 입각한 순차적인 진출 전략을 수행하여 글로벌화를 차질 없이 추진해야 할 것입니다. 금년부터 글로벌화 역량을 중국(中國)에 집중하여 그곳에 '제2의 CJ'를 구축해 나가면서 동남아, 인도 등으로 진출을 가속화해야 합니다. 이와 동시에 러시아, 동유럽, 남미, 중동, 중앙아시아 시장으로 나아갈 수 있는 준비도 차근차근 해 나가야 할 것입니다. 미주, 일본, 유럽 등 선진국 시장의 경우에는 우선순위와 관계없이 각 사마다 사업 여건 및 시장 상황을 보아 선별적으로 진출해야 합니다. 우리의 노력이 결실을 맺게 된다면 2020년 우리 그룹은 4개 사업군 중 최소한 두 개 이상이 세계 1등이 되고 그룹 매출 100조 원, 영업이익 10조 원, 글로벌 매출 비중 70% 이상을 달성하여 명실상부한 글로벌 리딩(Leading)기업이 될 것입니다."

리딩기업은 각 분야에서 시장을 선도하는 기업을 말한다.

이재현 회장은 2010년을 글로벌 CJ를 향한 제2의 도약의 원년으로 삼고 중국 시장을 중점적으로 집중하겠다는 전략을 밝힌 바 있다. 해외 진출을 강조하는 것은 CJ의 창업 이념인 사업 보국과 맞닿아 있다. CJ제일제당으로 대표되는 '식문화'와 CJ엔터테인먼트로 대표되는 '문화'를 결합해 우리 문화를 해외에 '상품'으로서 널리 알리고자 하는 바람도 있었다.

한편 이재현 회장은 제2 도약을 선언하면서 4대 사업군의 정책과 비전을 다음과 같이 천명했다.

- 생명공학 사업군 : 세계 최고의 기술력을 바탕으로 '그린 이코노미'를 선도하는 세계 1등 그린 바이오 기업
- 신유통 사업군: 중국, 동남아, 인도 등 아시아 지역은 물론 전 세계 주요 권역에 고객과 인프라를 확보한 세계 1등 기업
- 엔터테인먼트 & 미디어 사업군 : 신매체 환경에서 항상 기회를 선점해 나가며 규모 및 핵심 역량 면에서 명실공히 국내 1위의 자리를 확보하는 것은 물론 전 세계에 한국과 CJ 브랜드를 널리 알리는 아시아 최고의 문화 콘텐츠 그룹
- 식품 및 식품 서비스 사업군 : 한식 세계화의 첨병으로서 지구촌의 건강하고 즐거운 식문화를 창조하는 세계 10대 식품 기업

새로운 성장 동력을 확보한다는 차원은 같았지만 사업다각화의 방향은 기업들마다 다르게 전개되었다. 당시 우리 기업들의 사업다각화를 살펴보면 다음과 같은 유형으로 구분된다. 많은 기업들이 인수 확대형, 인접 확대형의 방법을 취했던 것이 사실이다. IMF 외환위기 당시 환율 차에 편승, 국내의 인접 분야에 안전하게 진출하는 인접 확장형을 선택한 기업들도 있었다.

제일제당은 달랐다. 사업다각화를 추진할 때부터 창조적 사업다각화를 염두에 두었다. CJ그룹의 정신인 '온리원' 정신이 사업다각화의 기준이었기 때문이다.

거의 유일하게 창조적 사업다각화를 추진했던 CJ는 21세기의 눈부신 성장을 일궈냈다. 새로운 시장을 꾸준하게 개척하면서 소비자에게는 편리한 생활을, 청년들에게는 일자리를 제공했다.

한 언론은 CJ의 창조적 사업다각화는 '문화와 콘텐츠'라는 공통분모가 있다고 평가했다. 식품 회사로 시작한 CJ그룹의 변신은 놀랍다. 식품 서비스 하나밖에 없던 사업 부문에 바이오 및 생명공학, 엔터테인먼트 및 미디어, 물류 등을 추가, 4대 사업군 체제를 완성하며 글로벌 문화 창조 기업으로 변신하는 데 성공했다.

4대 사업군 포트폴리오 구성은 기존 대기업의 무분별한 문어발식 확장이 아닌 창조적 사업다각화로 평가받는다. 이들은 문화와 콘텐츠라는 공통 분모를 바탕으로 유기적으로 톱니바퀴처럼 맞물리면서 시너지를 창출한다.

사업다각화와 고용창출로 신 사업보국(事業報國)

사업 보국이란 사업을 통해 국가와 사회, 더 나아가 인류에 공헌하고 봉사한다는 뜻이다. 2013년에 접어들면서 '창조경제'가 화두가 되자 산업계의 관심은 '고용 창출' 등 국가 경제 기여도에 집중되었다. 기업이 성장과 이윤 추구에만 집착할 것이 아니라 국가 경제 발전에도 도움이 되어야 한다는 취지였다.

공정거래위원회의 기업공개 자료를 기준으로 30대 기업의 고용 창출 능력을 분석한 언론들은 CJ의 고용 창출 능력이 단연 선두를 달린다고 보도했다. 식품 산업이 노동집약적인 점을 감안하면 이런 분석은 정확한 것이다.

2002년 6조 원이던 매출액이 2012년 17조 3,000억 원으로 늘어나는 가운데 임직원도 1만 3,000여 명에서 4만 8,000여 명으로 증가했다. 매출이 10억 원 늘어날 때마다 고용도 3.6명씩 늘어난 것이다. 2위인 현대자동차는 2.5명, 신세계백화점 그룹은 1.9명으로 3위를 기록했다.

매출 기준이 아니라 자산 대비 인력 고용을 분석한 타 언론사의 자료에도 마찬가지였다. 30대 그룹의 자산 10억 원당 고용 창출 실적은 평균 1.25명에 불과했다. 반면 CJ그룹은 1.93명으로 2위인 두산 1.31명을 크게 앞지르며 선두를 달렸다. 그 밖에도 CJ의 고용 창출 능력을 상징하는 사건은 무수히 많다.

- CJ그룹, 30대 그룹 중 최고의 고용 증가율 기록. 2008년 1만 884명에서 2012년 4만 6,471명.
- 고용노동부 선정 고용 창출 우수 기업 선정. CJ CGV, CJ푸드빌, CJ GLS
- CJ CGV 장애인 고용 촉진 대회에서 장애인 고용 공로를 인정받아 '투르컴퍼니 대상' 수상. 기타 고령층 시니어 사원 채용

- CJ 열린 채용을 통한 창조적 사업다각화로 대한민국 유통 경영 대상 종합 대상 수상.

특히 CJ푸드빌의 경우 지난 10년간 일자리를 무려 1만 개나 창출했고 나아가 2003년부터 2008년까지 고용 증가 1위 기업으로 선정되기도 했다. 그 비결은 바로 창조적 사업다각화에 있었다. 창조적 사업은 성장 잠재력이 풍부한 서비스업이 중심을 이루고 있다. 지식, 노동집약적 사업의 특성을 가지고 있는 것이다.

반면 제조업의 고용 창출은 갈수록 떨어지는 상황이다. 1995년 9.3명이던 취업 유발 계수는 2005년 10.1명으로 상승했다. 수출, 제조업의 고용 창출은 더욱 심각하다. 2000년에 수출 10억 원당 15명이었던 고용 인력은 2000년 8.2명으로 줄어들었다. CJ그룹의 자체적인 분석에서도 4대 사업군이 경제적 파급 효과 측면에서 크게 기여하고 있는 것으로 나타났다.

〈바이오, 식품, 식품 서비스 부문〉
- 친환경 화이트바이오 산업. 생산 유발 효과 13조 6,500억, 고용 창출 4만 5,200명
- 햇반. 생산 유발 효과 3,400억 원, 고용 창출 1,800명
- 빕스. 생산 유발 효과 1조 8,000억 원, 고용 창출 1만 3,000명
- 식자재 유통 산업. 생산 유발 효과 4조 2,000억 원, 고용 창출 3만 8,500명

〈신유통 부문〉
- 업계 최초 3PL(제3자 물류) 도입. 생산 유발 효과 1조 9,000억 원, 고용 창출 1만 9,600명

- 홈쇼핑 진화 및 글로벌 진출. 생산 유발 효과 4조 9,200억 원, 고용 창출 3만 7,500명
- 방송 콘텐츠. 생산 유발 효과 3조 6,000억 원, 고용 창출 4만 5,000명

〈엔터테인먼트 & 미디어 부문〉
- 최초의 멀티 콤플렉스 영화관. 생산 유발 효과 2조 5,000억 원, 고용 창출 5만 7,000명
- 국내 최초의 영화 제작 및 배급. 생산 유발 효과 2조 3,000억 원, 고용 창출 3만 7,500명
- 방송 콘텐츠. 생산 유발 효과 3조 6,000억 원, 고용 창출 1만 6,000명
- SO 사업. 생산 유발 효과 5조 3,000억 원, 고용 창출 2만 4,000명

2000년에 선포된 이후 지속적으로 확장, 발전된 4대 사업군은 우리나라 경제 발전에 크게 기여하면서 이병철 선대 회장의 사업보국을 계승시킨 한 원동력이었다.

CJ그룹의 성장 과정은 '산업화 이후 산업화'라는 말로 압축할 수 있다. 산업화가 발달되지 않은 분야에 신규 진출해 꾸준히 투자하면서 소비자에게는 편의, 구직자에게는 일자리를 제공하는 새로운 먹거리를 만들어 냈던 것이다.

문화 콘텐츠 사업은 지난 10년간 CJ그룹이 지속적으로 투자를 해 온 분야다. 케이블 TV라는 한계를 딛고 노력을 거듭한 결과 〈화성인 바이러스〉, 〈슈퍼스타K〉, 〈응답하라 1997〉와 같은 인기 방송 콘텐츠를 만들어 내며 한류 시대 대표 생산자로 자리 잡았다. 이와

같은 창조적 사업다각화 노력은 CJ그룹이 더 이상 식품 기업이라고 부르기 힘든 변화를 가져왔다.

CJ그룹의 변신과 성장은 일자리 창출에도 크게 이바지했다. CJ그룹은 최근 10년간 매출 대비 일자리 창출 능력에서 국내 30대 그룹 중 가장 뛰어난 성과를 냈다. CJ가 걸어온 길은 성장과 발전의 역사 그 자체였다.

손복남(孫福男) 고문 영면

CJ그룹 이재현 회장의 모친 손복남 고문이 2022년 11월 5일 별세했다. 향년 89세, 이날은 CJ그룹 69주년 창립기념일이었다.

고 손 고문은 안국화재(현 삼성화재) 사장과 경기도지사(임명직)를 지낸 고 손영기(孫永琦, 1904~1976) 씨의 장녀로 태어났다. 동생이 손경식(孫京植) 한국 경영자 총협회 회장이다. 고인은 1956년 고 이병철 삼성 창업회장의 장남인 고 이맹희 CJ그룹 명예회장과 결혼했다.

고인은 이맹희 명예회장이 1976년 동생인 이건희 회장에게 후계자 자리를 내주고 집을 떠난 뒤에도 홀로 시부모인 이병철 회장 내외를 모시고 이재현, 이미경, 이재환 삼남매를 키웠다. 고인을 아끼고 신뢰했던 이병철 회장은 고인에게 안국화재 지분을 물려줬고 이 지분(持分)이 CJ그룹 창업의 토대가 되었다.

고인은 1993년 삼성그룹이 제일제당을 계열분리하려 하자 안국화재 지분을 이건희 회장이 갖고 있던 제일제당 지분과 맞교환했다. 이어 1995년 제일제당그룹이 공식 출범한 후에는 장남인 이재현 회장에게 자신의 주식을 넘겨 주며 힘을 실어주었다. 고인은 평소 아들 이재현 CJ그룹 회장에게 "항상 겸손하라. 스스로 능력을 입증해라. 일 처리에 치밀하되 행동할 때는 실패를 두려워 마라."라고 부탁했다고 한다.

고인은 CJ그룹이 문화 콘텐츠 사업에 진출하는 계기가 된 제일제당의 미국의 '드림웍스' 지분 투자(1995년) 당시 창업자 중 한 명인 세계적 명성을 가지고 있는 스티븐 스필버그 감독을 자택에 초청해 직접 요리한 식사를 대접할 만큼 중요한 순간마다 조력자 역할을 했다. CJ그룹 관계자는 "과거 삼성가와 CJ그룹이 소송을 벌이는 등 갈등을 빚을 때도 고인이 중간 가교 역할을 한 것으로 알고 있다."라고 전했다. 이재현 회장은 평소 '어머니는 CJ그룹 탄생의 숨은 주역'이라며 "내가 그룹의 경영자로 자리 잡는 데 든든한 후원자셨다."라고 말하곤 한다.

빈소는 이재현 회장이 어린 시절 고인과 함께 살았던 집터인 서울 중구 필동 CJ 인재원에 마련했다. 이날 빈소에는 고인을 추모하는 정·재계 인사들의 발길이 이어졌다. 가장 먼저 빈소를 찾은 사람은 이재용 삼성그룹 회장과 이 회장 모친인 홍라희 전 리움 미술관 관장이었다. 2020년 이건희 삼성 회장이 별세했을 때도 이재현 CJ그룹 회장이 친인척 가운데 제일 먼저 빈소를 찾은 일이 있었다.

저자는 오래전 필동 자택에서 수차례 고인의 차 대접을 받은 아주 소중한 추억을 가지고 있다. 고인의 명복을 비는 바이다.

- 끝 -

백인호

매일경제 편집국장,
MBN 대표이사,
YTN 사장,
가천대 초빙교수

〈저서〉
장편소설 『삼성오디세이아』
『현대오디세이아』
『자동차왕 정몽구 오디세이아』
『SK 오디세이아』
『LG 오디세이아』
『롯데 오디세이아』
『삼성 이건희 오디세이아』
『한화 오디세이아』
『대한항공 오디세이아』

CJ 오디세이아

발행일	2025년 6월 16일
지은이	백인호
펴낸이	박상영
펴낸곳	도서출판 정음서원
주 소	서울특별시 관악구 서원7길 24, 102호
전 화	02-877-3038
팩 스	02-6008-9469
이메일	mooriang@hanmail.net
신고번호	제2010-000028호
신고일자	2010년 4월 8일
ISBN	979-11-94270-04-1, 03320
정 가	25,000원

ⓒ백인호, 2025

※ 이 책은 저작권법으로 보호받는 저작물입니다. 저작권자의 서면 허락 없이 임의로 전재 및 복제할 수 없습니다. (저작권자 이메일: qqtalk38@naver.com)

※ 잘못된 책은 바꾸어 드립니다.

값 25000 원
ISBN 979-11-94270-04-1